LIVRE

DE

MORALE PRATIQUE

OU

CHOIX DE PRÉCEPTES ET DE BEAUX EXEMPLES

DESTINÉ A LA LECTURE COURANTE

Dans les écoles et dans les familles

PAR

TH. H. BARRAU

PRIX: 1.50

PARIS

LIBRAIRIE HACHETTE ET Cie

79, BOULEVARD SAINT-GERMAIN, 79

8°R
17554

LIVRE
DE
MORALE PRATIQUE

OUVRAGES DU MÊME AUTEUR

PUBLIÉS PAR LA LIBRAIRIE HACHETTE ET Cie

La patrie, description et histoire de la France. Un vol. in-16, avec 19 gravures, cartonné.   1 fr. 50

Simples notions sur l'agriculture. Nouvelle édition refondue par M. G. Heuzé. inspecteur général honoraire de l'agriculture, conformément au programme de 1896. Un vol. in-16, avec 125 figures, cart.   1 fr. 50

Choix gradué de cinquante sortes d'écritures, édition refondue par M. Barrau. 4 cahiers composés chacun de 32 pages grand in-8.

     Les 4 cahiers réunis en un volume cartonné.   1 fr. 30
     Chaque cahier. La douzaine.   3 fr. 9

Reproduction du texte des écritures en caractères d'imprimerie, à l'usage des maîtres. Un vol. in-8, broché.   1 fr. 50

Coulommiers — Imp. PAUL BRODARD. — 737-1901.

LIVRE

DE

MORALE PRATIQUE

OU

CHOIX DE PRÉCEPTES ET DE BEAUX EXEMPLES

DESTINÉ A LA LECTURE COURANTE

Dans les écoles et dans les familles

PAR

TH. H. BARRAU

PARIS

LIBRAIRIE HACHETTE ET Cie

79, BOULEVARD SAINT-GERMAIN, 79

1901

Tous droits réservés.

PRÉFACE

Dieu, de qui vient la morale, ne l'a pas faite seulement pour être comprise et pratiquée, mais aussi pour être aimée, afin que, comme dit l'Évangile, « là où est notre véritable trésor, là soit aussi notre cœur. »

La morale doit donc être enseignée de telle sorte que les vérités qui entrent dans l'intelligence comme préceptes, pénètrent aussi dans le cœur comme sentiments.

Il suit de là que, pour instruire nos enfants sur la morale, le meilleur moyen à employer c'est l'exemple : l'exemple d'abord dans notre propre conduite, comme une leçon vivante, et ensuite dans le récit des faits, qui, tout en amusant leur curiosité, agissent sur leur âme, et qui, convenablement choisis et racontés, excitent en eux non une admiration stérile, mais une utile imitation.

Nous ne saurions mieux exprimer l'effet que produisent sur la jeunesse la vue et le récit des bons exemples, qu'en empruntant à un auteur ancien ces paroles : « Entourés des images de la beauté morale, et vivant au milieu de ces images comme dans un air pur et serein, ils s'en pénétreront jusqu'au fond de l'âme, et s'accoutumeront à les reproduire dans leurs actions et dans leurs mœurs. Nourris de ces semences divines, ils suivront toujours avec plaisir la voix de la raison et de la vertu, parce qu'elles leur apparaîtront sous des traits connus et familiers; ils s'effaroucheront au premier aspect du vice, parce qu'ils n'y reconnaîtront pas l'empreinte auguste qu'ils ont dans le cœur. »

C'est dans cette intention, de rendre aux jeunes gens le devoir aimable et de les exciter à imiter ce qu'ils admirent, qu'ont été composés les divers ouvrages publiés jusqu'à ce jour sous des titres analogues au nôtre.

Il ne nous convient pas de juger le travail de nos devanciers, ni de signaler ce qu'il a, selon nous, de défectueux; nous dirons seulement quelques mots de la marche que nous avons cru devoir suivre dans le nôtre.

Nous avons établi entre tous nos récits une classification logique; et, en tête de chaque division, nous avons placé des préceptes, empruntés à différents auteurs, préceptes féconds qui forment, pour ainsi dire, un cours complet et méthodique de morale, où les exemples viennent à l'appui des maximes.

Dans la multitude de matériaux qui s'offraient à nous, nous avons été sévère sur le choix des faits, et, dans les faits mêmes, sur le choix des détails. Le respect dû à l'enfance ne consiste pas seulement à éloigner d'elle tout ce dont son innocence serait alarmée; il consiste aussi, selon nous, à épargner à ses organes, encore si délicats, le spectacle de toute violente infraction faite à la loi morale.

Nous avons emprunté beaucoup d'exemples à l'histoire des peuples de l'antiquité, à celle des peuples modernes, et surtout à celle de la France.

Une foule de personnages qui ne sont point historiques, figurent également dans nos récits. Toutes les conditions et toutes les positions de la vie nous ont fourni quelques-uns de ces faits où reluit la splendeur éternelle de la vertu. Un pauvre rémouleur, un jeune manœuvre, une cardeuse de matelas, un batelier prennent rang dans nos récits à côté des Turenne, des Mathieu Molé, des Fénelon. L'enfance y a aussi sa place, et nos jeunes lecteurs verront quel charme ajoutent à leur âge les sentiments purs et généreux.

Tous nos récits sont authentiques, à l'exception de quatre ou cinq, dont le caractère, évidemment allégorique, ne saurait induire personne en erreur.

La narration a été tantôt abrégée, tantôt développée, selon que nous ont paru le demander la nature même des faits, le degré d'intérêt qu'ils pouvaient offrir à nos jeunes lecteurs, et le besoin de la variété, si impérieux à leur âge.

Notre livre est destiné à être placé entre les mains des enfants et des jeunes gens dans les écoles des différents degrés.

Puissent les maîtres qui leur en expliqueront le texte réussir à leur en faire saisir l'esprit ! puisse cette lecture, ainsi dirigée, animer la jeunesse à aimer le devoir, à soumettre toujours la passion à la raison, à contracter ces habitudes généreuses qui peuvent honorer à un degré égal toutes les conditions de la vie !

Puisse aussi ce livre pénétrer dans l'humble réduit de la pauvreté laborieuse, et y propager, avec le goût des bonnes lectures, celui des saintes jouissances de l'âme !

Le soir, pendant la veillée, on chargera le jeune fils, la

jeune fille, de faire à la famille rassemblée la lecture de quelque beau trait d'histoire ou de quelqu'un de ces dévouements héroïques et obscurs qui n'ont été révélés au monde que malgré eux.

L'enfant lira ; il sera ému ; des larmes peut-être mouilleront ses yeux ; et la famille, heureuse de voir son émotion et de la partager, sentira le charme de la vertu et la présence de Dieu.

LIVRE
DE
MORALE PRATIQUE

PREMIÈRE PARTIE

DEVOIRS DE L'HOMME ENVERS DIEU

§ I PRATIQUE DES VERTUS CHRÉTIENNES.

La piété est le tout de l'homme. (Bossuet.)

Dieu nous a faits semblables à lui, c'est-à-dire raisonnables, afin que nous puissions le connaître comme la vérité infinie et l'aimer comme l'immense bonté. (Fénelon.)

Vous aimez la joie, le repos, le plaisir; j'ai goûté de tout. Il n'y a de joie, de repos, de plaisir qu'à servir Dieu. (Mme de Maintenon.)

La religion console l'homme dans le malheur, et mêle une douceur céleste aux amertumes de la vie. (B.)

Chose admirable ! la religion chrétienne, qui ne semble avoir d'objet que la félicité de l'autre vie, fait encore notre bonheur dans celle-ci. (Montesquieu.)

Saint Vincent de Paul.
[1576-1660.]

Saint Vincent de Paul nous offre le plus beau modèle des vertus chrétiennes; non-seulement il les a exercées toutes avec une admirable ferveur et un dévouement héroïque, mais il les faisait aimer et pratiquer de tous ceux avec qui il était en rapport; il embrasait tous les cœurs de la flamme divine dont il était lui-même animé.

La vie de cet illustre prêtre français fut une bonne action continuelle. Pris par les pirates de Tunis dans sa jeunesse, et vendu comme esclave à un renégat, il pénétra d'un salutaire repentir l'âme de son maître, le convertit, et se fit ramener par lui en France. Devenu aumônier des galères, et reconnaissant qu'un galérien avait été injustement condamné, il se chargea des fers de ce malheureux jusqu'à ce que sa grâce fut obtenue. Il visita par toute la France les prisonniers et les malades, et établit de toutes parts des confréries de charité. Enfin il se fixa à Paris, d'où son zèle continua de se faire sentir dans toute la France. Il fonda la congrégation des *Prêtres de la mission*, destinés à instruire le peuple des campagnes et à former des prêtres dans les séminaires; il créa l'admirable institution des *Sœurs de la charité*, pour le service des pauvres malades. Il fonda les hospices des *Enfants trouvés*, où sont reçues ces pauvres petites créatures que la misère des parents ne leur permet pas de nourrir, et qui, avant lui, étaient abandonnées dans les rues et périssaient presque toujours. Il créa aussi des hospices pour la vieillesse.

Tant de belles institutions, dont une seule suffirait pour immortaliser son auteur, ont été l'œuvre d'un seul homme. Elles se sont répandues dans tous les pays; la charité ne permettra jamais qu'elles périssent, et la France se souviendra toujours que c'est à saint Vincent de Paul qu'elle doit les séminaires, les sœurs de la charité, les hospices pour les enfants et les refuges pour la vieillesse.

Saint François de Sales.
[1567-1622.]

Saint François de Sales, nommé évêque de Genève[1], résolut de se consacrer tout entier à ses devoirs d'évêque. Il se chargea personnellement du soin des pauvres et des

---

1. Quoiqu'il portât le titre d'évêque de Genève, il ne pouvait pas résider dans cette ville protestante; le siége du diocèse avait été établi à Annecy, ville de Savoie, située à 27 kilomètres S. de Genève.

malades. Pour ramener à la véritable foi ceux de ses diocésains qui avaient abandonné l'Église catholique, aucun effort ne coûta à son zèle.

Il entreprit la visite des paroisses de son diocèse, avec la résolution de ne la jamais discontinuer, persuadé que le meilleur moyen de ramener au bien les âmes égarées était de leur faire entendre la voix de leur premier pasteur. Il parcourait les montagnes de la Savoie avec des peines infinies, marchant à pied dans des déserts affreux, réduit souvent à coucher sur la paille, dans de pauvres chaumières, obligé de gravir des rochers presque inaccessibles et de franchir d'horribles précipices. Il parlait à ces pauvres gens avec une bonté qui les attendrissait; il entrait dans leurs besoins et dans leurs peines, les assistait de tout son pouvoir; et souvent on le vit se dépouiller d'une partie de ses habits pour en revêtir les pauvres quand il n'avait plus autre chose à donner.

Un jour, les principaux habitants d'une vallée des Alpes vinrent lui apprendre que des rochers, s'étant détachés des montagnes, avaient écrasé plusieurs maisons et enseveli sous les ruines un grand nombre de malheureux, ainsi que les troupeaux qui faisaient toute la richesse du pays; qu'étant réduits par cette catastrophe à la dernière indigence, et hors d'état de payer les impôts, ils n'avaient pu néanmoins obtenir d'en être déchargés. Ils le supplièrent d'envoyer un de ses vicaires généraux sur les lieux pour vérifier leur récit, afin de pouvoir écrire au gouvernement en leur faveur. François offrit de partir à l'heure même pour aller leur rendre tous les services qui dépendraient de lui. Ils lui répondirent qu'à la vérité la vallée n'était située qu'à trois lieues de distance, mais que le chemin était impraticable. « Vous êtes bien venus, vous, dit le saint évêque. — Oui, répondirent-ils tous, mais nous, nous sommes de pauvres gens accoutumés à de pareilles fatigues. — Et moi, mes enfants, je suis votre père, obligé de pourvoir par moi-même à vos besoins. » Il partit avec eux à pied et il lui fallut une journée entière pour faire les trois lieues. Il trouva une population désolée, manquant de tout. Il mêla ses larmes à celles de ces malheureux, les consola, leur donna tout l'argent qu'il avait apporté, écrivit en leur faveur au gouvernement, et obtint tout ce qu'il demanda. Une charité si active, secondée par sa rare éloquence, produisait partout des effets merveilleux.

Il venait de gagner un procès important contre plusieurs habitants de son diocèse. S'il avait soutenu ce procès, c'est qu'il s'agissait des droits de son Église, qu'il ne lui était pas permis d'abandonner. Son intendant voulait qu'il exigeât rigoureusement des parties adverses le payement de tous les frais. « Dieu me garde, répondit-il, d'en agir ainsi avec qui que ce soit, mais particulièrement envers mes diocésains ! » L'intendant insista, en lui représentant que ces frais montaient à une forte somme. « Eh ! pour combien comptez-vous les cœurs que ce procès a peut-être rendus mes ennemis ? Pour moi, je les compte pour tout. » A l'heure même, il envoya chercher ses adversaires, et leur déclara qu'il les tenait quittes des frais et des dépens auxquels le tribunal les avait condamnés.

La générosité du prélat mettait de très-mauvaise humeur l'intendant, embarrassé quelquefois pour fournir aux dépenses de la maison. Il querellait alors son maître, et le menaçait de le quitter. Mais François lui disait avec sa douceur ordinaire : « Vous avez raison, je suis incorrigible, et, qui pis est, il y a toute apparence que je le serai toujours. »

L'intendant se retirait tout confus, et disait souvent aux autres serviteurs de la maison : « Notre maître est un saint ; mais il nous mènera tous à l'hôpital : il ira lui-même le premier, s'il continue. »

Saint Charles Borromée.
[1538-1584.]

Charles Borromée, d'une illustre famille de Milan, n'avait guère plus de vingt ans lorsque le frère de sa mère devint pape sous le nom de Pie IV. Cet événement, qui lui ouvrait la plus brillante carrière, ne fit naître dans son âme ni ambition ni orgueil. Son oncle pouvait l'élever très-haut dans les dignités du monde : fidèle au désir qu'il avait manifesté dès un âge tendre, Charles entra dans les saints ordres. Son oncle ne s'y opposa pas, mais en fut surpris.

Quelle que fût la modestie de Charles, il ne put se soustraire aux honneurs qu'il méritait. Malgré sa jeunesse, il fut nommé cardinal, archevêque de Milan, et son oncle avait en lui une telle confiance, que le jeune Charles gouvernait en quelque sorte l'Église. On doit à son activité prodigieuse l'heureuse conclusion des travaux du concile de Trente [1], qui défendit avec tant d'élévation et de clarté la doctrine catholique contre les hérésies du seizième siècle, et qui régla avec tant d'autorité la discipline ecclésiastique.

Après l'achèvement de ce glorieux ouvrage, Charles résolut de se consacrer uniquement aux soins de son diocèse. Milan, qui admirait et aimait déjà son premier pasteur, lui fit la réception la plus brillante; partout sur sa route avaient été élevés des arcs de triomphe. Mâle et persévérant courage, charité compatissante et tendre, puissance inflexible pour le bien, volonté indomptable de la foi, charme enchanteur de la patience et de la bonté, dévouement généreux et porté jusqu'à l'héroïsme : telles sont les qualités qu'il déploya constamment.

Depuis longtemps les archevêques de Milan ne résidaient que comme par exception dans leur diocèse, et leur absence avait causé un relâchement déplorable dans la discipline. Charles rétablit l'ordre et la régularité par ses efforts soutenus, mais surtout par ses exemples.

Plus sévère pour lui-même que pour les autres, il s'imposait les plus rudes privations, vivait de peu, couchait sur la dure, et, quoique naturellement fort enclin au sommeil, passait une grande partie des nuits à étudier. Quand on l'exhortait à prendre du repos pour réparer ses forces, il répondait en citant l'exemple d'un de ses oncles, Jacques

---

[1]. Trente est une ville du Tyrol (États autrichiens), où s'est tenu le 19ᵉ concile œcuménique, qui dura de 1545 à 1563.

de Médicis, célèbre capitaine, qui ne se couchait jamais, dormait peu et assis : « Est-ce qu'un évêque, disait-il, n peut pas en faire autant, lui qui est obligé de faire la guerre à tous les ennemis de notre salut? »

Sa patience à supporter la rigueur des saisons était incroyable. Un jour qu'on voulait lui bassiner son lit, il dit en souriant : « Le meilleur moyen de ne pas trouver le lit froid, c'est de se coucher plus froid que le lit. » Vainement on l'engageait à modérer ses grandes austérités : « Une vie austère, répondait-il, ne saurait nuire à la santé. Il faut soigner l'âme plus que le corps. »

Autant il était sévère pour lui-même, autant il était doux et indulgent pour les autres, et il était le premier à détourner ses prêtres des pratiques de mortification qu'il avait adoptées, et qui auraient excédé leurs forces.

Sa fortune était immense; sa générosité et sa bienfaisance étaient encore au-dessus de sa fortune. Ses aumônes abondantes soulageaient toutes les misères, allaient au-devant de tous les besoins. Il ne se réservait rien pour lui-même. Des colléges, des écoles, des séminaires, des fontaines publiques, des hôpitaux, des églises qu'il a fait construire à ses frais, à Milan et dans d'autres villes, subsistent encore : monuments d'une munificence aussi éclairée que charitable!

D'autres monuments de son zèle sont les ouvrages qu'il composa pour l'instruction des fidèles, ouvrages pleins de sages observations, de solides raisonnements, de conseils utiles.

Il faisait souvent des visites pastorales dans les divers cantons de son diocèse, dont quelques-uns sont montagneux et d'un difficile accès. Charles eut à supporter dans ces voyages d'extrêmes fatigues : car il n'hésitait pas à se rendre dans les lieux les plus inaccessibles, s'il devait trouver au terme de sa course quelque malheureux à secourir, quelque opprimé à défendre. Il allait à cheval quand les chemins le permettaient; mais, dans les contrées montagneuses, il était souvent obligé de marcher un bâton à la main, avec des crampons sous ses souliers, pour ne pas tomber dans les précipices. Quelquefois, pour gravir des rochers escarpés, il s'aidait des pieds et des mains; et, dans les endroits les plus pénibles, afin de soulager les domestiques, il portait sa part du bagage.

Voici un fait qui prouve la bonté de son âme et les dangers auxquels il s'exposait dans ses visites pastorales. Un jour, il voulut absolument visiter quelques pauvres chaumières perdues dans les montagnes. Il quitta sa suite, prit un guide et se dirigea seul avec lui vers le hameau. Il fallait traverser un torrent, grossi par des pluies récentes, qui se précipitait avec impétuosité du haut des montagnes. Pour passer, le guide lui offrit de le prendre sur son dos. Il y consentit; mais, à peine étaient-ils au milieu du courant, que cet homme, ou fatigué ou maladroit, le laissa tomber, puis, au lieu de le relever, et craignant de se noyer lui-même, retourna sur ses pas, et, aussitôt qu'il eut gagné la rive, s'enfuit à toutes jambes. Malgré la hauteur des eaux et l'embarras de son costume épiscopal, le cardinal réussit à se tirer de ce mauvais pas et arriva tout mouillé à la plus prochaine habitation. Il fit ensuite chercher son guide infidèle, et, loin de lui faire des reproches, le rassura et lui donna de l'argent. On montre encore l'endroit où cet accident est arrivé.

En réformant les désordres qui régnaient dans son diocèse, le saint prélat devait nécessairement susciter des inimitiés et provoquer des résistances. Quelques moines pervers trouvèrent tous les moyens bons pour se soustraire à la réforme, et ne reculèrent même pas devant l'assassinat. L'un d'eux, nommé Farina, se posta un soir à l'entrée de la chapelle de l'archevêché, tandis que le cardinal y faisait sa prière devant l'autel, et lui tira un coup d'arquebuse. Charles, se sentant frappé, s'écria : « O mon Dieu! mon créateur, je vous offre le sacrifice de la vie que vous m'avez donnée, et je vous rends grâce si je la perds pour la défense de la justice! » Cependant il n'avait reçu qu'une forte contusion; la balle, quoique tirée presque à bout portant, n'avait pas pénétré dans le corps; et, quand on le déshabilla, on ne trouva sur sa peau qu'une enflure légère, qui était plutôt une marque du péril dont il avait été préservé, qu'une blessure.

Toute la population se porta à son palais pour lui témoigner sa profonde sympathie, et de là dans les églises pour remercier Dieu d'avoir sauvé son digne ministre, et pour le supplier de lui continuer sa protection. Le gouverneur de Milan voulait lui donner des gardes : « Non, dit-il, les prières qu'on fait pour moi me protégeront mieux qu'un régiment tout entier. »

Farina subit le supplice qu'il méritait, malgré les vives instances du saint, qui demanda sa grâce.

Cette circonstance n'est pas la seule où l'on ait conspiré contre la vie de Charles. Un jour, un de ses parents lui apporta des lettres d'un évêque voisin qui l'avertissait d'un complot tramé contre le cardinal. Charles prend les papiers et les jette au feu sans les lire. « Je vous remercie, dit-il; mais je ne veux pas savoir les noms de ceux qui ont de mauvais desseins contre moi. Je vais offrir dans quelques instants le saint sacrifice; je ne veux pas que des pensées de haine viennent m'y troubler. »

Lorsqu'il allait à Rome pour l'élection d'un pape, il ne cessait de répéter à ses collègues que les princes de l'Église devaient être aussi distingués par leurs vertus que par leurs dignités. « Quand je considère cette robe de pourpre que je porte, disait-il, sa couleur me fait souvenir que je dois toujours être prêt à verser mon sang pour la gloire de Dieu et pour le bien de mes frères. »

La peste terrible qui désola Milan fit paraître dans tout son jour l'héroïque charité de Charles.

Quand elle éclata, il était absent. Aussitôt il s'empressa de retourner dans la ville, que déjà les magistrats, les nobles et les riches avaient abandonnée. On voulait le retenir : « Non, dit-il, le bon pasteur donne sa vie pour ses brebis. »

L'épidémie était si cruelle et la terreur si grande, que personne n'avait le courage de soigner les pestiférés, et que l'émigration augmentait chaque jour. Il parvint à retenir une grande partie de la population, et à ranimer en faveur des malades le zèle de ceux qui pouvaient les secourir. Il fit des règlements, prit de sages mesures de police, et exerça toute l'autorité dans une ville que tous les magistrats et même les chefs militaires avaient quittée.

L'hiver vint ajouter aux horreurs de la situation : le froid était excessif, et une foule de pauvres gens n'avaient ni bois pour se chauffer, ni vêtements pour se couvrir. Une multitude éplorée se rassemble devant la demeure de l'archevêque et implore Charles comme son unique protecteur dans cette affreuse détresse. Ce spectacle émut profondément le cœur de Charles, et fit couler ses pleurs. Mais que pouvait-il? Déjà il avait vendu ses meubles, son argenterie, et en avait donné le prix. Il fit une nouvelle revue de ce qui pouvait rester dans son palais, enleva toutes les tentures qui garnissaient les murailles, les tapis qui couvraient les planchers, les draperies des lits et des fenêtres; il distribua tout ce qui pouvait servir à faire des vêtements, et donna même ses propres habits, n'en réservant qu'un seul.

Pendant quinze mois que dura cette épidémie, qui enleva dix-huit mille personnes à Milan et huit mille dans le reste du diocèse, Charles ne se ralentit pas un seul moment. Le jour, la nuit, il était auprès des malades. Il faudrait des volumes pour raconter tous les actes de sa charité. On ne sait ce qui doit étonner le plus, ou de la persévérance de son dévouement, ou de la multitude de ses travaux, auxquels il est inconcevable qu'un homme seul ait pu suffire.

Non content de prodiguer sa vie pour le salut de ses concitoyens, il essayait de les encourager en implorant la miséricorde du ciel par des actes de piété et de pénitence. Dans une procession, comme il ne regardait pas où il mettait les pieds, il marcha sur un gros clou aigu, qui lui entra fort avant dans le pouce et lui enleva l'ongle : cet accident douloureux ne l'empêcha pas de continuer sa marche. Malgré la recommandation des médecins, il ne voulut pas garder la chambre un seul jour : tant il était pressé de courir là où l'appelait son zèle!

Enfin le fléau cessa, et Charles reprit ses visites pastorales. Durant une de ces visites, il tomba malade, et fut ramené à Milan. Comme on l'exhortait à se soigner, le seul adoucissement qu'il voulut bien introduire dans son genre de vie habituel, fut de faire mettre un peu de paille sur les planches qui lui servaient de lit.

Il sentit que sa fin était proche, et n'eut plus d'autre pensée que de se préparer saintement à la mort. Il reçut les derniers sacrements avec un calme parfait, et, le 3 novembre, rendit son âme à Dieu en prononçant ces paroles de l'Écriture : *Ecce venio*[1].

Le peuple, auquel il avait fait tant de bien, vit dans sa mort une calamité publique, et, vingt ans après, le souverain pontife le plaça au nombre de ces élus de Dieu que l'Église invoque.

La reconnaissance publique a élevé à saint Charles Borromée une statue dans la petite ville d'Arona, où il est né, sur les bords enchantés du lac Majeur. De là, la vue s'étend sur le beau lac et sur les îles délicieuses qu'on appelle Borromées, et qui appartiennent encore à sa famille ; l'*isola Madre*, formée de sept terrasses qui s'élèvent les unes au-dessus des autres, et dont la plus haute est surmontée d'un château, terrasses où croissent en pleine terre les orangers et les aloès ; et l'*isola Bella*, qui présente un coup d'œil magique, avec ses dix terrasses qui, s'élevant en étages, lui donnent la forme d'une pyramide de verdure, tout embaumée des parfums de l'oranger, du jasmin et des arbres les plus rares.

La statue colossale du saint, placée au bord du lac sur une colline, semble sourire à ce charmant spectacle : elle a vingt-deux mètres de hauteur, sur un piédestal de quinze mètres. Les pieds, les mains et la tête sont de bronze fondu ; le reste se compose de lames de cuivre fort épaisses ; au dedans est une masse de grosses pierres destinée à la consolider. Au moyen d'un escalier pratiqué dans l'épaisseur des vêtements, on peut monter jusque dans la tête du colosse. La tête est percée à jour en plusieurs endroits, de sorte que quelques curieux se donnent le plaisir, fort ridi-

---

1. Me voici ; je viens

cule du reste, d'écouter par les oreilles de la statue, de respirer par ses narines et de voir par ses yeux.

L'attitude du saint est à la fois simple et noble. Il est représenté debout, la tête découverte, en habit de cardinal; dans sa main gauche, il tient un livre ouvert; la droite, étendue vers le lac, semble bénir ce pays, où le souvenir de ses vertus ne s'effacera jamais.

Le curé de campagne.

Il est un homme dans chaque paroisse, qui n'a point de famille, mais qui est de la famille de tout le monde, qu'on appelle comme témoin, comme conseil ou comme agent dans tous les actes les plus solennels de la vie civile; sans lequel on ne peut ni naître ni mourir, qui prend l'homme

du sein de la mère et ne le laisse qu'à la tombe, qui bénit ou consacre le berceau, la couche conjugale, le lit de mort et le cercueil; un homme que les petits enfants s'accoutument à aimer, à vénérer et à craindre; que les inconnus même appellent *mon père*, aux pieds duquel les chrétiens vont répandre leurs aveux les plus intimes, leurs larmes les plus secrètes; un homme qui est le consolateur par état de toutes les misères de l'âme et du corps, l'intermédiaire obligé de la richesse et de l'indigence, qui voit le riche et le pauvre frapper tour à tour à sa porte : le riche pour y verser l'aumône secrète, le pauvre pour la recevoir sans rougir; un homme enfin qui sait tout, qui a le droit de tout dire, et dont la parole tombe de haut sur les intelligences et sur les cœurs avec l'autorité d'une mission divine; cet homme, c'est le curé : nul ne peut faire plus de bien aux hommes.

Comme moraliste, l'œuvre du curé est admirable. Le christianisme est une philosophie divine écrite de deux manières : comme histoire dans la vie et la mort du Christ, comme préceptes dans les sublimes enseignements qu'il a apportés au monde. Ces deux paroles du christianisme, le précepte et l'exemple, sont réunies dans le Nouveau Testament ou l'Évangile. Le curé doit l'avoir toujours à la main, toujours sous les yeux, toujours dans le cœur! Un bon prêtre est un commentaire vivant de ce livre divin. Il n'y a point de vérité morale ou politique qui ne soit en germe dans un verset de l'Évangile.

Le curé a donc toute morale, toute raison, toute civilisation, toute politique dans sa main quand il tient l'Évangile. Il n'a qu'à ouvrir, qu'à lire et qu'à verser autour de lui le trésor de lumière et de perfection dont la Providence lui a remis la clef. Mais, comme celui du Christ, son enseignement doit être double, par la vie et par la parole; sa vie doit être, autant que le comporte l'infirmité humaine, l'explication sensible de sa doctrine, une parole vivante. L'Église l'a placé là comme exemple plus que comme oracle; aucune langue humaine n'est aussi éloquente ni aussi persuasive qu'une vertu.

Le curé est encore administrateur spirituel des sacrements de son église et des bienfaits de la charité. Il a dans ses attributions les fautes, les repentirs, les misères, les nécessités, les indigences de l'humanité, il doit avoir le cœur riche et débordant de tolérance, de miséricorde, de mansuétude, de componction, de charité et de pardon. Sa porte doit être ouverte à toute heure à celui qui l'éveille, sa lampe toujours allumée, son bâton toujours sous sa main; il ne doit connaître ni saisons, ni distances, ni contagion, ni soleil, ni neige, s'il s'agit de porter l'huile au blessé, le pardon au coupable, ou son Dieu au mourant. Il ne doit y avoir devant lui, comme devant Dieu, ni riche, ni pauvre, ni petit, ni grand, mais des hommes, c'est-à-dire des frères en misères et en espérances.

Comme homme, le curé a encore quelques devoirs purement humains, qui lui sont imposés seulement par le soin de la bonne renommée. Retiré dans son humble presbytère, à l'ombre de son église, il doit en sortir rarement. Il lui est permis d'avoir une vigne, un jardin, un verger, quelquefois un petit champ, et de le cultiver de ses propres mains, d'y nourrir quelques animaux domestiques, de plaisir ou d'utilité : la vache, la chèvre, des brebis, le pigeon, des oiseaux chantants; le chien surtout, ce meuble vivant du foyer, cet ami de ceux qui sont oubliés du monde, et qui pourtant ont besoin d'être aimés de quelqu'un ! De cet asile de travail, de silence et de paix, le curé doit peu s'éloigner pour se mêler aux sociétés bruyantes du voisinage; il ne doit que dans quelques occasions solennelles tremper ses lèvres avec les heureux du siècle dans la coupe d'une hospitalité somptueuse; le reste de sa vie doit se passer à l'autel, au milieu des enfants auxquels il apprend à balbutier le catéchisme, ce code vulgaire de la plus haute philosophie, cet alphabet d'une sagesse divine; et dans les études sérieuses, parmi les livres, société morte du solitaire. Le soir, quand le marguillier a pris les clefs de l'église, quand l'angélus a tinté dans le clocher du hameau, on peut voir quelquefois le curé, son bréviaire à la main, soit sous les pommiers de son verger, soit dans les sentiers élevés de la montagne, respirer l'air suave des champs, tantôt s'arrêter pour lire un verset des poésies sacrées, tantôt regarder le ciel ou l'horizon de la vallée, et redescendre à pas lents dans la sainte et délicieuse contemplation de la nature et de son auteur.

Voilà sa vie et ses plaisirs; ses cheveux blanchissent, ses mains tremblent en élevant le calice, sa voix cassée ne remplit plus le sanctuaire, mais retentit encore dans le cœur de son troupeau; il meurt, une pierre sans nom marque sa place au cimetière, près de la porte de son église. Voilà une vie écoulée ! Voilà un homme oublié à jamais ! Mais cet homme est allé se reposer dans l'éternité, où son âme vivait d'avance, et il a fait ici-bas ce qu'il avait de mieux à y faire. Il a continué un dogme immortel, il a servi d'anneau à une chaîne immense de foi et de vertu, et laissé aux générations qui vont naître une croyance, une loi, un Dieu. (LAMARTINE.)

Le nègre pieux.
[Fin du XVIIIe siècle, commencement du XIXe.]

L'exemple d'un pauvre nègre, né dans l'esclavage, va nous montrer comment le désir de plaire à Dieu et d'obéir aux saintes lois du christianisme peut rendre féconde en bonnes œuvres l'existence la plus pauvre et la plus obscure.

Né en 1763, à Saint-Domingue, sur l'habitation de M. Belin, le nègre Eustache se fit remarquer de bonne heure par son attachement à la religion et par la pratique de toutes les vertus qu'elle inspire. Aussi était-il parvenu à se faire aimer de ses chefs et considérer de ses compagnons, à tel point qu'au moment où éclatèrent les premiers désastres de la colonie [1], Eustache dut à l'influence qu'il avait acquise, et le salut de son maître, et celui d'un grand nombre de propriétaires, menacés de périr dans le massacre général.

Quand les nègres, déterminés à la perte des blancs, jurèrent de les égorger tous, ils appelèrent Eustache parmi eux. En lui révélant leur conspiration, ils croient parler à un complice; ils ne sont entendus que par un honnête homme. L'idée du meurtre ne s'associe point dans l'âme d'Eustache avec celle de la liberté. Placé entre ses compagnons, armés de torches et de poignards, et les colons près de périr assassinés sous les décombres de leurs maisons embrasées, il ne balance point. Ni les animosités des noirs contre les blancs, ni la communauté d'intérêts, ni les liens d'affection ne le retiennent : il va où le sentiment religieux

---

[1]. Les mulâtres et les noirs de Saint-Domingue se révoltèrent contre les Français en 1792, et cette riche colonie fut perdue pour la France.

le conduit; il va où il voit non des vengeances à exercer, mais des devoirs à remplir.

Par son actif dévouement, il déroba à la mort une foule de victimes : il couvrit surtout son bon maître d'une protection de chaque moment, en échange de celle qu'il lui avait due pendant plus de vingt années; il l'aida, à travers des périls inouïs, à se ménager une retraite sur un navire américain, fit transporter dans le navire plusieurs milliers de sucre pour sauver M. Belin non-seulement du trépas, mais encore du dénûment, et s'embarqua avec lui, sans autre prétention que celle de le servir modestement, comme par le passé, après avoir eu l'inconcevable bonheur de mettre hors de danger les jours de quatre cents colons.

Mais quel désespoir ! Le navire américain est attaqué et pris par des corsaires anglais. M. Belin et ses amis ne se sont-ils dérobés à la mort que pour tomber dans l'esclavage? Non. Eustache va les délivrer de ce second péril. Tandis que les vainqueurs sans défiance se livrent aux joies d'un repas durant lequel il les amuse par ses jeux, l'habile et audacieux Eustache profite de leur sécurité pour tomber sur eux, pour les enchaîner à l'aide des autres captifs, avertis secrètement de son projet, et le navire délivré arrive heureusement dans la rade de Baltimore. Ainsi, deux fois Eustache a sauvé son maître.

Cet homme, né parmi les esclaves, et digne de figurer au premier rang des citoyens libres, ne se borne pas à signaler son courage dans les jours du danger. Sa vertu, toujours active, trouve le moyen de s'exercer encore dans les temps de calme. Il n'est point de formes qu'elle ne prenne pour satisfaire l'infatigable besoin d'héroïsme qui dévore ce noble enfant de l'Amérique française. Ceux qu'il a sauvés, il va les nourrir. Son temps, ses soins, le produit de son labeur, tout est employé à soutenir l'existence des colons ruinés qui l'entourent. L'image de leur détresse disparaît par degrés à ses yeux qu'elle affligeait. Partout où il passe, il porte des secours, des bienfaits, des consolations. D'autres ne vivent que pour rêver le mal; lui n'existe que pour méditer le bien.

Lorsque l'ordre parut se rétablir dans la colonie, M. Belin et Eustache se hâtèrent d'y retourner avec les autres exilés; mais, à peine débarqués, ils apprennent une affreuse nouvelle : vingt mille insurgés ont placé leur camp sur les hauteurs voisines de la ville. Cette ville était le Fort-Dauphin, alors occupé par les Espagnols. M. Belin et ses compagnons demandent en vain des armes aux Espagnols qui les laissent égorger par les noirs, sortis en tumulte de leurs retranchements. M. Belin cherche à fuir. Poursuivi par une troupe de nègres jusque sur les bords de la mer, où il va être précipité, il aperçoit un corps de garde espagnol, se fait reconnaître du commandant et lui crie : « Sauvez-moi ! » Des soldats accourent, l'arrachent des mains des barbares, le jettent dans leur poste; et là, couvert de leur uniforme, il voit la fureur des assassins s'arrêter devant l'habit qu'il a revêtu : il respire, il échappe de nouveau à la mort, et à quelle mort !

Que devenait cependant son fidèle ami? Séparé de lui par la foule, après l'avoir inutilement cherché, Eustache se recommande à la Providence, et s'efforce de garantir au moins du pillage les débris de sa fortune. Habile dans ses projets, c'est à la femme même du chef des noirs qu'il s'adresse pour conserver les effets de M. Belin. Il se rend sous la tente où elle se reposait couchée et malade, lui raconte une partie des événements qui venaient de s'accomplir, et la conjure de l'aider à soustraire à l'avidité des vainqueurs quelques malles renfermant des objets précieux. Muni de son consentement, il cache sous le lit de cette femme ces dernières richesses; court sur le théâtre du carnage; cherche, heureusement en vain, parmi les cadavres, celui de son maître : vole aux informations ; apprend enfin que ce maître, auquel il tient tant, pour lequel il a déjà tant fait, est parvenu à s'échapper; revient essayer d'enlever son dépôt pour le lui rendre; réussit, à force d'adresse et de précautions, et s'embarque une seconde fois sur un bâtiment qui se rend au môle Saint-Nicolas, où s'est réfugié M. Belin. Là, Eustache, précédé par le bruit de sa belle conduite, se voit accueilli comme le héros des colonies.

Désormais plus de dangers. Aux traits d'un sublime héroïsme vont succéder les marques de la plus ingénieuse affection. Vivant dans une tranquille retraite auprès de M. Belin, Eustache entendait souvent son maître, parvenu au déclin de l'âge, gémir sur l'affaiblissement progressif de sa vue. Si Eustache savait lire, il tromperait les longues insomnies du vieillard en lui faisant la lecture des journaux. Quel chagrin pour lui, et pour son ami qui se reproche de ne pas lui avoir procuré dans son enfance un si utile genre d'instruction ! Ce chagrin ne durera pas. Eustache acquiert le don qu'il regrettait ! Il s'adresse en secret à un instituteur, et, grâce aux leçons qu'il reçoit, grâce surtout à une volonté puissante, Eustache arrive un jour vers le pauvre demi-aveugle, un livre à la main, et lui prouve par le plus touchant des exemples que, si rien ne semble facile à l'ignorance, rien n'est impossible au dévouement.

Bientôt Eustache perdit celui auquel il avait consacré sa vie. Des legs considérables lui furent remis au nom de M. Belin, entre autres une somme de douze mille francs. Mais tous les trésors qui passaient par des mains si généreuses n'y pouvaient rester : Eustache les regardait comme un dépôt que la Providence lui confiait pour le soulagement des pauvres et des infortunés. Ces nouvelles richesses furent bientôt épuisées, car il y avait tant d'infortunés et tant de pauvres dans les colonies ! et par malheur il n'y avait qu'un Eustache. Chaque jour on le voyait délier les nœuds de cette bourse qu'il tenait de la reconnaissance de son maître. Chemises, linge, habits, meubles, tout ce que la misère demande à sa générosité, sa générosité le prodigue à la misère. Voici des soldats dont la paye est arriérée : Eustache acquitte la dette du gouvernement. Voilà des familles sans pain : elles en ont, Eustache est venu les visiter. Enfin Eustache a tout donné, il ne lui reste que le souvenir de ses bonnes actions ; c'est assez, il ne se plaindra pas, il remerciera le ciel, il est content ; il n'a plus rien, mais les autres ont quelque chose.

Depuis plusieurs années, Eustache habite Paris : maître d'hôtel intelligent, habile chef de cuisine, il est souvent appelé par les personnes qui donnent de grands repas ; il trouve dans son modeste salaire de quoi être généreux, et, pour ainsi dire, prodigue. Il passe sa vie à faire ce qu'il a toujours fait, des heureux. Il n'y a pas un jour de perdu dans cette existence vouée au bien. A chaque instant on découvre quelque nouvelle preuve de cette générosité inépuisable dont l'exercice lui est si doux. Tantôt ce sont de pauvres enfants qu'il met à ses frais en nourrice ; d'autres, dont il paye l'apprentissage. Tantôt il achète des outils pour les ouvriers qui n'ont pas même le moyen de se livrer aux travaux de leur profession. D'anciens parents de son maître obtiennent de lui des sommes assez fortes, qu'ils ne lui rendront pas, et dont il ne songera jamais à exiger le remboursement.

Tel est Eustache. Tel est cet homme qui honore l'humanité. Quand la louange vient le chercher, il la repousse avec sa simplicité habituelle par ces mots : « Ce n'est pas pour les hommes que je fais cela, c'est pour le Maître qui est là-haut ! »

§ II. CULTE INTÉRIEUR ET EXTÉRIEUR.

Il ne suffit pas de connaître Dieu ; il faut montrer par des signes sensibles qu'on le connaît et faire en sorte qu'aucun de nos frères n'ait le malheur de l'ignorer ; ces signes sensibles du culte sont ce qu'on appelle les cérémonies de la religion :

Le genre humain ne saurait reconnaître et aimer son créateur sans montrer qu'il l'aime, sans vouloir le faire aimer, sans exprimer cet amour avec une magnificence proportionnée à celui qu'il aime, sans s'exciter à l'amour par les signes de l'amour même. (FÉNELON.)

La divinité, qui n'a aucun besoin de nos hommages, nous commande cependant de l'honorer, parce que nous ne pouvons approcher d'elle par la pensée sans devenir plus purs. (C.)

La prière est la respiration de l'âme, et qui ne prie pas ne vit plus. (JOSEPH DE MAISTRE.)

Qui craint et aime Dieu pratique la religion, et qui pratique la religion honore ses ministres. (B.)

La prière.

Un homme demandait à saint Macaire[1] comment il de-

---

1. De 300 à 390.

vait prier : « Mon frère, lui répondit le saint, il n'est pas besoin d'employer beaucoup de paroles; il suffit d'élever les mains vers le ciel et de dire : « O mon Dieu! que votre « volonté soit faite! » Et quand vous vous sentirez combattu par quelque tentation pressante, dites du fond de votre cœur : « O mon Père! secourez-moi! » car Dieu sait bien ce qui vous est nécessaire. »

Puisqu'il est si facile de prier, comment se fait-il que tant d'hommes négligent une pratique si salutaire et si sainte?

A ce sujet, nous rapporterons les paroles naïves d'un enfant appartenant à une de nos écoles primaires.

Cet enfant disait à son père, qui ne s'était jamais occupé de pensées religieuses : « Mon père, pourquoi ne priez-vous jamais pour moi, comme les parents de mes camarades prient pour leurs enfants? Cela me porterait bonheur.

— Mon fils, répondit-il, il n'est pas étonnant que je ne prie pas pour toi; je n'ai jamais prié pour moi-même.

— Eh bien! mon père, je prierai pour vous et pour moi, et nous nous en trouverons bien tous les deux. »

Le père, ému par ces paroles touchantes, joignit ses prières à celles de son fils, et dès lors le bonheur entra dans leur maison....

C'est surtout dans la prière qu'on trouve des forces contre les pensées dangereuses; c'est par elle qu'on triomphe des mauvaises habitudes.

C'est grâce à ce secours salutaire qu'un habitant d'un de nos départements du Midi parvint, il y a quelques années, à se soustraire à la fatale domination du vice.

Cet homme, adonné depuis quarante ans au vice dégradant de l'ivrognerie, déplorait souvent son malheur. Presque tous les matins il s'indignait de sa faiblesse, et jurait à sa femme et à ses enfants d'être à l'avenir fidèle à la loi de la tempérance; et presque tous les soirs on le voyait, chancelant sous le poids de l'ivresse, se traîner jusqu'à sa demeure, où l'aisance avait régné autrefois, mais où, par l'effet de ce malheureux vice, tout offrait aux yeux l'image de la misère.

Un jour, le vénérable curé de son village, pressé par un zèle charitable, alla voir ce malheureux : « Mon ami, lui dit-il, pendant que vous restez ainsi captif sous le joug d'une habitude vicieuse, oubliez-vous que la mort s'avance et que le jugement la suit?

— Non, monsieur, je ne l'oublie pas; mais je suis un misérable que la fatalité entraîne. Tous les jours je lutte, je combats. Je veux et j'espère vaincre.... mais je suis toujours vaincu. Cette habitude invétérée est plus forte que moi.... Ah! je vois bien que la mort seule pourra m'en délivrer!... »

Tandis qu'il parlait ainsi, le malheureux se cachait le visage avec ses mains, et entre ses doigts on voyait couler ses larmes.

Le vénérable ministre de la religion se sentait vivement ému. Il lui répondit avec douceur :

« Vous luttez, vous souffrez!... C'est bien, mon ami. Les luttes mêmes dans lesquelles vous êtes vaincu prouvent que vous êtes capable d'une bonne résolution, et qu'il vous reste encore de l'énergie. Mais n'auriez-vous pas jusqu'ici partagé une erreur trop commune? N'auriez-vous pas pensé que l'homme peut se délivrer du mal, par sa seule force, sans le secours de Dieu; qu'on peut se *sauver* sans le *Sauveur?* »

Le vieillard demeura interdit, et, regardant le vénérable prêtre, il eut l'air de lui demander ce qu'il voulait dire.

« Je vais m'expliquer, continua l'homme de Dieu toujours avec la même douceur. Avez-vous recours à l'Esprit-Saint, qui seul donne l'intelligence et la force? Priez-vous?

— Hélas! répondit le vieillard, je n'ose. Je suis indigne, je le sens, je suis indigne de prier. J'ai voulu l'essayer quelquefois, mais en vain. Après avoir balbutié quelques mots du bout des lèvres, je m'arrêtais; la honte étouffait les paroles dans ma bouche, il me semblait qu'une voix intérieure me criait : « Tais-toi, misérable! Mérites-tu que Dieu t'é-
« coute? »

— Ainsi donc, vous voilà engagé dans un cercle dont vous ne pouvez sortir. Vous ne priez pas, parce que vous vous sentez vicieux, et vous ne pouvez vous délivrer de votre vice, parce que vous ne priez pas. Il faut en finir. Le jardin du presbytère a besoin de quelques journées de travail. Prenez votre bêche et suivez-moi. Vous travaillerez dès aujourd'hui ; vous serez nourri au presbytère, et, la journée finie, vous ferez la prière du soir dans l'église, avec moi et votre famille, qui viendra vous y rejoindre. Vous prierez, nous prierons tous pour vous ; et, quand vous aurez contracté l'habitude de la prière, vous puiserez dans ce pieux exercice le courage et la force. »

Le vieillard, ouvrant son âme à l'espérance, suivit au presbytère son vertueux guide. Le soir, il pria, et trouva dans cet exercice une douceur infinie. Il lui semblait que son âme, s'élevant au ciel sur les ailes de la prière, se dégageait insensiblement des horribles liens du vice. Depuis ce jour il ne laissa plus lever l'aurore, il ne laissa plus les ténèbres couvrir la terre sans invoquer, par une prière ardente, celui de qui viennent toutes les bonnes pensées. Dès ce moment il devint un autre homme. A la vérité, il eut encore des combats à livrer, il chancela encore de temps en temps ; il tomba même une fois ou deux ; mais insensiblement ses pas s'affermirent ; il marcha avec fermeté dans la route du bien. Le calme de la conscience, la considération publique, l'aisance, tout revint à la fois, et cet homme, devenu exemplaire par sa conduite, et sa famille, si longtemps en proie à toutes sortes de chagrins et désormais heureuse, ne passent pas un seul jour sans remercier Dieu et sans bénir son digne ministre.

Confiance en la divine Providence.

La vie humaine est réglée et surveillée par la divine Providence. C'est ce que nous fait parfaitement comprendre un auteur contemporain par ce récit allégorique :

Un homme s'égare pendant la nuit. A la lueur d'un ciel

étoilé, il découvre un palais, il y entre. Des serviteurs de toute espèce s'empressent sur ses pas, et lui témoignent, chacun dans son langage, qu'ils ont reçu l'ordre de pourvoir à ses besoins. Quelques-uns se taisent et n'en remplissent pas moins leur ministère. Partout le mouvement règne autour de lui. On attache aux lambris des lampes étincelantes, on réchauffe les foyers; on lui apporte des fourrures en hiver, des fruits délicieux et rafraîchissants en été. Les désirs ne lui semblent permis que pour devenir à son profit des occasions de bienfaits. Une horloge magnifique, visible de tous les appartements, sonne les heures et donne le signal des travaux, qui rentrent encore dans la classe des jouissances.

A peine le voyageur a-t-il senti la douce invasion du sommeil, qu'un sombre rideau s'abaisse devant lui, et que le silence est ordonné autour de sa couche. Son réveil est marqué par de nouvelles attentions dont il est l'objet. Le maître du palais ne se montre pas. Le voyageur s'éloigne, et il poursuivra sa route sans l'avoir personnellement vu. Mais, frappé de l'accord, de l'ordre, de la dignité, de la promptitude et de l'exactitude du service qui s'est fait sous ses yeux, il emporte avec lui le sentiment de la présence du maître. Il se gardera toute sa vie de dire qu'il a résidé dans un château abandonné, où l'arrivée d'un hôte aurait été un accident imprévu, et où rien n'aurait été préparé pour recevoir.

Il se permettra encore moins de penser que le propriétaire est un être malfaisant, parce que de nouveaux voyageurs, s'étant présentés, au lieu de jouir fraternellement des douceurs de cet asile, se sont pris de querelle ensemble.

Il ne sera pas surpris que de cette mésintelligence il soit résulté divers accidents, tels que la faim et la détresse d'un certain nombre de commensaux privés en partie, par l'avidité et l'égoïsme de quelques-uns, des bienfaits de l'hospitalité offerte à tous : car il a remarqué que les buffets, les lits de repos et les garde-robes étaient assez copieusement garnis pour suffire à tous les besoins.

Cependant le désordre momentané dont il a été témoin provoque les réflexions du voyageur. Il s'étonne que le prince hospitalier qui a recueilli tant d'inconnus auxquels il ne devait rien, n'ait pas, en intervenant dans leurs débats, empêché les spoliations ou les violences. A ses yeux, ces abus de la force blessent autant les lois de la justice que la dignité du maître du palais. Il se représente principalement quelques honnêtes compagnons de route, qui, par la bonté de leur caractère, ont excité tout son intérêt, et qui, avec des droits à un meilleur sort, ont été indignement dépouillés et outragés.

C'est au milieu des tristes pensées que ces souvenirs réveillent, que le voyageur poursuit son chemin; mais tout à coup il est abordé par un vieillard qui le salue en lui disant : « Croyez-vous que les choses en restent là? Le prince a tout vu, il a tout entendu. Chacun sera traité suivant ses œuvres. Ne savez-vous pas que, par un pouvoir dont la source se perd dans les âges, il oblige les voyageurs qui traversent la forêt à séjourner plus ou moins de temps dans le château, pour qu'il puisse acquérir une connaissance parfaite de leurs bonnes qualités? Indulgent pour leurs fautes, mais sévère pour toute habitude coupable, il va les attendre dans un palais voisin de celui que nous quittons, et où le même pouvoir les forcera de porter leurs pas; c'est là qu'il se réserve de récompenser ou de punir; c'est là que chacun rendra un hommage volontaire ou forcé aux saintes lois de la justice. »

A ces mots un trait de lumière frappe l'intelligence du voyageur. Tout s'explique, tout se dévoile à ses yeux. Il bénit la sagesse du souverain de qui il a reçu les bienfaits de l'hospitalité; également consolé du passé et rassuré sur l'avenir, il s'avance vers le terme de sa course; déjà il entrevoit sans frayeur le péristyle du second palais, dont l'architecture, d'un style un peu austère, se dessine dans le lointain vaporeux. Placé sous la main d'un maître qui lui doit protection et justice, il s'endormira partout avec confiance. Il a été vu; c'est assez. (KÉRATRY.)

Respect pour la religion et pour ses ministres.

Rodolphe de Habsbourg[1], qui fut depuis empereur, monté sur un superbe coursier, allait un jour dans la forêt pour y chasser : son écuyer portait ses javelots et marchait à sa suite. Arrivé dans une prairie, Rodolphe entend une clochette retentir : c'était un prêtre en cheveux blancs précédé de son clerc, et portant entre ses mains l'hostie consacrée. Rodolphe se découvre avec respect.

A travers la prairie coulait un torrent, grossi par les pluies, qui arrêtait les pas des voyageurs. Le prêtre s'empresse d'ôter sa chaussure pour traverser les eaux larges et froides du torrent.

« Que faites-vous ? s'écrie Rodolphe en le regardant.

— Je cours chez un mourant qui soupire après cette nourriture céleste. Le pont sur lequel on passait le ruisseau vient d'être emporté; mais il ne faut pas que le mourant soit privé du salut auquel il aspire; je vais traverser le courant pieds nus. »

Rodolphe ne veut pas souffrir que le bon vieillard s'expose ainsi : il le fait monter sur son cheval, et lui met entre les mains la bride magnifique. Ainsi le prêtre pourra porter la nourriture fortifiante au malade qui l'appelle et remplir un devoir sacré. Puis le jeune homme retourne à son château, heureux d'avoir renoncé au plaisir de la chasse, pour faire un acte de piété et d'humanité en même temps.

§ III. MORT CHRÉTIENNE.

Vis de telle manière que si la mort te surprend, elle te trouve toujours prêt. (*Imitation de J. C.*)

Celui qui s'acquitte bien de ses devoirs, se prépare tous les jours à la mort et peut la voir venir sans terreur :

L'heure sonne, le temps a cessé pour le juste; il va demander à Dieu

---

1. Empereur d'Allemagne en 1273; c'est de lui que descendait la maison d'Autriche, remplacée aujourd'hui par la maison de Lorraine.

sa récompense. C'est un fils qui a voyagé, et qui retourne vers son père. (*Cours de morale.*)

Rien ne trouble sa fin, c'est le soir d'un beau jour. (LA FONTAINE.)

L'homicide de soi-même, qu'on nomme suicide, est un crime d'autant plus grand, qu'il implique l'impénitence finale. (*Théologie chrétienne.*)

Un soldat ne peut, sans honte ni sans crime, abandonner le poste où son chef l'a placé; et tu penses, toi, avoir le droit d'abandonner, sans l'ordre de Dieu, le poste de la vie, où Dieu t'a mis! (*Moralistes anciens.*)

Tableau de la mort du Juste.

Venez voir le plus beau spectacle que puisse présenter la terre : venez voir mourir le fidèle. Un prêtre assis à son chevet le console. Ce ministre saint s'entretient avec l'agonisant de l'immortalité de son âme, et la scène sublime que l'antiquité entière n'a présentée qu'une seule fois, dans le premier de ses philosophes mourants[1], cette scène se renouvelle chaque jour sur l'humble grabat du dernier des chrétiens qui expire.

Le moment suprême est arrivé; un sacrement a ouvert à ce juste les portes du monde, un sacrement va les clore; la religion le balança dans le berceau de la vie; ses beaux chants et sa main maternelle l'endormiront encore dans le berceau de la mort.

Elle prépare le baptême de cette seconde naissance; mais ce n'est plus l'eau qu'elle choisit, c'est l'huile, emblème de l'incorruptibilité céleste. Le sacrement libérateur rompt à peu près les attaches du fidèle; son âme, à moitié échappée de son corps, devient presque visible sur son visage. Déjà il entend les concerts des séraphins; déjà il est prêt à s'envoler vers les régions où l'invite cette espérance divine, fille de la vertu et de la mort. Cependant l'ange de la paix, descendant vers ce juste, touche de son sceptre d'or ses yeux fatigués, et les ferme délicieusement à la lumière. Il meurt, et l'on n'a point entendu son dernier soupir; il meurt, et longtemps après qu'il n'est plus, ses amis font silence autour de sa couche, car ils croient qu'il sommeille

---

1. Allusion à la mort de Socrate, célèbre philosophe athénien.

encore, tant ce chrétien a passé avec douceur ! (CHATEAU-
BRIAND.)

Les martyrs du christianisme.

La piété des premiers chrétiens était si fervente et si pure, qu'on ne saurait assez l'admirer. En moins de trois siècles, grâce à l'influence de leurs exemples aussi bien qu'à celle de leur doctrine, les ténèbres de l'idolâtrie furent dissipées et le culte du vrai Dieu établi dans tout l'univers.

D'innombrables persécutions s'élevèrent contre l'Église naissante; les fidèles n'opposèrent à la tyrannie d'autres armes que la patience et la fermeté; jamais l'excès de l'injustice ne put les pousser à la révolte; mais jamais aussi les plus cruels supplices ne purent intimider leur foi.

On ne saurait calculer le nombre de ces héros qui, bravant des tourments dont la seule pensée fait frémir, reçurent avec une sainte joie la couronne du martyre.

Le premier des martyrs fut l'apôtre saint Étienne. On le traîna hors de Jérusalem pour le lapider[1]. Les seules paroles que prononça sa voix mourante furent une prière pour ses meurtriers : « O mon Dieu ! dit-il, ne leur imputez point ce péché. »

Peu d'années après[2], l'apôtre saint Jacques fut dénoncé comme chrétien et condamné à périr par le glaive. Comme il marchait au supplice plein de courage et d'espérance, il fut arrêté un instant par un homme qui, se jetant à ses pieds et fondant en larmes, le suppliait de lui pardonner : c'était son dénonciateur. L'apôtre le relève et l'embrasse : « Oui, je te pardonne, lui dit-il, ton repentir efface ta faute. Sois béni ! Veuille celui que je vais rejoindre dans les cieux, t'éclairer de sa lumière ! »

Tels étaient les sentiments dont étaient animés tous ces généreux défenseurs de la foi qui, pendant trois siècles, scellèrent de leur sang la vérité de l'Évangile : amour immense de Dieu, charité inépuisable pour tous les hommes!

---

1. An 33.   2. An 41.

DEVOIRS DE L'HOMME ENVERS DIEU.

Parmi une foule d'exemples, tous plus intéressants les uns que les autres, nous citerons seulement ceux de saint Arcade et de sainte Perpétue.

Pendant une violente persécution contre les chrétiens, Arcade[1] quitta sa maison et alla se cacher dans une solitude profonde où il servait Dieu dans le silence. Les persécuteurs, étant entrés dans sa maison, y trouvèrent un de ses amis, qui était aussi son proche parent; ils le jetèrent en prison et lui signifièrent qu'il y resterait jusqu'à ce qu'il déclarât le lieu où Arcade était caché. Arcade, informé de cet événement, sortit aussitôt de sa retraite et alla se présenter au gouverneur : « Si c'est à cause de moi, lui dit-il, que vous retenez mon parent prisonnier, je viens me remettre moi-même entre vos mains. Relâchez-le donc et disposez de mon sort. »

Le gouverneur fit mettre le prisonnier en liberté et employa toutes sortes de moyens pour engager Arcade à sacrifier aux idoles. Arcade résista aux séductions et aux menaces; enfin il souffrit le martyre, et il eut la double gloire d'être tout ensemble le martyr de la foi chrétienne et celui de l'amitié.

Sainte Perpétue a fait elle-même un récit de la persécution qu'elle essuya, et l'a conduit jusqu'à la veille de sa mort[2]. Ce récit est d'une simplicité touchante. Elle avait reçu le baptême à l'insu de son père, qui avait fait de vains efforts pour la détourner des vérités qu'il avait le malheur de méconnaître; elle avait dans ce temps un fils à la mamelle. Voici comment elle raconte ce qui lui arriva :

« Peu de jours après notre baptême, on nous mit en prison; j'en fus effrayée d'abord, car je n'avais jamais vu de semblables ténèbres, et je souffrais surtout à cause de mon enfant. Mais je me sentis bientôt fortifiée : la prison devint pour moi un palais, et je me trouvais heureuse de souffrir pour la foi. Bientôt le bruit se répandit que nous devions être interrogés; mon père vint à la prison, accablé de tristesse, et me disait : « Ma fille, ayez pitié de mes cheveux

---

[1]. An 280.   [2]. An 205.

« blancs; ayez pitié de votre père. » J'étais pénétrée de la douleur qu'il éprouvait; je pleurais avec lui, mais Dieu soutenait mon courage. Je lui dis pour le consoler : « Il « arrivera ce qu'il plaira à Dieu : car sachez, mon père, « que nous ne sommes point en notre puissance, mais sous « la sienne. » Il m'enleva mon fils et s'en chargea. Le lendemain on vint nous chercher pour être interrogés, et nous fûmes conduits sur la place publique. Le bruit s'en répandit aussitôt dans les quartiers voisins, et il s'amassa une grande foule de peuple.

« D'autres furent d'abord interrogés et déclarèrent qu'ils persévéraient dans la foi; ensuite on s'adressa à moi; mon père parut à l'instant avec mon fils, et cette vue me fit de la peine. Il s'approcha de moi et me conjura d'avoir pitié de mon enfant. Le juge me dit : « Épargnez la vieillesse de votre « père ! ayez compassion de l'enfance de votre fils ! sacrifiez « aux dieux ! — Non, répondis-je, je suis chrétienne. » Alors mon père s'efforça de m'entraîner. Le juge commanda qu'on le fît sortir. Mon père se débattait, et il reçut un coup de baguette; je le sentis comme si j'eusse été frappée; je pleurai, tant je fus affligée de voir mon père maltraité dans sa vieillesse, et à cause de moi. Alors on prononça notre sentence et on nous condamna tous à être exposés aux bêtes. Nous retournâmes à la prison en louant le Seigneur. »

Sainte Perpétue termine sa relation par les mots suivants :

« Voilà ce que j'ai fait jusqu'à la veille du spectacle[1]. Quelque autre écrira, s'il veut, ce qui s'y passera. »

Quel courage brille dans cette narration, quelle angélique douceur et quelle héroïque tranquillité !

Mort de saint Louis.
[1270]

Louis IX[2] était allé assiéger Tunis. La contagion se mit dans son armée, épuisée par des combats continuels et dé-

---

1. L'exécution.
2. Ou saint Louis, roi de France, modèle des rois et modèle des chrétiens.

Mort de saint Louis.

vorée par le soleil de l'Afrique. On attendait de Sicile, Charles d'Anjou [1], frère du roi, avec des troupes et des vivres, mais Charles n'arrivait pas.

Déjà le roi avait vu mourir entre ses bras un de ses fils. Il se sentit lui-même frappé. Il s'aperçut, dès les premiers moments, que le coup était mortel. Il tâchait néanmoins de dissimuler son mal, et de cacher la douleur qu'il éprouvait de la perte de son fils. On le voyait, la mort sur le front, visiter les hôpitaux, veiller à la sûreté du camp, montrer à l'ennemi un visage intrépide, ou, assis devant sa tente, rendre la justice à ses sujets, comme sous le chêne de Vincennes [2].

Philippe [3], fils aîné et successeur de Louis, ne quittait point son père qu'il voyait près de descendre au tombeau. Le roi fut enfin obligé de garder sa tente : alors, ne pouvant plus être utile lui-même à ses peuples, il tâcha de leur assurer le bonheur dans l'avenir, en adressant à Philippe de touchantes recommandations que l'histoire a conservées, et qui sont les plus beaux enseignements que l'on puisse adresser aux chefs des peuples. Il écrivit cette instruction sur son lit de mort. Un ancien auteur a vu un manuscrit qui paraît en avoir été l'original : l'écriture en était grande, mais altérée; elle annonçait la défaillance de la main qui avait tracé l'expression d'une âme si forte.

La maladie faisant des progrès, Louis demanda l'extrême-onction. Il répondit aux prières des agonisants avec une voix aussi ferme que s'il eût donné des ordres sur un champ de bataille. Il se mit à genoux au pied de son lit pour recevoir le saint viatique, et l'on fut obligé de le soutenir par les bras dans cette dernière communion. Depuis ce moment, il mit fin aux pensées de la terre, et se crut acquitté envers ses peuples. Eh, quel monarque avait jamais mieux rempli ses devoirs! Le lundi matin, 25 août, sentant que son heure approchait, il se fit coucher sur un

---

1. Charles d'Anjou, roi de Naples et des deux Siciles, mort en 1285.
2. Saint Louis rendait quelquefois lui-même la justice, assis sous un chêne, dans la forêt de Vincennes, près Paris.
3. Roi de France de 1270 à 1285, sous le nom de Philippe le Hardi ou Philippe III.

lit de cendres, où il demeura étendu, les bras croisés sur la poitrine et les yeux levés vers le ciel.

Le camp des Français offrait l'image de la plus affreuse douleur : aucun bruit ne s'y faisait entendre; les soldats moribonds sortaient des hôpitaux, et se ranimaient pour s'approcher de leur roi expirant. Enfin, vers les trois heures de l'après-midi, le roi, jetant un grand soupir, prononça distinctement ces paroles : « Seigneur, j'entrerai dans votre demeure, et je vous adorerai dans votre saint temple; » et son âme s'envola dans le saint temple qu'elle était digne d'habiter.

En ce moment on entendit retentir la trompette des troupes de Sicile : leur flotte arrive pleine de joie et chargée d'inutiles secours. On ne répond point à leur signal. Charles d'Anjou s'étonne et commence à craindre quelque malheur. Il aborde au rivage, il voit des sentinelles, la lance renversée, exprimant encore moins leur douleur par ce deuil militaire que par l'abattement de leur visage. Il vole à la tente de son frère : il le trouve étendu mort sur la cendre. Il se jette sur les reliques sacrées, les arrose de ses larmes, baise avec respect les pieds du saint, et donne les marques les plus vives de tendresse et de regret. Le visage de Louis avait encore toutes les couleurs de la vie et ses lèvres mêmes étaient vermeilles.

La France, qui ne pouvait se consoler d'avoir perdu sur la terre un tel monarque, le déclara son protecteur dans le ciel; Louis, placé au rang des saints, devint ainsi pour la patrie une espèce de roi éternel. (CHATEAUBRIAND.)

Derniers moments d'un vieillard.

Voici comment Bossuet décrit les derniers moments d'un vieillard pieux :

Que vois-je ici? la foi véritable, qui, d'un côté, ne se lasse pas de souffrir, vrai caractère d'un chrétien; et de l'autre, ne cherche plus qu'à se développer de ses ténèbres, et, en dissipant le nuage, se changer en pure lumière et claire vision. O moment heureux où nous sortirons des ombres et des énigmes pour voir la vérité manifeste! Courons avec ardeur; hâtons-nous de purifier notre cœur, afin de voir Dieu, selon la promesse de l'Évangile. Heureux moment, qui ne te désire pas n'est pas chrétien. Après que ce pieux désir est formé par le Saint-Esprit dans ce vieillard plein de foi, que reste-t-il, sinon qu'il aille jouir de l'objet qu'il aime? Prêt à rendre l'âme, il commence l'hymne des divines miséricordes : « Je chanterai, dit-il, éternellement les miséricordes du Seigneur. » Il expire en disant ces mots, et il continue avec les anges le sacré cantique.

Crime et folie.

Quelques philosophes de l'antiquité ont osé faire l'apologie du suicide, et cependant rien ne peut légitimer ce moment de désespoir.

Le suicide est un acte de rébellion envers Dieu : donc c'est un crime horrible.

Ceux qui veulent le légitimer disent qu'on n'est pas coupable quand on ne fait pas de tort aux autres.

Quel faux raisonnement! On est toujours coupable quand on viole la loi de Dieu, soit qu'il en résulte ou non un dommage pour autrui. Le crime est dans la révolte même, et non dans les conséquences qu'elle peut avoir.

Mais il est faux de dire que par cette action criminelle on ne nuise pas à autrui, car l'exemple que l'on donne produit toujours dans la société un mal immense.

Le malheureux qui se laisse entraîner à cet acte de désespoir, dit : « Je fais mal, je le sens, j'en conviens; mais Dieu est miséricordieux, il me pardonnera. »

Quelle détestable erreur! Oui, la miséricorde de Dieu est infinie; mais faire sciemment et volontairement ce qui est contraire à sa loi et se rendre criminel en comptant d'avance sur le pardon, c'est s'en rendre indigne.

« Mais, ajoute-t-il, je ne puis plus supporter la vie, je suis excusable d'en rejeter le fardeau. »

Erreur et mensonge! On peut lui répondre : « Vous ne

pouvez pas! dites que vous ne voulez pas. Quels que soient vos chagrins, il vous est toujours plus facile d'employer votre force morale à les supporter que d'abuser de cette même force pour tourner sur vous-même une main criminelle. »

Proposition impie, pieux refus.

Un homme d'une naissance illustre avait été injustement condamné à mort à la suite de troubles politiques. Il attendait l'heure du supplice, lorsqu'un de ses parents, ayant obtenu la permission de le voir, entre dans sa prison et lui dit : « Cher ami, je viens te donner une dernière preuve de mon amitié. Non, tu ne périras pas d'un supplice ignominieux. J'ai trouvé le moyen de t'en préserver. Prends ce que je t'offre. »

Et, en disant ces mots, il lui présente du poison : « Tiens, ajouta-t-il, voici un secours qui, dans l'antiquité, a préservé tant de philosophes de la rage des tyrans.

— O mon ami! répondit le condamné, qu'oses-tu me proposer! Oublies-tu que je suis chrétien? Ai-je droit sur ma propre vie? Suis-je maître de me la ravir? Comment oserais-je paraître en présence de Dieu, chargé d'un tel crime?

— Mais, s'écria son ami en frémissant, songe donc à la honte d'un supplice public?...

— La honte consiste à violer les lois de Dieu, l'honneur à les observer. Je serais rebelle à cette loi sainte, si je me dérobais par un crime au malheur éclatant qui m'est réservé. Tu me parles des philosophes de l'antiquité. Ils élevaient leur âme par la contemplation de leurs propres forces; les chrétiens ont un témoin, et c'est devant lui qu'il faut vivre et mourir. Les philosophes mettaient au rang des choses permises le suicide, par lequel on se soustrait au pouvoir des oppresseurs; la foi chrétienne le flétrit, et n'estime que le dévouement qui nous soumet aux volontés de la Providence. »

Son ami alors l'embrassa en versant des larmes : « Je te

remercie, lui dit-il, de cette dernière leçon que ta vertu vient de me donner : oublie la malheureuse proposition que j'avais eu la faiblesse de te faire. Je ne sais si, à mon tour, je n'aurai point à me plaindre de l'injustice des hommes; mais ce que je te promets, en te quittant, c'est que je n'enfreindrai jamais volontairement la loi de Dieu. »

Dernier présent d'une sœur.

Une dame, mourant à la fleur de l'âge, envoya en don à sa sœur l'exemplaire du Nouveau Testament dont elle se servait habituellement, avec cette lettre :

« Ma sœur, ma chère Catherine, je t'envoie un livre dont l'extérieur n'est pas enrichi de dorures, mais dont l'intérieur l'emporte infiniment sur l'or et les pierres précieuses : c'est l'Évangile de Notre-Seigneur Jésus-Christ. Si tu le lis avec un esprit humble et docile, il te conduira à la seule félicité digne de ce nom, à la jouissance de la vie éternelle; il t'enseignera à bien vivre et à bien mourir. Par lui, tu acquerras des richesses qu'aucun homme ne pourra te ravir. Demande avec ardeur, comme David, l'intelligence de cette loi sainte et la grâce d'agir d'une manière qui y soit conforme. Prépare-toi dès ce moment à ta dernière heure : ceux qui sont jeunes peuvent se voir aussi promptement enlevés que les vieillards, si Dieu les appelle. Ne pleure pas sur ma fin, ô ma sœur bien-aimée. Réjouis-toi plutôt avec moi de ce que je vais passer de la corruption à l'incorruptibilité : car j'ai la ferme espérance que, par la perte de cette vie qui ne dure qu'un instant, je gagnerai celle qui ne finit jamais, et où je désire ardemment que tu entres un jour avec moi. Dans cette attente, que l'amour du Seigneur te garde, afin que tu vives et que tu meures dans sa crainte, et que tu persévères sans cesse dans l'intégrité d'une vie chrétienne. Adieu, ma sœur, mets toute ta confiance en Celui qui est notre seule force ! »

DEUXIÈME PARTIE
DEVOIRS DE L'HOMME ENVERS LUI-MÊME

§ I. PERFECTIONNEMENT MORAL.

CONSCIENCE.

La conscience parle à tous les hommes qui ne se sont pas, à force de dépravation, rendus indignes de l'entendre :

Nul ne peut être heureux s'il ne jouit de sa propre estime :

Une conscience pure est un doux oreiller sur lequel l'homme de bien seul peut reposer. (*Divers auteurs.*)

Le contentement de soi-même est la preuve et la récompense de la bonne conduite. (B.)

Pur dans les actions et dans les paroles, sois pur aussi dans tes pensées, et règle-les si bien, que, si l'on te demandait à quoi tu penses, tu puisses toujours faire une réponse prompte, sincère, et en même temps honorable pour toi. (*Moralistes anciens.*)

Celui dont la conscience est pure et tranquille, trouve du charme à tout ce qui l'entoure; c'est pour lui seul que la nature est belle. (B.)

Témoignage intérieur.

La miséricorde divine avait conduit un jeune homme vicieux dans une société d'hommes dont les mœurs étaient saintes et pures. Il fut touché de leurs vertus. Il ne tarda pas à les imiter et à perdre ses anciennes habitudes. Il devint juste, sobre, patient, laborieux, bienfaisant. On ne pouvait nier ses œuvres; mais on leur donnait des motifs odieux : on voulait toujours le juger par ce qu'il avait été, et non par ce qu'il était devenu. Cette injustice le pénétrait de douleur. Il répandit ses larmes dans le sein d'un solitaire. « O mon fils, lui dit le vieillard, tu vaux mieux que ta réputation; rends grâce à Dieu. Heureux celui qui peut dire : « Mes ennemis et mes rivaux censurent en moi des vices « que je n'ai pas ! » Que t'importe, si tu es bon, que les hommes te soupçonnent d'être méchant? N'as-tu pas pour te consoler deux témoins éclairés de tes actions : Dieu et ta conscience? »

Bonne conscience et mauvaise conscience.

Le maître d'école d'un village situé sur les bords du Rhin donnait un jour sa leçon aux enfants de la commune, qui étaient assis autour de lui, et qui l'écoutaient avec plaisir : car sa manière d'enseigner était pleine de force et de douceur. Il parlait en ce moment de la bonne et de la mauvaise conscience, et de la secrète voix du cœur.

Lorsqu'il eut fini, il demanda à ses élèves : « Quel est celui d'entre vous qui pourra me faire une comparaison sur ce sujet[1]? »

L'un d'eux s'avança en disant : « Je pourrais bien en dire une; mais je ne sais pas si elle est juste.

— Voyons toujours, » répondit le maître; et l'enfant continua ainsi :

« Je compare le trouble de la mauvaise conscience à ce que j'ai éprouvé un jour lorsque les soldats ennemis passèrent par notre village. Ils emmenèrent de force mon père avec notre cheval. Comme mon père ne revenait point, ma mère pleurait et se lamentait, ainsi que nous tous, et elle m'envoya à la ville, à la recherche de mon père. J'y allai, mais je revins tard dans la nuit, et le cœur bien triste, car je n'avais pas trouvé mon père.

« C'était par une nuit obscure d'automne : le vent grondait et sifflait entre les chênes, les sapins et les rochers; les chouettes et les hiboux criaient. J'avais dans mon âme le pressentiment que j'avais perdu mon père, et je me représentais la douleur de ma mère quand je reparaîtrais seul à la maison. A cette idée, je fus saisi d'un frisson mortel; le mouvement d'une feuille m'épouvantait, et je pensais en moi-même : Voilà ce que doit éprouver l'homme qui porte en lui une mauvaise conscience.

---

1. Pour exercer l'intelligence des enfants, dans les écoles d'Allemagne, on leur demande souvent de faire des comparaisons sur divers sujets.

— Enfants, dit alors le maître, voudriez-vous marcher ainsi au milieu des ténèbres, cherchant en vain votre père, et n'entendant que la voix de la tempête et les cris des oiseaux de proie ?

— Oh ! non, » s'écrièrent tous les enfants à la fois, en frissonnant.

L'enfant recommença à raconter : « Une autre fois, dit-il, je fis le même chemin avec ma sœur. Nous étions allés acheter à la ville toutes sortes de jolis cadeaux pour une petite fête que mon père voulait donner à ma mère le lendemain. Nous revenions tard dans la nuit, mais c'était au printemps; le ciel était clair et beau, la nature était calme, et il régnait partout un si profond silence, qu'on entendait le murmure de la source qui coulait le long du chemin; et au loin tout alentour les rossignols chantaient dans les buissons. Nous marchions ensemble, ma sœur et moi, nous tenant par la main, et le cœur si content que nous n'avions pas envie de parler; et nous rencontrâmes notre bon père, qui venait au-devant de nous. Alors je me dis en moi-même : Voilà ce que doit éprouver l'âme de l'homme qui a fait le bien. »

Le jeune garçon se tut. Le maître regarda un instant ses enfants avec amitié; puis ils s'écrièrent tous ensemble : « Oui, nous voulons devenir des hommes de bien ! »

Bonheur qui naît d'une conscience pure.

Un soir un pêcheur, vénérable par son âge et par ses vertus, venait de monter sur une nacelle avec son fils et s'avançait sur la mer pour jeter ses filets dans les roseaux qui bordaient le rivage de plusieurs îles voisines. Le soleil se plongeait au sein de la mer, et les flots et le ciel semblaient tout en feu.

« Ah ! que tout est beau autour de nous ! dit avec ravissement le jeune homme. Voyez comme le cygne, entouré de sa joyeuse couvée, se plonge dans le reflet doré du ciel ! Voyez comme il navigue, comme il trace des sillons dans les flots, comme il déploie ses ailes ! Dans ce bosquet qui borde le rivage, quel agréable murmure font entendre ces hauts peupliers ! Et, dans cette île, comme ces blés encore verts s'agitent et se ploient doucement au souffle du zéphyr !

Que la nature est belle ! combien elle nous rend contents et heureux !

— Oui, répondit le père, la nature nous donne des plaisirs purs. Tu goûteras toujours ces plaisirs, mon fils, si tu es homme de bien, si des passions violentes ou coupables ne viennent point troubler ta vie.

« O cher enfant ! Une conscience tranquille, voilà le plus précieux de tous les biens.

« C'est en me conformant à ce principe, ô mon fils, que j'ai vécu heureux jusqu'à ce jour.

« Depuis le moment de ma naissance, soixante fois la forêt qui environne nos cabanes s'est parée de verdure; cette longue vie s'est passée comme un beau jour de printemps, au milieu du calme et des plaisirs purs.

« Toutefois je n'ai pas été exempt de toute affliction.

« Souvent, fendant la mer avec ma légère nacelle, je

fus surpris par la tempête. Ma barque restait suspendue sur la cime d'une montagne d'eau; et soudain, avec un fracas épouvantable, les flots retombaient, et moi avec eux. Les muets habitants de la mer tremblaient lorsque le bruit du tonnerre et des vagues retentissait au-dessus d'eux, et ils se réfugiaient au fond de l'abîme; moi, je croyais voir chaque flot ouvrir pour moi une tombe humide, et les vents soufflaient avec fureur, et des fleuves pleuvaient sur ma tête.

« Mais bientôt la fureur des vents se calmait, l'air devenait serein, et j'apercevais dans le paisible miroir des flots l'image du ciel. Bientôt l'esturgeon au dos bleuâtre et à l'œil rouge, retiré au milieu des herbes marines, sortait de son asile: de nombreux poissons bondissaient sur les flots où se réfléchissait le soleil, et le calme et la joie renaissaient dans mon cœur.

« O mon fils ! c'est toi surtout dont la tendresse a fait mon bonheur. Tu as été jusqu'ici docile à mes leçons; suis-les toujours, et tu seras heureux comme moi, et la nature sera toujours belle à tes yeux. »

AMENDEMENT.

Je n'ai qu'une seule affaire, qui est de m'étudier, de m'approfondir, et surtout de me vaincre, pour me rendre digne de parvenir à la vérité. (FÉNELON.)

La vertu n'entre que dans une âme cultivée, éclairée, perfectionnée par un exercice continuel : nous naissons pour elle, mais non pas avec elle. Les hommes les plus heureusement nés ont, avant de s'être instruits, des dispositions à la vertu, mais ne sont pas encore vertueux :

Il n'y a pas de légèreté à revenir d'une erreur qu'on connaît et qu'on déteste. Il faut avouer ingénûment qu'on n'a pas bien vu, qu'on s'est trompé. Persister, en pareil cas, ne peut être que l'effet d'un sot orgueil. (*Moralistes anciens.*)

L'aveu des fautes ne coûte guère à ceux qui sentent en eux de quoi les réparer :

Personne ne souffre plus doucement d'être repris, que celui qui mérite d'être loué. (Mme DE LAMBERT.)

C'est sans doute un mal que d'être plein de défauts; mais c'est encore un plus grand mal que d'en être plein et de ne point vouloir les reconnaître, puisque c'est y ajouter encore celui d'une illusion volontaire. (PASCAL.)

Le repentir est une vive douleur, à laquelle se mêle pourtant un charme secret, parce qu'en gémissant de notre faute, nous jouissons intérieurement du sentiment qui nous la fait détester, et que, par cela même que nous nous trouvons coupables, nous nous sentons meilleurs. Ainsi l'on trouve presque toujours de la douceur aux larmes que le repentir fait couler, et les sanglots qu'il arrache portent le calme dans la poitrine qu'ils déchirent. (B.)

Examen journalier.

Le célèbre philosophe Pythagore[1] prescrivait à ses disciples de rentrer tous les soirs quelques instants en eux-mêmes et de se faire ces questions : « Quel est l'emploi que j'ai fait de ma journée? Dans quels lieux suis-je allé? Quelles personnes ai-je vues? Qu'est-ce que j'ai fait? Qu'est-ce que j'ai omis? »

Cette pratique est excellente. Tout homme jaloux de s'améliorer lui-même et de travailler à son bonheur doit tous les jours consacrer quelques moments, soit avant de se livrer au sommeil, soit le matin à son lever, à repasser dans son esprit ce qu'il a fait, dit, entendu, observé dans la journée précédente. Cet examen fugitif et rapide occupe précisément une portion de temps perdue pour tous les hommes, et qui est ainsi retrouvée et employée de la manière la plus fructueuse. On saisit ce moment, qui semble indiqué par la nature, et dont la vie sociale elle-même permet toujours la libre disposition, pour descendre dans son âme, pour se recueillir, pour se rappeler tout ce qu'on a vu, remarqué, appris, tout ce qu'on a pu faire et dire avec sagesse ou imprudence, utilement ou inutilement, au profit ou au désavantage de son corps, de son esprit et de son âme. On se rend un compte exact et sévère de l'emploi de tous ses instants pendant l'intervalle des vingt-quatre heures qui ont précédé. On adresse, pour ainsi dire, cette question à chaque jour qui vient de s'écouler : « En quoi m'as-tu profité pour mon perfectionnement physique, moral, intellectuel, pour mon bonheur? »

---

1. Né à Samos, en Grèce; mort en Italie vers l'an 489 av. J. C.

Efforts courageux et assidus.

Un jeune homme avait conçu la généreuse résolution de se corriger de ses défauts et d'entrer dans la voie de la sagesse. Mais, en s'examinant sérieusement, il se trouva si faible pour le bien, si accoutumé au mal, si rempli d'imperfections et de vices, qu'il perdit courage, regardant une œuvre si difficile comme impossible, et ne sachant par où commencer. Un sage vieillard, à qui il découvrit l'état de son âme, le consola et l'encouragea en lui racontant cette parabole :

« Un homme envoya son fils à la campagne pour y défricher un champ tout couvert de ronces et d'épines. Le jeune homme, voyant combien ce travail devait être long et pénible, désespéra d'y réussir. Au lieu de commencer l'ouvrage, il se coucha à l'ombre d'un arbre et s'endormit. Il ne fit donc rien ni ce jour-là ni les jours suivants.

« Le père vint voir ce que son fils avait fait, et trouva que le jeune homme, épouvanté par la longueur du travail, ne l'avait pas seulement commencé. Au lieu de témoigner du courroux à son fils, il lui dit avec douceur : « Je te « demande de défricher pendant ta journée seulement ce « petit coin du champ, » et il lui montra un morceau de terre qui faisait à peu près la dixième partie du tout. « Oh ! « pour cela, bien volontiers, dit le jeune homme; c'est bien « facile. » Il se mit à l'ouvrage de bon cœur, et dès le soir sa tâche était faite. « Eh bien, mon enfant, fais-en autant « chaque jour, et, ainsi divisée, cette tâche, qui te parais- « sait immense, sera courte et facile. » Le jeune homme, docile à ce conseil, partagea lui-même le champ en dix portions égales; au bout de dix jours, tout fut achevé, et ce champ, jusqu'alors hérissé de ronces, devint un jardin qui se couronna de fleurs et de fruits.

« C'est ainsi, dit le sage vieillard, que vous devez en user à l'égard de vos défauts. Commencez par combattre la passion qui vous domine davantage, ensuite vous tâcherez de vaincre successivement les autres, et la paix rentrera dans votre cœur. »

Extirpation des vices dès leur naissance.

Un sage de l'Orient, interrogé par ses disciples sur la manière de combattre les passions, leur répondit par cette figure : il était alors dans un lieu planté d'arbres. Il commanda à l'un des disciples d'arracher un tout jeune arbre qu'il lui montra, et le disciple l'arracha aussitôt, sans aucune peine, d'une seule main. Il lui en désigna ensuite un autre un peu plus grand, que le jeune homme arracha aussi, mais avec un peu plus d'efforts, en y mettant les deux mains. Pour en arracher un troisième, qui était beaucoup plus fort, il fallut qu'un de ses compagnons l'aidât, et encore n'en vinrent-ils à bout qu'avec assez de difficulté. Enfin, le sage leur en montra un qui était beaucoup plus gros. Tous les jeunes gens unirent leurs efforts et ne purent jamais réussir à le déraciner. « Mes chers enfants, leur dit le sage, il en est ainsi de nos passions : au commencement, quand elles ne sont pas encore enracinées, il est facile de les arracher pour peu qu'on prenne soin de les combattre; mais lorsque, par une longue habitude, on leur a laissé prendre de profondes racines dans le cœur, il est presque impossible de les extirper. »

Moyen de faire des progrès dans la vertu.

« Dans ma jeunesse, dit Franklin[1], je conçus le difficile et hardi projet d'arriver à la perfection morale. Je désirais me préserver de toutes les fautes dans lesquelles un penchant naturel, l'habitude ou la société pouvaient m'entraîner. Ce fut dans ce dessein que j'essayais la méthode suivante. Je réunis, sous douze noms de vertus, tout ce qui se présenta à moi comme nécessaire ou désirable; j'attachai

---

1. Benjamin Franklin (1706-1788), né à Boston, en Amérique, d'une famille pauvre, fut d'abord ouvrier imprimeur, et acquit ensuite, par son travail et par sa bonne conduite, une grande célébrité et des richesses considérables. Il a beaucoup contribué à l'affranchissement des colonies anglaises qui sont devenues les États-Unis d'Amérique. On doit à Franklin de précieuses découvertes sur l'électricité et l'invention du paratonnerre.

à chacun de ces noms un court précepte pour exprimer l'étendue que je donnais à leur signification.

« Voici les noms des *vertus* avec leurs préceptes :

1. *Tempérance.* — Ne mangez pas jusqu'à être appesantis; ne buvez pas jusqu'à vous étourdir.

2. *Silence.* — Ne dites que ce qui peut servir aux autres ou à vous-même. Évitez les conversations oiseuses.

3. *Ordre.* — Que chaque chose chez vous ait sa place, et chaque affaire son temps.

4. *Résolution.* — Prenez la résolution de faire ce que vous devez; et faites, sans y manquer, ce que vous avez résolu.

5. *Économie.* — Ne faites de dépenses que pour le bien des autres ou pour le vôtre, c'est-à-dire ne dissipez rien.

6. *Travail.* — Ne perdez pas le temps. Occupez-vous toujours à quelque chose d'utile. Abstenez-vous de toute action qui n'est pas nécessaire.

7. *Sincérité.* — N'usez d'aucun mauvais détour; pensez avec innocence et justice; parlez comme vous pensez.

8. *Justice.* — Ne nuisez à personne, soit en lui faisant du tort, soit en négligeant de lui faire le bien auquel votre devoir vous oblige.

9. *Modération.* — Évitez les extrêmes. Gardez-vous de ressentir les torts aussi vivement qu'ils vous semblent le mériter.

10. *Propreté.* — Ne souffrez aucune malpropreté, ni sur votre corps, ni sur vos vêtements, ni dans votre maison.

11. *Tranquillité.* — Ne vous laissez pas troubler par des bagatelles ni par des accidents ordinaires ou inévitables.

12. *Humilité.* — Imitez Jésus.

« Mon dessein étant d'acquérir l'habitude de toutes ces vertus, je résolus de m'appliquer plus particulièrement, pendant le cours de chaque semaine, à l'une d'entre elles, sans négliger les autres.

« Pour cela, je fis un petit livre de douze pages, portant chacune en tête le nom d'une des vertus. Je réglai chaque page en encre rouge, de manière à y établir sept colonnes, une pour chaque jour de la semaine, mettant au haut de chacune des colonnes le nom d'un des sept jours. Je traçai ensuite douze lignes transversales, au commencement de chacune desquelles j'écrivais en abrégé le nom d'une des douze vertus. Sur cette ligne et à la colonne du jour, je faisais une petite marque d'encre pour noter les fautes que, d'après mon examen, je reconnaissais avoir commises.

« Ainsi, je pouvais faire un cours complet en douze semaines, et le recommencer quatre fois par an. De même qu'un homme qui veut nettoyer un jardin ne cherche pas à en arracher toutes les mauvaises herbes en même temps, ce qui excéderait ses moyens et ses forces, mais commence d'abord par une des plates-bandes, pour ne passer à une autre que quand il a fini le travail de la première, ainsi j'espérais goûter le plaisir encourageant de voir dans mes pages les progrès que j'aurais faits dans la vertu, par la diminution successive du nombre des marques, jusqu'à ce qu'enfin, après avoir recommencé plusieurs fois, j'eusse le bonheur de trouver mon livret tout blanc, après un examen journalier pendant douze semaines.

« Je me mis donc à exécuter ce plan. Je fus surpris de me trouver beaucoup plus rempli de défauts que je ne l'aurais imaginé; mais j'eus la satisfaction de les voir diminuer.

« Il peut être utile que mes descendants sachent que c'est à ce moyen qu'un de leurs ancêtres, aidé de la grâce de Dieu, a dû le bonheur constant de toute sa vie jusqu'à sa soixante-dix-neuvième année, dans laquelle il écrit ces pages. »

Faute avouée et réparée.

Le célèbre jurisconsulte Dumoulin[1] était également remarquable par la science, par le talent et le caractère.

Avant d'arriver à la haute célébrité que lui procurèrent ses ouvrages, Dumoulin plaidait quelquefois; mais il avait la voix aigre et peu agréable, et une élocution difficile. Aussi, un jour, le premier président de Thou[2], fatigué de

1. 1500-1566.
2. De Thou, premier président du parlement de Paris. Le parlement de Paris était la première cour de judicature du royaume.

l'entendre, lui dit brusquement : « Taisez-vous; vous êtes un ignorant. »

L'ordre des avocats ressentit vivement cette injure faite à l'un de ses membres, et il fut arrêté que le bâtonnier[1], avec une députation, irait s'en plaindre au premier président. Lorsque la députation fut introduite dans le cabinet du magistrat, le bâtonnier lui dit avec la rude franchise de ce temps : « Vous avez injurié un homme plus savant que vous. — Cela est vrai, répondit sur-le-champ le premier président, trop grand pour nier sa faute, et heureux de la réparer; je ne connaissais pas tout le mérite de M. Dumoulin, j'ai eu tort. »

Défaut reconnu et corrigé.

Alphonse IV, roi de Portugal[2], se livrait avec une ardeur excessive au plaisir de la chasse, et ses favoris encourageaient son goût dominant. C'est ainsi qu'il perdait dans des exercices inutiles un temps qu'il aurait dû consacrer aux affaires de l'État. Cependant sa présence devint nécessaire à Lisbonne. Il entra dans la salle du conseil avec toute l'impétuosité d'un jeune chasseur; il raconta avec beaucoup de gaieté aux conseillers rassemblés autour de lui les divers incidents qui avaient signalé les dernières journées. Quand il eut cessé de parler, un membre du conseil, respectable par ses cheveux blancs et par ses services, lui dit : « Sire, permettez-moi de vous parler avec franchise.

« Quand un simple particulier s'occupe de ses plaisirs au lieu de songer à ses affaires, il nuit à ses intérêts; lorsqu'un roi abandonne le soin de la chose publique, pour ne chercher que de vains amusements, il cause souvent la ruine de tout un peuple. Ce n'est point pour écouter des prouesses de chasseur que nous sommes réunis ici. Nous vous conjurons de consacrer désormais la plus grande partie de votre

---

1. On appelle ainsi le chef que les avocats se donnent annuellement.
2. Alphonse IV régna en Portugal de 1325 à 1357.

temps à l'accomplissement des devoirs que Dieu vous a imposés. La chasse et les autres divertissements n'ont droit qu'à vos moments perdus. » En entendant ces paroles hardies, Alphonse d'abord pâlit de colère; mais, triomphant de ce premier mouvement, et faisant sur lui-même un généreux effort, il reconnut la sagesse de cette remontrance.

« Vous avez raison, dit-il, je vous remercie de vos sages avis. Souvenez-vous, à dater de ce jour, que je ne suis plus Alphonse le chasseur, mais Alphonse, roi de Portugal. » Le prince remplit l'engagement qu'il venait de prendre, et devint un des souverains les plus actifs de son siècle.

Réparation honorable.

Les soldats allemands au service de Henri IV obligèrent, la veille de la bataille d'Ivry[1], Schomberg, leur colonel, d'aller demander au roi la solde qui leur était due. Henri répondit : « Comment! colonel, est-ce le fait d'un homme d'honneur de demander de l'argent quand il faut prendre des ordres pour combattre? » Schomberg se retira tout confus, et alla dévorer en silence, dans sa tente, ce reproche mortifiant. Le lendemain, lorsqu'on fut sur le point de combattre, Henri se souvint de la réponse trop dure qu'il avait faite au colonel; il courut à lui, lui dit : « Colonel, nous voici dans l'occasion; il peut se faire que j'y demeure. Il n'est pas juste que j'emporte l'honneur d'un brave soldat comme vous. Je déclare donc que je vous connais pour un homme de bien et incapable de faire une lâcheté. » En disant ces mots, il l'embrassa avec effusion. « Ah! sire, s'écria le colonel, les larmes aux yeux, en me rendant l'honneur que vous m'aviez ôté, vous m'ôtez la vie : car j'en serais indigne si je ne la sacrifiais aujourd'hui pour votre service. » Schomberg, dans ce combat, se couvrit de gloire, et périt les armes à la main.

---

1. En 1590. Ivry est un bourg du département de l'Eure, que l'on nomme encore Ivry-la-Bataille. Il y a un autre Ivry, près de Paris.

Égarement et repentir.

Heureux celui qui conserve toujours l'innocence! Heureux encore celui qui, après l'avoir perdue, est arrivé à la vertu par le repentir!

L'évangéliste saint Jean [1], de retour de l'île de Pathmos [2], fut, comme il avait été auparavant, animé d'une charité divine. Il avait remarqué un jeune homme dont le front candide et pur annonçait l'innocence : « Prenez ce jeune homme sous votre protection, dit-il à l'évêque, et veillez fidèlement sur lui. »

L'évêque se chargea du jeune homme; il l'instruisit; mais, trop confiant en son pupille, il n'exerça pas sur lui une surveillance assez sévère. La liberté devint funeste au jeune homme : séduit par de douces flatteries, il n'aima plus le travail; il se laissa entraîner par de funestes illusions et par les charmes de l'indépendance. Ayant réuni ses camarades autour de lui, il s'enfonça avec eux dans la forêt et devint chef de brigands.

Saint Jean revint dans la contrée, et telle fut la première demande qu'il adressa à l'évêque : « Où est mon fils? — Il est mort! répondit l'évêque en baissant les yeux. — Quand et comment est-il mort? — Il est mort à Dieu; je ne puis le dire sans verser des larmes; il s'est fait brigand! — Où est-il? — Il est sur la montagne! — Il faut que je le voie! » s'écrie l'apôtre, et il part sur-le-champ. A peine est-il arrivé à l'entrée de la forêt, Jean tombe entre les mains des brigands; c'est ce qu'il désirait. « Conduisez-moi, dit-il, vers votre chef. » On le conduisit. A sa vue, le jeune homme interdit se détourna. « Ne fuis pas, ô jeune homme! ô mon fils! ne fuis pas ton père! Je t'ai promis au Seigneur, et je dois répondre de toi. Si tu l'exiges, je consens à sacrifier pour toi ma vie; mais t'abandonner, c'est ce que je ne puis. J'ai eu confiance en toi; je te dois à Dieu, je réponds de toi sur mon âme. »

Versant des pleurs, le jeune homme se précipite au cou

---

1. L'un des douze apôtres, surnommé le *Disciple bien-aimé*, mort en 101.

2. Sur la côte d'Asie. C'est là que saint Jean fut exilé et écrivit l'*Apocalypse*.

du vieillard; il reste muet et immobile, et pour toute réponse des torrents de larmes ruissellent de ses yeux. L'apôtre embrasse avec tendresse son fils qui se repent et qui lui est rendu. Il l'emmène loin de la montagne, et purifie son cœur par de douces et saintes paroles.

Toujours intimement unis, ils passèrent ensemble de longues années, et le jeune homme devint digne que l'apôtre épanchât son âme tout entière dans son sein.

Crime et expiation.
[1809.]

Entre Arezzo et Florence, au milieu des Apennins, s'élève la célèbre abbaye de Vallombreuse, qu'entourent d'épaisses forêts de noirs sapins. A une grande hauteur au-dessus de l'abbaye, se trouve un ermitage d'où l'on jouit d'une vue immense qui s'étend d'un côté jusqu'à la Méditerranée, et de l'autre jusqu'au golfe Adriatique.

Dans cet ermitage, habite un solitaire qui y passe toute l'année dans les exercices de la plus austère pénitence. Il a un petit jardin; une source abondante jaillit du sommet d'un rocher et lui sert à arroser des légumes et des fleurs. Mais les neiges qui s'accumulent de bonne heure dans les gorges resserrées des Apennins rendent tous les chemins de l'abbaye impraticables; alors l'ermite reste plusieurs mois comme enfoui dans cette retraite profonde sans aucune communication avec les vivants.

Un soir, deux voyageurs, surpris par l'orage au milieu de leurs courses dans les montagnes, se virent forcés de chercher un abri à l'ermitage. C'était un artiste français avec un Italien de ses amis. Ils agitent vivement la cloche. L'ermite s'empresse d'ouvrir. Il fait du feu pour les sécher et leur offre quelques grossières provisions, que la faim leur fait trouver excellentes.

Le lieu était sombre et tirait à peine un peu de jour d'une lucarne élevée. La tête de l'ermite, éclairée seulement par la flamme du foyer, avait un caractère si énergique et si pittoresque, que l'artiste eut le désir d'en tirer une esquisse.

Ce ne fut pas sans peine que le solitaire se décida à laisser faire son portrait. Enfin il y consentit : il prit la position qui lui était habituelle, c'est-à-dire le corps un peu courbé, les mains jointes sur son chapelet, et sa physionomie exprima alors le calme et le recueillement convenables à un pieux solitaire. Mais bientôt la conversation étant tombée sur la guerre qui désolait alors le nord de l'Italie, sa tête se releva, ses yeux s'animèrent, et l'ami de l'artiste français, reconnaissant avec stupéfaction sous le capuchon d'un anachorète un homme d'un rang élevé qui, dans un moment de violence, avait autrefois commis un meurtre, ne put retenir un cri.

« Je vois que vous me reconnaissez, dit l'ermite. Vous voyez un grand coupable. La justice humaine m'a épargné; mais je n'en ai pas moins eu horreur de mon crime, et le remords allait me jeter dans le désespoir, quand la religion m'a ouvert ses bras et m'a sauvé. J'ai distribué toute ma fortune à des établissements de charité, et je suis venu m'ensevelir dans ce désert, où je vis du travail de mes mains. J'offre à Dieu mon repentir, et j'espère en sa miséricorde. »

ÉMULATION.

Quelque rapport qu'il paraisse de la jalousie à l'émulation, il y a entre elles le même éloignement que celui qui se trouve entre le vice et la vertu. (LA BRUYÈRE.)

L'émulation est un sentiment volontaire, courageux, sincère, qui rend l'âme féconde, qui la fait profiter des grands exemples et la porte souvent au-dessus de ce qu'elle admire. (ID.)

Les louanges qu'ont méritées les âmes fortes et élevées, augmentent leur ardeur et leur puissance; elles auraient honte de ne pas rester fidèles à leur gloire, de ne pas lui donner plus d'éclat par des actions encore plus belles. (*Moralistes anciens.*)

Émulation trop passionnée.

Saint Augustin[1], retiré à la campagne avec quelques amis, y instruisait deux jeunes gens nommés Licent et Trigèce. Il avait établi des conférences réglées, où il les faisait parler sur différents sujets, chacun soutenait son sentiment, et répondait aux objections : on écrivait tout ce qui se disait. Il échappa un jour à Trigèce une réponse qui n'était pas tout à fait exacte, et qu'il souhaitait qu'on ne mît point par écrit. Licent, de son côté, insista vivement, et demanda qu'elle fût écrite. On s'échauffa de part et d'autre.

Saint Augustin fit une réprimande assez forte à Licent, qui en rougit sur-le-champ; l'autre, ravi du trouble et de la confusion où il voyait son émule, ne put dissimuler sa joie. Le saint, pénétré d'une vive douleur, en voyant le secret dépit de l'un et la maligne joie de l'autre : « Est-ce donc ainsi, s'écria-t-il, que vous vous conduisez? Est-ce là cet amour de la vérité et de la vertu dont je me flattais, il n'y a qu'un moment, que vous étiez l'un et l'autre embrasés? Vous me causez une bien cruelle affliction. » En achevant ces mots, il avait les larmes aux yeux.

« Si vous croyez, ajouta-t-il, me devoir quelque retour d'amour et de tendresse, toute la reconnaissance que je vous demande, c'est d'être bons et d'être unis. »

Les disciples attendris ne songèrent plus qu'à consoler leur maître par un prompt repentir pour le présent, et par de sincères promesses pour l'avenir.

La faute de ces jeunes gens, dira-t-on peut-être, méritait-elle que le maître en fût si touché? N'est-ce pas l'ordinaire

---

1. Un des plus illustres Pères de l'Église; évêque de la ville d'Hippone, nommée aujourd'hui Bone, en Afrique; mort en 430.

de ces sortes de disputes? Vouloir bannir cette vivacité et cette sensibilité, ne serait-ce pas éteindre toute l'ardeur de l'étude, et émousser la pointe d'un aiguillon nécessaire à cet âge.

Ce n'était point la pensée de saint Augustin; il ne songeait qu'à retenir dans de justes bornes une noble émulation, et à l'empêcher de dégénérer en orgueil; il était bien éloigné de vouloir guérir cette disposition par une autre, qui n'est peut-être pas moins dangereuse, je veux dire la paresse et l'indolence. « Que je serais à plaindre, dit-il, d'avoir des disciples en qui un vice ne pût se corriger que par un autre vice ! »

Noble émulation et basse jalousie.
[XVII° siècle.]

Dans une des plus célèbres écoles de peinture d'Italie, un jeune homme, nommé Guidotto, fit un tableau qui obtint le plus grand succès. Les maîtres l'admirèrent, et déclarèrent unanimement que, si cet élève continuait comme il avait commencé, il parviendrait à illustrer son nom. Ce tableau fut regardé par deux de ses compagnons d'école par des yeux bien différents. Brunello, élève plus ancien que lui et qui avait acquis quelque réputation, fut mortifié de la supériorité du jeune artiste; il considérait l'honneur qu'obtenait son émule comme une usurpation sur le sien propre, et désira avec passion de le voir perdre le renom qu'il venait de s'acquérir.

Lorenzo, jeune élève de la même école, ne pensait point ainsi. Il devint un des plus sincères admirateurs de Guidotto. Il désira ardemment de mériter un jour les mêmes éloges; il le prit pour modèle, et toute son ambition fut de suivre ses traces. Il entra avec passion dans la carrière des progrès. Pendant longtemps, Lorenzo fut mécontent de ses tentatives; mais il ne se lassait point de les renouveler. « Hélas ! s'écriait-il, que je suis encore loin de Guidotto ! » A la fin cependant il eut la satisfaction de s'apercevoir qu'il commençait à réussir; et, ayant reçu de vifs applaudissements à l'occasion d'un de ses ouvrages, il se dit en lui-même : « Pourquoi ne pourrais-je pas aussi égaler un jour l'émule que j'admire et que j'aime ? » Guidotto cependant continuait le cours de ses succès. Brunello se débattit encore en lui disputant la palme ; mais bientôt il abandonna cette lutte, et se consola à l'aide des sarcasmes de l'envie et des exagérations d'une critique passionnée.

Il était d'usage qu'à un certain jour de l'année chaque élève exposât un tableau dans une grande salle, où des examinateurs, choisis parmi les amateurs les plus éclairés, décernaient une couronne à celui qu'ils jugeaient le meilleur.

Pour ce grand jour, Guidotto avait fait un tableau dans lequel il s'était surpassé lui-même. Il le termina la veille de l'exhibition, et il ne restait qu'à en relever la couleur par un vernis transparent.

L'envieux Brunello eut la coupable adresse de jeter dans la fiole qui contenait ce vernis, quelques gouttes d'une préparation caustique, dont l'effet était de détruire entièrement la fraîcheur et le brillant de la peinture. Guidotto étendit ce vernis le soir aux bougies, et, avant l'aurore, suspendit son tableau à la place qui lui était destinée. Ce n'était pas sans un vif battement de cœur que Lorenzo de son côté avait placé sa pièce d'exposition. Il l'avait finie avec le plus grand soin ; et malgré sa modestie, il s'était livré à l'espérance qu'elle ne serait pas inférieure aux premiers ouvrages de Guidotto.

L'heure si désirée a sonné ; les juges du concours arrivent, le salon s'ouvre, on tire les rideaux, et les tableaux s'éclairent du jour le plus favorable. On se porte d'abord vers celui de Guidotto ; mais, lorsque à la place du chef-d'œuvre qu'on attendait on ne vit qu'une croûte ternie et tachée, il n'y eut qu'une voix pour dire : « Est-il possible que ce soit là l'ouvrage du premier artiste de cette école ! » L'infortuné s'approche, et, témoin lui-même de l'horrible changement qu'avait éprouvé son ouvrage favori, il se désespère et s'écrie : « Je suis trahi ! » Le vil Brunello jouissait de sa douleur ; mais Lorenzo la partageait. « C'est une noirceur ! c'est un crime ! s'écria-t-il ; ce n'est pas là l'œuvre de Guidotto, je l'ai vue; elle était parfaite de coloris comme de dessin. »

Tous les spectateurs compatirent à la disgrâce de Guidotto; mais il était impossible d'adjuger le prix à une toile dans cet état.

Ils examinèrent toutes les autres. Le tableau de Lorenzo, artiste jusqu'alors peu connu, obtint la préférence, et le prix lui fut décerné; mais Lorenzo, en le recevant, alla à Guidotto et le lui présenta : « Prenez, lui dit-il, ce que votre mérite vous eût indubitablement acquis, si l'envie ne vous eût méchamment trahi : c'est pour moi assez d'honneur que de marcher le second après vous; si dans la suite je puis parvenir à vous égaler, ce sera par de nobles efforts et non par une indigne fraude. »

Cette conduite charma tous les assistants. On décida que Guidotto, malgré sa résistance, garderait le prix que lui cédait son jeune émule, et qu'un prix d'une valeur égale serait adjugé à Lorenzo.

CHOIX DES COMPAGNIES QUE L'ON FRÉQUENTE.

La compagnie des honnêtes gens est un trésor. (*Moralistes orientaux.*)

Rien n'est plus propre à rendre une âme honnête, à fixer ses incertitudes, à redresser ses mauvais penchants, que le commerce des gens de bien : leurs discours, leur simple vue, ont une influence qui se fait sentir jusqu'au fond du cœur et tient lieu de préceptes. (*Moralistes anciens.*)

Le bon exemple dispose les âmes au bien; il s'en répand une émanation encourageante et salutaire; c'est un meilleur air qui rend plus sain et plus fort. (LEBRUN.)

Il vaut mieux être seul que d'être dans la compagie des méchants. (*Moralistes orientaux.*)

Dis-moi qui tu fréquentes, je te dirai qui tu es. (*Adage populaire.*)

Bonne compagnie.

Un poëte persan, Saadi[1], exprime, par ce charmant apologue, quelle est sur l'homme l'heureuse influence de la société des gens de bien :

---

1. Ce poëte florissait dans le XIIIe siècle.

« Je me promenais, dit-il ; je vois à mes pieds une feuille à demi desséchée, qui exhalait une odeur suave. Je la ramasse et la respire avec délices. « Toi qui exhales de si doux parfums, lui dis-je, es-tu la rose ?

« — Non, me répondit-elle, je ne suis point la rose, mais « j'ai vécu quelque temps avec elle : de là vient le doux « parfum que je répands. »

Mauvaise compagnie.

Un philosophe rencontra un jeune homme accompagné d'un de ses camarades connu par ses débauches. Le jeune homme eut honte d'être vu en si mavaise compagnie, et rougit : « Courage, mon enfant ! lui dit le sage ; j'aime à voir en toi cette marque de pudeur. Mais qu'il vaudrait bien mieux aller avec des gens dont la société ne pût te faire rougir ! »

Funestes effets des mauvaises compagnies sur la jeunesse.
[1839.]

Un enfant, nommé Jacquot, avait eu le malheur de perdre son père. Il avait alors environ quatorze ans. Si son père eût vécu, il l'aurait empêché de fréquenter la mauvaise compagnie ; mais sa mère ne pouvait pas aussi bien le surveiller.

Elle lui avait expressément défendu d'aller dans une auberge qui se trouvait à l'extrémité du village. Elle avait bien raison de le lui défendre, car il y avait dans cette auberge des enfants méchants et des domestiques vicieux.

Un jour, Jacquot, oubliant les défenses de sa mère, s'approcha de cette auberge. En regardant dans la cour, il vit un postillon et un garçon d'écurie, tous deux un peu plus âgés que lui, qui jouaient avec des sous à croix ou pile.

Il entendit le garçon d'écurie qui disait en jouant : « Je n'avais qu'un sou en commençant, et maintenant j'en ai huit. » Et il faisait sonner sa monnaie dans la poche de sa veste.

Jacquot avait alors dans sa poche un sou que sa mère lui avait donné. Il éprouva un violent désir d'aller jouer avec ces deux garçons.

Sur le point d'entrer dans la cour, il s'arrêta : il se souvint que sa mère lui avait défendu d'aller dans cette auberge, et qu'elle lui avait aussi défendu de jouer de l'argent.

Mais la tentation fut plus forte que sa volonté.

Il s'avança donc et proposa au garçon d'écurie de jouer avec lui. Le garçon y consentit; et Jacquot, après avoir joué deux heures, se trouva avoir gagné trois sous. Il employa son argent à acheter des cerises. Il s'assit pour les manger à son aise sur le banc de l'auberge. Tandis qu'il mangeait, il entendit le postillon et le garçon d'écurie causer ensemble. Leurs jurements grossiers et leurs criailleries lui faisaient peur et lui causaient du dégoût : car il n'était pas encore devenu un mauvais sujet.

Mais peu à peu il s'accoutuma à leur langage et à leurs manières, il les imita.

Presque tous les jours, au lieu d'aller à l'école, il retournait dans la cour de l'auberge, et y restait des heures entières. Le vice bientôt ne l'effraya plus; il s'accoutuma à jouer, à mentir, à jurer. Le soir, il disait à sa mère qu'il était allé à l'école, et le lendemain il disait à l'instituteur qu'il avait aidé sa mère dans son travail.

Pour comble de malheur, il se lia intimement avec le garçon qui avait joué avec lui la première fois; c'était un mauvais sujet capable de tout.

A force de jouer avec lui, Jacquot lui devait trois francs; c'était pour lui une somme très-considérable. Le garçon voulait son argent, afin d'aller le lendemain à une fête dans un village voisin, où il espérait s'amuser. Il voulait y amener Jacquot; mais il fallait de l'argent, et Jacquot n'en avait pas.

Jacquot lui promit de demander cette somme à un de ses camarades nommé Henri, qui était un modèle de sagesse et de bonne conduite. Henri travaillait tous les jeudis dans une fabrique; ses parents lui laissaient l'argent qu'il y gagnait, et il le ramassait avec soin afin d'acheter des habillements à sa sœur pour le jour où elle ferait sa première communion.

Jacquot demanda donc trois francs à Henri, qui ne voulut pas les lui prêter, parce qu'il voyait bien que c'était pour en faire un mauvais usage.

Il retourna tout honteux vers le garçon d'écurie. Ce garçon se mit en colère contre Jacquot : « Je veux absolument que tu me payes, lui dit-il; si Henri ne veut pas te prêter trois francs, emprunte-les-lui sans qu'il le sache; tu dois savoir où il met son argent. Prends trois pièces d'un franc, et après-demain tu les remettras à la même place; car à cette fête nous jouerons, nous gagnerons, j'en suis sûr. »

Cette proposition fit horreur à Jacquot. « Oui, sans doute, je sais où Henri met son argent : c'est dans un vieux pot à fleurs à moitié cassé, au fond de l'écurie où il couche, assez près de la vache de sa mère; mais je ne ferai pas ce que tu me demandes, ce serait une chose horrible. »

Le garçon se moqua de lui et lui fit honte de ses scrupules. Le malheureux Jacquot se laissa enfin persuader, et ils convinrent d'exécuter ensemble cet odieux projet la nuit suivante.

C'est ainsi que la mauvaise compagnie peut conduire à toutes sortes de crimes.

Au milieu de la nuit, Jacquot entendit qu'on frappait doucement à sa fenêtre; c'était le signal convenu entre lui et son complice. L'idée de l'action qu'il allait commettre le fit trembler. Il resta immobile, la tête cachée sous sa couverture, jusqu'à ce qu'il entendit le second coup. Alors il se leva, il s'habilla, ouvrit sa fenêtre qui était presque de niveau avec la rue. Son camarade lui dit d'une voix sombre : « Es-tu prêt? » Il ne répondit rien, sortit par la fenêtre et suivit le misérable.

Ils arrivèrent à la porte de l'écurie; un nuage noir qui passa sur la lune les laissa dans une obscurité profonde. « Où sommes-nous? dit Jacquot, qui cherchait à assurer ses pas en s'appuyant contre le mur; où es-tu? parle-moi. »

Il étendit la main. Le méchant garçon prit cette main dans la sienne. « Est-ce bien ta main? dit-il à Jacquot; elle est froide comme le marbre.

— Allons-nous-en, dit Jacquot, il en est encore temps.

— Non! reprit l'autre en ouvrant la porte, tu es trop avancé pour reculer. » Et il poussa Jacquot dans l'écurie.

Jacquot était tout tremblant; il savait fort bien où était le pot à fleurs, et cependant il ne pouvait pas le trouver. Il tremblait que Henri ne se réveillât; il croyait sans cesse entendre dans l'écurie des pas ou des voix, et son sang se glaçait dans ses veines; enfin, il trouva le pot à fleurs et l'apporta sur le devant de la porte avec tout l'argent qui s'y trouvait.

Dans ce moment, le nuage noir s'éloignant laissa la lune briller dans tout son éclat.

« Sauvons-nous bien vite, » dit le garçon d'écurie en arrachant le pot à fleurs des mains tremblantes de Jacquot. « Juste ciel! s'écria Jacquot, est-ce que tu veux tout prendre? Ne m'as-tu pas dit que tu ne voulais prendre que trois francs, et que nous les rendrions après-demain sans faute?

— Tais-toi, » répliqua l'autre. Et il marcha sans écouter son camarade, en ajoutant : « Si je dois un jour aller dans une maison de détention, je ne veux pas que ce soit pour trois francs. »

A ces mots, le sang de Jacquot se glaça dans ses veines, ses cheveux se dressèrent sur sa tête. Ils ne dirent pas un seul mot de plus. Jacquot se glissa dans sa chambre, tandis que son complice emportait l'argent.

Pendant tout le reste de la nuit, Jacquot souffrit cruellement. Aussitôt qu'il commençait à s'endormir, il était tourmenté par des songes affreux qui le réveillaient en sursaut; et, dès qu'il était éveillé, le moindre bruit le faisait tressaillir. Il osait à peine respirer, il pensait que le jour n'arriverait jamais; mais lorsque le jour fut venu et que les oiseaux commencèrent à chanter, il se sentit encore plus malheureux.

C'était dimanche : la cloche annonçait la messe. Tous les enfants du village, parés de leurs plus beaux habits, pleins d'innocence et de joie, arrivaient en foule devant la porte de l'église; et Henri, qui était le plus sage, était aussi le plus joyeux. Il ne se doutait pas du malheur qui lui était arrivé, parce qu'en se levant il n'avait songé qu'à prier Dieu et non à regarder son argent.

Au milieu de tous ces enfants si gais, Jacquot était triste et sombre. Henri s'approcha de lui en souriant. En le voyant, Jacquot devint pâle comme la mort et s'enfuit vivement pour éviter ses regards.

La pensée de son crime le torturait; il croyait que chacun pouvait le lire sur son visage. Il lui semblait que tous ceux qui passaient près de lui disaient en le regardant : « Voilà un voleur ! »

Quelquefois il voulait revenir auprès de Henri et lui avouer son crime; mais la honte le retenait.

Aussitôt après la messe, il alla dans l'auberge. Là, il se renferma un instant avec son complice, qui s'efforça vainement de dissiper sa frayeur. Ils partagèrent l'argent. Chacun en mit la moitié dans sa poche; et ils partirent pour aller à la fête du village voisin.

Cependant Henri, après la messe, était allé visiter son petit trésor. Quand il s'aperçut qu'on l'avait volé, il fut saisi de la plus vive douleur. Ses cris et ses sanglots attirèrent son père et sa mère; il se jeta dans leurs bras.... « Que je suis malheureux ! s'écria-t-il, j'ai tout perdu; on m'a pris l'argent que j'économisais pour ma sœur. J'étais si content de penser que j'avais gagné tout cela par mon travail ! J'espérais vous faire tant de plaisir ainsi qu'à elle ! »

Toutes les personnes qui sortaient de l'église s'arrêtèrent devant la maison des parents de Henri. Tout le monde le questionnait et prenait part à sa douleur. La rue fut bientôt remplie de monde. On lui demanda en quoi consistait son petit trésor. « Hélas ! dit-il, il était composé de pièces de cinquante centimes et d'un franc que l'on me donnait tous les jeudis à la fabrique. A mesure que je les recevais, je m'amusais à y graver un numéro avec la pointe de mon couteau. La première que j'ai reçue avait le numéro 1, et ainsi de suite. Il y en avait quarante qui faisaient en tout trente francs.

Dans ce moment une bonne femme vint à passer. C'était une laitière du hameau voisin qui traversait le village pour porter son lait à la ville; elle fendit la foule avec assez de peine et dit aux parents de Henri :

« Ne parlez-vous pas de pièces de cinquante centimes qui ont été perdues ou volées? A l'instant même on vient de m'en donner une, elle porte le numéro 3. Regardez: la reconnaîtriez-vous? »

En parlant ainsi, elle présenta la pièce, que Henri reconnut. Tout le monde s'écria et demanda à la laitière qui lui avait remis cette pièce; elle répondit :

« Tout à l'heure, comme j'entrais dans le village, j'ai rencontré deux jeunes garçons au détour d'une rue; ils paraissaient excessivement pressés; ils couraient si vite qu'ils ont renversé un de mes seaux pleins de lait. Je me suis mise à crier contre eux. Le plus grand m'a répondu par des injures; le plus jeune a tiré précipitamment cette pièce de sa poche, et me l'a donnée : c'est à peu près la valeur de mon lait. Puis ils ont continué de courir. »

Tout le monde dit alors: « Les connaissez-vous ? savez-vous par où ils ont passé?

— Je connais le plus grand, dit la laitière; il porte une veste rouge: c'est le garçon d'écurie de l'auberge. Je ne connais pas l'autre, qui est le plus jeune. Ils ont pris la route du village où il y a aujourd'hui une fête; et, si l'on court après eux, on les aura bientôt rattrapés. »

Personne ne douta que ces deux jeunes garçons ne fussent les voleurs. On admirait et l'on bénissait la Providence qui avait permis que les coupables fussent sitôt découverts. Huit ou dix jeunes gens s'empressèrent de courir après eux. Tous les autres habitants du village restèrent autour de Henri; leurs regards étaient fixés sur le chemin par où l'on était allé à la poursuite des voleurs. Enfin quelques personnes qui s'étaient avancées assez loin de la maison revinrent en courant et en criant: « Les voilà ! on les a pris ! »

Les jeunes gens arrivèrent, traînant le garçon à la veste rouge, qui se débattait inutilement contre eux ; ils amenaient aussi Jacquot, qui se laissait conduire sans résistance, et qui versait des larmes abondantes. Il avait rabattu sa casquette sur son visage et il baissait la tête. On voyait bien qu'il sanglotait, mais on ne le reconnaissait pas.

On l'obligea d'ôter sa casquette ; Henri poussa un cri de douleur en reconnaissant son ami. Jacquot tomba à genoux et avoua en pleurant son crime avec toutes les circonstances.

Tout le monde était pénétré d'horreur et de pitié. « Si jeune être déjà si coupable ! disait-on. Malheureux ! qui a pu te porter à une telle action ? — La mauvaise compagnie. »

Tous les parents qui étaient là prenaient leurs enfants par la main et les pressaient contre leur cœur en disant : « Dieu soit loué ! ce n'est pas mon fils ! O mon enfant ! vois où mène la fréquentation des méchants. »

On retrouva dans la poche des coupables tout l'argent, moins la pièce de cinquante centimes que la laitière avait reçue et dont elle fit cadeau à Henri. Henri voulait que l'on fît grâce à Jacquot. « Non, dit-on, il vaut mieux qu'il aille aujourd'hui dans une maison de correction que d'aller plus tard aux galères. »

Le garçon d'écurie était plongé dans l'abattement ; il essayait de se justifier en accusant Jacquot et disait que c'était Jacquot qui l'avait entraîné dans le crime. Mais personne ne voulut le croire.

Ce misérable, qui se trouvait en état de récidive, subit la punition qu'il méritait. Jacquot fut placé dans une maison de correction, où il resta deux ans. Au bout de ce temps, il revint au village ; il se conduisit toujours bien et mérita de redevenir l'ami de Henri.

INSTRUCTION, ÉTUDE.

Si vous réservez chaque jour quelques moments pour la lecture, sans que jamais aucune affaire ou aucun amusement s'en empare, vous serez, au bout de l'année, étonné et charmé de vos progrès. (B.)

L'étude chasse l'ennui, distrait le chagrin, étourdit la douleur, elle anime et peuple la solitude. (SEGUR.)

C'est un grand bien que de s'amuser; c'en est un plus grand de s'instruire. La lecture, qui réunit ces deux avantages, ressemble à un fruit délicieux et nourrissant à la fois :

Les bons livres sont l'essence des meilleurs esprits, le précis de leurs connaissances et le fruit de leurs longues veilles; l'étude d'une vie entière s'y peut recueillir en quelques heures; c'est un grand secours :

Les livres sont à l'âme ce que les aliments sont au corps. (*Divers auteurs.*)

Pétrarque [1].

Les amis de Pétrarque lui écrivaient assez souvent pour s'excuser de ce qu'ils n'allaient pas le voir : « Comment vivre avec toi? lui disaient-ils. L'existence que tu mènes à Vaucluse est si extraordinaire! L'hiver tu restes sous ton toit comme un hibou, et l'été tu cours sans cesse à travers champs. » Pétrarque riait de ces observations et disait : « Ces gens-là regardent comme un bien suprême les plaisirs du monde, et ne conçoivent pas qu'on puisse s'en éloigner. Mais j'ai des amis dont la société m'est fort agréable, des amis de tous les pays et de tous les siècles, qui se sont illustrés à la guerre, dans les affaires publiques et dans les sciences [2]. Avec eux je ne m'impose aucune contrainte, et ils sont toujours à mon service. Je les fais venir et les renvoie quand bon me semble. Ils ne m'importunent point et ils répondent à toutes mes questions. Les uns me racontent les événements des siècles passés, d'autres me révèlent les secrets de la nature. Celui-ci m'enseigne le moyen de bien vivre et de bien mourir; celui-là dissipe mes soucis par son enjouement. Il en est qui endurcissent mon âme aux souffrances, qui m'apprennent à mépriser mes désirs et à me supporter moi-même; enfin, ils me conduisent sur la route de la science et de l'art, et ils satisfont à tous les besoins de ma pensée. Pour prix de tant de bienfaits, ils ne demandent qu'une modeste chambre où ils soient à l'abri

---

1. Célèbre auteur italien; il demeurait ordinairement à Vaucluse, près de la ville d'Avignon, où les papes faisaient alors leur résidence : la vallée de Vaucluse, où est une très-belle fontaine, a donné son nom au département. Pétrarque est mort en 1374.

2. On comprend que Pétrarque veut désigner par là les auteurs dont les ouvrages composaient sa bibliothèque

de la poussière. Lorsque je sors, je les emporte avec moi sur les sentiers que je parcours, et le calme des champs leur plaît mieux que le bruit des villes.

Aussi Pétrarque devenait malade quand il cessait de lire ou d'écrire, ou quand il ne pouvait méditer sur ses lectures, dans les vallons solitaires, près d'une source limpide, sur la pente des rocs et des montagnes. Dans le cours de ses fréquents voyages, il étudiait et écrivait partout où il s'arrêtait. Un de ses amis, l'évêque de Cavaillon [1], craignant que l'ardeur avec laquelle le poëte travaillait à Vaucluse n'achevât de ruiner sa santé déjà altérée, lui demanda un jour la clef de sa bibliothèque. Pétrarque la lui remit sans savoir pourquoi son ami voulait l'avoir. Le bon évêque enferma dans cette bibliothèque livres et écritoires, et lui dit : « Plus de travail pendant dix jours. » Pétrarque promit d'obéir, non sans un violent effort. Le premier jour lui parut d'une longueur interminable; le second, il eut un mal de tête continuel; le troisième, il fallut absolument lui rendre sa clef.

Bossuet [2].

L'application de Bossuet à l'étude était incroyable. Toutes les nuits une lampe allumée restait auprès de lui. Après son premier sommeil, qui était d'environ quatre heures, il se relevait, même dans les froids les plus rigoureux, récitait ses prières, puis se mettait à son bureau, et travaillait jusqu'à ce qu'il sentît venir la fatigue. Alors il se recouchait : il suivit constamment ce genre de vie, même en voyage, jusqu'à l'âge le plus avancé.

C'est ainsi que ce grand prélat, tout en s'acquittant des devoirs importants dont il était chargé, parvint à composer tant de beaux ouvrages, et en même temps à acquérir une érudition telle, qu'on a peine à comprendre qu'il ait pu lire tout ce qu'il a appris, et écrire tout ce qu'il a composé.

---

1. Ville du département de Vaucluse.
2. Évêque de Meaux, un des plus grands prélats et des plus illustres écrivains de la France. Mort en 1704.

La Luzerne [1].

Un autre prélat illustre, le cardinal de la Luzerne, n'était pas moins remarquable par son infatigable passion pour l'étude. Jusqu'à l'âge de quatre-vingts ans, il a continué de s'instruire et en même temps de composer d'utiles ouvrages. Il avait conservé les habitudes du séminaire, se levant tous les jours à quatre heures, sans feu, quelque temps qu'il fît, et se mettant immédiatement au travail. Dans l'exil, dans les voyages, il n'interrompit jamais cette utile et courageuse pratique.

Sophie Germain [2].

Une femme, par son amour pour l'étude, parvint à se placer parmi les premiers mathématiciens du dix-neuvième siècle. Au milieu des inquiétudes que faisait naître la révolution française, et dont sa famille était extrêmement préoccupée, Sophie, alors âgée de quatorze ans, voulut se créer une occupation forte et soutenue pour échapper à ses craintes sur l'avenir. Le hasard fit tomber sous sa main un ouvrage intitulé *Histoire des mathématiques*: elle y lut le récit de la mort d'Archimède [3], que ni la prise de Syracuse, ni le glaive levé du soldat ennemi n'avaient pu distraire de ses méditations. Aussitôt le choix de la jeune Sophie fut arrêté. Sans maître, sans autre guide qu'un Bezout [4] trouvé dans la bibliothèque de son père, elle se mit à étudier : elle surmonta tous les obstacles que sa famille opposa d'abord à un goût qui ne semblait devoir convenir ni à son âge ni à son sexe. Sophie se relevait la nuit, par un froid tel que l'encre gelait souvent dans son écritoire. Alors elle travaillait enveloppée de couvertures et à la lueur d'une lampe ; car, pour la forcer à reposer, on ôtait de sa chambre le feu, les vêtements et les bougies. Enfin on cessa de contrarier son

---

1. Mort en 1821.
2. Morte en 1831.
3. Grand mathématicien de l'antiquité ; il était tellement absorbé dans l'étude, que la ville de Syracuse, où il était, ayant été prise d'assaut par les Romains, il ne s'en aperçut pas ; 212 ans av. J. C.
4. Auteur d'un ouvrage élémentaire de mathématiques.

inclination. Elle devint célèbre par son génie en mathématiques, et remporta des prix à l'Académie des sciences.

Adrien Florent [1].

Vers le milieu du quinzième siècle, on distinguait parmi les étudiants de l'université de Louvain [2] le jeune Adrien, fils d'un tisserand d'Utrecht [3].

Adrien étudiait avec une infatigable persévérance. Quelquefois, les yeux appesantis et le corps épuisé de fatigue, il se voyait forcé de s'interrompre dans ses lectures; mais l'amour de l'étude ranimait bientôt ses forces : avide de toute sorte d'instruction, il puisait incessamment aux sources de toutes les sciences.

Les merveilleux progrès du jeune Adrien ne tardèrent pas à exciter la jalousie des autres étudiants, surtout celle des plus riches et des moins studieux.

Ils découvrirent bientôt que tous les soirs, à la nuit tombante, Adrien quittait furtivement l'université, qu'il prenait constamment la même direction, et ne rentrait jamais que longtemps après minuit. On avait remarqué aussi qu'il inventait toujours différents prétextes pour empêcher ses condisciples de l'accompagner dans ses excursions.

Un soir, quelques-uns d'entre eux l'épièrent dans l'espoir de le trouver coupable de quelques graves désordres; il s'aperçut qu'il était suivi et se déroba facilement à leurs regards. Ils continuèrent de se promener dans la ville, espérant que quelque heureux hasard leur ferait retrouver ses traces. Il était déjà près de minuit. L'idée leur vint de visiter avant de rentrer les environs de l'église de Saint-Pierre, non qu'ils crussent devoir l'y trouver, car il s'était dirigé d'un autre côté, mais pour que leur exploration fût complète.

Comme ils arrivaient près de cette église, un des plus beaux et des plus imposants édifices des Pays-Bas, l'un d'eux s'écria tout à coup : « Arrêtez! ou je me trompe

---

1. Mort en 1523.
2. Ville de Belgique, à 36 kilomètres de Bruxelles.
3. Utrecht, ville commerçante sur le Rhin, chef-lieu d'une des provinces de la Hollande.

étrangement, ou j'aperçois sous le porche une figure humaine qui se tient immobile près d'une lampe. » Il s'avance doucement vers l'objet qui excitait sa curiosité. Ses compagnons le suivent. A la faible lueur d'une lampe qui brûlait sous le porche de l'église, ils aperçoivent un homme courbé sur un livre. Son visage, sur lequel tombait un léger reflet de la lampe, était pâle et fatigué. « C'est Adrien ! » s'écrièrent-ils tous. En effet, c'était lui. Se voyant ainsi surpris, il leva la tête, et son front devint couleur de pourpre. Mais il se recueillit bientôt, et s'avança vers ses camarades : « Le mystère est enfin éclairci, dit-il ; vous savez tout maintenant : je suis trop pauvre pour acheter de la chandelle, et depuis quatre mois je continue mes études ou ici, ou au coin des rues, partout enfin où je trouve une lampe. — Mais le froid, interrompit un de ses camarades, comment peux-tu le supporter ! Il y a de quoi mourir. » Adrien sourit, et se borna à poser sa main brûlante dans celle de son camarade. « Ai-je froid ? lui demanda-t-il. J'ai là, en effet, ajouta-t-il en plaçant la main sur son cœur, quelque chose qui défie le froid aussi bien que vos railleries. » Personne n'osa le railler. La haine et la jalousie firent place à la plus sincère estime.

On peut lire les détails de sa vie dans les annales de son pays. On verra que, grâce à ses talents, il s'éleva au poste de vice-chancelier dans cette même université où il était entré pauvre et obscur écolier ; que, plus tard, il fut nommé précepteur de Charles-Quint, et que, grâce à la reconnaissance de son élève, il fut premier ministre en Espagne, et enfin souverain pontife sous le nom d'Adrien VI.

Le berger d'Ettrick.

James Hogg, connu sous le nom du berger d'Ettrick[1], est un poëte estimé en Angleterre. Quand il commença à se livrer à l'étude, il avait vingt ans et ne savait encore ni lire ni écrire. La volonté et le travail vinrent à bout de tout. Sa jeunesse avait été pauvre et misérable ; il l'avait passée à

---

[1] Ettrick est un bourg du comté de Selkirk, en Écosse.

garder les troupeaux dans les montagnes d'Écosse. Vivant dans la plus profonde solitude, il avait fini par aimer d'affection les sources, les ruisseaux, les grottes, les montagnes, le ciel, les nuages. Forcé, pour exister, de renoncer au commerce de ses semblables, il s'était passionné pour les beautés de la nature. Mais serait-il jamais devenu capable de les peindre si, par la force de sa volonté et par son application au travail, il n'avait acquis une instruction variée et un remarquable talent? Son exemple nous apprend qu'un jeune homme dont l'enfance a été négligée, même complétement, peut réparer ce malheur, s'il sait vouloir et persévérer.

§ II. MODESTIE.

De tous les vices, le plus odieux, le plus dangereux peut-être, c'est l'orgueil. (*Traité de morale.*)

La sottise et la vanité sont deux sœurs qui se quittent peu. (*Moralistes orientaux.*)

Voulez-vous qu'on dise du bien de vous, n'en dites point; le *moi* est haïssable. (PASCAL.)

La modestie est l'ornement du mérite, elle lui donne de la force et du relief. (LA BRUYÈRE.)

Il faut mériter les louanges et s'y soustraire. (FÉNELON.)

Les hommes véritablement louables sont sensibles à l'estime, et déconcertés par les louanges:

Être vain de sa noblesse, de sa fortune, de ses talents, c'est reconnaître qu'on en est indigne. (B.)

Rougir de son premier état ou de l'humble condition de ses parents, lorsqu'on s'est élevé plus haut, c'est se montrer ingrat envers la Providence. C'est faire preuve à la fois d'un esprit étroit et d'un mauvais cœur; c'est être en même temps orgueilleux et stupide. (B.)

Platon [1].

Platon, à l'époque où toute la Grèce était pleine de sa gloire, se rendit, pour voir les jeux [2], à Olympie, où il logea

---

1. Célèbre philosophe athénien, disciple de Socrate: il a composé de très-beaux ouvrages. Mort 347 ans av. J. C.

2. C'étaient des fêtes magnifiques qui se célébraient tous les quatre ans au solstice d'été, et auxquelles prenaient part tous les peuples qui composaient la confédération de la Grèce,

avec des personnes dont il n'était pas connu et dont il eut bientôt gagné la bienveillance par ses manières polies et son caractère plein de douceur. Il ne leur parla ni de sciences ni de philosophie; seulement il leur dit qu'il s'appelait Platon. Après la célébration des jeux, ils allèrent avec lui à Athènes, où le philosophe les reçut chez lui avec une politesse cordiale; alors ses hôtes lui dirent : « Conduisez-nous, s'il vous plaît, chez ce célèbre philosophe qui porte le même nom que vous; si nous sommes venus à Athènes, c'est en grande partie pour le voir. — C'est moi-même, » leur répondit Platon avec un sourire modeste. Ces étrangers, surpris d'apprendre qu'ils avaient eu sans le savoir un compagnon aussi illustre, reconnurent que tout le bien que l'on disait de Platon était encore au-dessous de la vérité, et que sa modestie était égale à son mérite.

Épaminondas [1].

Les ennemis d'Épaminondas, pour le mortifier, le firent nommer *téléarque :* c'était un emploi indigne de lui, et qui consistait à faire nettoyer les rues. Loin d'avoir l'air de considérer ces fonctions comme au-dessous de lui, il les accepta de bonne grâce et les remplit avec zèle. On dit à ce sujet : « Épaminondas a prouvé par son exemple que ce n'est pas la place qui fait honneur à l'homme, mais l'homme qui fait honneur à la place. »

Turenne [2].

Turenne venait de gagner une grande bataille dans laquelle il s'était couvert de gloire; voici le billet qu'il écrivit le soir même à sa femme pour lui annoncer cette nouvelle : « Les ennemis sont venus à nous; ils ont été battus, Dieu en soit loué! J'ai un peu fatigué toute la journée; je vous donne le bonsoir, et je vais me coucher. »

---

1 Général thébain, fameux par ses exploits et son désintéressement. Mort 363 ans av. J. C.

2. Un des plus grands et des plus vertueux capitaines qu'ait eus la France (1611-1675).

Ainsi il ne dit pas un mot de son habileté, de ses admirables manœuvres, de ses exploits héroïques. La modestie de ce grand capitaine ne se démentit jamais : « Qui fit jamais de si grandes choses? » dit un de ses panégyristes; « qui les dit avec plus de retenue? Remportait-il quelque avantage,

à l'entendre, ce n'était pas qu'il fût habile, mais l'ennemi s'était trompé; rendait-il compte d'une bataille, il n'oubliait rien, sinon que c'était lui qui l'avait gagnée; racontait-il quelques-unes de ces actions qui l'avaient rendu si célèbre, on eût dit qu'il n'en avait été que le spectateur, et l'on doutait si c'était lui qui se trompait ou la renommée ; revenait-il de ces glorieuses campagnes qui rendront son nom immortel, il fuyait les acclamations populaires, il rougissait de ses victoires, il venait recevoir des éloges comme on vient faire des apologies, et n'osait presque paraître à la cour, parce qu'il était obligé, par respect, de souffrir patiemment les louanges dont le roi ne manquait jamais de l'honorer. »

Ce grand homme vivait à Paris avec une extrême simplicité, semblable aux héros de l'ancienne Rome, qui ne se distinguaient par aucun éclat extérieur. Il allait souvent à pied entendre la messe dans l'église la plus voisine, et de là se promener autour de la ville sans suite et sans aucune marque de distinction. Un jour, dans sa promenade, il passa près de quelques jeunes ouvriers qui jouaient à la boule, et qui, sans le connaître, le prièrent de juger un coup. Il prit sa canne, et, après avoir mesuré les distances, prononça. Celui qu'il avait condamné lui dit des injures ; le maréchal sourit, et, comme il allait mesurer une seconde fois, plusieurs officiers qui l'aperçurent vinrent le saluer. Le jeune insolent connut à qui il avait affaire et se confondit en excuses ; le maréchal lui dit seulement : « Mon ami, vous aviez grand tort de croire que je voulusse vous tromper. »

Il allait quelquefois au spectacle, mais rarement. Un jour, il se trouva seul dans une loge, où entrèrent quelques provinciaux en pompeux équipage. Ils ne le connaissaient pas et voulurent l'obliger à leur céder sa place sur le premier banc ; comme il refusa, ils eurent l'insolence de jeter son chapeau et ses gants sur le théâtre. Sans s'émouvoir, il pria un jeune seigneur qui se trouvait là de les lui ramasser. Ceux qui l'avaient insulté, l'entendant nommer, furent pénétrés de confusion et voulurent se retirer ; mais il les retint avec bonté et leur dit : « En se serrant un peu, il y aura facilement place pour tous. »

Catinat [1].

Personne ne porta peut-être jamais plus loin la simplicité et la modestie que le célèbre Catinat, un des grands généraux de Louis XIV. Dans la relation qu'il envoya au ministre de la bataille de Staffarde [2], qu'il venait de gagner, tous les chefs de corps étaient nommés, et le roi, au rapport du général, avait à chacun d'eux une obligation particulière. On n'apprit les propres exploits de Catinat que par les lettres de divers officiers : on sut que son cheval avait été tué sous lui, qu'il avait reçu plusieurs coups dans ses habits et une contusion au bras gauche. Il était si peu question du général dans sa relation, qu'une personne qui en avait écouté la lecture demanda : « M. de Catinat était-il à la bataille ? » Le lendemain, comme il allait féliciter un de ses régiments dont la valeur n'avait pas peu contribué à la victoire, plusieurs soldats qui jouaient aux quilles à la tête du camp quittèrent leur jeu pour s'approcher du général; Catinat leur dit avec bonté de retourner à leur partie. Quelques officiers lui proposèrent alors d'en faire une : il accepta et se mit alors à jouer avec eux aux quilles; un officier général qui se trouvait présent voulut en plaisanter, et dit qu'il était bien extraordinaire de voir un général d'armée jouer aux quilles le lendemain du jour où il avait gagné une bataille : « Vous vous trompez, répondit Catinat, cela ne serait étonnant que dans le cas où il l'aurait perdue. »

Que cette modération et cette tranquillité d'âme dans un moment qui serait pour tant d'autres un moment d'ivresse peignent bien le grand homme et le véritable sage !

Madame Dacier [3].

Madame Dacier était une femme très-instruite et célèbre par ses ouvrages; un savant allemand, qui les avait lus et

---

1 Homme vertueux et grand général (1627-1712).

2 Dans le Piémont, 1690; Staffarde est un village à 6 kil. N. E de Saluces.

3 Morte en 1720

qui en faisait grand cas, vint lui rendre visite à Paris et lui présenta son album pour qu'elle voulût bien y écrire quelque chose. Ayant vu dans cet album les signatures des plus célèbres littérateurs de l'Europe, elle dit qu'elle n'oserait jamais mettre son nom parmi tant de noms illustres. L'Allemand ne se rebuta pas : plus elle se défendait, plus il la pressait; enfin, vaincue par ses instances, elle prit la plume et inscrivit son nom avec cette sentence d'un auteur grec : « Le silence est l'ornement des femmes. »

Amyot [1].

Jacques Amyot, célèbre par ses ouvrages, né à Melun d'une famille de pauvres artisans, fit ses études à Paris, sans autres secours de ses parents qu'un pain que sa mère lui envoyait toutes les semaines. On raconte que la nuit, faute d'huile ou de chandelle, il étudiait à la lueur de quelques charbons embrasés [2]. Quand, à force de privations et de travail, il eut achevé ses études, il devint professeur. Plus tard, il fut nommé précepteur des fils du roi Henri II, et fut comblé par ses élèves de dignités et de biens : il mourut grand aumônier de France et évêque d'Auxerre.

Lorsque, étant enfant, il se rendait à Paris pour faire ses études, il s'égara et tomba malade en chemin. Un cavalier, qui le vit étendu dans un champ, eut pitié de lui, le prit en croupe et l'emmena à Orléans, où il le mit à l'hôpital. Comme sa maladie ne venait que de lassitude, il fut bientôt guéri : on le congédia, et on lui donna douze sous. Quand il fut devenu riche, loin de rougir de cette aventure, il donna une rente considérable à l'hôpital d'Orléans, pour témoigner sa reconnaissance de cette charité et en perpétuer le souvenir.

Sixte-Quint [3].

La première fois que le jeune Félix Péretti, qui devint

---

1. 1513-1598.
2. Voyez l'histoire d'*Adrien Florent*, page 74.

3. Né à Montalte, près d'Ascoli, en Italie; pape de 1585 à 1590 : régna avec gloire ; dans son enfance il avait gardé les pourceaux.

ensuite pape sous le nom de Sixte-Quint, vint à Rome, il était dans une extrême détresse et ne possédait que très-peu d'argent; il délibérait en lui-même s'il l'emploierait à apaiser sa faim ou s'il s'en servirait pour acheter des souliers. Dans cette consultation intérieure, son visage exprimait les divers mouvements de son âme. Un marchand qui vint à passer, voyant son embarras, lui en demanda la raison. Le jeune homme la lui avoua ingénument d'une manière si agréable, que, charmé de son esprit, le marchand l'emmena chez lui, le fit bien dîner et par ce moyen mit un terme à son irrésolution. Félix, devenu pape, bien loin de rougir de cette aventure, aimait à la raconter. A son tour, il invita le marchand à dîner, et, non content de lui avoir accordé cet honneur, il le combla de bienfaits.

Duras.
[XVII° siècle.]

Un brave officier, nommé Duras, était fils d'un pauvre paysan; mais au régiment on ne s'en doutait pas, et on le croyait issu de l'illustre maison de Durfort de Duras. Son père étant venu le voir, il l'accueillit avec les transports de la plus vive joie et le présenta en blouse et en sabots à son colonel. Louis XIV, instruit de la manière dont cet officier avait reconnu, reçu et honoré son père, le fit venir à la cour et lui dit en lui prenant la main : Duras, je suis bien aise de connaître un des officiers les plus estimables de mon armée: je vous accorde une pension; mariez-vous, j'aurai soin de vos enfants; vous méritez d'en avoir qui vous ressemblent.

Madame de Maintenon [1].

Trop souvent, dans la grandeur, on ne se rappelle ce que l'on a été que pour le faire oublier aux autres. La célèbre

---

1. Petite-fille de d'Aubigné (voir plus loin page 98), avait d'abord épousé le poète Scarron; après sa mort, elle éleva les enfants de Louis XIV, et épousa secrètement ce monarque. Née à Niort, en 1635, dans une prison M⁰ de Maintenon mourut à Saint-Cyr, près de Versailles, en 1719.

Mme de Maintenon s'en ressouvenait toujours, et ne s'en ressouvenait que pour faire plus de bien. Il se trouva un jour parmi la foule des solliciteurs dont ses salons étaient encombrés un homme qui, l'abordant avec une respectueuse hardiesse, lui dit : « Il y a quarante ans, madame, que je vous ai vue, et vous ne pourrez me reconnaître ; mais vous ne pouvez m'avoir entièrement oublié. Vous souvient-il qu'à votre retour des îles, vous vous rendiez tous les jeudis à la porte du collége de la Rochelle, où, suivant l'usage de la plupart des communautés, on distribuait de la soupe aux pauvres? J'étais alors au nombre des professeurs de cette maison. Employé à mon tour dans cette distribution, je vous distinguai dans la foule des pauvres ; je fus frappé de votre air noble et distingué, et l'embarras avec lequel vous vous présentiez pour avoir part à l'aumône excita ma compassion. — C'est donc vous, monsieur, lui dit Mme de Maintenon, qui, pour m'épargner la honte d'être confondue avec ces pauvres malheureux, fîtes apporter la soupe chez moi, en me témoignant mille regrets de ne pouvoir m'accorder qu'un si médiocre secours? Vous me rendîtes doublement service, et en faisant cette aumône, et en m'épargnant la douleur de la recevoir en public. Maintenant que puis-je faire pour vous ! »

Le vieillard lui dit que, depuis plusieurs années, il avait quitté le collége de la Rochelle ; que, par suite de circonstances malheureuses, il était actuellement maître d'école dans un village ; qu'il bornait toute son ambition à une cure, et que, d'après tout ce que la renommée lui avait dit d'elle, il espérait l'obtenir de sa protection et peut-être de sa reconnaissance. Mme de Maintenon répondit qu'elle ne se mêlait point de nomination aux cures, qu'elle ne savait pas s'il était propre à une place de ce genre ; qu'elle le priait donc de se contenter, pour le moment, d'une bourse de cent pistoles[1] qu'elle lui donna en lui promettant de lui envoyer chaque année une somme égale.

---

1 Pièce d'or de 10 livres, qui valait alors à peu près 20 francs de notre monnaie actuelle.

Bernadotte [1] à Vienne.

[1798.]

Le général Bernadotte, devenu plus tard roi de Suède, avait été envoyé par la république française en qualité d'ambassadeur à Vienne. On sut dans cette cour altière qu'il avait servi comme simple soldat dans un régiment dont était colonel M. de Béthizy. On crut humilier le guerrier français en lui rappelant qu'il avait commencé sa carrière par être simple soldat. Un jour, dans un cercle brillant et nombreux, le baron de Thugut, ministre autrichien, lui dit : « Monsieur l'ambassadeur, nous avons ici un ancien officier émigré qui prétend vous avoir beaucoup connu autrefois. — Puis-je vous demander quel est cet officier? — Il se nomme M. de Béthizy. — Oui, je le connais parfaitement ; c'était mon colonel, et j'ai eu l'honneur d'être simple soldat sous ses ordres ; je le déclare, si je suis devenu quelque chose, je le dois aux bontés et surtout aux encouragements que ce brave chef a bien voulu me donner. Je regrette que ma position actuelle ne me permette pas de l'accueillir à l'hôtel de l'ambassade de France, comme je le désirerais [2]; mais dites-lui bien, je vous prie, que Bernadotte, son ancien soldat, a toujours conservé pour lui des sentiments de respect et de reconnaissance. » Qui demeura stupéfait de cette noble franchise? Ce fut le sot ministre qui, en croyant humilier le général français, lui avait donné l'occasion de faire valoir l'élévation de ses sentiments.

---

§ III. MODÉRATION DANS LES DÉSIRS. — DÉSINTÉRESSEMENT.

Il y a une noble émulation qui mène à la gloire par le devoir : mais l'ambition, ce désir insatiable de s'élever au-dessus et sur les ruines

---

1. Bernadotte, célèbre général français, né à Pau en 1764, est devenu roi de Suède en 1818, sous le nom de Charles Jean ou Charles XIV. Mort en 1844. Son fils lui a succédé.

2. L'ambassadeur de la république française ne devait avoir aucun rapport avec les émigrés.

mêmes des autres, est un vice encore plus pernicieux aux empires que la paresse même. (MASSILLON.)

Il faut se contenter de sa position et en tirer tout l'avantage possible. Il n'y a pas de condition si dure où un homme raisonnable ne trouve quelque consolation :

C'est être riche que de se contenter de ce qu'on a :

Une âme élevée n'estime l'argent que pour le bon usage qu'on peut en faire : elle s'abstient de tout profit dont la source ne serait pas parfaitement pure :

Si vous avez le nécessaire, sachez en être content. Les palais, les domaines, les monceaux d'argent et d'or ne guérissent ni les fièvres du corps ni celles de l'âme. (*Moralistes anciens.*)

L'argent est un bon serviteur, et un mauvais maître. (*Adage populaire.*)

L'avarice est plus opposée à l'économie que la libéralité. (LA ROCHEFOUCAULT.)

L'avare est celui qui n'ose toucher à son argent, qui n'en est que le triste gardien, et semble ne se réserver aucun droit, que celui de le regarder. Quel bien lui en revient-il? (BOSSUET.)

Cincinnatus [1].

Les Romains, dans un moment de crise [2], élurent consul [3] Cincinnatus, l'homme le plus distingué de son siècle par ses talents militaires et par la simplicité de ses mœurs. Les envoyés du sénat et du peuple allèrent le chercher dans sa modeste maison de campagne, et le trouvèrent conduisant lui-même sa charrue ; ils le saluèrent du titre de consul et lui présentèrent le décret de son élection. Cincinnatus fut peu touché de cet honneur; mais l'amour de la patrie ne lui permettait pas d'hésiter : il accepta.

En se séparant de sa femme, il lui recommanda le soin de son petit domaine : « Je crains bien, lui dit-il, que nos champs ne soient mal cultivés cette année. »

Par sa sagesse et sa fermeté, il parvint à apaiser tous les troubles de Rome et retourna ensuite dans sa solitude se livrer aux travaux des champs.

Quelque temps après, les Sabins et les Èques [4] envahirent le territoire de Rome : Cincinnatus est encore tiré de sa

---

1. Mort l'an 438 av. J. C.
2. L'armée romaine était cernée par les Èques et les Volsques.
3. Les consuls étaient, à Rome, les chefs de la république. Il y en avait deux. On les élisait chaque année.
4. Peuples voisins des Romains et souvent en guerre avec eux.

retraite, créé dictateur[1] et mis à la tête de l'armée ; il remporta une victoire complète et abandonna tout le butin à son armée sans rien réserver pour lui.

Le sénat, ayant reçu la nouvelle de cette éclatante victoire, et sachant quel partage le dictateur avait fait des dépouilles, lui fit offrir une portion considérable des terres conquises sur l'ennemi, avec les bestiaux nécessaires pour les faire valoir ; mais Cincinnatus crut devoir un plus grand exemple à sa patrie : il refusa. Une pauvreté laborieuse était à ses yeux la mère de toutes les vertus.

Il rentra triomphant dans Rome : on menait devant son char le chef des ennemis et un grand nombre de captifs chargés de chaînes. Les soldats romains le suivaient ornés de couronnes de fleurs.

Il s'empressa ensuite d'abdiquer la dictature quinze jours après en avoir été revêtu, quoiqu'il eût le droit de conserver cette dignité pendant six mois. Une telle modération, en augmentant sa gloire, porta au comble l'affection et l'admiration de ses concitoyens. Ce grand homme, s'arrachant à leurs applaudissements, alla reprendre ses travaux rustiques.

L'électeur[2] de Saxe.

[1520.]

Après la mort de Maximilien Ier, la couronne impériale était vivement disputée par plusieurs concurrents, dont les plus puissants étaient François Ier, roi de France, et Charles, roi d'Espagne. Les électeurs, pour mettre fin à une lutte qui pouvait dégénérer en guerre civile, résolurent de les exclure tous deux comme étrangers et de mettre la couronne impériale sur la tête d'un homme de leur nation. Ils choisirent d'une commune voix Frédéric de Saxe, sur-

---

1. Dans les dangers extrêmes, les Romains nommaient un *dictateur*, c'est-à-dire un chef dont l'autorité était absolue, qui n'était soumis à aucune loi et qui ne devait aucun compte de sa conduite : il n'était d'ailleurs nommé que pour six mois.

2. Sept des princes les plus puissants d'Allemagne prenaient le titre d'électeurs, parce qu'ils avaient seuls le droit de concourir à l'élection de l'empereur. Le titre d'empereur d'Allemagne était alors électif.

nommé le Sage. Frédéric demanda deux jours pour se déterminer ; le troisième jour, il remercia les électeurs et leur déclara qu'il ne se sentait pas assez de forces pour soutenir un si grand fardeau. Toutes les remontrances qu'on lui fit n'ayant pu vaincre sa résistance, les électeurs le prièrent de désigner lui-même le nouvel empereur, et lui promirent de s'en rapporter à son choix. Frédéric refusa d'abord cette haute marque de confiance ; enfin, cédant aux instances réitérées des électeurs, il se déclara pour le roi d'Espagne, qui fut sur-le-champ proclamé empereur d'Allemagne sous le nom de Charles-Quint.

Les ambassadeurs de Charles offrirent à Frédéric, de la part de leur souverain, un présent de soixante mille pièces d'or. Il refusa. Ils le supplièrent alors de leur permettre de distribuer dix mille florins[1] à ses domestiques. « Il me serait, répondit-il, assez difficile d'empêcher mes domestiques de recevoir des présents ; mais, si je découvre que qui que ce soit d'entre eux ait accepté seulement un florin, il ne restera pas une minute de plus dans ma maison. »

Théophylacte.
[871.]

L'empereur Basile[2], dans une bataille contre les Sarrasins, s'étant élancé trop avant dans les rangs ennemis, se vit entouré, pressé, accablé, et au moment d'être tué ou pris. Tout à coup un simple soldat, perçant la foule des combattants, étonne les ennemis par des prodiges de force et d'audace, les repousse et sauve à l'empereur la vie et la liberté. La reconnaissance de Basile était active comme son courage ; il fit chercher partout le soldat, qui avait modestement disparu après l'avoir délivré ; à force de soins, on le découvrit ; il se nommait Théophylacte ; l'empereur lui offrit d'éclatantes récompenses. « Seigneur, lui dit le héros modeste, je suis né pauvre ; ni ma naissance ni mon édu-

---

1. Le florin vaut 2 fr. 25 c.
2. Basile le Macédonien, empereur d'Orient (Voir § X, *Dangers de la précipitation.*)

cation ne m'ont préparé aux postes éminents que vous daignez m'offrir. Je n'ai point d'ambition, et je préfère à toutes les faveurs de la fortune l'honneur de vous avoir sauvé; en exposant ma vie pour défendre la vôtre, je n'ai fait que tenir mon serment et remplir mon devoir. Si cependant votre générosité veut que je reçoive un prix pour une action si simple, je ne vous demande que quelques arpents de terre pour faire subsister ma famille. »

L'empereur lui donna un domaine considérable.

Le fils de Théophylacte devint dans la suite empereur d'Orient sous le nom de Romain Lécapène.

Henri de Mesmes.

Le roi Henri II [1] ayant offert la charge d'avocat général [2] au vertueux Henri de Mesmes, l'un des plus illustres magistrats de son siècle, de Mesmes lui fit observer que cette place n'était point vacante. « Elle l'est, répliqua le roi, parce que je veux l'ôter à celui qui la remplit. — Pardonnez-moi, sire, répondit Henri de Mesmes après avoir fait modestement l'apologie du magistrat menacé de destitution, j'aimerais mieux gratter la terre avec mes ongles que d'entrer dans cette charge par une telle porte. » Le roi eut égard à sa remontrance, et maintint l'avocat général dans ses fonctions. Ce magistrat s'empressa de venir offrir à de Mesmes ses remercîments : mais cet homme généreux ne pouvait comprendre qu'on le remerciât pour une action qui était, disait-il, prescrite par un devoir impérieux, auquel il n'aurait pu manquer sans déshonneur.

Le cardinal d'Amboise [3].

On sait combien la plupart des propriétaires sont ambitieux d'étendre et d'arrondir leurs domaines. Cette passion dégénère quelquefois chez eux en une véritable manie. L'exemple du cardinal d'Amboise leur apprendra à modérer leurs prétentions et leurs désirs.

1. Régna de 1517 à 1559
2. Place éminente dans la magistrature.
3. Georges d'Amboise (1460 1510), archevêque de Rouen et cardinal, excellent ministre d'un excellent roi.

Ce cardinal, premier ministre de Louis XII, et l'un des hommes les plus vertueux de son siècle, possédait en Normandie un château et une terre qui faisaient ses délices. Il aurait vivement désiré que le parc eût plus d'étendue; mais un domaine voisin, le serrant de près, y était presque enclavé et ne permettait pas de l'agrandir. Le cardinal eût été heureux d'acquérir ce domaine ; mais il savait que son voisin tenait beaucoup à sa propriété, et il ne faisait à cet égard aucune démarche.

Un jour, quelle fut sa surprise ! Son voisin vint lui-même lui offrir de lui vendre son bien.

« Je l'achèterai très-volontiers, dit le cardinal, et votre offre m'est infiniment agréable. Mais, ajouta-t-il en remarquant que son voisin était en proie à une tristesse qu'il cherchait à dissimuler, en même temps que votre offre me fait plaisir, elle m'étonne. Je vous croyais extrêmement attaché à votre domaine, et je pensais que vous ne vous décideriez jamais à le vendre.

— Telle était, en effet, ma résolution, répondit son interlocuteur en soupirant. C'est l'héritage de mes pères, je croyais bien ne le quitter qu'avec la vie; mais ma fille est sur le point de contracter un mariage avantageux : on exige une dot en argent : je n'en ai pas ; je sacrifie mon bonheur au sien.

— Mon cher voisin, dit l'excellent cardinal, renonçant sur-le-champ à tout le plaisir qu'il se promettait de cette acquisition, puisque votre bonheur tient à la conservation de ce domaine, n'y aurait-il pas moyen de le garder, tout en donnant une dot à votre fille ? Ne pourriez-vous pas, par exemple, emprunter à quelqu'un de vos amis la somme dont vous avez besoin, sans intérêt, et remboursable à des termes fort éloignés, économiser tous les ans quelque chose sur votre dépense, et vous trouver quitte sans presque vous en apercevoir ? — Ah ! monseigneur, où sont aujourd'hui les amis qui prêtent une pareille somme à de telles conditions ? — Ayez meilleure opinion de vos amis, répliqua le ministre en lui tendant la main, mettez-moi du nombre, et recevez la somme dont vous avez besoin, aux conditions que je viens de vous expliquer. » Son interlocuteur ne put répondre que par des larmes à un procédé si noble et si généreux. Le cardinal paraissait encore plus heureux que lui. « Quelle excellente affaire pour moi ! disait-il, au lieu d'acquérir un domaine, j'ai acquis un ami. »

Paroles de Bayard [1].

Jamais le chevalier Bayard ne brigua aucune charge ; jamais il n'étala aux yeux de son souverain ses longs et glorieux services, pour parvenir à quelque récompense. « C'est à nos actions, disait-il, à parler pour nous, et à demander des récompenses : il est plus beau de les mériter sans les avoir que de les posséder sans en être digne. »

Réponse de Ménédème.
[IIIe siècle av. J. C.]

On disait un jour à Ménédème, philosophe grec : « C'est un grand bonheur d'avoir ce que l'on désire. — C'en est un bien plus grand, répondit-il, d'être content de ce que l'on a. »

Le prince jardinier.
[332 ans av. J. C.]

Alexandre [2], poursuivant en Orient le cours de ses conquêtes, s'empara de l'antique ville de Sidon [3], qui, sous l'autorité des souverains de la Perse, avait un roi particulier. Ce roi fut vaincu et chassé. Alors Alexandre offrit la couronne de Sidon à deux jeunes gens du pays, qui la méritaient par leurs vertus, mais à qui les anciennes lois du pays ne permettaient pas de l'accepter. « Ces lois, dirent-ils, ne permettent d'élever sur le trône qu'un homme descendu de l'ancienne famille de nos souverains. » Alexandre, loin de s'offenser de ce noble refus, leur demanda quel était,

---

1. Surnommé *sans peur et sans reproche*; modele des chevaliers français (1476-1524).
2. Alexandre surnommé *le Grand*, roi de Macédoine, conquérant célèbre, a régné de 336 à 323 av. J. C.
3. En Phénicie sur la côte de la mediterrannée, aujourd'hui *Seid*.

Le chevalier Bayard.

parmi les descendants des anciens rois, le plus digne de la couronne. Ils lui désignèrent Abdolonyme.

Abdolonyme, malgré son illustre naissance, était réduit à une extrême pauvreté. Il gagnait sa vie par le travail de ses mains en cultivant lui-même un petit jardin dans les faubourgs de la ville. Sagement résigné à son sort, il travaillait avec ardeur, pratiquait toutes les vertus et se trouvait heureux.

On vint le trouver dans son petit jardin : on lui apportait de la part d'Alexandre le diadème et les habits royaux, et une foule immense remplissait les airs d'acclamations en son honneur. D'abord Abdolonyme croyait rêver; ensuite il se figura que, par une odieuse raillerie, on voulait insulter à sa misère. Enfin il comprit que ces démonstrations étaient sérieuses : il accepta sa nouvelle destinée, sans empressement, et sans trouble, et reçut des mains des envoyés d'Alexandre le sceptre et la couronne d'un air aussi tranquille que s'il eût repris sa bêche.

Il se présenta devant Alexandre d'un air noble et modeste. Alexandre lui dit : « Comment vous, né du sang royal, avez-vous pu supporter la misère? — Plaise au ciel, répondit Abdolonyme, que je supporte aussi bien la prospérité! Le travail de mes bras jusqu'à ce jour a suffi à mes désirs. Je n'avais rien et rien ne me manquait. »

Alexandre, admirant ces sentiments élevés, le combla de présents. Abdolonyme, persévérant dans ses habitudes, ne cessa de s'occuper de ses devoirs, et se montra aussi laborieux comme roi qu'il l'avait été comme jardinier.

Le boulanger-poète.
[xixe siècle.]

Il existe dans la belle cité de Nîmes un homme que le ciel a doué d'un talent extraordinaire pour la poésie française : il a composé des vers que l'Europe entière sait par cœur, entre autres une délicieuse élégie intitulée *l'Ange et l'Enfant*. Cet homme, qui s'appelle Reboul, est boulanger; du reste, plein de connaissances et de distinction. Au lieu de sortir de sa condition modeste, de recueillir les applaudissements dans les salons, et de poursuivre à Paris la fortune et les honneurs, il travaille comme ouvrier, il fait du pain, il élève sa famille à la sueur de son front, dans le travail et pour le travail, et il ne demande à son talent et à ses livres que de charmer ses courtes heures de loisir.

On aime à citer de tels exemples. Puissent-ils faire aimer aux hommes les bienfaits que la Providence répand sur une vie modeste et cachée, et leur persuader de plus en plus que le travail est une chose sainte aux yeux de Dieu, honorable aux yeux des hommes, source de l'aisance, sauvegarde de la santé, gage assuré du bonheur [1].

L'enfant content de son sort.

Marcellin, jeune berger, conduisait son troupeau sur une montagne. S'étant enfoncé dans les gorges pour chercher une de ses brebis dans un bois épais, il trouva dans ce bois un homme couché sous un buisson. Cet homme paraissait accablé de fatigue et respirait à peine.

« Jeune berger, dit l'homme, je meurs de faim et de soif. Hier je suis venu sur cette montagne sauvage pour y chasser. Je me suis égaré, et j'ai passé la nuit dans les bois. »

Marcellin tira de son panier du pain et du fromage frais qu'il lui donna. « Mangez, lui dit-il, et suivez-moi ; je vais vous conduire vers un vieux chêne dans le tronc duquel il y a toujours de l'eau. »

Le chasseur mangea ; puis il suivit Marcellin, et but de l'eau, qu'il trouva excellente. Ensuite Marcellin le conduisit hors de la montagne.

Alors le chasseur dit au berger : « Aimable enfant, tu m'as sauvé la vie. Si j'étais resté une heure de plus dans cet état, je serais mort. Je veux te montrer ma reconnaissance. Viens avec moi à la ville ; je suis riche et je te traiterai comme si tu étais mon fils.

— Non, dit l'enfant, je n'irai pas avec vous à la ville, j'ai

---

1, M. Reboul est mort en 1864. (*Note des éditeurs.*)

une mère et un père qui sont pauvres, mais que j'aime bien. Quand vous seriez un roi, je ne voudrais pas quitter mon père pour vous.

— Mais, dit le chasseur, ici tu habites dans une misérable cabane couverte de chaume; moi je demeure dans un palais orné de marbre et entouré de colonnes superbes. Je te ferai boire dans des coupes de cristal, et manger des mets somptueux dans des plats d'argent. »

L'enfant répondit : « Notre petite maison n'est pas aussi misérable que vous le croyez. Si elle n'est pas entourée de colonnes, elle est environnée d'arbres fruitiers et de treilles. Nous buvons de l'eau bien claire, que nous puisons dans une fontaine voisine; nous gagnons par notre travail une nourriture simple qui nous suffit; et si nous n'avons pas dans notre maison de l'argent, du cristal et du marbre, nous n'y manquons pas de fleurs. »

Le chasseur ajouta : « Viens avec moi, enfant; nous avons aussi des arbres et des fleurs à la ville. J'ai un magnifique jardin, avec des allées droites et touffues, et un parterre rempli des plantes les plus précieuses; au milieu de ce jardin est un jet d'eau magnifique : jamais tu n'as rien vu de semblable; l'eau s'élance en gerbes et retombe en écume dans un bassin de marbre blanc.

— Nous sommes heureux dans nos bois, dit l'enfant. Les ombrages de nos forêts sont aussi délicieux pour le moins que ceux de vos superbes allées. Nos vertes prairies sont émaillées de mille fleurs. Il y a aussi des fleurs autour de notre maisonnette, des roses, des violettes, des lis, des pensées. Croyez-vous que nos fontaines soient moins belles que vos jets d'eau? Comme j'aime à les voir sortir en bouillonnant du creux des rochers, ou retomber du haut des collines pour serpenter ensuite dans les prés fleuris !

— Tu ne sais pas ce que tu refuses, ô enfant, dit le chasseur. Il y a à la ville des colléges superbes où je te ferai apprendre toutes sortes de sciences. Il y a des théâtres où d'habiles musiciens enchanteront tes oreilles par des concerts harmonieux. Il y de riches salons où tu seras admis à des fêtes splendides.

— Non, répondit l'enfant, je ne vous suivrai pas à la ville. On m'apprend dans l'école de notre village tout ce qui m'est vraiment utile. On m'y apprend surtout à craindre Dieu, à honorer mes parents, à imiter leurs vertus. Je ne veux pas en savoir davantage. Vos musiciens chantent-ils mieux que le rossignol ou que la fauvette? Et nous aussi, nous avons nos concerts et nos fêtes. Que nous sommes heureux le dimanche, quand nous sommes réunis en famille, et assis à l'ombre d'un bois, sur le bord d'un ruisseau qui murmure! Ma sœur chante, j'accompagne sa voix avec ma flûte; nos chants retentissent au loin; l'écho les répète après nous, et notre père et notre mère, heureux de nous entendre, nous regardent avec un tendre sourire. Non, je n'irai pas à la ville avec vous. »

Alors le chasseur vit bien qu'il fallait renoncer à emmener l'enfant. « Que te donnerai-je donc, dit-il, pour te marquer ma reconnaissance? Prends cette bourse pleine d'argent et d'or.

— Qu'ai-je besoin de cet argent? Nous sommes pauvres, mais nous ne manquons de rien; si j'acceptais votre argent, je vous aurais donc vendu le petit service que j'ai pu vous rendre? Ce serait mal : ma mère me blâmerait de cette conduite; elle m'a toujours dit que nous devons obliger ceux qui se trouvent dans la peine, et que nous devons le faire sans intérêt.

— Que te donnerai-je donc, aimable enfant? il faut bien que tu acceptes quelque chose, autrement tu m'affligerais.

— Eh bien! donnez-moi ce flacon que je vois suspendu à votre côté; il me semble qu'on a gravé dessus des chiens qui poursuivent un chevreuil. »

Alors le chasseur lui donna le flacon, et le jeune berger s'en alla, en sautant de joie, comme un agneau qui bondit.

Conseils aux habitants des campagnes.

« Aujourd'hui, dit un de nos littérateurs, chacun s'efforce de substituer le luxe à la simplicité, l'éclat de l'extérieur à l'aisance du ménage. Le villageois rêve pour son fils richesses et honneurs; il ne cesse d'exciter sa jeune avidité en offrant à ses regards un tableau riant des prospérités du monde. Non, il ne veut pas que ce fils bien-aimé vienne avec lui tracer un sillon pénible dans les plaines; il se hâte de l'envoyer à la ville, où il croit que la fortune l'attend. Il a résolu d'en faire un bourgeois, un négociant, un juge, un avocat; il sourit à son bonheur futur : il le voit traversant les mers sur ses vaisseaux chargés de marchandises, ou s'avançant à la tête des armées, ou bien encore paraissant avec éclat aux tribunes politiques.

« Bon laboureur, tu te prépares bien des chagrins. Hélas! Cet enfant, qui, par ta volonté, a perdu le souvenir de ses ruisseaux, de sa colline et de sa chaumière, sera peut-être assez malheureux pour oublier aussi ses parents !

« Fortunés habitants des campagnes, craignez de vous égarer au sein des villes. Restez, restez sous votre toit rustique. Efforcez-vous, par un travail assidu, par d'ingénieux procédés, d'augmenter le produit de vos terres et d'acclimater l'aisance dans votre retraite si douce. Demeurez loin du bruit et du vice; laissez les rêves et les illusions de la vie à ceux qui n'ont plus que cette seule ressource ici-bas, et contentez-vous d'embellir le petit coin de terre que la bonté de Dieu vous a donné !... »

Pauvreté volontaire.

Les grands hommes de l'ancienne Grèce, persuadés que rien n'est plus grand ni plus généreux que de mépriser les richesses, faisaient consister la plus sublime vertu à supporter noblement la pauvreté, et à la regarder plutôt comme un avantage que comme un malheur : le second degré de vertu, selon eux, consistait à faire un bon usage des richesses; et ils pensaient que l'emploi le plus conforme à leur destination, et le plus propre à attirer aux riches l'estime et l'affection des hommes, était de les faire servir au bien de la société.

Cimon[1], général athénien, ne croyait jouir de ses grandes

---

1. Mort 449 ans av. J. C.

richesses qu'autant qu'il pouvait en faire part à ses concitoyens et soulager leur misère. Ce que Philopémen [1] enlevait à l'ennemi, il ne le faisait servir qu'à fournir des chevaux ou des armes à ceux de ses concitoyens qui en manquaient, et à payer la rançon des prisonniers de guerre. Aratus [2] employait les présents magnifiques qu'il recevait des rois étrangers à payer les dettes de quelques-uns de ses amis, à aider les autres dans leurs besoins, et à racheter les captifs.

Le désintéressement de Phocion [3] était encore plus remarquable. Cet illustre Athénien avait toujours été favorable au maintien de la paix avec la Macédoine. Le fameux roi de Macédoine, Alexandre, dans le cours de ses conquêtes, lui envoya, par reconnaissance, un présent de cent talents [4]. Phocion demanda à ceux qui les lui apportaient, pourquoi Alexandre voulait lui faire un présent aussi magnifique. « C'est, répondirent-ils, parce que vous êtes le plus honnête homme qu'il connaisse dans Athènes. — Si Alexandre, reprit Phocion, me considère comme tel, qu'il souffre donc que je continue de l'être. » Et il refusa l'argent. Au moment où il exprimait ce noble refus, il s'occupait à tirer lui-même de l'eau d'un puits, et sa femme faisait du pain. Il persista dans la suite à refuser les présents d'Alexandre et des rois ses successeurs. Et comme on lui représentait que, s'il n'en voulait point pour lui, il devait du moins les accepter pour ses enfants : « Si mes enfants sont sages, répondit-il, ils auront assez de ce qui me suffit à moi-même, et s'ils ne le sont pas, ils en auront trop. »

Réponse de Boucicaut.

Le maréchal de Boucicaut [5] fit une semblable réponse. Ce grand homme ne s'était point occupé d'accumuler d'im-

---

1 Mort 183 ans av. J.-C.
2 Mort 213 ans av. J.-C. Fut longtemps à la tête d'une confédération de villes grecques, qu'on appelait la ligue achéenne.
3 Mort 317 ans av. J.-C.
4. Le talent valait environ 5,000 fr.
5. Né à Tours, en 1364, et mort prisonnier en Angleterre, en 1421 : a laissé des mémoires intéressants sur sa vie et sur ses campagnes.

menses richesses sur la tête de son fils, unique héritier de son nom, et n'avait songé qu'à lui laisser de grands exemples de vertu. Ses amis le blâmaient de n'avoir point profité de la faveur du roi Charles VI pour augmenter sa fortune. « Je n'ai rien vendu de l'héritage de mes pères, leur répondit-il, et je n'y ai rien non plus ajouté. Si mon fils est homme de bien, il aura assez; mais, s'il ne vaut rien, il aura trop. »

Réponse de Turenne.

Un officier général proposa un jour à Turenne un moyen de gagner 400,000 francs dans quinze jours, aux dépens de l'ennemi, sans que le gouvernement pût jamais en avoir connaissance. Turenne lui répondit avec autant de simplicité que de noblesse : « Je vous suis fort obligé; mais comme j'ai souvent trouvé de semblables occasions sans en avoir jamais profité, je ne crois pas devoir changer de conduite à mon âge. »

Réponse de Catinat.

On a souvent cité une réponse que Catinat fit à Louis XIV. Ce monarque, après l'avoir entretenu sur les opérations de la guerre, lui dit, avec cette grâce qu'il savait mettre dans tous ses discours : « C'est assez vous parler de mes affaires, en quel état sont les vôtres? — Sire, répondit Catinat, grâce aux bontés de votre Majesté, j'ai tout ce qu'il me faut. — Voilà, dit le roi, le seul homme de tout mon royaume qui me tienne ce langage. » En effet, il était le seul qui n'eût jamais rien demandé. « Je ne veux pas, disait-il, en se servant d'une expression heureuse et énergique, ressembler à ces serviteurs qui salissent leur attachement pour leurs maîtres, en demandant qu'on augmente leurs gages. »

Scipion de Fiesque.
[XVe siècle.]

Scipion de Fiesque, parent de la reine Catherine de

Médicis¹, refusa le titre de maréchal de France² que cette princesse voulait lui faire accorder. « Madame, lui dit-il, j'ai servi longtemps sur terre et sur mer, et je me suis toujours conduit de manière à être regardé comme un homme d'honneur, mais cela ne suffit pas pour être maréchal de France. »

Un homme, qui désirait obtenir la protection de Scipion de Fiesque, déroba, on ne sait trop comment, des papiers qui prouvaient que Fiesque avait tort dans un grand procès qu'il soutenait alors. Il les porta à Fiesque. « Maintenant, lui dit-il, vous êtes sûr de gagner votre procès. » Fiesque examina ces papiers : « Jusqu'à présent, dit-il, j'avais cru avoir raison dans cette affaire; je vois maintenant que j'avais tort. Je vais écrire à l'instant à mon adversaire qu'il a gagné sa cause, et que je suis prêt à payer les frais et dommages, auxquels je dois être condamné; je joindrai à ma lettre ces papiers que vous auriez dû lui envoyer, si vous n'aviez pas eu aussi mauvaise opinion de moi que je dois l'avoir de vous. Sortez ! »

D'Aubigné³.

D'Aubigné contait un jour à Tolci, l'un de ses voisins, homme fort riche, sa mauvaise fortune et le triste état de ses affaires. Tolci l'interrompit en lui disant : « Vous avez des papiers qui peuvent compromettre le chancelier de L'Hôpital⁴. Disgracié de la cour, il est, comme vous le savez maintenant retiré à sa maison de campagne. Si vous voulez, je vous ferai donner dix mille écus pour ces papiers, soit par lui, soit, s'il refuse, par ceux qui voudraient s'en servir contre lui. » D'Aubigné alla aussitôt chercher tous ces papiers, et, au lieu de les donner à Tolci, il les jeta au feu en sa présence. Comme son ami l'en reprenait vivement, il répondit : « Je les ai brûlés de peur qu'ils ne me brûlassent:

---

1 Epouse du roi Henri II, mère des rois François II, Charles IX et Henri III.
2 C'est la première dignité de l'armée française.
3. Célèbre par son courage et par son esprit, s'est signalé au service de Henri IV (1550-1630).
4. Magistrat vertueux et illustre (1505-1573).

car j'aurais pu succomber à la tentation. » Cette action généreuse toucha Tolci. Le lendemain il lui dit : « Quoique vous ne m'ayez pas ouvert votre cœur, je sais qu'un hymen avec ma fille comblerait tous vos vœux. Vous ne vous déclarez pas, parce que vous savez qu'elle est recherchée par plusieurs jeunes gens bien plus riches que vous : mais ces papiers que vous brûlâtes hier m'ont déterminé à vous choisir pour mon gendre. »

Nublé.

Le poëte Scarron [1] ayant été contraint de vendre son bien, l'acquéreur, nommé Nublé, lui en donna six mille écus, sans savoir précisément ce que le bien valait; et Scarron fut content du marché. Nublé alla voir ce domaine. A son retour, il alla trouver Scarron, et lui dit : « Vous avez cru que votre bien ne valait que six mille écus; je l'ai fait estimer : il en vaut huit mille. » Il l'obligea de recevoir encore deux mille écus. Combien d'autres se seraient applaudis secrètement de l'heureux marché, et auraient trouvé des raisons plausibles pour calmer les scrupules de leur conscience !

La maison de Jeanne d'Arc [2].
[1817.]

A Domremy, près de Vaucouleurs [3], s'élève une maison de modeste apparence, qui ne se distingue des habitations voisines que par la couleur plus sombre qu'elle doit à son ancienneté. Cependant tous les voyageurs s'inclinent avec respect en passant devant cet humble toit : c'est la maison de Jeanne d'Arc [4]. Elle appartenait il y a quelques années à

---

1. Mort en 1660. Il avait épousé Françoise d'Aubigné, si célèbre sous le nom de Mme de Maintenon, et petite fille de d'Aubigné, dont il est question dans le récit qui précède.
2. Jeanne d'Arc, héroïne fameuse, sauva, sous Charles VII, la France assaillie par les Anglais. Elle tomba entre leurs mains, et ils la firent brûler vive à Rouen, en 1431.
3. Département des Vosges, à 10 k'¹. de Neufchâteau.
4. Jeanne d'Arc était fille d'un pauvre paysan. Aujourd'hui (1850) une école est établie dans cette maison.

un bon paysan, nommé Gérardin, qui la regardait avec raison comme son plus précieux héritage.

Un Anglais fort riche, voyageant en France, se détourna de plusieurs lieues pour visiter cette maison. Gérardin, qui était toujours prêt à en faire les honneurs aux étrangers, se fit un plaisir de la lui montrer dans le plus grand détail : « Voilà, disait-il, d'après des traditions certaines, voilà la chambre où couchait Jeanne d'Arc ; voici celle de son père, celle de ses sœurs. C'est par cette porte qu'elle sortait avec son troupeau. » Puis, faisant quelques pas dans la cour : « Voyez-vous, disait-il, là-bas cette colline ? C'est là qu'un ange lui apparut et lui révéla sa destinée. »

L'Anglais, après avoir tout vu, conçut le désir de posséder ce petit domaine, non pour l'habiter ou pour y rendre une sorte de culte à l'héroïne française, mais afin de pouvoir dire à ses amis en Angleterre : « Je suis propriétaire de la maison de Jeanne d'Arc. » Il ne doutait pas que le paysan ne saisît avec plaisir l'occasion de la vendre un bon prix et, plein de cette confiance, il dit sans préambule : « Mon brave homme, combien voulez-vous de votre maison ? »

Gérardin était si loin de s'attendre à cette question, qu'il crut d'abord avoir mal entendu ; mais l'Anglais ayant répété sa phrase dans les mêmes termes, il lui répondit qu'il n'avait point intention de la vendre. « Pourquoi donc ? dit l'Anglais. — Pourquoi ?... Croyez-vous donc que, pour être un pauvre paysan, on ait moins d'honneur et de patriotisme qu'un autre ? Tout ignorant que je suis, je sais ce que valait Jeanne d'Arc, ce qu'elle a fait pour son pays ; et, dans ce village où nous l'aimons tous comme si nous l'avions connue, où les enfants savent son histoire avant d'apprendre à lire, je passerais pour un lâche et un traître, si je vendais à un étranger la maison d'où elle est partie pour sauver la France. »

Malgré la chaleur avec laquelle Gérardin prononça ces dernières paroles, l'Anglais crut que ce zèle ardent pour Jeanne d'Arc et pour la France n'était qu'une ruse adroite, destinée à faire payer la propriété un peu plus cher ; il ne pouvait croire qu'un villageois, qui avait à peine de quoi vivre, préférât des souvenirs historiques à une forte somme d'argent comptant. « Mais, reprit-il, si je vous en offrais 300 guinées? — D'abord, je ne comprends rien à vos guinées. — Cela ferait 7,500 fr. — Eh bien, je vous dirais : gardez vos 7,500 fr., et laissez-moi ma maison.—10,000 fr.? — Non. — 15,000 fr.? » dit l'Anglais, en enchérissant à chaque instant avec cette obstination particulière à ses compatriotes, qui sacrifient souvent une partie de leur fortune à une bizarre fantaisie. « 20,000 fr.? 25,000 fr.? — Non, mille fois non. Je ne la vendrais pas à un Français, à un intime ami; ce n'est pas pour la donner à un étranger, surtout à un Anglais. — Ah! je vois, vous nous tenez toujours rancune. — Ce n'est pas de la rancune, c'est de l'indignation : l'avoir fait brûler vive, après l'avoir fait condamner comme sorcière! Quand j'y pense, je suis d'une colère!... C'est comme si cela s'était passé hier; et je ne sais ce qui m'empêche de la venger sur tous les Anglais que je rencontre. »

A ces mots l'intrépide acheteur ne put s'empêcher de reculer de deux pas. « Vous êtes venu pour voir ma maison, poursuivit Gérardin; vous l'avez vue : vous voulez me l'acheter, je ne veux pas vous la vendre; il ne me reste plus qu'à vous prier d'en sortir. » L'Anglais vit alors qu'il fallait lever le siége de la place, et partit en déguisant sous un sourire d'indifférence la mauvaise humeur qu'il éprouvait.

Quelque temps après cette conversation, Gérardin était un soir assis sur un banc, devant sa maison, et, en causant avec quelques vieux amis, il goûtait les charmes d'une belle soirée d'été. Le silence commençait à régner avec la nuit, lorsque l'attention du vieillard fut attirée par le bruit d'un cheval qui s'avançait au galop.

Bientôt un cavalier se présente : « Au nom du roi, dit-il, je voudrais parler au sieur Gérardin. » Aussitôt un grand nombre de paysans, autant par curiosité que par politesse, conduisent l'étranger vers le respectable vieillard.

« Gérardin, dit le cavalier, après avoir mis pied à terre, le roi a su que vous aviez refusé de vendre votre maison à

un Anglais. Il a voulu vous récompenser : mais ce n'est point de l'argent qu'il vous envoie ; il sait que vous ne tenez pas plus à celui de France qu'à celui d'Angleterre. Il m'a chargé de vous apporter la croix d'honneur. Recevez-la, Gérardin ; qu'elle brille à la boutonnière du vieillard de Domremy ! Les guerriers qui l'ont gagnée sur le champ de bataille ne l'ont pas mieux méritée : car il faut autant de courage pour mépriser la fortune que pour braver la mort. »
(Filon.)

Davy[1].
[XIXe siècle.]

Davy est l'inventeur d'une lampe qui porte son nom. Cette lampe sert à préserver d'un danger de mort les innombrables ouvriers employés aux travaux des mines ; c'est une des plus utiles découvertes qui aient été faites de notre temps. Davy pouvait tirer un parti très-lucratif de sa belle invention, en se réservant le droit de l'exploiter ; mais il y renonça, et il livra gratuitement son invention au public. Si l'invention de la lampe est admirable, la générosité de l'inventeur ne l'est pas moins.

La vieille indigente.

Les commissaires d'un bureau de bienfaisance, chargés de faire une collecte pour le soulagement des pauvres et d'en opérer la distribution, entrèrent chez une vieille femme pour l'inscrire au nombre des infortunés qui avaient droit à la charité publique. Ils la trouvèrent dans une misérable petite chambre. Elle était occupée à tourner son rouet ; quelques chaises, une table à demi brisée, formaient tout l'ameublement de ce pauvre réduit. Lorsque cette bonne femme fut instruite du dessein des commissaires, elle se leva, et, prenant une petite pièce de monnaie soigneusement enveloppée : « Voici, dit-elle, ce qui me reste de la vente de mon fil : c'est bien peu ; mais je ne puis faire

---

1. Humphry Davy, célèbre chimiste anglais (1778-1829).

davantage. Il y en a de plus pauvres que moi, recevez ce faible secours. Je ne veux pas que mon nom soit sur votre liste. Tant que j'aurai un morceau de pain et assez de force pour tirer de l'eau au puits voisin, je ne veux pas qu'il soit dit que j'ai dérobé la subsistance du malheureux qui manque de tout. »

Extravagance d'un avare.

Un mauvais auteur, nommé Chapelain[1], était célèbre par son extrême avarice; on l'appelait, en riant, le chevalier de l'ordre de l'Araignée, à cause de l'habit recousu et rapiécé qu'il portait. S'étant mis en chemin un jour pour se rendre à l'Académie française, dont il était membre, et y recevoir un jeton[2], il fut surpris par un orage. Ne voulant pas donner quelques liards pour passer le torrent formé par la pluie, sur une planche qu'on y avait jetée, il attendait que l'eau fût écoulée; mais, voyant qu'il était près de trois heures, il passa au travers de l'eau et en eut jusqu'à mi-jambe. Arrivé à l'Académie, de crainte qu'on ne se doutât de cette aventure, il ne voulut point s'approcher du feu : il s'assit à un bureau et cacha ses jambes dessous; le froid le saisit, et il eut une oppression de poitrine dont il mourut. On trouva chez lui, après sa mort, cinquante mille écus.

Et c'est le possesseur de cinquante mille écus qui aime mieux s'exposer à une maladie mortelle que de dépenser quelques liards ! Ainsi l'avarice, non-seulement dégrade le caractère de l'homme, mais lui enlève même, pour ainsi dire, l'usage de sa raison.

Fin tragique d'un avare.

Un riche financier du XVIII siècle, nommé Thoynard, avait amassé une somme très-considérable en se privant pendant un grand nombre d'années de toutes les douceurs

---

[1]. Mort en 1674, homme savant, mais poète médiocre, surtout connu aujourd'hui par les satires de Boileau.

[2]. A chaque séance de l'Académie française, chacun des membres présents reçoit un jeton d'argent.

de la vie : méfiant comme le sont tous les avares, le moindre bruit le faisait frissonner; toujours tremblant pour son cher trésor, il s'adressa à un ouvrier pour faire construire une retraite souterraine dans laquelle il pût entrer par le moyen d'une trappe qu'un ressort mettrait en mouvement. L'affaire est conclue, et l'ouvrier, qui avait promis le secret le plus inviolable, construit cette chambre souterraine sous les yeux du maître; il ouvre et ferme en dedans et en dehors la planche mouvante qui donnait ou refusait l'entrée. L'avare examine tout avec attention, fait l'épreuve à son tour, la réitère plusieurs fois de suite et congédie l'ouvrier après lui avoir payé, non sans regret, la somme promise. Tous les jours il allait visiter son cher trésor, et là, se croyant bien en sûreté, contemplait avec délices, pendant plusieurs heures de suite, ses pièces d'or. Il les comptait, les rangeait en piles sur une table, les recomptait encore. Un jour, tandis qu'il avait les yeux fixés sur son or, sa lampe s'éteint : il veut sortir; mais il ne peut plus trouver le secret. Dans son inquiétude, il cherche à soulever la trappe : vains efforts, elle reste fermée; il crie de toutes ses forces, il implore du secours; mais la voix ne parvient aux oreilles de personne. Plusieurs jours se passent, on ne le voit point, on ne sait ce qu'il est devenu, toute sa famille est dans la plus grande inquiétude. La nouvelle de sa disparition se répand par toute la ville et parvient jusqu'aux oreilles de l'ouvrier qui avait construit la chambre souterraine; cet homme, se doutant que le mécanisme de la trappe a pu se déranger, court chez les magistrats et leur révèle ce secret. On se transporte chez l'avare, on ouvre le caveau : ô spectacle affreux ! on voit un homme étendu sans vie sur un trésor !...

---

§ IV. SIMPLICITÉ, SOBRIÉTÉ.

Le luxe, en multipliant les besoins, allume la soif des richesses et entretient dans le cœur un fond de cupidité; la simplicité des mœurs, en détachant l'homme des objets extérieurs, est comme un rempart impénétrable qui défend sa vertu. (D'AGUESSEAU.)

Que le faste ne vous impose pas : l'admiration n'est due qu'à la vertu. (Mme DE LAMBERT.)

Une manière de vivre simple et frugale conserve la santé, entretient le calme de l'âme et assure l'indépendance. (B.)

Être sobre n'est pas une grande vertu; mais c'est un grand défaut que de ne l'être pas. (CHRISTINE, reine de Suède.)

Un sage médecin disait à ses malades : « De l'exercice, de la gaieté, surtout point d'excès; et vous n'aurez pas besoin d'avoir recours à moi. »

L'intempérance et l'ivresse ruinent le tempérament, dégradent l'âme, obscurcissent l'intelligence. (B.)

Extérieur simple.

Philopémen[1] avait un extérieur fort simple. Invité à dîner par le premier magistrat d'une ville, il arriva d'assez bonne heure; la maîtresse de la maison crut voir en lui le domestique de Philopémen envoyé d'avance par son maître pour aider au service; elle le chargea de fendre du bois. Philopémen, sans la tirer d'erreur, se mit aussitôt à l'ouvrage. Ce trait admirable est le sujet d'un beau tableau de Rubens[2], célèbre peintre flamand.

Maison modeste.

Le chancelier Bacon[3] avait autant de modestie que de mérite; la reine Élisabeth[4], parcourant les provinces de l'Angleterre, voulut voir la maison de campagne qu'il avait fait bâtir avant son élévation et qu'il n'avait pas agrandie depuis : « Votre maison est bien petite, lui dit-elle. — Madame, répondit Bacon, ma maison est assez grande pour moi; mais c'est Votre Majesté qui m'a fait trop grand pour ma maison. »

---

1. Guerrier célèbre, surnommé le *dernier des Grecs*, parce qu'après lui la Grèce cessa de produire des grands hommes. Mort 183 ans av. J. C.
2. Mort en 1640.
3. Illustre philosophe, l'un des plus grands hommes de l'Angleterre. Mort en 1626.
4. Régna en Angleterre depuis 1558 jusqu'en 1603.

Simplicité dans les meubles.

Le duc de Bourgogne[1], ce prince dont la France regretta si vivement la perte, montrait, dans la cour la plus magnifique de l'univers, un éloignement extrême pour tout faste et pour toute dépense inutile. On lui proposait d'embellir un appartement par des cheminées plus ornées et plus à la mode : comme il n'y avait point de nécessité, il aima mieux conserver les anciennes; un bureau de trois mille francs qu'on lui conseillait d'acheter lui parut d'un trop grand prix : il en fit chercher un vieux dans le garde-meuble, et il s'en contenta. Il en était ainsi de tout, et le motif de cette épargne était de se mettre en état de faire de plus grandes libéralités aux pauvres.

Simplicité dans les habits.

Charlemagne[2] portait en hiver un simple pourpoint fait de peau de loutre et une tunique de laine; il mettait sur ses épaules un manteau bleu, et n'avait pour chaussure que des bottines ou des sandales retenues par des bandes de diverses couleurs, croisées autour de ses pieds. Quand quelques jeunes seigneurs se présentaient devant lui vêtus de fourrures précieuses et d'étoffes de soie, il se donnait le divertissement de les mener avec lui à la chasse, au milieu des bois et des marécages. On peut penser dans quel état tous ces beaux habits étaient au retour : « Comme vous voilà faits ! disait-il en riant; vos belles fourrures sont perdues, et moi, voyez mon gros manteau, il n'est ni moins beau ni moins bon. »

Parure du soldat.

Tandis que Cyrus[3], neveu et héritier du roi Cyaxare, s'occupait à exercer quelques troupes, son oncle le fit avertir que les ambassadeurs du souverain des Indes venaient

---

1. Petit-fils de Louis XIV et père de Louis XV; élève de Fénelon.
2. Un des plus grands souverains de la France. Mort en 814.
3. Fondateur de l'empire des Perses, mort 530 ans av. J. C.

d'arriver à sa cour; il priait le jeune prince de venir en toute hâte. « Je vous apporte, dit le courrier, des habits magnifiques; le roi souhaite que vous paraissiez superbement vêtu devant ces étrangers. » Cyrus part sans perdre un moment, et arrive en présence du roi, avec les habits qu'il portait d'habitude, et qui, selon son constant usage, étaient fort simples. Cyaxare parut charmé de la prompte arrivée de son neveu; mais, en même temps, il parut surpris et presque mécontent de la simplicité de son costume : « Si j'avais mis un habit de pourpre, dit Cyrus; si je m'étais paré de bracelets et de chaînes d'or, vous aurais-je fait plus d'honneur que je ne vous en fais par la sueur de mon visage, et en montrant à tout le monde avec quelle promptitude on exécute vos ordres? »

Recherche déplacée dans la toilette.

Vespasien [1] avait accordé de l'avancement à un officier. Cet officier vint, tout parfumé d'odeurs exquises, remercier l'empereur. Vespasien, sentant les parfums, s'en irrita : « Un homme peut-il se parfumer ainsi ! dit-il. J'aimerais mieux que vous sentissiez l'ail. »

Il ne faut pas prendre ces paroles trop à la lettre. Vespasien a seulement voulu par là faire comprendre que les recherches et les délicatesses de la toilette, excusables dans les femmes, sont indignes d'un homme.

Les joyaux d'une mère.

Cornélie, fille du fameux Scipion [2], femme du plus grand mérite, se trouvant dans une réunion de dames qui se montraient les unes aux autres leurs pierreries et leurs parures, on lui demanda à voir les siennes. Elle fit venir ses enfants, qu'elle élevait avec le plus grand soin, et dit en les montrant : « Voilà mes joyaux et mes ornements ! »

---

1. Empereur romain, régna de l an 69 à 79.
2 Célèbre général romain qui vainquit les Carthaginois. Cornélie, mère des Gracques, vivait dans le IIe siècle av. J. C.

Repas frugal.

Probus[1], un des plus illustres empereurs de Rome, vieillard de mœurs simples et austères, soutint une grande guerre contre les Perses, qui avaient fait une invasion dans l'empire. Un jour qu'il s'était assis à terre sur l'herbe, pour y prendre son repas, composé d'un plat de pois cuits la veille, et de quelques morceaux de porc salé, on vint lui annoncer l'arrivée des ambassadeurs de Perse. Il commanda qu'on les fît approcher. « Je suis l'empereur, leur dit-il; vous pouvez dire à votre maître que, s'il ne fait pas la paix avec nous, je rendrai en un mois vos campagnes aussi nues d'arbres et de maisons que ma tête l'est de cheveux. » Et en même temps il ôta son bonnet pour leur faire voir qu'il était chauve. Il les invita à prendre part à son repas, s'ils avaient besoin de manger; « sinon, ajouta-t-il, je vous engage à vous retirer à l'heure même. » Les ambassadeurs firent leur rapport à leur prince, qui fut effrayé, aussi bien que ses courtisans, d'avoir affaire à un homme si ennemi des délices et du luxe. Il vint lui-même trouver l'empereur, et accorda tout ce qu'on lui demandait.

Repas modeste.

Un Athénien, s'entretenant avec Socrate[2], se plaignait de manquer d'appétit et de ne trouver bon rien de ce qu'il mangeait : « Je sais, lui dit le philosophe, un remède infaillible à votre mal : mangez moins. Les mets vous paraîtront plus agréables, vos dépenses seront diminuées, et vous vous porterez mieux. »

Un jour que ce sage devait donner un repas, il répondit à un de ses amis qui paraissait étonné de ce qu'il n'avait pas fait de plus grands préparatifs : « Si mes convives sont raisonnables, j'en ai assez pour eux; s'ils ne le sont pas, j'en ai trop. »

1. Mort l'an 282.
2. Célèbre philosophe athénien (470-400 av. J. C) : voir p 114. Il fut condamné à boire la ciguë.

Vie frugale.

Il est difficile de corrompre l'homme tempérant et désintéressé, qui a peu de besoins, et qui sait se contenter de ce qu'il a. Le ministre anglais Walpole[1], voulant attirer dans son parti un homme influent, alla le trouver. « Je viens, lui dit-il, en mon nom et au nom de tous les ministres du roi, vous témoigner le regret que nous éprouvons de n'avoir encore rien fait pour vous, et vous offrir un emploi digne de votre mérite. — Monsieur, lui répliqua cet homme, avant que je réponde à vos offres, permettez-moi de faire apporter mon souper devant vous. » On lui sert au même instant un hachis fait du reste d'un gigot dont il avait dîné. « Monsieur, dit-il alors à Walpole, pensez-vous qu'un homme qui se contente d'un pareil repas soit un homme que l'on puisse aisément gagner ? Rapportez à vos collègues ce que vous avez vu : c'est la seule réponse que j'ai à vous faire. »

Intempérance.

Polémon[2], jeune Athénien, vivait dans le luxe et dans les plaisirs, s'abandonnait à l'intempérance, et, par une suite nécessaire, ne s'occupait de rien de noble ni de rien d'utile. Un jour, sortant d'une fête nocturne, il revenait chez lui aux premiers rayons de l'aurore. Il voit que, malgré l'heure matinale, la porte du philosophe Xénocrate[3] est déjà ouverte. Une idée folle se présente à son imagination : il veut s'amuser aux dépens du philosophe et aller braver la sagesse jusque dans son sanctuaire. Il avait la tête couronnée de roses, une chlamyde[4] de couleur éclatante, les bras à demi nus, les yeux chargés de sommeil, le teint enflammé. En cet état, il va se placer sur les bancs occupés déjà par une foule de jeunes disciples. A sa vue, tous s'indignent; ils vont le chasser de la salle. Xénocrate, d'un geste et d'un

---

1. Ministre sous la reine Anne et sous Georges Ier, premier ministre sous Georges II.
2. IVᵉ siècle av. J. C.
3. Disciple de Platon, mort l'an 314 av. J. C.
4. Vêtement des Grecs

regard, les arrête. Un profond silence s'établit; et Xénocrate, interrompant sa leçon, commence un discours noble et touchant sur la modestie, sur la pureté de l'âme et des sens, et sur le charme que la vertu donne à la jeunesse. Tandis qu'il parle, Polémon se sent ému, il perd peu à peu son audace et sa gaieté; son maintien devient modeste; il rougit pour la première fois; il baisse les yeux, ôte doucement sa couronne de fleurs, s'enveloppe modestement dans sa chlamyde, et écoute avec un redoublement d'attention. Enfin son émotion se trahit par des larmes. Cette leçon avait suffi. A compter de ce jour, Xénocrate n'eut pas de disciple plus assidu, ni Athènes de citoyen plus recommandable.

Ivresse.

Charles XII[1] avait un jour, dans l'ivresse, oublié le respect qu'il devait à la reine son aïeule; elle se retira, pénétrée de douleur, dans son appartement. Le lendemain, comme elle ne paraissait pas, le roi en demanda la cause, car il avait tout oublié. On la lui dit. Il alla trouver la reine : « Madame, lui dit-il, je viens d'apprendre qu'hier je me suis oublié à votre égard; je viens vous en demander pardon; et, afin de ne plus tomber dans cette faute, je vous déclare que j'ai bu hier du vin pour la dernière fois de ma vie. » Il tint parole. Depuis ce jour-là il ne but plus que de l'eau et fut d'une sobriété qui ne contribua pas moins que l'exercice à rendre son tempérament plus robuste. Jamais il ne se plaignit que ses mets fussent peu délicats ou mal apprêtés. Après un repas frugal, il faisait à cheval de longues courses, et le soir, en campagne, il couchait sur de la paille étendue par terre, tête nue, sans draps, couvert seulement d'un manteau. Il acquit par là un tempérament de fer, que les fatigues les plus violentes ne purent abattre.

---

1. Célèbre par son courage et son opiniâtreté, fut roi de Suède depuis 1697 jusqu'en 1718, fit la guerre à Pierre le Grand, czar de Russie, qui le vainquit à Pultava.

Gourmandise.

Le duc de Mayenne, chef des ligueurs [1], aimait beaucoup la bonne chère; il passait à table tout le temps pendant lequel son infatigable rival, Henri IV, le laissait tranquille. Rarement il en sortait sans avoir la tête échauffée, et c'est dans ces moments heureux qu'il battait en idée Henri IV, qui le battait ensuite en réalité.

Le jour de la bataille d'Arques [2], il dîna copieusement comme à son ordinaire; on lui avait servi un melon excellent, et il se disposait à le manger, lorsqu'on vint l'avertir que la cavalerie de Henri IV s'était imprudemment avancée dans un taillis, où elle serait surprise et écrasée s'il voulait en donner l'ordre; que l'armée des ligueurs, profitant de ce triomphe, acheté sans peine, pourrait se jeter à l'improviste sur le camp ennemi, le forcer, et peut-être faire prisonnier Henri lui-même.

« Un moment, dit Mayenne, laissez-moi achever mon melon. »

Peu d'instants après, un officier survient et lui fait un rapport semblable au premier. Même réponse : « Laissez-moi achever mon melon. »

Enfin on lui annonce qu'on aperçoit l'armée ennemie, et qu'il n'a plus que le temps de monter à cheval.

« J'ai fini! » s'écrie-t-il avec un air de satisfaction. Il monte à cheval et est complétement battu : juste châtiment de son intempérance et de sa gourmandise.

Trait d'un enfant de cinq ans.
[1789.]

Voici un exemple d'abstinence d'autant plus touchant qu'il prend sa source dans la tendresse filiale, et que c'est un enfant de cinq ans qui l'a donné. Un curé des environs de Rennes avait fait venir chez lui trois enfants de l'un de

---

1. Ennemis de Henri IV.
2. Près de Dieppe, en 1589. Mayenne avait 25,000 hommes; Henri IV n'en avait que 10,000.

ses paroissiens fort misérable, pour leur faire prendre mesure d'habits : le froid était rigoureux; les trois enfants étaient transis. Le bon curé leur dit de s'approcher du foyer, et leur fait apporter du pain et un peu de viande. Les deux aînés mangent leur portion de bon appétit; le troisième regardait la sienne d'un air bien satisfait, mais il n'y touchait pas. « Quoi ! mon enfant, lui dit le curé, tu ne manges pas ? — Non, monsieur, répondit le marmot; je garde mon pain et ma viande pour ma mère, qui est malade. — Mange toujours, mon petit ami, j'enverrai ce qu'il faut à ta maman. — Non, je ne mangerai pas; je veux lui porter ce que voilà, car maman est malade. »

A ces derniers mots, les yeux de l'enfant se remplissent de larmes. « Ta mère, mon petit, ne manquera de rien, reprit le curé; mais, crois-moi, mange, tu dois avoir faim. — Oui, j'ai faim; mais maman est malade. — Eh bien, tiens, voilà du pain et de la viande que tu lui porteras toi-même; mais je veux que tu manges ce que je t'ai donné. — Dans ce cas-là, monsieur, je mangerai bien mon pain sec : ma viande, je veux la garder pour maman. »

---

§ V. PATIENCE.

La colère est un accès de démence;

Ne sois ni fier, ni emporté; évite les querelles, source féconde de tous les malheurs;

Il faut être plus prompt à apaiser un ressentiment qu'à éteindre un incendie. (*Moralistes anciens.*)

L'impatience aigrit et aliène les cœurs, la douceur les ramène. (Mme DE MAINTENON.)

Faites-vous une étude de la patience et sachez céder par raison. (Mme DE LAMBERT.)

Quand on me fait une injure, je tâche d'élever mon âme si haut que l'offense ne parvienne pas jusqu'à moi. (DESCARTES.)

Une discussion s'élève : tu te querelles; tu te bats. Que conclure de là? que tu avais raison? Non, mais que tu es brutal. (B.)

Le duel est réprouvé par la loi divine et interdit par les lois humaines. (*Cours de Morale.*)

Thémistocle [1].

Lors de l'invasion de Xerxès, roi de Perse, les chefs des diverses républiques de la Grèce, réunis en conseil de guerre, délibéraient sur le parti qu'on devait prendre. Eurybiade, chef des Lacédémoniens, eut une vive discussion avec le chef des Athéniens, Thémistocle. Eurybiade s'opiniâtrait dans son avis qui, si on l'avait suivi, aurait causé la perte de l'armée : Thémistocle le réfutait avec chaleur. Irrité de la contradiction et ne voulant plus rien entendre, Eurybiade leva son bâton sur le chef athénien.

Qu'eût fait alors un homme vulgaire? Il se serait livré à un ressentiment qui n'était que trop juste, il aurait repoussé l'outrage par l'outrage, et il s'en serait suivi une haine mortelle, non-seulement entre les deux chefs, mais encore entre les deux peuples, et le salut de la Grèce entière eût été compromis.

Mais Thémistocle n'était sensible qu'à l'intérêt de la patrie : « Frappe, dit-il à Eurybiade, mais écoute [2]. »

A ces mots, Eurybiade rougit, écouta, et reconnut que l'avis de Thémistocle était le meilleur. On suivit cet avis, qui sauva la Grèce.

Socrate.

Une des qualités les plus remarquables de Socrate était une tranquillité d'âme qu'aucun accident, aucune injure, aucun mauvais traitement ne pouvaient altérer. On dit cependant que ce philosophe était né fougueux et emporté; sa rare patience était le fruit des efforts qu'il avait faits pour se vaincre. Un jour, ayant reçu d'un brutal un vigoureux soufflet, il se contenta de dire en riant : « Il est fâcheux de ne savoir pas quand il faut se couvrir la tête d'un casque. »

Il trouva dans sa propre maison une ample carrière pour

---

1. Thémistocle rendit à Athènes, sa patrie, et à la Grèce entière les plus grands services : il fut ensuite banni par ses concitoyens, et se réfugia chez le roi de Perse : mort 470 ans av. J. C.

2 Voir plus loin *Devoirs envers la patrie, obéissance aux lois*.

exercer sa patience, et Xantippe, son épouse, le mit à une rude épreuve par son humeur bizarre, emportée, violente. Un soir qu'il donnait à souper à un de ses amis, Xantippe, pendant le repas, lui chercha querelle, cria, tempêta suivant son usage, se leva en fureur, et renversa les plats sur la table. L'ami, étonné de cette incartade, voulait s'esquiver; mais Socrate le retenant : « Ne vous éloignez point, lui dit-il; un jour que je dînais chez vous, une poule, en volant sur la table,

ne renversa-t-elle pas les plats? Nous ne fîmes qu'en rire. Faisons aujourd'hui de même. »

Un jour Xantippe, dans un accès de colère, lui arracha son manteau au milieu de la rue et le jeta dans la boue. Les amis du sage lui conseillaient de punir sur-le-champ cette conduite insolente, et de lui faire sentir une bonne fois qu'il était le maître. « C'est-à-dire, répondit Socrate, qu'un mari et une femme aux prises seraient pour vous un spectacle fort amusant, mais je ne suis pas d'humeur à vous donner la comédie à mes dépens. »

Alcibiade[1] s'étonnait qu'il pût supporter les cris éternels de cette femme acariâtre. « J'y suis tellement accoutumé, répondit-il, que ses clameurs ne font pas plus d'impression sur moi que le bruit d'une roue. » Jusqu'à sa mort, ce grand philosophe souffrit, sans se plaindre, les emportements de cette femme, que le ciel semblait n'avoir créée que pour exercer sa vertu.

1. Disciple de Socrate, homme d'Etat et général célèbre, mort 404 ans av. J.C.

Casimir [1].

Un seigneur polonais, jouant avec le roi Casimir II, perdit toute sa fortune. Égaré par le désespoir, il injuria ce prince, et s'oublia même jusqu'à porter la main sur lui. Il s'enfuit, mais les gardes l'eurent bientôt arrêté. Casimir l'attendait en silence au milieu de ses courtisans : « Mes amis, leur dit-il en le voyant reparaître, cet homme est moins coupable que moi; j'ai compromis mon rang, c'est moi qui l'ai poussé à cet acte de violence. » Puis, s'adressant au criminel : « Tu te repens, il suffit : reprends ce que je t'ai gagné, et ne jouons plus. »

Henri IV [2] et Crillon [3].

Henri IV était né vif et emporté; mais il se rendit tellement maître de sa colère, qu'il savait se modérer dans les occasions les plus difficiles. Au siége de Rouen, l'ennemi fit une sortie furieuse qui fut couronnée de succès. On rejeta généralement la faute de cet échec sur Crillon. Crillon voulut se justifier : il alla trouver le roi, qui ne parut pas aussi persuadé de ses raisons qu'il l'eût voulu. Des excuses, il passa à la chaleur de la contestation, et de la contestation à l'emportement. Le roi, irrité de ce manque de respect, lui ordonna de sortir. Crillon revenant à tout moment, on s'aperçut que Henri allait perdre patience. Enfin Crillon sortit, et le roi, s'étant calmé, dit aux seigneurs qui l'accompagnaient : « La nature m'a formé colère; mais, depuis que je me connais, je me suis toujours tenu en garde contre une passion qu'il est dangereux d'écouter. Je le sais par expérience, et je suis bien aise d'avoir de si bons témoins de ma modération. »

Trait de S. François de Sales.

Un homme qui n'avait pu obtenir de saint François de Sales une faveur que la conscience de l'évêque ne lui per-

---

1. Roi de Pologne, mort en 1194
2. Né en 1553, roi de 1589 à 1610.
3. Surnommé le Brave, l'un des plus grands capitaines du XVIe siècle (1541-1615).

mettait pas d'accorder, s'en irrita et lui adressa les paroles les plus insultantes, sans que le prélat parût s'en émouvoir. Cet homme s'étant retiré, le frère de François de Sales, qui avait été témoin de cette scène, lui représenta qu'il aurait dû répondre à cet insolent : « N'avez-vous donc pas été sensible à ses outrages? lui dit-il; est-il possible que des paroles aussi injurieuses n'aient fait aucune impression sur vous? — Voulez-vous que je vous parle sincèrement, répondit le pieux évêque : non-seulement dans cette occasion, mais dans bien d'autres, je sens la colère bouillonner dans mon cerveau, comme fait l'eau dans un vase sur le feu; mais, avec le secours du ciel, je mourrai plutôt que de faire ou de dire la moindre chose qui puisse déplaire à Dieu; j'en ai formé la résolution, j'y serai fidèle. »

Turenne et La Ferté.

Turenne, étant sur le point d'attaquer les lignes des ennemis qui assiégeaient la ville d'Arras, n'avait point les outils qui lui étaient nécessaires. Il en envoya demander par un de ses gardes au maréchal de La Ferté, son collègue dans le commandement. Le garde vint bientôt après dire que La Ferté les avait non-seulement refusés, mais encore qu'il avait accompagné son refus de paroles fort désobligeantes pour Turenne. Turenne, s'adressant aux officiers qui se trouvaient auprès de lui, se contenta de dire : « Puisqu'il est si fort en colère, il faut nous passer de ses outils, et faire comme si nous les avions. »

Abauzit.

Abauzit était un philosophe aussi modeste que savant, passant sa vie dans l'étude des sciences et dans l'exercice de toutes les vertus : un trait suffira pour donner une idée de son extrême douceur. Il avait la réputation de ne s'être jamais mis en colère. Quelques personnes s'adressèrent à sa servante pour s'assurer s'il méritait cet éloge. Elle répondit que depuis trente ans qu'elle était à son service, elle ne l'avait jamais vu fâché. On lui promit un présent considérable si elle pouvait parvenir à le mettre en colère; elle consentit à tenter l'épreuve, et sachant qu'il aimait à être bien couché, elle ne fit pas son lit. Abauzit s'en aperçut, et le lendemain matin lui en fit l'observation. Elle répondit qu'elle l'avait oublié. Il ne dit rien de plus. Le soir, le lit n'était pas fait : même observation le surlendemain; elle y répondit par une excuse vague, et encore plus mauvaise que la première. Enfin, à la troisième fois, il lui dit : « Vous n'avez pas encore fait mon lit; apparemment que vous avez pris votre parti là-dessus, et que cela vous paraît trop fatigant; mais, après tout, il n'y a pas grand mal : car je commence à m'y habituer. »

Attendrie par tant de patience et de bonté, la servante lui demanda pardon, et lui avoua l'épreuve à laquelle on avait voulu mettre son caractère.

Tout en admirant la patience du sage, nous devons blâmer l'indiscrétion des gens qui voulurent l'éprouver, et la faiblesse très-déplacée de la personne qui leur prêta son concours.

Le dîner dans la cour.

Un homme avait l'habitude de s'abandonner sans motif à des transports de colère. C'était surtout son domestique qui avait à souffrir de ses emportements. Il y avait des jours où tout ce que faisait ce pauvre garçon était mal fait, et il lui fallait porter la peine de beaucoup de fautes dont il était innocent. Un jour son maître rentra de très-mauvaise humeur et se mit à table pour dîner. La soupe se trouva trop chaude, ou trop froide, ou peut être ni l'un ni l'autre : mais le maître était de mauvaise humeur : il n'en fallut pas davantage. La fenêtre était ouverte; il prit la soupière et la jeta dans la cour. Alors le domestique, de l'air du monde le plus tranquille, fit voler aussi par la fenêtre le plat qu'il allait mettre sur la table; puis le pain, le vin, tout le couvert, et enfin la nappe. « Malheureux, que signifie cette conduite? demanda le maître en se levant d'un air furieux.

— Monsieur, repartit le domestique avec le plus grand sang-froid, pardonnez-moi si je n'ai pas deviné votre pensée; j'ai cru que vous vouliez dîner aujourd'hui dans la cour. »

Le maître comprit la leçon; il sourit de la présence d'esprit de son domestique, et cessa dès ce jour de se livrer à ses ridicules emportements.

Le soufflet.

Un habitant d'Orléans, nommé Lepelletier, non content de donner aux pauvres tout ce qu'il pouvait avoir, ne cessait de solliciter en leur faveur toutes les personnes de sa connaissance. Un jour voyant un riche négociant, nommé Aubertot, qui se trouvait sur sa porte, il l'aborde et lui dit : « Monsieur Aubertot, ne me donnerez-vous rien pour mes amis? » car c'est ainsi qu'il appelait les pauvres. « Non, je n'ai rien à vous donner. » Lepelletier insiste. « Si vous saviez en faveur de qui je sollicite votre charité! C'est une pauvre femme qui vient d'accoucher et qui n'a pas une couverture pour son enfant! — Je ne peux pas. — C'est un vieillard qui manque de pain! — Je ne peux pas. — C'est un manœuvre qui n'avait que ses bras pour vivre, et qui vient de se fracasser une jambe en tombant de son échafaudage! — Je ne peux pas, vous dis-je. — Allons, allons, monsieur Aubertot, laissez-vous toucher, et soyez sûr que jamais vous n'aurez d'occasion de faire une action plus méritoire. — Je ne peux pas, je ne peux pas. — Mon bon, mon miséricordieux monsieur Aubertot! — Monsieur Lepelletier, laissez-moi tranquille. » Et cela dit, Aubertot lui tourne le dos, passe de sa porte dans son magasin, où Lepelletier le suit; il le suit de son magasin à son arrière-boutique, de son arrière-boutique dans sa chambre. Là, Aubertot, excédé, lui donne un soufflet! Après le soufflet reçu, l'homme charitable prit un air riant, et dit : « Cela, c'est pour moi ; mais pour mes pauvres que donnez-vous? »

Aubertot, confus, lui donna plus qu'il ne demandait, et lui adressa les plus humbles et les plus sincères excuses.

Le coup de canne.

Le comte de Boutteville, depuis si célèbre sous le nom de maréchal de Luxembourg[1], étant lieutenant général sous les ordres du prince de Condé, aperçut, dans une marche, quelques soldats qui s'étaient écartés du reste de l'armée. Il envoya un de ses aides de camp pour les ramener au drapeau. Tous obéirent, excepté un, qui continua son chemin. Le général, offensé de cette désobéissance, court à lui la canne à la main, et menace de l'en frapper. « Si vous le faites, lui répond le soldat, je vous en ferai repentir. » Outré de cette réponse, Boutteville lui donne un coup et le force de rejoindre son corps. Quinze jours après, l'armée assiégea Furnes[2]. Boutteville chargea un colonel de trouver dans son régiment un homme ferme et intrépide, pour un coup de main; une grande récompense fut promise. Le soldat dont nous avons parlé, qui passait pour le plus brave du régiment, se présenta; et, menant avec lui trente de ses camarades dont on lui avait laissé le choix, il s'acquitte de sa commission, qui était très-hasardeuse, avec un courage et un bonheur incroyables. A son retour, Boutteville, après l'avoir beaucoup loué, lui offrit la récompense qui avait été promise. Le soldat, la refusant : « Me reconnaissez-vous, mon général? dit-il; je suis ce soldat que vous maltraitâtes il y a quinze jours : je vous avais bien dit que je vous en ferais repentir. » Boutteville, plein d'admiration, et attendri jusqu'aux larmes, l'embrassa, lui fit des excuses, et obtint sur-le-champ pour lui un brevet d'officier : il se l'attacha bientôt après en qualité d'aide de camp. Le prince de Condé, digne appréciateur des belles actions, aimait à raconter ce trait de magnanimité.

Le vase brisé.
[XIXe siècle.]

Une sœur de l'ordre de Saint-Vincent de Paul veillait un grenadier blessé et dangereusement malade. Accoutumé à

---

1. De la maison de Montmorency (1628-1685), a souvent vaincu les Anglais et les Hollandais.

2. Ville de Belgique (Flandre-Occidentale)

Le vase brisé.

la vie des camps et au désordre de la guerre, le militaire n'avait aucun respect pour la sainte profession et pour le dévouement de sa bienfaitrice. Souvent il repoussait avec rudesse ses officieux secours; quelquefois il l'assaillait d'injures grossières. Cette pauvre fille opposait à ses insultes une patience inaltérable, et finissait par vaincre, à force de bonté, le caractère emporté du soldat.

Un jour qu'il souffrait davantage, elle se présente devant lui, tenant à sa main une potion que le médecin avait ordonnée; il refuse de la prendre; elle insiste avec douceur. Du refus il passe aux injures et aux menaces. Elle le conjure de penser au danger qu'il courait, aux suites que pouvait avoir son obstination. Convaincu à la fin qu'il ne pouvait se délivrer de son importunité, il feignit de se rendre, prit la tasse qu'on lui offrait et jeta tout ce qu'elle contenait au visage de la religieuse.

Cette pieuse fille s'éloigne sans murmurer; mais au bout de quelques instants elle reparaît au chevet du lit du malade, avec le breuvage qu'elle avait apprêté de nouveau. Poussé à bout par une constance qu'il croit de l'obstination, le grenadier furieux saisit le vase et le brise en éclats : la liqueur jaillit sur les vêtements de la fille charitable. Il croit cette fois qu'après un pareil outrage elle ne s'exposera plus à revenir près de lui; mais le militaire ne connaissait que le courage qui se montre sur le champ de bataille, il n'avait aucune idée de celui que peut donner la religion.

La sœur s'approche pour la troisième fois : « Prenez ce breuvage, lui dit-elle, prenez-le, je vous en conjure, ne me refusez pas cette grâce. » Le malade ne sait plus s'il doit croire ce qu'il entend : sa dureté a fait place à un attendrissement involontaire; des larmes s'échappent de ses yeux : « Vous êtes un ange ! » s'écria-t-il; et, saisissant le breuvage salutaire, il l'avala sans hésiter.

Cet homme dut la vie à la pieuse persévérance de celle qu'il avait traitée comme une ennemie. Il fut reconnaissant de cette faveur du ciel, et témoigna le désir de mieux connaître la religion qui inspire des vertus à la fois si douces et si élevées.

L'honneur bien entendu.

Deux jeunes officiers, Valazé et Merci, avaient été élevés ensemble ; on les citait comme des modèles d'amitié, d'honneur et de générosité. Jamais le plus léger nuage ne s'était élevé entre eux, lorsqu'un malheureux incident faillit les brouiller. Un soir ils jouaient aux dames dans un café, en compagnie de plusieurs de leurs camarades. Valazé gagnait constamment, il riait de son propre bonheur ; Merci crut qu'il riait de lui, et, aveuglé par le dépit et par la colère, il jeta les pions à la tête de son frère d'armes. Toutes les personnes présentes, vivement émues, s'attendaient à un duel entre les deux jeunes gens.

« Messieurs, dit froidement Valazé, je suis Français, j'ai été insulté, je connais les lois de l'honneur, et je saurai m'y conformer. » Il dit, et se jetant dans les bras de son ami repentant et désolé : « Mon cher Merci, dit-il, j'ai eu les premiers torts, je te pardonne et je te prie de me pardonner d'avoir blessé, par ma légèreté, une âme aussi sensible que la tienne. Maintenant, messieurs, continua Valazé, quoique j'aie interprété les lois de l'honneur à ma manière, s'il y avait ici quelqu'un qui doutât de la résolution où je suis de ne pas souffrir même un sourire inconvenant, qu'il sorte avec moi. »

La noble conduite de ces vrais amis fut applaudie de tous les assistants, et les plus farouches partisans du duel convinrent que Valazé comprenait au moins aussi bien qu'eux les lois de l'honneur.

Le duel refusé.

Turenne, dans sa jeunesse, étant appelé en duel par un autre officier, répondit : « Je ne sais pas me battre en dépit des lois ; mais je saurai, aussi bien que vous, affronter le danger quand le devoir me le permettra. Il y a un coup de main à faire, très-utile et très-honorable pour nous, mais très-périlleux : allons demander à notre général la permission de le tenter, et nous verrons qui des deux s'en tirera avec le plus d'honneur. » Celui qui avait proposé le duel trouva le projet si périlleux en effet qu'il refusa de soumettre sa valeur à une pareille épreuve.

Le duel évité.

Un officier général irlandais, qui avait servi pendant quarante ans sans avoir jamais envoyé ni accepté de cartel, raconte de la manière suivante une anecdote de sa vie : « Une fois, dit-il, je provoquai le ressentiment d'un de mes compagnons d'armes qui était aimé et respecté de tout le corps. Il m'avait paru mériter de légers reproches en certaines occasions. Je m'étais exprimé à ce sujet dans une langue que je ne savais alors qu'imparfaitement, et je m'étais servi d'un terme dont je ne sentais point toute la valeur. Il se crut insulté, quitta la compagnie et m'envoya un cartel. Je lui répondis que j'espérais avoir avec lui une explication qui lui ôterait le désir de se battre : cependant je promettais de me trouver au rendez-vous. J'y allai, accompagné de tous ceux qui étaient présents lorsque je m'étais servi de l'expression qui m'était reprochée. Devant eux, je mis tous les torts de mon côté, et je déclarai que je m'étais servi inconsidérément de termes dont j'ignorais la valeur. Il jeta son épée et nous nous serrâmes dans les bras l'un de l'autre. « J'étais venu ici, s'écria-t-il, avec l'intention de plonger « mon épée dans le cœur d'un homme que j'estime et que « j'aime ; cette pensée me fait frémir. » Tous les assistants firent éclater la satisfaction la plus vive. Tous convinrent que le duel est une coutume barbare, et qu'un sage gouvernement doit mettre obstacle à un si dangereux abus. »

Le duel honorable.
[XVIe siècle.]

La Mothe-Gondrin et d'Aussun étaient deux officiers très-braves, dont les noms se trouvent cités avec honneur dans les relations de nos guerres d'Italie. Malheureusement une susceptibilité excessive avait fait naître entre eux une espèce d'émulation qui leur mettait sans cesse les armes à la main l'un contre l'autre. Un jour qu'ils étaient en présence de l'ennemi, ils se prirent de querelle, selon leur coutume : on s'échauffait, le sang allait couler. « Que faisons-nous? dit alors la Mothe-Gondrin à d'Aussun : notre sang appartient à notre pays; cessons de donner à nos soldats un exemple dangereux; disputons à qui se battra le plus vaillamment contre l'ennemi, voilà le seul duel digne de nous. » A ces mots, il fond avec impétuosité sur les ennemis; d'Aussun le suit : l'un et l'autre donnèrent des marques incroyables de valeur. Tous deux furent blessés et guérirent de leurs blessures. Ils devinrent amis, et rivalisèrent de courage et de générosité jusqu'à la mort.

---

§. VI. FERMETÉ CONTRE LES MAUX.

La paix intérieure réside non dans les sens, mais dans la volonté. On la conserve au milieu des douleurs les plus amères, tant que la volonté demeure ferme et soumise. La paix d'ici-bas est dans l'acceptation des choses contraires, et non pas dans l'exemption de les souffrir. (FÉNELON.)

Un savant célèbre, Cardan, savait si bien élever son âme au-dessus de la douleur, qu'il ne sentait pas les attaques de goutte les plus cruelles. (TISSOT.)

La douleur te vaincra, si tu faiblis; c'est toi qui la vaincras, si tu as le cœur ferme :

L'adversité est l'épreuve de la vertu :

Voici un spectacle vraiment digne, que Dieu le contemple et se complaise dans son ouvrage : l'homme juste et courageux aux prises avec l'adversité. (*Moralistes anciens.*)

Une grande âme est au-dessus de l'injure, de l'injustice et de la douleur. (LA BRUYÈRE.)

La raison supporte les disgrâces; le courage les combat; la patience et la religion les surmontent. (Mme DE SÉVIGNÉ.)

C'est quand le corps est souffrant, quand l'esprit est accablé, que l'âme doit déployer sa force et son courage; c'est alors qu'elle doit s'elever vers des pensées dignes de son éternel auteur :

Une volonté forte triomphe de tout, des infirmités mêmes de la nature : elle supplée à la vue chez l'aveugle, à la vigueur chez l'infirme; une âme forte est maîtresse du corps qu'elle anime. (B.)

La soif.

Pendant une marche longue et pénible dans un pays aride, Alexandre[1] et son armée souffraient extrêmement de la soif. Quelques soldats envoyés à la découverte trouvèrent un peu d'eau dans le creux d'un rocher, et l'apportèrent au roi dans un casque. Alexandre montra cette eau à ses soldats, pour les encourager à supporter la soif avec patience, puisqu'elle leur annonçait une source voisine. Ensuite, au lieu de la boire, il la jeta par terre aux yeux de toute l'armée. Quel est le soldat qui, sous un tel chef, se serait plaint des privations et des fatigues ? quel est celui qui ne l'aurait pas suivi avec joie ?

La faim.

Alphonse V, roi de Sicile et d'Aragon[2], campait un jour sur le bord d'un fleuve, en présence de l'ennemi. La nuit approchait, l'armée manquait de vivres; depuis le matin les soldats n'avaient rien mangé, ni le roi non plus. Un de ses officiers lui offrit un morceau de pain, un radis et un peu de fromage; dans la circonstance, il y avait là de quoi faire un festin délicieux. « Je vous remercie, dit le prince, mais j'attendrai après la victoire, comme tous mes braves soldats. »

La pauvreté et la douleur.

Qui pourrait ne pas applaudir aux nobles sentiments qu'exprime le célèbre philosophe grec Épictète[3] ? « C'est Dieu qui m'a créé, disait Épictète; puissé-je à mes derniers moments lui dire : « O mon maître ! ô mon père ! tu as « voulu que je souffrisse, j'ai souffert avec résignation; tu « as voulu que je fusse pauvre, j'ai embrassé la pauvreté; tu

---

1. Roi de Macédoine, fameux par la conquête de l'Asie, par la fondation de plusieurs villes et par ses hautes qualités. Voir, dans la troisième partie, l'article intitulé *Lysimaque*.

2. Surnommé le magnanime, a régné de 1416 à 1458.

3. Philosophe grec, de la secte des Stoïciens, florissait dans le Ier siècle de l'ère chrétienne.

« m'as mis dans une condition obscure, et je n'ai point
« voulu en sortir; tu veux que je meure, je t'adore en
« mourant. »

Ce héros de la résignation et de la patience avait été esclave d'un homme nommé Épaphrodite. Il prit un jour fantaisie à ce maître barbare de s'amuser à tordre la jambe de son esclave. Épictète, s'apercevant que ce jeu devenait sérieux et même brutal, lui dit en souriant et sans s'émouvoir : « Si vous continuez, vous me casserez infailliblement la jambe. » Ce qui arriva en effet. « Ne vous l'avais-je pas dit? » reprit tranquillement Épictète.

Épictète se trouvait heureux et riche dans la pauvreté; et il l'était en effet, puisque celui-là est heureux qui jouit du témoignage d'une bonne conscience, et que celui-là est riche qui ne désire rien de ce qu'il n'a pas.

La torture.

Guatimozin, chef des Mexicains, fut fait prisonnier par les Espagnols au moment où il se sauvait sur le lac [1] dans une barque, et fut conduit au quartier général de Cortez [2]. L'avidité des vainqueurs dévorait en idée les trésors de Guatimozin; l'armée en attendait la distribution. On le somma vainement de dire où il les avait cachés. Cortez, craignant d'être soupçonné de s'entendre avec lui, ordonna que l'on mît à la torture ce chef infortuné, pour le forcer à découvrir le lieu où il avait déposé ses trésors. On l'étendit sur des charbons ardents. Tandis que le feu pénétrait jusqu'à la moelle de ses os, Cortez, d'un œil tranquille, observait les progrès de la douleur, et lui disait : « Si tu es las de souffrir, déclare où tu as caché tes trésors. »

Soit qu'il n'eût rien caché, soit qu'il trouvât honteux de céder à la violence, le héros du Mexique honora sa patrie par sa constance dans les tourments; et, comme Cortez le menaçait d'inventer pour lui de nouveaux supplices : « Bar-

---

1. Mexico, capitale du Mexique, est bâtie entre deux lacs.
2. Fernand Cortez, chef espagnol, découvrit le Mexique et le conquit avec un petit nombre d'hommes en 1519, en se souillant de grandes cruautés.

bare, lui dit-il, peut-il être pour moi un supplice égal à celui de te voir? » Il ne laissa échapper ni plainte, ni prière, ni aucun mot qui implorât une humiliante pitié.

Sur ce brasier, on avait aussi étendu un fidèle ami de Guatimozin. Cet ami, plus faible, avait peine à résister à la douleur; et, prêt à succomber, il tournait vers son chef des regards douloureux, et se plaignait de l'excès de ses souffrances. « Et moi, lui dit Guatimozin, suis-je sur un lit de roses? » Vaincu par ces nobles paroles, Cortez fit cesser cette odieuse exécution, et il fallut en croire Guatimozin, qui déclara qu'il avait jeté tous ses trésors dans le lac.

Affreux danger, constance héroïque.

Le 28 février 1812, la mine de houille d'Ans, près de la ville de Liége, fut envahie par les eaux; il s'ensuivit un éboulement : toute communication fut interceptée, et les mineurs se trouvèrent comme ensevelis dans un vaste tombeau. Au moment critique, Hubert Goffin, maître mineur de la houillère, aurait pu se sauver et emmener son fils, âgé de douze ans : il ne le voulut pas. « Si je monte, dit il, mes ouvriers périront; je veux sortir le dernier, les sauver tous ou mourir. » Il rassemble ses camarades, au nombre de quatre-vingt-dix, tous découragés et sans aucun espoir de salut. La voix de Goffin les ranime; ils travaillent avec lui à percer le sol pour s'ouvrir un chemin à la lumière. Bientôt, au milieu de ces profondes ténèbres, à peine éclairées par quelques lampes, le travail les épuise et le désespoir s'empare d'eux. Le digne fils de Goffin leur fait honte de leur faiblesse. « Vous faites comme des enfants, dit-il; suivez les ordres de mon père : ne vous a-t-il pas dit que les propriétaires de la houillère ne nous abandonneront pas? » Soudain les ouvriers reprennent courage : un bruit frappe leurs oreilles; ils reconnaissent que du dehors on travaille à leur délivrance. Mais les travaux avançaient bien lentement : les ouvriers gémissaient, se désespéraient. Goffin excite en vain leur zèle, il n'en peut rien obtenir. Enfin, dans un transport d'indignation, il s'écrie qu'il va hâter sa mort et leur enlever tout espoir en se noyant avec son fils. Alors tous se jettent devant lui et jurent de lui obéir; mais bientôt les lumières s'éteignent, l'obscurité leur enlève toute espérance, et les plonge dans la désolation. Cinq jours s'étaient écoulés dans cette situation horrible : Goffin avait constamment soutenu ses compagnons d'infortune; son zèle, sa sollicitude les avaient ramenés aux travaux. Enfin un passage est frayé : de quatre-vingt-dix ouvriers, soixante-dix furent sauvés. C'est à la conduite héroïque de Goffin qu'ils devaient la vie.

Liége appartenait alors à la France : l'empereur, digne appréciateur du courage, donna au brave Goffin la croix de la Légion d'honneur et une pension.

Le travailleur infirme.

Il y a peu d'années, dans la ville d'Ayr, en Écosse, vivait un homme fort remarquable, nommé Jacques Sandy. Il était né pauvre et avait perdu de bonne heure l'usage de ses jambes : mais il sut échapper à la misère et à l'ennui, et parvint même à se rendre utile. Réduit à ne jamais quitter son lit, il s'occupa de mécanique. Entouré d'outils de toute sorte, il se livrait à un travail assidu : il savait tourner aussi bien que le tourneur le plus habile; il fabriquait des horloges et des instruments de musique et d'optique d'une perfection si rare, qu'ils ne le cédaient en rien à ceux des premiers ouvriers de Londres. D'après ses conseils, on améliora les machines dans les filatures de chanvre. Il joignait à ses autres connaissances celle du dessin et de la gravure.

Pendant cinquante ans, il ne quitta son lit que trois fois, et ce fut pour échapper à l'inondation, et ensuite au feu, dont sa maison était menacée.

Sandy était gai et spirituel; les notables de la ville venaient souvent le voir et se plaisaient à sa conversation. Cet homme, remarquable par son industrie et par l'indépendance qu'il sut acquérir, tout infirme qu'il était, mourut possesseur d'une fortune assez considérable, entièrement acquise par son travail.

L'ouvrier aveugle.

A Armagh, ville d'Irlande, vivait un aveugle nommé William Kennedy, qui faisait l'admiration de tout le pays par son adresse. Il fabriquait toutes sortes d'instruments à cordes, des pendules, des meubles, des métiers pour manufactures, et surtout d'excellentes cornemuses. On s'émerveillait qu'un homme privé de la lumière pût exécuter des ouvrages aussi compliqués. On aimait à l'entendre raconter l'étonnante histoire de ses tentatives et de ses travaux. La voici, telle qu'un de ses auditeurs l'a rapportée :

« Je dois le jour à un pauvre manouvrier qui habitait un village, à quelque distance d'Armagh. Quand je suis né, mes yeux étaient ouverts à la lumière, et ce ne fut qu'à l'âge de cinq ans que je perdis la vue. J'étais encore bien jeune pour comprendre la grandeur de cette perte ; cependant je la sentis par l'ennui qui s'empara subitement de moi. Jusqu'alors j'avais vécu avec d'autres êtres qui me ressemblaient, et au milieu de mille objets auxquels je m'intéressais ; je me trouvai subitement seul et comme dans le vide. Cependant, insensiblement, le monde, qui était devenu tout à coup désert pour moi, se repeupla ; jusqu'alors j'avais pris connaissance des choses par la vue, je m'accoutumai à en prendre connaissance par le toucher et par l'ouïe. A mesure que je grandissais, je sentais combien il était important pour moi de perfectionner ces moyens de connaître. Je m'accoutumai à juger la distance par le son, et à deviner la nature des objets par le tact ; mais ces exercices étaient pour moi plutôt une nécessité qu'un amusement. Vous avez peut-être passé une nuit sans sommeil ; vous savez combien alors le temps paraît long, et quel ennui on éprouve au milieu des ténèbres. Eh bien, figurez-vous une nuit pareille, mais sans fin... telle était ma vie ! J'avais bien quelques jouets avec lesquels je pouvais me distraire un instant, mais cette distraction était sans but, et je m'en lassai vite. D'ailleurs, j'entendais toujours autour de moi déplorer mon sort, et plaindre mes parents de la charge que Dieu leur avait imposée. Cette pitié m'irritait; je ne pouvais m'habituer à l'idée d'être perpétuellement une cause d'affliction et de gêne pour ceux qui m'avaient donné la vie. Mais était-il bien sûr que je ne pusse être utile à rien? N'était-ce point de l'ingratitude et de la lâcheté que d'accepter cette position d'impuissance qui devait faire souffrir mes parents? Toutes ces idées me préoccupaient : je résolus de faire tous mes efforts pour tirer des facultés qui me restaient tout le parti possible. En conséquence, je me mis à étudier les jouets que l'on m'avait donnés; je les démontai pièce à pièce, et bientôt je les connus assez parfaitement pour en fabriquer de semblables : ce fut là une première industrie. Je venais d'acquérir la certitude que la volonté, activée par le sentiment du devoir, peut tout accomplir; je voulus adopter une profession qui pût me rendre indépendant, et j'étudiai la musique. Mes parents, qui virent mes efforts et mes progrès, m'envoyèrent à Armagh, où j'appris le violon. Cependant je ne m'en tins pas à cette étude : je savais que dans le monde on a souvent besoin de recourir à plusieurs moyens d'existence, et je devais prendre mes précautions plus qu'un autre.

« Je profitai donc du hasard qui m'avait fait loger chez un tapissier, pour apprendre, pendant mes moments de loisir, à faire des meubles de diverses sortes. De retour dans mon village, j'ajoutai cette industrie à celle de ménétrier, et je gagnai en peu de temps plus d'argent qu'il ne m'en fallait pour vivre. Mais mon père et ma mère avaient éprouvé des pertes et étaient devenus vieux : bientôt ils ne purent se suffire, et eurent recours à moi. Ce jour fut un des plus beaux de ma vie : moi, pauvre enfant aveugle, qui devais être un fardeau pour ma famille, j'étais parvenu, à force de courage, à devenir son appui! Je sus alors ce qu'un grand devoir accompli donne de force et de bonheur.

« Cependant je ne ralentissais ni mes efforts ni mes essais; j'achetai quelques cornemuses irlandaises hors de service, dans la vue de les perfectionner. Après beaucoup de peine, je parvins à en découvrir le mécanisme; et, au bout de neuf mois, j'en avais confectionné une de mon invention, qui réussit parfaitement.

« Il y avait, dans le village que j'habitais, un horloger qui aimait beaucoup la musique, et qui avait toujours désiré l'apprendre. Il me proposa de lui donner des leçons de cornemuse : j'y consentis, à condition que nous ferions échange de nos connaissances, et qu'il m'apprendrait son état. Je me trouvai ainsi capable de soutenir ma famille par plusieurs industries que j'exerçais tour à tour, et selon que j'y trouvais plus d'avantage. Ce fut vers cette époque que j'eus le malheur de perdre mon père ; ma mère le suivit de près. Ne voulant plus habiter mon village, qui me rappelait cette perte douloureuse, je vins à Armagh, où je me suis marié et où je vis depuis plusieurs années heureux et à l'abri du besoin. La seule chose que je demande à Dieu maintenant, c'est la santé : car, pour la fortune, il m'en a donné une inépuisable en m'accordant la persévérance et l'amour du travail. »

---

§ VII. COURAGE [1].

L'homme de bien porte le courage partout avec lui : au combat, contre l'ennemi ; dans un cercle, en faveur des absents ; dans son lit, contre les attaques de la douleur et de la mort :

La fortune peut se jouer de la sagesse des gens vertueux ; mais il ne lui appartient pas de faire fléchir leur courage :

L'homme courageux attend le péril avec calme, et ne s'y expose que quand l honneur et le devoir le lui commandent ; mais une fois aux prises avec le danger, rien ne l'arrête. (*Auteurs divers.*)

Supérieur à tous les événements, il semble que, les ayant tous prévus, il les ait tous également dominés. Jamais la colère n'a troublé la sérénité de son visage ; jamais l orgueil n'y a imprimé sa fierté ; jamais l'abattement n'y peint sa faiblesse. (D'AGUESSEAU.)

L'intrépidité est une force extraordinaire de l'âme, qui l'élève au-dessus des troubles, des désordres et des émotions que la vue des grands périls pourrait exciter en elle ; et c'est par cette force que les héros se maintiennent en un état paisible, et conservent l'usage libre de leur raison dans les accidents les plus surprenants et les plus terribles. (LA ROCHEFOUCAULD.)

La faiblesse n'est pas le vice, mais elle y conduit ; l'homme méchant fait le mal, l'homme faible le laisse faire.

---

1. Voir, pour les traits de courage militaire, et pour d'autres traits de courage et de fermeté civiques, les articles *Devoirs envers la patrie ; militaires, marins.*

La Vacquerie.

Louis XI[1] avait ordonné au parlement d'enregistrer des édits[2] par lesquels il établissait des impôts aussi onéreux qu'injustes. Jean de la Vacquerie, premier président du parlement, montra en cette occasion un courage d'autant plus remarquable, que Louis XI, ce tyran farouche, ne souffrait pas de résistance à ses volontés. A la tête de sa compagnie, il se présenta devant le roi, et lui dit, avec une fermeté respectueuse : « Sire, nous venons remettre nos charges entre vos mains, et souffrir tout ce qu'il vous plaira plutôt que d'agir contre notre conscience. » Louis XI révoqua les édits.

Desgenettes[3].

L'armée française, en Syrie, sous le commandement du général Bonaparte, fut attaquée de la peste[4]. Les malades encombrèrent bientôt les hôpitaux, et, ce qui était plus dangereux que la maladie même, c'est que, comme on la croyait contagieuse, ceux qui en étaient atteints, ceux même que l'on soupçonnait d'en être menacés, devenaient un objet d'épouvante ; on fuyait loin d'eux, et ils étaient exposés à périr sans secours. L'armée entière, redoutant la contagion, était en proie à un profond abattement.

L'illustre Desgenettes, premier médecin de l'armée, persuadé que cette maladie n'est contagieuse que pour ceux qui la craignent, veut faire passer cette conviction dans l'esprit du soldat. Un jour que le général, avec une nombreuse suite, faisait une visite à l'hôpital des pestiférés de Jaffa[5], Desgenettes s'approche d'un des malades et ouvre avec sa lancette un des bubons pestilentiels ; puis il se fait à lui-

---

1. A régné depuis 1461 jusqu'en 1183 ; habile politique, mais cruel.
2. On appelait *édits* des ordonnances royales ; le parlement les enregistrait, c'est-à-dire les transcrivait sur ses registres : cette formalité était considérée comme nécessaire pour l'authenticité et l'exécution des édits.
3. Né à Alençon en 1762, mort en 1817.
4. En 1799.
5. Anciennement Joppé, ville célèbre dans l'histoire sainte ; port assez célèbre sur la Méditerranée.

même une légère plaie dans le bras, et y fait entrer le poison qu'il vient de recueillir. « Certes, dit-il, si la peste est contagieuse, je l'aurai; et vous verrez que je ne l'aurai pas. » Puis il alla montrer aux soldats des différents corps son bras où il avait inoculé le virus.

Ce trait admirable produisit une sensation immense; on ne craignit plus de s'approcher des pestiférés, de les soigner, de les servir; on ne redouta plus la contagion; et comme on vit que Desgenettes continuait de jouir d'une santé excellente, les esprits abattus reprirent leur gaieté et leur ardeur, et l'aspect de l'armée changea entièrement. Les soldats que le mal n'avait point atteints cessèrent de le redouter; ceux qui étaient malades furent soignés, et plusieurs guérirent.

Crillon [1] et Sully [2].

Au siège de Charbonnière, ville de Savoie, Crillon commandait l'infanterie, et Sully, récemment nommé grand maître de l'artillerie, foudroyait la place. Crillon, qui poussait la bravoure jusqu'à la témérité, apercevant Sully qui tâchait de reconnaître un ravelin [3], s'avança vers lui, et voyant qu'importuné par le feu des ennemis, Sully allait se retirer et attendre le déclin du jour pour achever de faire ses observations, il l'arrêta, et lui dit d'un air ironique : « Quoi, monsieur le grand maître de l'artillerie, craignez-vous les arquebusades en la compagnie de Crillon? Puisque je suis ici, elles n'oseront approcher. Allons jusqu'à ces arbres que je vois à deux cents pas d'ici; de là vous reconnaîtrez plus aisément votre ravelin. » Quelque brave que fût Sully, cette téméraire proposition ne pouvait lui plaire. Mais il comprit ce qu'exigeaient de lui les circonstances où il se trouvait, et surtout sa nouvelle nomination, qui lui faisait beaucoup de jaloux. Il prouva alors à Crillon que

---

1. Guerrier intrépide, surnommé le Brave, l'un des plus célèbres lieutenants de Henri IV (1545-1615).

2. Ami de Henri IV, l'un des meilleurs ministres qu'ait eus la France. (1568-1641)

3. Un ravelin ou demi-lune est un ouvrage de fortification en avant des places de guerre, composé de deux faces qui font un angle saillant, et qui protège un pont, un mur, etc.

l'homme dont le courage est habituellement réglé par la prudence sait aussi, dans l'occasion, égaler en hardiesse les plus téméraires. « Allons répondit-il, puisque vous le voulez, rivalisons à qui des deux sera le plus fou. » Prenant Crillon par la main, il le mena à pas lents bien au delà des arbres.

Les assiégés découvrant en plein les deux généraux, faisaient sur eux un feu terrible. Crillon, entendant les balles siffler à ses oreilles, s'arrêta : « A ce que je vois, dit-il en riant, ces gens-là ne respectent ni le bâton[1] de grand maître, ni celui de colonel général[2]. Allons, retournons, je vois que vous êtes un brave et digne d'être grand maître : je veux être toute ma vie votre ami. Comptez sur Crillon à la vie et à la mort. »

Sully.

D'Argenson.
[1710.]

Le célèbre d'Argenson, à qui Paris doit l'organisation de la police[3], était un magistrat intrépide. La cherté étant excessive dans les années 1709 et 1710, le peuple, injuste parce qu'il souffrait, accusait de ses maux d'Argenson, qui cepen-

---

1. Un bâton richement orné était la que distinctive des grands maîtres de l'artillerie, comme c'est encore, de notre temps, celle des maréchaux de France.

2. Crillon avait été nommé colonel général de l'infanterie; cette place avait été créée pour lui.

3. Il avait le titre de lieutenant général de police. Cette famille a produit plusieurs hommes célèbres.

dant faisait tout son possible pour les prévenir et les soulager. Il y eut quelques émeutes qu'il n'eût été ni prudent ni humain de punir trop sévèrement. Ce grave magistrat les calma, et par la sage hardiesse qu'il eut de les braver, et par la confiance que la multitude, quoique irritée, avait toujours en lui. Un jour, assiégé dans une maison à laquelle une multitude en fureur voulait mettre le feu, il en fit ouvrir la porte, se présenta, parla, et apaisa tout.

Maury.
[1790.]

L'abbé Maury [1] était célèbre par son éloquence. Il était membre de l'Assemblée constituante [2] et défendait avec énergie des opinions contraires à celles de la majorité. A cette redoutable époque, il arrivait quelquefois que le peuple soulevé se jetait sur les hommes qu'il croyait ses ennemis, et les pendait aux cordes des réverbères. C'est ce qu'on appelait *mettre à la lanterne*. Un jour Maury passait dans une rue écartée ; un homme le reconnaît et s'écrie : « Voilà l'abbé Maury. » A ces mots une foule irritée s'ameute autour de lui, et bientôt une bouche profère le cri fatal : « A la lanterne ! » Maury conserve un sang-froid intrépide : « Hé bien ! dit-il d'une voix calme, quand je serai à la lanterne, en verrez-vous plus clair ? » Ce mot, qui ne parut que plaisant et qui était profond, désarma la fureur de ces hommes égarés, et l'orateur dut la vie à son courage.

Fabert.
[1599-1662.]

Fabert, célèbre général français, se préparant à faire le siége d'une ville, montrait à ses officiers les dehors de la place, et désignait du doigt un endroit où il fallait établir une batterie. Un coup de feu lui emporte ce doigt : il paraît

---

1. Mort cardinal en 1817.
2. Ou Assemblée nationale, ou états généraux ; cette fameuse asssemblée siégea depuis 1789 jusqu'au 30 septembre 1791 et fut immédiatement remplacée par l'Assemblée législative.

n'y faire aucune attention, et indiquant le même point à l'aide d'un autre doigt : « Messieurs, continua-t-il, je vous disais donc qu'il faudrait placer ici notre première batterie. »

La comtesse de Schwartzbourg.
[1547.]

Après la bataille de Muhlberg [1], l'armée de Charles-Quint traversait la Thuringe [2]; une partie des troupes passa par le comté de Schwartzbourg-Rudolstadt. La comtesse avait obtenu de l'empereur la promesse que les paysans de ses domaines n'auraient à supporter aucune vexation de la part des soldats. Elle-même s'était engagée à fournir aux troupes impériales des vivres à un prix raisonnable, et à les livrer près du pont de la Saale [3] qui devait servir de passage à l'armée. Ce pont était dans le voisinage immédiat de sa résidence à Rudolstadt; elle eut la précaution de le faire abattre et de le rétablir à une plus grande distance, afin d'éloigner de ses hôtes la tentation du pillage. Les habitants des différents villages que les troupes devaient traverser, obtinrent d'elle la permission de transporter au château de Rudolstadt ce qu'ils possédaient de plus précieux.

Cependant le duc d'Albe [4], commandant des troupes espagnoles et allemandes, s'approchait de Rudolstadt avec le prince de Brunswick et ses deux fils. Un messager le précédait, chargé de prier la comtesse de les recevoir à sa table. La comtesse fit répondre qu'elle recevrait les chefs de son mieux, et qu'elle comptait sur leur indulgence; en même temps elle ne négligea point de rappeler la sauvegarde accordée par l'empereur, et d'en recommander de nouveau l'observation.

Bientôt le duc d'Albe et ses trois compagnons arrivent. Ils reçoivent l'accueil le plus empressé. On se met à table; mais à peine a-t-on pris place, que la comtesse est appelée

1 Charles-Quint, empereur d'Allemagne et roi d'Espagne, vainquit près de Muhlberg (Saxe prussienne) les protestants d'Allemagne.
2. Province de Saxe.
3. La Saale est une rivière qui se jette dans l'Elbe.
4. Général et homme d'État sous Charles-Quint et Philippe II, fameux par les cruautés qu'il exerça ensuite dans les Pays-Bas. Mort en 1582.

hors de la salle du festin. On lui annonce que les soldats se permettent des violences dans plusieurs villages de la contrée, et enlèvent le bétail des laboureurs. Outrée de ce manque de foi, mais calme et résolue, la comtesse fait prendre les armes aux serviteurs de sa maison, et ordonne de fermer les portes du château. Elle retourne ensuite auprès de ses convives, elle leur reproche la mauvaise conduite de leurs troupes, et le jeu qu'on s'est fait de la parole du souverain. Ses hôtes lui font une réponse moqueuse : « Tel fut toujours, disent-ils, l'usage de la guerre, et jamais passage d'armée n'eut lieu sans quelque petite catastrophe de ce genre. — C'est ce qu'il faudra voir ! dit alors la comtesse. Que justice soit faite à ces pauvres villageois, ou, j'en prends le ciel à témoin, le sang des chefs payera le prix du bétail ! » Elle fait un signe ; la salle se remplit d'hommes qui, le glaive à la main, se placent derrière les siéges des convives.

A cette vue, le duc d'Albe changea de couleur ; il vit qu'il n'avait d'autre parti à prendre que de calmer à tout prix le courroux de son hôtesse. Il envoya en toute hâte à ses troupes l'ordre écrit de restituer immédiatement le bétail volé, et ce fut seulement après avoir acquis la certitude que cet ordre était exécuté, que la comtesse laissa à ses quatre convives la liberté de partir.

Guillaume Tell.
[1317.]

Albert[1], empereur d'Allemagne, avait résolu de soumettre les Suisses et de faire de leur contrée un État héréditaire pour la maison d'Autriche. Il gagna les hommes les plus influents du pays par ses présents et ses promesses, et les amena à reconnaître son pouvoir. Puis il fit bâtir des forteresses dans différents cantons, y envoya des gouverneurs, et leur ordonna de traiter les habitants avec la dernière sévérité, afin de les exciter à la résistance et de le mettre dans le cas d'aller occuper tout le pays les armes à

---

1. Fils de Rodolphe de Habsbourg. Voir l'article *Winkelried*, IIIe partie.

la main. Un de ces gouverneurs, Gessler, préposé aux deux cantons de Schwitz et d'Uri, joignant à un orgueil insupportable une cruauté sans bornes, crut qu'il pouvait traiter les paysans en esclaves. Pour leur montrer tout son mépris, il fit mettre son chapeau au bout d'une pique, qu'on planta au milieu de la place publique d'Altorf[1], et il ordonna que tous ceux qui passeraient, saluassent respectueusement ce chapeau. On obéit. Guillaume Tell, homme d'un courage intrépide et en même temps d'un caractère aussi doux que généreux, passant sur la place d'Altorf, ne voulut pas se soumettre à cette ridicule exigence et fit semblant de ne pas voir le chapeau. Furieux, Gessler ordonne qu'on saisisse Tell, qu'on l'amène en sa présence, et lui reproche avec emportement ce qu'il appelle sa rébellion. Tell garde le silence. Le gouverneur montra une cruauté inouïe. Guillaume Tell avait un fils encore très-jeune ; Gessler condamne le malheureux père, qui était célèbre comme archer par son adresse intrépide, à abattre, d'une distance de cent pas, avec une flèche, une pomme placée sur la tête de l'enfant. Tous les témoins de cette horrible scène frémissaient. On amène l'enfant. Tell fait en vain tous ses efforts pour désarmer la rage du tyran : Gessler jure de le faire périr sur-le-champ avec son fils, s'il n'obéit. Alors Tell adresse intérieurement à Dieu une fervente prière, embrasse son enfant, lui recommande d'être immobile et calme, place lui-même la pomme sur sa tête ; puis il s'écarte à la distance voulue, bande son arc, dirige son coup... la flèche part. Lecteurs sensibles, quels mouvements ce spectacle n'excite-t-il pas dans votre cœur ! Cessez de frémir : la pomme tombe, et l'enfant n'est pas blessé !...

Peu de temps après, Gessler périt, et la Suisse fut délivrée.

Pierre et les strélitz.
[1698.]

Le czar Pierre[2], fondateur de la civilisation en Russie,

---

[1] Chef-lieu du canton d'Uri ; une statue y a été élevée en l'honneur de Tell.
[2] Czar est le titre des souverains ou empereurs de Russie. Ce pays était barbare avant Pierre, qui l'a civilisé et qui a régné de 1682 à 1725.

donna, dans un danger extrême, l'exemple d'un sang-froid et d'une intrépidité bien rares.

Les chefs des strélitz, milice indisciplinée et féroce, avaient formé contre lui un complot abominable. Leur dessein était de mettre le feu à la ville de Moscou.

Ils savent que Pierre accourra le premier à l'incendie; et c'est au milieu du trouble et du tumulte ordinaires en ces sortes d'accidents, qu'ils l'égorgeront sans pitié; après quoi, ils massacreront tous les étrangers que le czar avait appelés pour civiliser la Russie.

Tel a été leur infâme projet. Déjà l'heure qu'ils ont choisie pour l'accomplir approche. Ils ont de nombreux complices, point de dénonciateurs; et, réunis dans un festin, tous cherchent dans des liqueurs enivrantes le courage nécessaire au moment d'une si terrible exécution.

Mais, comme toutes les ivresses, celle-ci eut, suivant leurs divers tempéraments, des influences différentes. Deux de ces misérables y perdirent leur assurance; ils se communiquent soit de justes remords, soit de lâches craintes; puis ils sortent sous un prétexte spécieux, promettent à leurs complices de revenir à temps, et courent chez le czar dénoncer le complot.

C'est à minuit qu'il doit éclater, et Pierre donne l'ordre de cerner, à onze heures précises, la maison des conjurés. Bientôt, croyant l'heure venue, il se rend seul à la demeure de ces brigands; il y pénètre avec assurance, croyant n'y trouver que des criminels tremblants et déjà enchaînés par ses gardes. Mais son impatience a devancé le temps; il s'est trompé d'une demi-heure, et il se voit, seul et sans armes, devant leur troupe libre, audacieuse, armée, et à l'instant où elle achevait de vociférer le serment de sa perte.

Toutefois, à son aspect imprévu, tous se lèvent interdits. De son côté, Pierre, comprenant tout son danger, reconnaissant qu'il s'est trompé d'heure, renferme la violence de ses émotions. Engagé trop avant pour reculer, il ne se déconcerte point, il s'avance sans hésiter au milieu de cette foule de traîtres, les salue familièrement, et, d'une voix calme et naturelle, il leur dit que, passant devant leur maion, il l'a vue éclairée; qu'il a pensé qu'on s'y divertissait, et qu'il est venu partager leur joie. Puis aussitôt il s'assied, et trinque avec ces assassins, qui ne peuvent d'abord se défendre de boire, à la ronde, à sa santé.

Mais bientôt ils se consultent du regard, leurs signes d'intelligence se multiplient, ils s'enhardissent; déjà même l'un d'eux s'est penché vers le chef du complot, et vient de lui dire à voix basse : « Frère, il est temps ! » Et celui-ci, hésitant, achevait de répondre : « Pas encore, » quand Pierre, qui l'entend, et qui reconnaît enfin les pas de ses gardes, s'élance de son siége, renverse ce chef d'un coup au visage, et s'écrie : « S'il n'est pas encore temps pour toi, misérable, il l'est pour moi ! » A ce coup, et à la vue des gardes, les conjurés sont saisis d'épouvante et se laissent enchaîner sans résistance.

Les ténèbres.

Il y a des enfants qui ont peur dans les ténèbres; cette crainte est absurde, il faut savoir la vaincre. Un écrivain français raconte à ce sujet une anecdote de son enfance :

« J'étais à la campagne, en pension chez un ecclésiastique appelé M. Lambercier. J'avais pour camarade un cousin qui était singulièrement poltron, surtout la nuit. Je me moquai tant de sa frayeur, que M. Lambercier, ennuyé de mes vanteries, voulut mettre mon courage à l'épreuve. Un soir d'automne, qu'il faisait très-obscur, il me donna la clef de l'église, et me dit d'aller chercher dans la chaire la Bible qu'il y avait laissée. Il ajouta, pour me piquer d'honneur, quelques mots qui me mirent dans l'impuissance de reculer.

« Je partis sans lumière; il fallait passer par le cimetière : je le traversai gaillardement.

« En ouvrant la porte, j'entendis à la voûte un certain retentissement que je crus ressembler à des voix, et qui commença d'ébranler ma fermeté. La porte ouverte, je voulus entrer; mais à peine eus-je fait quelques pas, que je m'arrêtai. En apercevant l'obscurité profonde qui régnait dans ce vaste lieu, je fus saisi d'une terreur qui me fit dresser les cheveux : je rétrograde, je sors, je me mets à fuir tout tremblant. Je trouvai dans la cour un petit chien nommé Sultan, dont les caresses me rassurèrent. Honteux de ma frayeur, je revins sur mes pas, tâchant pourtant d'emmener avec moi Sultan, qui ne voulut pas me suivre. Je franchis brusquement la porte, j'entre dans l'église. A peine y fus-je entré, que la frayeur me reprit, mais si fortement, que je perdis la tête ; et, quoique la chaire fût à droite, et que je le susse très-bien, ayant tourné sans m'en apercevoir, je la cherchai longtemps à gauche, je m'embarrassai dans les bancs, et ne savais plus où j'étais ; et, ne pouvant trouver ni la chaire ni la porte, je tombai dans un bouleversement inexprimable. Enfin, j'aperçois la porte, je viens à bout de sortir de l'église, et je m'en éloigne comme la première fois, bien résolu de n'y jamais rentrer seul qu'en plein jour.

« Je reviens jusqu'à la maison. Prêt à entrer, je distingue la voix de M. Lambercier mêlée à de grands éclats de rire. Je les prends pour moi d'avance, et, confus de m'y être exposé, j'hésite à ouvrir la porte. Dans cet intervalle, j'entends M^le Lambercier s'inquiéter de moi, dire à la servante de prendre la lanterne ; et M. Lambercier se dispose à me venir chercher, escorté de mon intrépide cousin, auquel ensuite on n'aurait pas manqué de faire tout l'honneur de l'expédition. A l'instant toutes mes frayeurs cessent, et ne me laissent que celle d'être surpris dans ma fuite : je cours, je vole à l'église. Sans m'égarer, sans tâtonner, j'arrive à la chaire ; j'y monte, je prends la Bible, je m'élance en bas ; dans trois sauts je suis hors du temple, dont j'oubliai même de fermer la porte ; j'entre dans la chambre, hors d'haleine, je jette la Bible sur la table, effaré, mais palpitant d'aise d'avoir prévenu le secours qui m'était destiné. »

§ VIII. PERSÉVÉRANCE.

La persévérance, c'est-à-dire la constance à poursuivre ce qu'on a commencé, est une qualité excellente, lorsqu'elle s'applique à des choses utiles et justes. Seule, la persévérance procure aux talents la gloire et aux vertus leur couronne : ce n'est pas à celui qui a commencé, mais à celui qui a persévéré jusqu'à la fin, qu'est réservé le succès. (B.)

La persévérance vient à bout de tout. (B.)

Aide-toi, le ciel t'aidera. (La Fontaine.)

Palissy [1].

Bernard Palissy est un grand exemple de ce que peut une volonté ferme et persévérante. Né de parents pauvres, qui purent à peine lui faire donner quelques leçons de lecture, d'écriture et d'arpentage, il apprit seul le dessin, et devint très-habile dans cet art. Avec le produit de quelques travaux d'arpentage et de peinture sur vitraux, il visita, pour s'instruire, une grande partie de la France. Il avait déjà près de quarante ans et était établi à Saintes, lorsque, ayant vu une magnifique coupe émaillée, il résolut de chercher le secret de la composition de l'émail, secret alors connu seulement de quelques artistes italiens, qui s'en servaient pour faire de beaux ouvrages qu'ils vendaient fort cher. Il se mit à l'œuvre. Des essais infructueux épuisèrent ses économies; il ne se rebuta point. Le prix d'une carte des marais salants de la Saintonge, qu'il fut chargé de lever, fut consacré à de nouvelles tentatives. Ensuite il emprunta de l'argent pour faire construire un fourneau, brûla, pour le chauffer, ses meubles et les planches de sa maison, et donna en payement à l'ouvrier qui l'aidait une partie de ses habits. Enfin, après seize années de travaux, le plus brillant succès couronna ses efforts. Ses belles poteries émaillées, ses vases, ses figurines, achetés à l'envi par le roi Henri II et par tous les amateurs des arts, ornèrent les jardins et les châteaux, et la France se trouva enrichie d'une industrie nouvelle.

1. Né aux environs d'Agen (1500-1589); auteur de plusieurs ouvrages

Desclieux.
[1702]

Le cafier, cet arbrisseau dont la culture a enrichi les Antilles françaises, n'y était pas encore connu au commencement du dix-huitième siècle, et ne croissait qu'en Arabie. Un jeune enseigne de la marine, nommé Desclieux, qui devint ensuite lieutenant général des armées navales, conçut l'idée d'enrichir de cette production précieuse l'île de la Guadeloupe[1], où il était né. On lui confia deux jeunes cafiers que l'on conservait, à Paris, dans une serre du Jardin des Plantes. Il s'embarqua avec ce dépôt, dont il prit le plus grand soin pendant la traversée. Mais le voyage fut bien plus long qu'on ne l'avait prévu; l'eau devint très-rare à bord, et l'on n'en donna plus à chaque personne qu'un verre par jour. Desclieux, exposant sa santé et même sa vie pour rendre service à son pays, buvait à peine chaque jour le quart de sa ration d'eau, et réservait le reste pour arroser ses jeunes arbres. Par sa persévérance dans ce généreux sacrifice, il parvint à les sauver.

Ces deux cafiers plantés à la Guadeloupe y réussirent parfaitement. C'est d'eux que sont venus tous les cafiers qui croissent maintenant en abondance, non-seulement dans les Antilles, mais dans tout le reste de l'Amérique.

Vingt ans après, les colonies françaises, enrichies par la culture du cafier, offrirent à Desclieux un don de 300,000 fr. Il refusa, et demanda que cette somme fût employée au perfectionnement des diverses cultures dans les colonies.

Sickler.
[XVIIe siecle.]

On ne saurait trop louer la persévérance avec laquelle un naturaliste allemand, nommé Sickler, a doté son pays d'une richesse, la plus utile de toutes. Il s'était occupé particulièrement de la culture des arbres fruitiers, et il avait formé,

---

1. Une des petites Antilles ou Iles du Vent ; colonie française.

dans le duché de Saxe-Gotha, une pépinière qui contenait huit mille sujets greffés. En 1806, après la bataille d'Iéna, un corps de cavalerie de l'armée victorieuse campa dans la pépinière et la détruisit. Ce fut une complète dévastation. Les chevaux galopaient tout au travers, courbant, cassant et foulant aux pieds ces pauvres arbres, qui avaient donné tant de peine, et dont quelques-uns étaient couverts de fleurs.

Au lieu de perdre courage, Sickler planta une pépinière nouvelle, et lui donna les mêmes soins qu'à la première.

Mais sept ans après, en 1813, lors des désastres de l'armée française, une nuée de Cosaques s'abattit sur les plantations du pauvre Sickler ; pas un arbre ne resta debout.

L'intrépide naturaliste recommença avec le même zèle ; sa troisième pépinière, plantée en entier de ses propres mains, était, en 1820, d'une fraîcheur et d'une force de végétation admirables, et est devenue un véritable trésor pour les provinces saxonnes, qu'elle a enrichies d'une grande variété de fruits excellents, inconnus jusqu'alors dans le nord de l'Allemagne.

Brémontier [1].

Brémontier, célèbre ingénieur français, nous offre un des plus beaux exemples de ce que peut la persévérance dans le bien.

Entre Bordeaux et Bayonne s'étend une côte basse et aride [2] que bat sans cesse une mer irritée : les vagues ne cessent d'y apporter du sable qui forme des collines plus ou moins hautes : ces collines se déplacent, chassées par d'autres ; et les nouveaux sables qu'apportent les vagues de l'immense Océan poussent devant eux les anciens monceaux, qui envahissent le sol. Ainsi le sable s'avance lentement et progressivement à la conquête de cette malheureuse contrée ; à chaque année on constatait les progrès du fléau, et déjà les savants calculaient avec épouvante qu'avant trois siècles l'opulente cité de Bordeaux aurait été elle-même engloutie.

1. Né en 1738, mort en 1809.   2. Dép. de la Gironde et des Landes.

Brémontier, ingénieur des ponts et chaussées à Bordeaux, conçut le projet d'arrêter la marche progressive des sables, et de sauver ces régions désolées.

Couvrir ces collines mouvantes de forêts dont les racines s'enfonçant profondément dans les sables en empêcheraient le déplacement, et dont les massifs, s'étendant en épais rideaux le long de la mer, arrêteraient l'impétuosité des vents et des vagues et s'opposeraient à l'invasion de nouvelles montagnes sableuses, telle fut sa pensée. Mais comment la réaliser? comment obtenir cette riche végétation sur des côtes éternellement battues par les vents âcres de l'Océan, ennemies de toute végétation, et dans un sable improductif, aussi pur et aussi fin, disait Brémontier lui-même, que du sable d'écritoire?

Ce qui lui donna quelque espoir, c'est qu'il constata, à quelques centimètres de profondeur dans le sol, une couche d'humidité permanente : or l'humidité, comme l'ont reconnu les naturalistes, peut, dans certains cas, suffire à la végétation. Mais comment fixer les sables pendant les premières années nécessaires à la formation des arbres? et quels arbres choisir?

Sans négliger aucune des autres occupations que lui imposaient ses fonctions d'ingénieur en chef, Brémontier ne cessa de poursuivre la solution de ce double problème. On ne saurait dire par combien d'essais et d'expériences ce philanthrope infatigable arriva à son but. Il s'entourait, dans sa maison de campagne, d'une multitude de pots contenant des terres et des sables de toutes les espèces : il y semait des graines de plantes herbacées et ligneuses; il calculait la durée de leur germination; il étudiait leurs progrès relatifs; il pesait les quantités d'eau dont il les abreuvait : et, lorsqu'il avait saisi quelques résultats probables, il se hâtait d'aller en faire l'essai sur les dunes : c'est ainsi qu'on nomme ces collines mouvantes.

Dans les commencements de son entreprise, il ne reçut aucun encouragement : c'est à peine s'il pouvait arracher à l'administration, pour ces travaux qui auraient exigé de grands secours, quelques sommes insignifiantes. On regardait son espoir comme un rêve : « C'était, disait-on, du temps perdu, de l'argent perdu ; c'était presque de la folie. Imposer une barrière à l'Océan immense ! empêcher le sable de se mouvoir sous l'influence des vents ! créer des forêts là où ne pouvait pousser un brin d'herbe ! quelle extravagance !... » Le déchaînement contre lui devenait universel : aux plaisanteries qui avaient accueilli les commencements de son œuvre, se mêlaient des cris de réprobation.

Brémontier s'en inquiétait peu. Il poursuivait ses travaux avec une infatigable ardeur. L'arbre fut trouvé : c'était le pin maritime ; ce pin affectionne les sables humides et résiste aux vents de l'Océan ; mais dans ses premières années il est d'une délicatesse extrême. Comment protéger les semis jusqu'à ce qu'ils fussent devenus assez forts pour se défendre eux-mêmes ? Après plusieurs tâtonnements, Brémontier réussit à les protéger suffisamment par des rangs de palissades formées de piquets et de cloisonnages. Ce mode était sûr, mais dispendieux ; on était obligé d'exhausser les barrières à mesure que le sable les surmontait : leur action protectrice étant très-bornée, il fallait les multiplier à l'infini. Chaque monticule était ainsi couvert de petites haies demi-circulaires, disposées comme les écailles d'un poisson.

Cet essai réussit ; Brémontier le simplifia bientôt, et l'économie qu'il obtint lui permit d'exécuter des travaux sur une plus grande échelle. Il faisait coucher tout simplement sur le sol les rameaux des arbres abattus dans les forêts voisines ; on les contenait avec un petit crochet de bois enfoncé dans le sable ; la graine des pins semée sous cette couverture levait parfaitement.

Un heureux hasard vint révéler à l'habile ingénieur un dernier moyen de perfectionnement. Parmi les branches ramassées dans les forêts se trouvaient des rameaux de genêt et d'ajonc : les graines de ces plantes, tombées sur le sol, vinrent à croître parmi les pins, les surmontèrent rapidement par leur végétation vigoureuse et toujours verdoyante, et cependant leur voisinage, au lieu d'être nuisible aux arbres naissants, leur donnait un abri salutaire. Sous des touffes de genêts que le froid ou les vents ont desséchés d'un côté, le jeune pin prospère et conserve la plus belle verdure.

Dès lors Brémontier est au comble de ses vœux; ses travaux sont assurés; leur exécution devient facile et prompte.

On mêle à la graine de pin une certaine quantité de graine de genêt et d'ajonc. Ces semences sont répandues sur le sable mobile de la dune; par-dessus, on couche des branches d'arbres, des broussailles d'arbustes qui contiennent le sol. Au bout de quatre ou cinq ans, le genêt a atteint la hauteur de un à deux mètres; ses touffes maintiennent le sable. Les branchages qui formaient la couverture pourrissent et se réduisent en poussière. Le pin prend le dessus, et, surmontant le genêt, élève dans les airs sa tige vigoureuse, tandis que sa racine pénètre jusqu'à cinq ou six mètres dans le sable. Une belle forêt est créée; le sol est fixé.

Admirable résultat de la persévérance et du dévouement!

Mais un tel succès donnait un trop cruel démenti à la malveillance pour ne pas l'exaspérer jusqu'à la fureur. Des ennemis acharnés voulurent ravir à Brémontier le mérite de son invention et jusqu'à la direction des travaux, et sollicitèrent avec ardeur sa destitution. Les dénonciations anonymes pleuvaient de toutes parts; on soulevait contre lui les populations ignorantes dont il allait devenir le bienfaiteur. Tandis qu'il allait à Paris porter les premiers pains de la résine extraite de ses plantations, et presser par l'évidence des résultats les secours du gouvernement, les habitants mêmes des communes qu'il voulait sauver d'une ruine imminente, ameutés par ses ennemis, ravageaient ses semis et mettaient le feu aux forêts naissantes.

Ce fait est douloureux à raconter. Du reste, il ne se produisit plus : l'envie reconnut son impuissance; elle respecta l'œuvre et ne s'attaqua plus qu'à l'auteur; mais ses vains murmures furent bientôt étouffés par un concert unanime de reconnaissance et d'admiration.

Une des œuvres les plus importantes de Brémontier est la conservation de Mimizan.

Mimizan était jadis une ville assez riche, avec un port

fréquenté. La ville et le port avaient disparu sous les sables ; il ne restait plus que l'église, avec un groupe de maisons formant un village encore assez important. Depuis quelque temps les habitants vivaient tranquilles, lorsqu'un matin ils s'aperçurent avec effroi d'un mouvement qui avait eu lieu la nuit dans les dunes dont l'ancienne ville était recouverte : elles s'étaient approchées de l'église et avaient envahi le portail. Saisis d'épouvante, ils abandonnent leurs demeures et s'enfuient dans les bois. Brémontier accourt, il les réunit, il les encourage, il leur inspire la confiance dont il est lui-même animé. Le curé seconde ses efforts. « Je ne quitterai ni mon église ni mon presbytère, » dit ce généreux ecclésiastique, dont la maison, étant la plus voisine de l'église, était la plus menacée. Toute la population, ranimée, se met à l'œuvre sous la direction de ces deux hommes de bien. On revêt de palissades et de branches cloisonnées la dune menaçante ; des semis d'arbres verts la couvrent et la fixent. Au bout de quelques années, Mimizan n'avait plus rien à craindre ; plus tard, une belle forêt d'arbres verts entourait son église ; aujourd'hui, ses laborieux habitants élèvent de vastes édifices au pied de la dune qui devait les engloutir et qui les protége. Grâce à cet abri, qui arrête la fureur des vents, ils cultivent des jardins riants et productifs là où naguère s'étendait un triste désert.

Aujourd'hui, sur les dunes de Gascogne, l'État possède dix-huit mille hectares de belles forêts, semées par le procédé du savant ingénieur.

Au milieu de ces forêts et non loin de l'Océan, s'élève un monument à la mémoire de Brémontier. Ce monument, remarquable par sa simplicité, est un cippe en marbre, orné d'une couronne de chêne et portant une inscription.

Le voyageur que le pieux désir d'honorer la mémoire d'un homme de bien conduit dans ce lieu solitaire, s'assied au pied du monument : le triste murmure du vent qui agite les feuilles raides et aiguillées des pins, et le grondement de la mer orageuse, le plongent dans une profonde rêverie ; il songe aux grands services qu'a rendus Brémontier, aux traverses, aux obstacles, aux chagrins que lui suscita l'envie ;

il reconnaît que, sûre d'arriver à un noble but, la vertu doit s'armer contre tout ce qui contrarie ses efforts, de persévérance et de force.

Et si lui-même, occupé de quelque grande œuvre d'utilité publique ou de bienfaisance, voit ses projets entravés, ses institutions dénaturées, son caractère méconnu, il se console en disant : « L'ouvrage de Brémontier subsiste; les pins qu'il a plantés s'enfoncent profondément dans le sol, tandis que leur cime se perd dans les nues; ces collines de sables qui marchaient à la conquête du pays, les voilà maintenant immobiles... Mais les détracteurs de l'homme de bien, ceux qui voulaient lasser sa persévérance, qui renversaient ses palissades et qui brûlaient ses plantations, où sont-ils?... »

L'avalanche.
[1810.]

Un jeune habitant du Valais revenait de Sion[1] vers les premiers jours d'octobre. La neige avait tombé en abondance sur les montagnes, et il eut beaucoup de peine à regagner son chalet[2], situé dans un coin isolé d'une vallée. Enfin, après beaucoup de fatigues, il arrive sur un rocher d'où la vue s'étendait au loin, et d'où l'on pouvait découvrir son habitation. Mais quel effroi vient tout à coup le saisir! il ne voit qu'un épouvantable amas de neiges éboulées, et sa cabane est ensevelie et écrasée sans doute sous cette masse glacée. On sait que dans ce pays des monceaux de neige, se détachant du sommet des montagnes[3], roulent, se précipitent, se grossissent dans leur course, et, tombant avec fracas, engloutissent des maisons, des champs, et quelquefois des hameaux entiers... Quel désespoir remplit l'âme de l'infortuné ! C'est là qu'est sa jeune femme, là qu'est son fils unique. Il s'assied sur le rocher battu du vent, contemple cet affreux spectacle, et n'a pas même la force de pleurer.

Mais tout à coup la pensée qu'il peut, à force de courage

---

1. Chef-lieu du Valais, canton suisse.
2. Chaumière suisse.
3. C'est ce qu'on appelle des *avalanches* ou *lavanges*.

L'avalanche.

et de persévérance, sauver sa femme et son fils, se présente à son esprit; elle le ranime : il court chez ses voisins, les conjure de l'aider dans l'entreprise que lui inspire le ciel, et les conduit avec lui sur le lieu de son malheur. On s'arme de pioches, de pelles, de pics; et tous, avec une ardeur infatigable, s'empressent à déblayer ces montagnes de neige. Il les encourage, et il fait à lui seul plus d'ouvrage que tous les autres ensemble. Cependant la nuit vient, elle interrompt les travaux, chacun retourne à son chalet; mais lui, il continue de travailler seul toute la nuit. Le lendemain on se réunit; même ardeur, même constance; hélas! les progrès du déblayement sont lents et pénibles. La seconde nuit arrive, chacun se retire de nouveau : triste, abattu, il reste encore seul, le cœur déchiré, mais entrevoyant quelques lueurs d'espérance. Enfin l'aurore du troisième jour a paru; le ciel est plus pur, et les nuages semblent se dissiper. Tout à coup, ô bonheur! le jeune homme découvre le premier la cheminée de sa chaumière; il s'empresse, plein d'ardeur et d'anxiété, il se penche sur l'orifice de la cheminée, et il aperçoit dans le foyer, à la lueur d'une lampe allumée, sa femme, son enfant, et une chèvre qui l'allaitait. Qui pourrait exprimer la joie de ces braves gens! Le mari descendit dans son chalet : la femme, l'enfant, les troupeaux, tout en fut retiré, tout fut sauvé : une roche qui protégeait cette cabane avait divisé l'avalanche, et les neiges s'étaient entassées en tombant, sans plonger directement sur le toit. Heureux d'être réunis, les deux époux remercient Dieu; et la femme presse avec joie sur son cœur cet enfant, dont elle doit le salut à la courageuse persévérance de son mari.

---

§ IX. ACTIVITÉ, TRAVAIL, EMPLOI DU TEMPS.

Dieu a placé le travail comme sentinelle de la vertu:
L'oisiveté nous lasse plus promptement que le travail. (*Cours de morale.*)
L'ennui est entré dans le monde par la paresse. (LA BRUYÈRE.)

L'homme actif veille à tout, étend ses soins sur tout, il ne perd pas un moment; il croit n'avoir rien fait tant qu'il lui reste quelque chose à faire :

Ne remets jamais à demain ce que tu peux faire aujourd'hui :

Le temps, ce bien précieux, est comme l'argent; ne le dépensez pas mal à propos; vous en aurez assez.

Si vous aimez la vie, ne prodiguez pas le temps, car c'est l'étoffe dont la vie est faite :

Le goût du jeu, fruit de l'avarice et de l'ennui, ne prend que dans un esprit et dans un cœur vides. (*Divers auteurs.*)

Perdre le temps à des occupations frivoles, quel travers ! le perdre à jouer, quelle démence ! (B.)

Dans quelque situation que tu sois, songe que rien ne t'en garantit la durée. Prends l'habitude du travail, non-seulement pour te suffire à toi-même sans un service étranger, mais pour que ce travail puisse pourvoir à tes besoins, et que tu puisses être réduite à la pauvreté sans l'être à la dépendance; quand même cette ressource ne te deviendrait jamais nécessaire, elle te servira du moins à te préserver de la crainte, à soutenir ton courage, à te faire envisager d'un œil plus ferme les revers de fortune qui pourraient te menacer : tu sentiras que tu peux absolument te passer des richesses, tu les estimeras moins; tu seras plus à l'abri des malheurs auxquels on s'expose pour en acquérir ou par crainte de les perdre. (*Avis d'un père à sa fille.*)

Marc Aurèle [1].

On lit dans les *Pensées* de Marc Aurèle ces conseils, qu'il s'adressait à lui-même :

« Le matin, lorsque tu éprouves quelque peine à te lever, fais aussitôt cette réflexion : Je m'éveille pour vivre et agir en homme; dois-je trouver pénible d'aller accomplir l'œuvre à laquelle je suis destiné? N'ai-je été créé que pour rester chaudement entre deux draps?

— Mais cela fait plus de plaisir !

— C'est donc pour avoir du plaisir que tu as reçu le jour, et non pour agir ou pour travailler? Vois ces plantes, ces oiseaux, ces abeilles, qui, de concert, enrichissent le monde chacun de son ouvrage ou de ses produits; et toi, tu refuses de faire ton œuvre d'homme ! Tu ne cours pas là où ton devoir t'appelle?

---

1. Empereur romain, célèbre par ses vertus et par sa sagesse : a régné de 161 à 180, a composé en langue grecque un *Recueil de pensées morales*.

— Mais il faut bien prendre quelque repos !

— La nature a mis des bornes à ce besoin, comme elle en a mis à celui de manger et de boire : et tu passes ces bornes, tandis que pour le travail, pour l'accomplissement de ton devoir, tu restes en deçà du possible !... »

Buffon.
[1707-1789.]

Buffon, célèbre auteur de l'*Histoire naturelle*, un des plus illustres écrivains français, se levait toujours avec le soleil. Voici comment il raconte la manière dont il acquit cette habitude : « Dans ma jeunesse, dit-il, j'aimais beaucoup à dormir, et ma paresse me dérobait la moitié de mon temps. Mon pauvre Joseph (domestique qui l'a servi pendant soixante-cinq ans) faisait tout ce qu'il pouvait pour la vaincre, sans pouvoir réussir. Je lui promis un écu toutes les fois qu'il me forcerait de me lever à six heures. Il ne manqua pas le jour suivant de venir me tourmenter à l'heure indiquée; mais je lui répondis fort brusquement. Le jour d'après il vint encore : cette fois-là, je lui fis de grandes menaces qui l'effrayèrent. « Ami Joseph, lui dis-je dans « l'après-midi, j'ai perdu mon temps et tu n'as rien gagné; « tu n'entends pas bien ton affaire : ne pense qu'à ma pro- « messe, et ne fais désormais aucun cas de mes menaces. » Le lendemain, il en vint à son honneur. D'abord je le priai, je le suppliai, puis je me fâchai; mais il n'y fit aucune attention, et me força de me lever malgré moi. Ma mauvaise humeur ne durait guère plus d'une heure après le moment du réveil; il en était récompensé alors par mes remercîments et par ce qui lui était promis. Je dois au pauvre Joseph dix ou douze volumes au moins de mes ouvrages. »

Cuvier [1].

Savant illustre, écrivain supérieur, administrateur habile, profond politique, professeur d'une haute distinction,

---

1. Georges Cuvier, né à Montbéliard (1769-1832).

Cuvier était en même temps dans le monde l'homme le plus aimable : il y causait volontiers sans jamais faire paraître ni impatience ni ennui : et cependant quel homme connut jamais mieux le prix du temps? Pour n'en point perdre, pour qu'aucune de ses idées ne lui échappât, il avait pris l'habitude d'écrire sur le creux de sa main gauche, qui souvent lui servit de pupitre, même lorsqu'il était en voiture. Dans ses études d'histoire naturelle, il n'avait pas trouvé, disait-il, dans tout le règne animal, une espèce, une classe, une famille qui l'effrayât autant que la nombreuse famille des oisifs.

Réponse d'un évêque.
[XVIIe siècle.]

Le vertueux Arnauld, évêque de Tours, avait une telle vigilance, une telle application à tous ses devoirs, qu'il ne prenait aucun repos. On lui représentait qu'il devait prendre un jour par semaine ou du moins par mois pour se délasser : « Je le veux bien, répondit-il, pourvu que vous m'indiquiez un jour où je ne sois pas évêque. »

Alfred [1].

L'un des meilleurs rois dont s'honore l'Angleterre, Alfred le Grand, dut une partie de ses succès et de sa gloire au soin qu'il avait pris de bien régler l'emploi de son temps. Pour y parvenir, il avait divisé les vingt-quatre heures du jour en trois parties inégales : l'une était destinée aux intérêts de son royaume et aux affaires du gouvernement; l'autre à la lecture, à divers genres d'étude, et aux exercices de piété; la troisième aux exercices du corps, aux repas, à la récréation, à la promenade, à la chasse, à divers jeux, et au sommeil. Comme les horloges n'étaient pas encore inventées, il faisait usage, pour mesurer le temps, de six cierges d'une longueur déterminée, qui brûlaient chacun quatre heures, dans des lanternes placées à l'entrée de son palais.

1. Régna de 871 à 900. Chassa les Danois de l'Angleterre.

On ve... l'avertir lorsqu'un cierge était consumé. Cette économie sévère de tous les instants, et l'art d'en tirer parti, le rendirent l'un des plus savants hommes de son siècle. Un historien s'exprime ainsi, en parlant de ce prince illustre : « O Alfred, la merveille et l'étonnement des siècles ! Si nous réfléchissons sur sa religion et sa piété, nous penserons qu'il a toujours vécu dans un cloître; si nous songeons à ses exploits guerriers, nous jugerons qu'il n'a jamais quitté les camps; si nous nous rappelons son savoir et ses écrits, nous nous figurerons qu'il a passé toute sa vie sur les bancs des écoles; si nous faisons attention à la sagesse de son gouvernement et aux lois qu'il a publiées, nous serons persuadés que la politique et l'administration ont été l'unique objet de ses travaux. »

Le czar Pierre Ier [1].
[1672-1725.]

Pour civiliser la Russie, alors barbare, le czar Pierre Ier entreprit des travaux inouïs. Il quitta son empire, alla passer deux ans en Hollande pour y apprendre les arts utiles, et surtout la construction des vaisseaux, afin de se mettre en état de créer plus tard par lui-même une marine. Vêtu en ouvrier, il alla s'établir dans le fameux village de Saardam [2]. Là il admira un spectacle nouveau pour lui : cette multitude d'hommes toujours occupés; l'ordre, l'exactitude des travaux, la célérité prodigieuse à construire un vaisseau et à le munir de ses agrès, et cette quantité incroyable de magasins et de machines qui rendent le travail plus facile, plus sûr. Le czar se mit à manier la hache et le compas; il se fit inscrire sur le rôle des ouvriers charpentiers sous le nom de Pierre Mikhaïlov. Il commença par acheter une barque, à laquelle il fit un mât de ses propres mains; ensuite il travailla à toutes les parties de la construction d'un vaisseau, menant la même vie que les ouvriers de Saardam, s'habillant, se nourrissant comme eux, travaillant dans les

---

1. Voir, dans ce volume, *Pierre et les strélitz*.
2. A 13 kilomètres de Harlem : ce village est d'une propreté et d'une élégance rares.

forges, dans les corderies, dans les moulins[1], dont la quantité prodigieuse borde le village, dans lesquels on scie le sapin et le chêne, on fait l'huile, on fabrique le papier, on file les métaux ductiles. Les ouvriers, d'abord interdits d'avoir un souverain pour compagnon, vécurent ensuite familièrement avec lui. Il acheva de ses mains un vaisseau de soixante pièces de canon, et le fit partir pour Archangel[2]; il engagea pour la Russie un grand nombre d'ouvriers de toutes sortes, mais il ne voulait que de ceux qu'il avait vus travailler lui-même. Il continua ainsi pendant deux ans ses travaux de constructeur de vaisseaux, d'ingénieur et de physicien pratique. On montre encore aujourd'hui à Saardam la maisonnette qu'il occupait, et qu'on appelle la *maison du prince*.

De retour dans son vaste empire, il se plaisait à visiter les ateliers et les manufactures, afin d'encourager l'industrie qu'il avait créée. On le voyait souvent dans les forges d'Istia, à quelque distance de Moscou : le czar y passa un mois entier. Après s'être occupé des affaires de l'État, son amusement était de tout examiner avec l'attention la plus minutieuse; il voulut même apprendre le métier de forgeron. Il eut bientôt réussi; et, quelques jours avant son départ, il forgea quelques barres de fer et y grava sa marque; puis il se fit payer ce travail par le maître de la forge, à sa juste valeur, et employa cet argent à acheter des souliers. Il se plaisait à les porter et à dire : « Voilà des souliers que j'ai gagnés à la sueur de mon front. »

Veille de la bataille d'Iéna.
[1806.]

L'activité de Napoléon était incroyable; elle s'étendait à tous les détails. La veille de la bataille d'Iéna[3], il coucha au bivac au milieu de ses troupes, et fit souper avec lui tous les

---

[1]. Il y avait alors à Saardam et aux environs 2800 moulins mus par le vent et employés à toutes sortes d'usages; il y en a encore 700.

[2]. Ville et port de la Russie, sur la mer Blanche. Saint-Pétersbourg n'était pas encore fondé, et Archangel était le seul port de la Russie.

[3]. Fameuse bataille où l'armée prussienne, forte de 150,000 hommes, fut entièrement détruite, le 11 octobre 1806. Iéna est une petite ville du duché de Saxe Weimar, dans la Confédération de l'Allemagne du Nord.

officiers généraux ; mais, avant de se coucher, il voulut descendre à pied la montagne d'Iéna, pour s'assurer par ses propres yeux qu'aucune voiture de munitions n'était restée en bas. Là il trouva toute l'artillerie du maréchal Lannes engagée dans une ravine que l'obscurité lui avait fait prendre pour un chemin, et qui était tellement resserrée, que les fusées des essieux portaient des deux côtés sur le rocher. Dans cette position, elle ne pouvait ni avancer ni reculer, parce qu'il y avait deux cents voitures à la suite l'une de l'autre dans ce défilé. Cette artillerie était celle qui devait servir la première : l'artillerie des autres corps était derrière celle-là.

L'empereur ne manifesta son mécontentement que par un silence froid. Il demanda inutilement le général commandant l'artillerie de l'armée, qu'il fut fort étonné de ne pas trouver là : et, sans se répandre en reproches, il fit lui-même l'officier d'artillerie, réunit les canonniers, et, après leur avoir fait prendre les outils du parc et allumer des falots, il en tint un lui-même à la main, dont il éclaira les canonniers qui travaillaient sous sa direction à élargir la ravine, jusqu'à ce que les fusées des essieux ne portassent plus sur le roc. « J'ai toujours présent devant les yeux, dit un témoin de ce fait, l'émotion que manifestaient les canonniers en voyant l'empereur éclairer lui-même, un falot à la main, les coups redoublés dont ils frappaient le rocher. Tous étaient épuisés de fatigue, et pas un ne proféra une plainte, sentant bien l'importance du service qu'il rendaient, et ne se gênant pas pour témoigner leur surprise de ce qu'il fallait que ce fût l'empereur lui-même qui donnât cet exemple à ses officiers. » L'empereur ne se retira que lorsque la première voiture fut passée, ce qui n'eut lieu que fort avant dans la nuit. Il revint ensuite à son bivac, d'où il envoya encore quelques ordres avant de prendre du repos.

Le travail, gage d'indépendance.

Hatemtaï était le plus libéral et le plus généreux des Arabes de son temps. On lui demanda s'il avait jamais connu

quelqu'un qui eût le cœur plus noble que lui ; il répondit :
Un jour que je me promenais dans la campagne avec quelques amis, je rencontrai un homme qui avait ramassé une charge d'épines sèches pour les brûler. Je l'engageai à aller dans la demeure d'Hatemtaï, où se faisait alors une distribution de gâteaux et de viandes. « Qui peut manger son pain « du travail de ses mains, me répondit-il, ne veut pas avoir « obligation à Hatemtaï. » Cet homme, ajouta Hatemtaï, a le cœur plus noble que moi. »

Le travail, ressource assurée.
[XVIIe siècle.]

Sous Louis XIV, un vieux chevalier de Saint-Louis, blessé et ne pouvant obtenir de pension, malgré ses sollicitations, trouva dans le travail les ressources que l'injustice des hommes lui refusait. Girardot était le nom de cet officier, qui avait blanchi sous les drapeaux. En allant à Versailles solliciter inutilement la récompense de ses services, il entrait chaque jour dans les jardins, où il se consolait par l'étude de l'horticulture du mauvais sort qui l'accablait. Au milieu de tant de merveilles, une seule le frappa : il vit comment le célèbre jardinier La Quintinie[1] savait forcer la sève à se détourner de sa route, pour venir gonfler les fruits du pêcher, et leur donner le coloris, le parfum et les teintes veloutées des plus belles fleurs.

Étonné d'avoir pu implorer si longtemps la justice des hommes, lorsqu'il était si facile de tout obtenir de la nature, il renonça au métier de solliciteur et alla se fixer au village de Montreuil[2], dont les habitants languissaient alors dans une profonde misère. Là, renonçant aux illusions de la fortune pour s'attacher aux vrais biens, il plante, il greffe, il cultive son arbre favori ; il apprend de l'expérience à étendre le long d'un mur ses flexibles rameaux ; il s'instruit à panser ses plaies, à rajeunir ses branches, à lui

---

1. La Quintinie, mort en 1687, fit faire à l'art du jardinage de très-grands progrès.

2. Montreuil est situé près de Vincennes, à 8 kilomètres de Paris.

préparer de doux abris. A l'aide de ce travail, il acquiert une aisance modeste; ses succès font naître le désir de suivre son exemple. Bientôt les pauvres chaumières disparaissent, de riantes maisonnettes s'élèvent de toutes parts; et le triste hameau est aujourd'hui un grand bourg, peuplé de plus de neuf mille âmes, et qui fournit avec profusion au marché de Paris ces beaux fruits qui ne mûrissaient jadis que dans les jardins des rois.

§ X. PRUDENCE, HABILETÉ.

La prudence consiste dans une raison éclairée, dans une sagesse constante, dans l'art de se conduire par de justes réflexions. (Descartes.)

Agir sans avoir réfléchi, c'est se mettre en voyage sans avoir fait de préparatifs. (*Moralistes anciens.*)

La prudence qui n'est pas unie au courage, dégénère en pusillanimité; le courage qui n'est pas guidé par la prudence, dégénère en une témérité insensée: la prudence et le courage, unis ensemble, et se prêtant un mutuel secours, triomphent de tous les obstacles. (B.)

Il faut juger les entreprises que nous tentons et comparer nos forces avec nos projets; la puissance doit toujours être plus forte que la résistance :

N'entreprenez rien sans y avoir bien réfléchi : mais quand votre résolution est prise, exécutez-la avec vigueur. (*Moralistes anciens.*)

L'habileté comprend plusieurs qualités, qui toutes concourent au succès qu'on désire : la considération des événements passés; l'intelligence des choses présentes; la prévoyance de l'avenir; la docilité à suivre les avis des hommes sages et expérimentés; la sagacité à choisir le parti le plus convenable selon l'occasion ; la comparaison par laquelle on examine toutes les circonstances, de temps, de lieu, de personnes; la précaution contre les obstacles, contre les dangers, contre les événements fâcheux; la vigilance et l'activité. (*Traité de morale.*)

Résistez aux premières apparences et ne vous pressez jamais de juger ; songez qu'il y a des choses vraisemblables sans être vraies, comme il y en a de vraies qui ne sont pas vraisemblables. (Mme de Lambert.)

Prenez en tout l'avis d'un homme honnête et éclairé; de quelque esprit, de quelque talent qu'on soit doué, on a toujours besoin de conseils; qui marche toujours seul et sans guide risque de s'égarer. (B.)

Fabius.
[217 av. J.-C.]

L'histoire de Fabius et de son lieutenant Minucius fait assez connaître quels sont les avantages de la prudence et de la circonspection, et quelles sont, au contraire, les funestes suites de l'imprudence et de la vanité.

C'était à l'époque où Annibal[1], ayant envahi l'Italie, avait mis la république romaine à deux doigts de sa perte. Tous les généraux qui lui avaient livré bataille avaient été complétement vaincus.

Il ne restait plus aux Romains qu'une armée; ils en donnèrent le commandement à Fabius, qu'ils revêtirent du titre de dictateur[2]. Minucius fut nommé son premier lieutenant.

Fabius, n'écoutant que sa prudence, contint le courage impétueux de ses soldats, impatients de se venger de tant de défaites. Sa ferme et calme sagesse arrêta Annibal comme une inébranlable digue qu'on oppose à un torrent. Attentif à éviter les batailles rangées, dans lesquelles il sentait que toutes les chances seraient contre lui, et non moins attentif à ne pas se laisser surprendre, il occupe les hauteurs, harcèle l'ennemi, lui coupe les vivres, enlève ses fourrageurs, et se tient toujours à une distance qui lui permet d'être maître de toutes ses opérations.

Vainement Annibal emploie tous les moyens imaginables et même toutes sortes d'artifices pour attirer Fabius dans la plaine. Vainement, par des stratagèmes habilement combinés, il lui offre en apparence l'occasion de vaincre : rien ne peut triompher de la sage lenteur de Fabius. Annibal, que ce genre de guerre épuisait, et qui avait besoin de ba-

---

1. Annibal, général des Carthaginois, avait envahi l'Italie et gagné trois grandes batailles contre les Romains. La république de Carthage, en Afrique, était alors très puissante.

2. On appelait *dictateur* un chef suprême qu'on choisissait temporairement dans les moments difficiles, et qui était investi d'une autorité absolue. Son premier lieutenant portait le titre de *général de cavalerie*. Voir, dans ce volume, *Cincinnatus*.

tailles, voit avec douleur que son ennemi lui enlève sans combat le fruit de ses victoires.

Mais dans le camp des Romains on murmure contre le dictateur : Minucius et les soldats, furieux de voir leur ardeur enchaînée, donnent à la prudence de leur général le nom de faiblesse et même de lâcheté. Tous demandaient à grands cris le combat; ces cris séditieux se répétaient à Rome, et toute la république semblait conspirer contre son sauveur. Mais le sage Fabius ne se laissa pas plus entraîner par les démonstrations et les reproches de ses concitoyens que tromper par les piéges de son ennemi.

Enfin les amis de Minucius l'emportent dans Rome : « Si l'on ne veut pas la honte complète de nos armées, disaient-ils, qu'on ôte le commandement à Fabius : avec lui, nos légions n'osent plus affronter les regards de l'ennemi; on les tient renfermées sous leurs tentes; elles ne semblent avoir pris les armes que pour fuir. Il est temps de donner à ces braves un chef digne de les commander. »

Le peuple égaré rendit un décret sans exemple : il ne destitua pas Fabius, mais partagea la dictature entre lui et Minucius.

Fabius donna à son nouveau collègue la moitié de son armée; il préférait ce partage, qui lui laissait un moyen de salut, à un commandement alternatif qui aurait pu compromettre à la fois toutes les légions.

En remettant à Minucius la moitié de ses légions, Fabius lui recommanda la prudence. Minucius écouta ses conseils avec dédain, le railla sur sa circonspection et méprisa les lumières de son expérience.

Puis, s'avançant témérairement à la tête des troupes qu'on lui confiait, il attaqua la cavalerie carthaginoise, qui se replia et fit semblant de fuir. Le succès enflamme son audace. Il la poursuit et tombe dans une embuscade, qu'Annibal, comptant sur sa témérité, avait habilement préparée.

C'en était fait de cette moitié de l'armée, et elle allait être entièrement détruite, si Fabius, qui avait prévu le malheur de son collègue et qui avait combiné les moyens de réparer sa faute, ne fût venu à son secours. Il s'avança en bon ordre, et par de savantes dispositions il le délivra; il repoussa Annibal; et, après la victoire, il se retira modestement dans sa tente.

Minucius comprit alors combien le courage, dirigé et contenu par la prudence, est supérieur à une bravoure aveugle. Il comprit aussi combien il avait été coupable envers son général.

« Amis, dit-il à ses soldats, il n'appartient pas à l'homme d'être infaillible; mais ce qu'il doit faire, quand il a eu tort, c'est de le reconnaître, et de profiter pour l'avenir des fautes passées. Nous avions mal jugé Fabius; et je m'étais mal jugé moi-même, quand je croyais avoir l'habileté nécessaire pour commander. Loin de m'opiniâtrer follement à rester son égal, je vais redevenir son lieutenant, s'il veut bien y consentir. »

Après ces mots, il alla trouver Fabius, et fut suivi de toutes ses troupes qui saluèrent le dictateur de leurs acclamations et lui prodiguèrent les marques de leur reconnaissance : « Mon général, dit Minucius, vous avez remporté aujourd'hui deux victoires : l'une sur Annibal, par votre habileté et votre courage; l'autre sur nous, par votre prudence et votre générosité. En nous sauvant la vie, vous êtes devenu notre père; c'est le nom que nous vous donnerons désormais. »

Fabius embrassa son lieutenant; les soldats des deux armées se serrèrent mutuellement la main, et jamais on ne vit un triomphe plus doux que celui qui soumit ainsi la témérité à la prudence, l'orgueil à la sagesse, et qui changea l'envie en reconnaissance.

Circonspection d'un général athénien.
[IVᵉ siècle av. J.-C.]

Iphicrate, général athénien, étant un jour campé sur les terres de ses alliés, fortifia son camp d'un fossé et d'une palissade, comme s'il eût été en pays ennemi. « A quoi bon tant de précautions? lui dit un de ses lieutenants; que craignez-vous? — Quand on ne voit rien à craindre, répondit le prudent capitaine, c'est alors qu'on doit craindre le plus. Lorsqu'un malheur imprévu est arrivé, il est honteux pour un général d'être obligé de dire : Je n'y avais pas pensé. »

Un jour, ce même Iphicrate, après avoir vaincu et mis en fuite les ennemis, les poursuivit jusque dans un défilé très-étroit, dont ils ne pouvaient plus sortir, à moins qu'ils ne s'ouvrissent un passage à travers son armée.

Iphicrate, sachant que le désespoir donne du cœur aux plus lâches, s'arrêta, et dit : « Ne forçons pas nos ennemis à devenir braves. » Il les laissa échapper, et ne voulut point risquer de perdre le fruit de sa victoire, en combattant contre des gens qui n'avaient plus rien à perdre.

Veille de la bataille d'Austerlitz.
[Décembre 1805.]

Jamais on ne montra plus de prudence, plus d'habileté, plus de circonspection que Napoléon avant la bataille d'Austerlitz. Avec 80,000 Français, il avait à combattre 120,000 Russes et Autrichiens, ayant deux empereurs à leur tête. Voulant attirer ses ennemis sur un champ de bataille qu'il avait étudié lui-même d'avance et dont il avait reconnu l'avantage, il feignit de les craindre, dans l'espoir qu'ils feraient des fautes et qu'il pourrait en profiter pour les attirer dans ce lieu.

Il donna donc à son armée le signal de la retraite, se retira de nuit comme s'il eût essuyé une défaite, prit une bonne position à trois lieues en arrière, fit travailler avec beaucoup d'ostentation à la fortifier et à y établir des batteries. Puis il envoya deux fois demander à l'empereur de Russie un entretien.

L'empereur Alexandre[1] députa son premier aide de camp Dolgorouki. Cet aide de camp put remarquer que tout respirait, dans la contenance de l'armée française, la

---

1. L'empereur de Russie en 1801; mort en 1825 ; fils aîné de Paul Ier.

DEVOIRS DE L'HOMME ENVERS LUI-MÊME. 165

réserve et la timidité. Les placements des grand'-gardes, les fortifications que l'on faisait en toute hâte, tout laissait voir à l'officier russe une armée à demi battue.

Napoléon se rendit lui-même aux avant-postes, et debout, au bivac de sa garde, reçut l'envoyé d'Alexandre; il le combla de politesses affectueuses et d'éloges personnels. Dolgorouki prit toutes ces marques de bienveillance pour l'effet de la crainte, et parla avec beaucoup d'arrogance. L'empereur contint toute son indignation; et Dolgorouki le quitta plein de l'idée que l'armée française était à la veille de sa perte. En s'en retournant, il jeta un œil curieux sur nos troupes qui manœuvraient encore pour un mouvement rétrograde; elles étaient mornes et silencieuses; de toutes parts, elles se retranchaient derrière des remparts élevés; leur attitude et les démarches pressantes de Napoléon pour obtenir une entrevue semblaient indiquer une situation difficile.

Ces détails, transmis par Dolgorouki à Alexandre, enflammèrent l'espoir des ennemis, et ils résolurent de livrer bataille aux Français, qu'ils croyaient entièrement découragés.

Cette bataille, que Napoléon désirait ardemment, était de la part des Austro-Russes[1] une faute immense. En effet, ils avaient tout à gagner à attendre. Leur position était forte, sans cesse ils recevaient des renforts, et dans quinze jours une armée de cent mille Prussiens devait se joindre à eux.

Mais les démarches et les manœuvres de Napoléon leur inspiraient une telle audace, qu'ils brûlaient de l'attaquer; il n'était plus question parmi eux de battre l'armée française, mais de la tourner, de la couper et de la prendre tout entière.

Enfin Napoléon avait fait arrêter le mouvement rétrograde de ses troupes. Il prit position dans les plaines d'Austerlitz[2], et il concentra toutes ses forces sur le terrain qu'il avait choisi d'avance.

1. On appelait ainsi les armées autrichiennes et russes combinées.
2. En Moravie (province de l'empire d'Autriche)

Les Austro-Russes alors abandonnèrent leur position et commencèrent leur marche en avant. Napoléon tressaillit de joie ; les ennemis, grâce à son habileté et à sa prudence, venaient à lui sur le terrain qu'il avait lui-même choisi. Ils opérèrent un mouvement de flanc pour tourner la droite de notre armée : ils attribuaient à la crainte l'inaction de nos soldats qui ne troublaient en rien leurs manœuvres. Les masses russes et autrichiennes se déployaient dans le plus bel ordre ; c'était un magnifique spectacle que ces profondes colonnes d'infanterie et ces cent mille baïonnettes resplendissantes.

Le défilé de l'armée austro-russe dura dix-huit heures : l'armée française restait paisiblement dans sa position, et laissait s'opérer ces manœuvres téméraires. Napoléon avait trop bien choisi son terrain pour l'abandonner d'un pouce ; il voulait donner pleine sécurité aux ennemis ; il augmentait leur confiance en les laissant exécuter, sans brûler une amorce, ce déploiement par colonnes qui prêtait à de belles attaques de flanc : il ordonna même à Murat [1], commandant de sa cavalerie, de paraître essayer quelques escarmouches, et de prendre aussitôt la fuite.

Ainsi sa prudence avait tout préparé pour la victoire. Le lendemain, son génie la décida. La bataille d'Austerlitz est le plus beau fait d'armes de l'histoire de l'Empire.

Habile artifice.
[510]

Les Perses, sous le commandement de leur roi Cosroès, avaient fait une invasion dans l'empire d'Orient [2] et avaient pénétré jusqu'au cœur de la Syrie ; on envoya contre eux le fameux Bélisaire [3] : il arrive en Syrie ; mais il ne trouve ni argent ni soldats ; tout était dans une horrible confusion.

Il arrive seul devant Héliopolis [4], que défendaient encore

---

1. Joachim Murat, général français, beau-frère de Napoléon, fut roi de Naples de 1808 à 1815. C'était un excellent général de cavalerie.
2. L'empire romain avait été partagé en deux : celui d'Occident, qui à cette époque n'existait déjà plus ; celui d'Orient, dont Constantinople était la capitale. L'empire d'Orient comprenait à peu près les pays qui composent aujourd'hui l'empire turc.
3. Général illustre, mort en 565.
4. Aujourd'hui Balbeck : cette ville est célèbre par ses magnifiques ruines

les débris de l'armée; il la réunit; mais, au lieu des acclamations accoutumées, il n'entend que des gémissements; les plus timides conseillent la fuite, les plus braves la retraite : « Compagnons, leur dit-il, ne vous cachez plus à l'abri de vos remparts, sortez intrépidement d'Héliopolis, suivez-moi; nous inspirerons aux Perses plus de crainte que vous ne pensez. »

Dès qu'on voit dans les plaines de la Syrie l'étendard et la tente de Bélisaire, la renommée, qui grossit tout, lui prête une armée. Cosroès lui envoie un de ses officiers.

L'habile général avait dispersé sur une vaste étendue de terrain boisé les tentes de la faible garnison qui le suivait; on aurait cru, au premier coup d'œil, à l'éloignement, à la multiplicité des feux, que de nombreuses légions couvraient le pays.

L'envoyé perse trouva Bélisaire dans une cabane entouré de soldats désarmés; les uns portaient des filets, d'autres des arcs; et, si près de l'armée ennemie, les soldats, comme leur général, livrés à un calme profond, avec une entière sécurité, paraissaient plus occupés de la chasse que de la guerre.

Bélisaire reçut avec hauteur l'envoyé du roi, le chargeant, pour toute réponse, de lui dire qu'il devait, s'il voulait la paix, faire des propositions convenables, ou s'attendre à de sanglants combats avant de pénétrer jusqu'à son camp.

Cet artifice réussit complétement. Cosroès, voyant que Bélisaire était sans crainte, lui supposa de grandes forces : il offrit des conditions raisonnables, et la paix fut immédiatement conclue.

Succès inespéré.
[Juin 1692.]

Il n'y a point d'accidents si malheureux dont les habiles gens ne tirent quelque avantage.

La victoire de Steinkerque[1] est une grande preuve de cette vérité.

---

1. Steinkerque est un village de Belgique dans la province de Hainaut

Le maréchal de Luxembourg[1] avait en tête le roi d'Angleterre, Guillaume III[2], un des plus habiles généraux de ce grand siècle. Les deux armées étaient fortes chacune de quatre-vingts à cent mille hommes.

Un espion que le général français avait auprès du roi Guillaume est découvert. On le force d'écrire un faux avis au maréchal de Luxembourg. Trompé par la lettre de son espion, Luxembourg prend avec beaucoup d'habileté des mesures qui devaient le faire battre. Son armée endormie est attaquée à la pointe du jour : une brigade est déjà mise en fuite, et le général le sait à peine. Sans un excès de diligence et de bravoure, sans une habileté prodigieuse, tout était perdu.

Ce n'était pas assez d'être grand capitaine pour n'être pas mis en déroute ; il fallait avoir des troupes aguerries, capables de se rallier ; des officiers généraux assez habiles et assez dévoués pour rétablir l'ordre.

Luxembourg était malade, circonstance funeste dans un moment qui demande une activité nouvelle : le danger lui rendit ses forces. Pour n'être pas vaincu dans des positions que son ennemi même lui avait fait prendre par une ruse impossible à deviner, il fallait faire des prodiges, et il en fit. Changer de terrain, donner à ses troupes, placées désavantageusement, un champ de bataille convenable, rétablir l'armée en désordre, rallier trois fois, charger trois fois à la tête des troupes d'élite, fut l'ouvrage de moins de deux heures.

La victoire, longtemps disputée, fut complète et brillante.

Ainsi, quoique les Français fussent tombés dans le piége que le roi d'Angleterre leur avait tendu, ils parvinrent, à force d'habileté et de courage, non-seulement à s'en tirer, mais encore à écraser leurs ennemis.

Le général, en rendant compte au roi de cette bataille mémorable, ne daigna pas seulement mettre dans son rapport qu'il était malade quand il la gagna.

---

1. De la maison de Montmorency ; connu d'abord sous le nom de comte de Boutteville ; l'un des meilleurs généraux de Louis XIV.

2. Roi d'Angleterre et stathouder de Hollande.

Circonspection et sang-froid.

Les soldats de Gonzalve de Cordoue [1], fameux général espagnol, ne recevant pas leur solde, se mutinèrent. Il employa pour les apaiser la patience et la douceur, et usa d'une prudence admirable pour empêcher que la mutinerie ne dégénérât en révolte. L'un d'eux, plus emporté que les autres, tourne contre lui la pointe de sa hallebarde. Gonzalve, en prenant cette menace au sérieux, pouvait provoquer l'exaspération des mutins, et, par suite, celle des soldats demeurés fidèles, et le sang aurait infailliblement coulé. Il saisit le bras du soldat, et, prenant un air riant, comme si ce n'eût été qu'un jeu : « Prends garde, camarade, dit-il ; en voulant badiner avec cette arme, tu pourrais me blesser. » Ainsi sa prudence empêcha la sédition d'éclater : sa fermeté fit le reste.

Dangers de la précipitation.

Faute d'avoir observé les lois de la circonspection et de la prudence, un grand prince s'exposa à devenir aussi malheureux que coupable.

Basile le Macédonien [2], empereur d'Orient, brave, habile, généreux, n'avait guère d'autre défaut que celui de prendre des décisions trop promptes, sans se donner le temps de réfléchir, surtout quand une vive passion l'agitait. Un traître, connaissant ce défaut, résolut d'en profiter. C'était un des plus puissants personnages de l'empire, nommé Santabarène, intrigant et fourbe. Il s'était insinué, par son adresse, dans l'esprit de l'empereur, qui lui accordait sa confiance. Mais le fils aîné de l'empereur, Léon [3], qui, à l'âge de dix-neuf ans, s'attirait l'affection publique et se montrait le digne héritier des vertus et des talents de son père, avait deviné cet hypocrite, et laissait éclater son mépris pour lui : le

---

1. Surnommé le grand capitaine (1443-1515).
2. A régné de 866 à 886.
3. Surnommé depuis le Philosophe.

scélérat répondait à ce mépris par une haine mortelle; et, prévoyant une disgrâce certaine si Léon régnait, il résolut de le perdre.

Sa haine prit le masque perfide de l'amitié : ses assiduités, sa soumission apparente, vainquirent peu à peu les répugnances du jeune prince. Affectant un zèle ardent, il lui représenta que l'empereur, au milieu d'une cour corrompue, où le poignard avait fait tant de révolutions, exposait trop souvent sa vie aux piéges des ambitieux, au fer des assassins. « Les forêts, dit-il à Léon, sont remplies de brigands. Une loi ancienne et absurde veut qu'aucun de ceux qui suivent l'empereur à la chasse ne porte des armes; ses enfants eux-mêmes sont soumis à cette loi. Je tremble pour les jours de votre père : votre devoir est de le défendre contre des ennemis secrets et contre sa propre imprudence; croyez-moi, veillez sur sa vie. Sans lui donner d'alarme, suivez-le, ne le quittez pas, et portez toujours sur vous quelques armes cachées. »

Léon suivit son conseil, et la première fois qu'il sortit pour accompagner son père à la chasse, il cacha une épée sous ses habits.

Dès que le traître voit le jeune prince entrer dans la forêt, il accourt précipitamment vers l'empereur : « Seigneur, lui dit-il avec tous les signes du plus grand effroi, sauvez-vous : votre fils, impatient de régner, s'est armé contre vous. »

Basile, se livrant à son impétuosité, fait arrêter Léon; on visite ses vêtements, on trouve l'épée.

Qu'ordonnait alors la prudence ? D'interroger Léon; d'écouter et de peser ses réponses, et de ne rien décider sur-le-champ. Telle ne fut pas la conduite de Basile : il s'abandonne à toute sa colère, il se précipite sur son fils sans vouloir l'écouter, lui arrache de ses propres mains les ornements impériaux, et le fait jeter dans une prison.

Santabarène avait espéré davantage : connaissant l'impétuosité fougueuse de l'empereur, il s'était flatté que Léon serait immolé sur-le-champ, ou que du moins son père, dans le premier accès de sa fureur, le priverait de la vue[1], ce qui le rendrait incapable de régner.

A la fureur de Basile avait succédé une sombre tristesse. Il rentre dans son palais, morne et pensif; il fait enlever de ses appartements tout ce qui pouvait lui rappeler le souvenir de son fils; le nom de Léon ne sort plus de sa bouche; il ne souffre pas qu'en sa présence on fasse la plus légère allusion à son fils, il semble que Léon n'existe plus, ou plutôt qu'il n'a jamais existé. Le malheureux Léon lui écrit sans cesse de sa prison les lettres les plus touchantes, l'empereur ne veut en recevoir aucune; il défend même qu'on les lui présente. Plus de fêtes, plus de joie dans le palais; le deuil est dans le cœur de l'empereur et autour de lui.

Trois mois se passèrent ainsi.

L'époque de Noël arriva. L'usage voulait que dans ce jour de fête solennelle l'empereur donnât un festin aux principaux de sa cour. Malgré le chagrin qui l'accablait, Basile ne voulut pas manquer à un usage consacré en quelque sorte par la religion. Le festin fut servi dans une galerie splendide, consacrée aux banquets d'apparat, et où depuis le jour fatal l'empereur n'avait pas mis le pied. Auprès d'une des fenêtres était une volière garnie de fils d'argent où Léon, qui avait conservé les goûts simples de l'adolescence, nourrissait un joli oiseau qu'il accoutumait à parler.

Les convives prennent place : tous, aussi bien que l'empereur, étaient plongés dans une sombre tristesse, et semblaient s'être réunis plutôt pour des funérailles que pour la célébration d'une fête. Tout à coup, au milieu du morne silence qui régnait dans l'immense galerie, on entend ce cri : « Léon! mon cher Léon! » C'était le petit oiseau, répétant les paroles que Léon s'était amusé à lui apprendre.

Quand ce nom, que depuis trois mois il était interdit de prononcer, retentit aux oreilles des convives, un attendrissement général éclata; l'empereur parut comme frappé au cœur, et ses yeux se mouillèrent de quelques larmes.

---

[1]. Ce supplice inhumain n'était que trop fréquent alors, surtout dans l'empire d'Orient. Louis le Débonnaire l'infligea à son neveu Bernard.

Enfin l'un des assistants, ne pouvant plus supporter le poids qui l'oppressait, s'écrie : « Seigneur, la voix de cet oiseau nous condamne; comment n'osons-nous pas, comme lui, prononcer un nom qui doit nous être si cher ? comment pouvons-nous nous réunir dans un festin, quand votre fils gémit dans un cachot, victime de fausses apparences, ou peut-être d'une affreuse trahison ? A-t-il été interrogé ? a-t-il été entendu ? a-t-il obtenu les garanties qu'on ne refuse pas aux plus vifs criminels ? »

Cette voix courageuse réveille dans l'âme de l'empereur les sentiments de la nature; son fils, amené devant lui à l'instant même, n'a pas de peine à prouver son innocence. L'empereur reconnaît qu'on l'a trompé; il maudit sa fatale précipitation, qui a fait pendant trois mois le malheur de son fils et le sien; il embrasse Léon : les larmes du père et du fils se confondent; toute l'assemblée pleure de joie.

Qu'était devenu Santabarène ? Au moment où Léon était entré dans la salle, il avait profité de la confusion générale pour s'échapper. L'empereur et son fils étaient trop heureux pour se résoudre à sévir : un bannissement perpétuel fut le seul châtiment du traître.

§ XI. DISCRÉTION, SILENCE.

Toute révélation d'un secret est la faute de celui qui l'a confié. (LA BRUYÈRE.)

Le secret le mieux gardé est celui qu'on ne dit pas. (*Moralistes anciens.*)

Celui qui parle de ses affaires à tout le monde les verra souvent échouer; les obstacles naîtront de toutes parts, et viendront des personnes mêmes de qui l'on se méfiait le moins. Un dessein connu ne vaut guère mieux qu'un dessein manqué. Le grand secret pour réussir dans ses affaires et dans ses entreprises est de les tenir secrètes. (BLANCHARD.)

Pour bien parler, il faut parler peu. (CHRISTINE, reine de Suède.)

L'on se repent rarement de parler peu, très-souvent de trop parler, maxime usée et triviale, que tout le monde sait et que tout le monde ne pratique pas. (LA BRUYÈRE.)

Diseur de bons mots, mauvais caractère. (PASCAL.)

DEVOIRS DE L'HOMME ENVERS LUI-MÊME.

L'on marche sur les mauvais plaisants, et il pleut par tout pays de cette sorte d'insectes. Un bon plaisant est rare. Il n'est pas ordinaire que celui qui fait rire se fasse estimer. (LA BRUYÈRE.)

Voulez-vous qu'on pense et qu'on dise du bien de vous, ne dites jamais de mal de personne. (Mme DE LAMBERT.)

La médisance est lâche, elle s'escrime toujours contre un absent : Qui prend plaisir à entendre médire est du nombre des médisants. (*Moralistes orientaux.*)

Le bavard.

Un bavard vint raconter à un de ses amis une chose qu'on lui avait dite sous le secret, et lui recommanda de n'en point parler : « Soyez tranquille, lui dit son ami, je serai aussi discret que vous. »

Curiosité indiscrète.

Guillaume, prince d'Orange, depuis roi d'Angleterre[1], étant en marche pour une expédition militaire, un de ses principaux officiers le pria de lui faire connaître son dessein. Le prince, au lieu de lui répondre, lui demanda si, en cas qu'il le lui apprît, il n'en dirait rien à personne : « Non, sans doute, » répondit l'officier. « Eh bien! dit Guillaume, si vous avez le talent de garder un secret, je l'ai aussi bien que vous. »

Suites funestes de l'indiscrétion.

Wilkins, seigneur anglais, avait été exilé dans l'île de Jersey[2].

Avant de se rendre au lieu de son exil, il avait prié un de ses amis de se charger de l'éducation de son fils unique. Gervais (c'est le nom de cet ami) étant venu à mourir, ce malheur détermina Wilkins à repasser secrètement à Londres, afin d'arranger ses affaires et de ramener son fils. Un ami lui offrit sa maison, et Wilkins s'y rendit sans être

---

1. Né en 1650, roi d'Angleterre de 1688 à 1702. Voir page 168.

2. Jersey est une île anglaise, dans la Manche.

reconnu. Ses affaires étaient terminées, il devait repartir le lendemain, et se félicitait avec son ami du succès de son voyage, lorsqu'un jeune duc entre chez son hôte, regarde attentivement Wilkins et le reconnaît. Wilkins demande le secret; le duc le lui promet, babille un instant et sort... Un de ses amis le rencontre, et lui demande des nouvelles... Le secret pèse au duc, il veut en partager le poids... Il manque au devoir le plus essentiel de la société... L'ami du duc était un des plus grands ennemis de Wilkins. Il profite de l'occasion et court le dénoncer. On arrête Wilkins et son généreux hôte... Wilkins fut condamné à une prison perpétuelle, et son ami à deux ans. Tels sont les malheurs que causa l'indiscrétion d'un jeune étourdi.

Bel exemple donné par tout un peuple.

Les Athéniens, étant en guerre avec Philippe, roi de Macédoine [1], s'emparèrent d'un courrier chargé de lettres envoyées par ce prince. Ils prirent les lettres qu'il adressait à ses ministres et à ses généraux, et en firent lecture; mais, quant à celles qu'il adressait à sa femme, la reine Olympias, ils les respectèrent et les envoyèrent à la reine toutes cachetées, donnant ainsi un noble exemple du respect qu'on doit garder pour les secrets de famille, et des égards que la discrétion et l'honneur nous imposent, même envers nos ennemis.

Mauvaise plaisanterie.

Un orateur grec égayait toujours ses discours de plaisanteries et de bons mots : il paraissait n'avoir d'autre but que de faire rire ses auditeurs : « Ne craignez-vous point, lui dit un homme sensé, qu'après avoir bien ri de vos bons mots, on ne rie enfin de vous? Celui qui cherche tant à faire rire les autres, devient tôt ou tard ridicule lui-même. »

Après la mort de Henri IV, Sully avait quitté la cour.

---

[1] Mort 336 ans av. J.-C.; habile politique et grand guerrier; père du fameux Alexandre le Grand, qui fit la conquête de l'Asie.

Louis XIII l'y fit revenir plusieurs années après, pour lui demander des conseils. Les courtisans, par des plaisanteries déplacées, voulurent tourner en ridicule le costume et les manières surannées du vieil ami de Henri IV. « Sire, dit alors le duc, quand le roi, votre père, me faisait l'honneur de me consulter, nous ne parlions d'affaires qu'après avoir fait passer dans l'antichambre les baladins et les bouffons. »

Le maréchal de Luxembourg repoussa avec autant de gaieté que de noblesse les plaisanteries du roi Guillaume. Luxembourg était bossu. Trois fois vainqueur du roi d'Angleterre, à Fleurus, à Steinkerque, à Nerwinde, il sut que ce prince se moquait de sa bosse : « Comment sait-il que je suis bossu? dit-il gaiement, il ne m'a jamais vu par derrière. »

Médisance.

Un poëte a dit : « Le mal qu'on dit d'autrui ne produit que du mal. » Cela n'empêche pas que la médisance ne soit active et n'emploie toutes sortes de ruses pour se déguiser.

Car, sans calculer précisément la portée de leurs paroles, les médisants d'ordinaire sentent, comme par instinct, le mal qu'elles peuvent faire; et, dans le vague pressentiment qu'ils en ont, ils recourent à toutes sortes de précautions pour en atténuer l'effet.

Tantôt on raconte une aventure *à laquelle on ne saurait croire soi-même;* tantôt on parle d'un tort avec mystère, on le glisse, pour ainsi dire, furtivement dans l'oreille, et sous la condition spéciale du secret; tantôt, se faisant panégyriste, afin de pouvoir être censeur, avant de révéler un vice, on a soin de parler d'une vertu. « Mon Dieu, c'est bien dommage! une personne si excellente, dont tout le monde admire les bonnes qualités! mais que voulez-vous, on n'est pas parfait; et elle a le défaut... » Et ici le défaut arrive, et d'ordinaire il est longuement détaillé. Si sur le bien on fut concis, on est prolixe sur le mal. « Savez-vous ce que je viens d'apprendre? Mais, en vérité, je ne puis le croire;

le monde est si méchant, que du mal qu'on dit il faut bien retrancher la moitié... » Et l'on raconte cependant cette histoire à laquelle, dit-on, l'on ne croit pas. « Il faut que je vous dise ce que je viens de voir ; mais, je vous en supplie, n'en parlez pas ; je ne veux nuire à personne, et vous sentez bien que je ne le dirais pas à d'autres ; ainsi le secret, je vous en conjure.... » Le secret ! et de quel droit le demande-t-on, quand on ne l'observe pas ?

Fermons l'oreille à tous ces propos, ne croyons jamais la médisance, surtout lorsqu'elle a nos amis pour objet : imitons la sagesse de Platon. On vint lui dire que Xénocrate[1] avait mal parlé de lui : « Je n'en crois rien, » répondit-il. On insista, il ne céda point. On offrit des preuves. « Non, répliqua-t-il, il est impossible que je ne sois pas aimé d'un homme que j'aime si tendrement. »

Repoussons donc toute médisance : respectons non-seulement la réputation des vivants, mais aussi la mémoire des morts. On parlait, en présence de lord Saint-John[2], de l'avarice dont le célèbre Marlborough[3] avait été accusé, et l'on citait des traits sur lesquels on en appelait au témoignage de lord Saint-John, qui avait été l'ennemi de Marlborough : « C'était un si grand homme, répondit-il, que j'ai oublié s'il avait des défauts. »

§ XII. ORDRE, ÉCONOMIE, PRÉVOYANCE.

Si vous voulez être riche, n'apprenez pas seulement comme on gagne : sachez aussi comme on ménage :

L'ordre a trois avantages : il soulage la mémoire, il ménage le temps, il conserve les choses :

Sans l'économie, il n'y a point de grandes richesses ; avec l'économie, il n'en est point de petites :

Une chose inutile est toujours trop chère, quand même elle ne coûterait qu'une bagatelle :

N'avoir pas la manie d'acheter, c'est avoir un revenu :

---

1. Voir page 110.
2. Homme d'État anglais, qui vivait au commencement du XVIIIe siècle.
3. John Churchill, duc de Marlborough, fameux général anglais, mort en 1722.

Veillez à ne pas perdre les petites pièces d'argent, les pièces d'or se garderont d'elles-mêmes. (*Auteurs divers.*)

Pendant que vous êtes jeune et fort, ménagez pour la vieillesse et la maladie. (*Morale populaire.*)

Les deux prodigues.

On s'attire, par une dépense excessive, la raillerie de tous ceux qu'on croit éblouir, et en se ruinant on se fait moquer de soi. Deux prodigues semblaient disputer entre eux lequel ferait le plus de folles dépenses. « Il me semble, dit une personne d'esprit, que je les vois se faire des compliments à la porte de l'hôpital, pour s'inviter l'un l'autre à y entrer le premier. »

Les deux bougies.

Un fils disait un jour à son père, qui était devenu fort riche : « Comment, mon père, avez-vous fait pour acquérir une si grande fortune? Pour moi, j'ai peine à atteindre le bout de l'année avec tous les revenus du bien que vous m'avez donné en mariage. — Rien n'est plus facile, lui répondit le père en éteignant une des deux bougies qui les éclairaient, c'est de se contenter du nécessaire, et de ne brûler qu'une bougie quand on n'a pas besoin d'en brûler deux. »

L'épingle.

Lorsque M. Laffitte[1] vint à Paris, en 1788, toute son ambition se bornait à obtenir une petite place dans une maison de banque. Il se présenta chez M. Perregaux, riche banquier. Le jeune provincial, pauvre et modeste, timide et troublé, fut introduit dans le cabinet du banquier, et présenta sa requête. « Impossible de vous admettre chez moi, du moins pour le moment, lui répond M. Perregaux : mes bureaux sont au complet. Plus tard, si j'ai besoin de quelqu'un, je verrai : mais, en attendant, je vous conseille de chercher ailleurs, car je ne pense pas avoir de longtemps une place vacante. »

---

[1] Né à Bayonne en 1767, mort à Paris en 1844.

Ainsi éconduit, le jeune solliciteur salue et se retire. En traversant la cour, triste et le front penché, il aperçoit à terre une épingle, la ramasse et l'attache sur le parement de son habit. Il était loin de se douter que cette action toute machinale devait décider de son avenir.

Debout devant la fenêtre de son cabinet, M. Perregaux avait suivi des yeux la retraite du jeune homme; le banquier était de ces observateurs qui savent le prix des petites choses, et qui jugent le caractère des hommes sur ces détails futiles en apparence et sans portée pour le vulgaire. Il avait vu ramasser l'épingle, et ce trait lui fit plaisir. Dans ce simple mouvement, il y avait pour lui la révélation d'un caractère : c'était une garantie d'ordre et d'économie.

Le soir même, le jeune Laffitte reçut un billet de M. Perregaux, qui lui disait : « Vous avez une place dans mes bureaux; vous pouvez venir l'occuper dès demain. »

Le banquier ne s'était pas trompé : le jeune homme à l'épingle possédait toutes les qualités requises, et même quelques-unes de plus. Le jeune commis devint bientôt caissier, puis associé, puis maître de la première maison de banque de Paris, puis député et homme d'État très-influent, et enfin président du conseil des ministres [1].

Ce que M. Perregaux n'avait pas prévu sans doute, c'est que la main qui ramassait une épingle était une main généreuse jusqu'à la prodigalité, quand il s'agissait de faire du bien; une main toujours ouverte, toujours prête à répandre l'or pour secourir d'honorables infortunes. Jamais la richesse ne fut mieux placée, jamais homme n'en fit un plus noble usage.

La mère de Napoléon.

Lætitia Ramolini, mère de Napoléon, morte à Rome, dans la quatre-vingt-huitième année de son âge [2], était extrêmement économe par esprit de prévoyance. Elle disait souvent, au temps de la plus grande prospérité de sa famille : « Tout ceci peut finir, et alors que deviendront mes enfants,

---

[1] De novembre 1830 à mars 1831.   [2] En 1836.

dont la générosité imprudente ne regarde, quand elle donne à pleines mains, ni en avant, ni en arrière ? Alors ils me trouveront; il vaut mieux qu'ils aient recours à leur mère qu'à des étrangers. »

La caisse d'épargne.

Une caisse d'épargne est un établissement qui reçoit les petites économies, et les rend, à la volonté des déposants, avec les intérêts accumulés.

Les caisses d'épargne préviennent la détresse, la misère et la pauvreté;

Elles donnent de l'énergie, inspirent le goût du travail et des bonnes mœurs, et repoussent la fainéantise;

Elles détournent des mauvaises mœurs;

Elles sont d'une grande utilité pour les hommes actifs, prudents et laborieux. Ils peuvent y placer une partie de ce qu'ils gagnent et retirer cet argent quand ils en auront besoin.

Quarante centimes, épargnés chaque jour et placés à la caisse d'épargne, produisent au bout de trente ans 10,000 francs.

Les deux ouvriers.

Félix, ouvrier en soie, à Lyon, visitait un jour une des salles de l'Hôtel-Dieu.

Il s'informait de la manière dont les malades étaient soignés, s'ils avaient de bons aliments et si on les traitait avec douceur, car souvent la bienveillance produit de meilleurs effets que les remèdes. Tout à coup quelques gémissements viennent frapper son oreille; il s'approche du lit d'où partaient ces plaintes, et, après avoir causé quelques instants avec le malade, il croit reconnaître en lui un ancien camarade et se rappeler qu'ils ont travaillé ensemble il y a vingt ans. « Cela n'est pas possible, s'écrie-t-il, ce ne peut être toi, mon ancien compagnon, toi que j'ai vu si actif, si bon ouvrier ! Et c'est dans ce triste asile que je te retrouve après une si longue séparation ! Mais je ne veux pas que tu restes ici; je vais te faire conduire chez moi, et là tu recevras tous les soins qui te sont nécessaires. » Il le fait transporter dans une petite maison de campagne qu'il habitait, et place une garde auprès de lui. Au bout de quelques jours le malade reprend un peu de force. Félix le voyait souvent, l'engageait à prendre courage et tâchait de relever ses esprits abattus. Un jour il se hasarda à lui demander pourquoi il se trouvait dans une position aussi malheureuse : « Que t'est-il donc arrivé depuis que nous avons passé ensemble nos premières années? — Je ne veux rien te cacher, lui répondit Antoine. Mon père, ancien militaire, ne fit pas comme le tien qui était un honnête artisan. Il ne m'envoya pas à l'école primaire, il commença par me faire apprendre un bon métier. Mais, comme mon éducation avait été négligée, je contractai facilement de mauvaises habitudes, je me dégoûtai du travail, je fis de mauvaises connaissances. On me voyait sans cesse avec mes nouveaux amis, à l'estaminet, au jeu, au spectacle. Loin d'économiser, je fis des dettes, et un jour je fus arrêté et mis en prison. Mes créanciers se lassèrent de me payer des aliments et me rendirent la liberté. Mais que devenir? N'ayant pas de quoi payer un logement, j'errai pendant plusieurs nuits dans les rues, sans asile. Accablé par les chagrins et par les privations de tout genre que j'endurais, une fièvre ardente me saisit et j'entrai dans cet hôpital où j'ai eu le bonheur de te rencontrer. Mais toi, mon cher ami, comment es-tu parvenu à te procurer une si belle maison? Il t'est survenu peut-être un bon héritage, ou tu as été heureux dans quelque spéculation?

— Rien de tout cela ne m'est arrivé, répondit Félix, j'ai employé des moyens qui sont à la portée de tout le monde, et tu aurais pu réussir aussi bien que moi. C'est un secret que je puis t'enseigner, et le voici. Étant bon ouvrier, je gagnais 4 fr. par jour; 2 fr. me suffisaient pour ma nourriture et mon entretien, et je mettais 2 fr. de côté; comme je travaillais le lundi, je versais chaque semaine 12 fr. à la caisse d'épargne; c'était donc 600 fr. que j'amassais par an. Pendant plusieurs années, j'ai continué à faire ce versement de 600 fr., et, au bout d'une vingtaine d'années, le capital et les intérêts se sont accumulés, et j'ai eu en ma possession près de 20,000 fr. Je me suis marié et j'ai acheté cette petite maison où je vis aussi heureux que possible avec mes deux enfants. Nous espérons, ma femme et moi, pouvoir travailler encore longtemps et avoir de quoi élever convenablement notre petite famille.

— Hélas ! dit Antoine, après avoir écouté attentivement ce récit, j'ai fait précisément tout le contraire. Au lieu d'économiser, je dépensais le produit de mes journées dans des parties de plaisir. Je passais le lundi et souvent le mardi dans l'oisiveté, et je me remettais difficilement à l'ouvrage, que je ne reprenais toujours qu'avec peine. Le cabaret, le tabac, le spectacle, le jeu absorbaient les deux tiers de mon gain, et il ne me restait, au bout de la semaine, que des regrets et des remords. Je n'avais pas la force de rompre avec mes funestes habitudes et de reprendre une vie plus régulière !

— Je vois bien, dit Félix, que tu as mené la vie la plus triste et la plus malheureuse. Où t'ont conduit ces prétendus plaisirs ? en prison et à l'hôpital. Mais tu n'as pas encore tout perdu, puisque tu retrouves un ami ; et, comme tu es infirme et incapable de travailler, tu resteras dans ma maison, et tu finiras tranquillement tes jours auprès de moi.

— Grand merci ! mon cher camarade, j'accepte de bon cœur ; mais la misère et les souffrances, qui ont affaibli mon corps, ne me permettront pas de profiter longtemps de tes bontés. Puissent, au moins, ton exemple et le mien servir d'instruction aux jeunes gens au début de leur carrière ! »

TROISIÈME PARTIE

DEVOIRS DE L'HOMME ENVERS LES AUTRES HOMMES.

§ I. JUSTICE.

La justice est la source commune de toutes les vertus sociales. (*Cours de morale.*)

La justice est le lien sacré de la société humaine :

Quand la justice règne, la foi se trouve dans les traités, la sûreté dans les affaires, l'ordre dans la police, la terre est dans la sécurité, et le ciel même, pour ainsi dire, nous luit plus agréablement, et nous envoie de plus douces influences :

La justice affermit l'empire de la raison sur les passions, et celui de Dieu sur la raison même. (BOSSUET.)

Aux yeux du magistrat s'effacent et disparaissent les qualités extérieures du puissant et du faible, du riche et du pauvre : il ne voit dans les affaires que ce que la justice et la vérité lui montrent, et surtout il ne s'y voit jamais lui-même. (D'AGUESSEAU.)

Un peuple doit à un autre peuple la justice, les égards, les bons offices, que tout homme doit à un autre homme :

Les nations en guerre doivent mettre à leur haine et à leurs vengeances les bornes fixées par l'équité, par l'humanité, par la pitié. (B.)

Le législateur soumis à la loi.

La ville de Rhége[1], désolée par l'anarchie et par toutes les calamités qui en sont la suite inévitable, remit l'autorité suprême entre les mains d'un de ses citoyens, le sage Charondas, et le chargea de lui donner un code de lois. Charondas rétablit l'ordre, et par là fit renaître la prospérité ; les lois excellentes qu'il promulgua assurèrent le bonheur de ses concitoyens. Lorsqu'il eut accompli ce grand ouvrage,

---

1. Ville d'Italie, en face de la Sicile. Rhége était une ville grecque. Le fait dont il s'agit ici a eu lieu à l'époque où toutes les villes grecques étaient indépendantes et se gouvernaient en républiques.

il se démit du souverain pouvoir, et vécut, en simple particulier, dans l'exercice de toutes les vertus privées et publiques.

Une des lois qu'il avait faites infligeait un châtiment sévère à quiconque serait convaincu d'avoir paru sur la place publique avec des armes; il avait voulu par là détruire une funeste habitude que les citoyens avaient contractée, celle de porter une épée ou un poignard lorsqu'ils se rendaient sur la place pour converser ou pour délibérer : habitude qui avait causé de grands maux, parce que les plus légères querelles qui s'élevaient entre les citoyens dégénéraient facilement en rixes sanglantes.

Une nuit, Charondas est réveillé par un tumulte effroyable; il entend crier de toutes parts : « Aux armes : les ennemis investissent la citadelle ! » Il saisit ses armes, il s'élance hors de sa maison et se dirige vers la citadelle par le chemin le plus court en traversant la place. Il arrive; il reconnaît qu'on avait donné aux habitants une fausse alarme, et que la citadelle n'était menacée d'aucun danger. Mais en même temps il remarque que dans son trouble il a violé la loi, tandis que tous les autres citoyens l'avaient respectée, et avaient fait un détour pour ne pas traverser la place avec des armes.

Dès le lendemain, il se présenta devant les magistrats, et demanda avec instance, et même avec autorité, que la loi qu'il avait faite lui fût appliquée.

« La loi, dit-il, ne doit pas faire acception de personne; m'épargner, parce que j'ai été votre législateur, serait injuste; ce serait en même temps absurde : car je suis d'autant plus coupable que je dois connaître la loi mieux que personne. Comment pourrez-vous exiger que vos lois soient observées, si vous les laissez violer impunément par celui qui les a faites? N'hésitez donc pas à me punir. Tout en déplorant ma faute, je me félicite de l'avoir commise, puisqu'elle me permet de donner cette preuve de dévouement à ma patrie et à la justice. Qui osera désormais enfreindre des lois consacrées par le châtiment de leur auteur même? »

Équité du sénat romain.
[ve siècle av. J. C.]

Les peuples d'Ardée et d'Aricie, voisins de Rome, étaient en guerre pour des terrains que chacun d'eux revendiquait : enfin, las de combattre, ils convinrent de s'en rapporter au jugement du peuple romain. L'affaire fut donc discutée devant l'assemblée du peuple romain, qui découvrit ou

crut découvrir que les terres en litige n'appartenaient ni à Aricie, ni à Ardée, mais à Rome ; en conséquence, il se les adjugea. Le sénat de Rome vit avec peine que le peuple eût, dans cette occasion, démenti sa générosité naturelle, et qu'il eût trompé l'espérance de ses voisins qui s'étaient soumis d'eux-mêmes à son arbitrage. Cette illustre compagnie fit tous ses efforts pour inspirer au peuple de plus nobles sentiments; mais tout fut inutile. Après que la sentence eut été rendue, les habitants d'Ardée, dont le droit était le plus apparent, étaient prêts à s'en venger par les armes. Le sénat ne crut point s'abaisser en leur déclarant publiquement qu'il était aussi sensible qu'eux-mêmes au tort qui leur avait été fait ; qu'à la vérité il ne pouvait pas casser l'arrêt du peuple ; mais que, s'ils voulaient bien s'en fier au sénat, il ne leur resterait bientôt aucun sujet de plainte.

Les Ardéates se fièrent à cette parole. Il leur survint bientôt après une affaire capable de ruiner leur ville de fond en comble : ils reçurent un si prompt secours par les ordres du sénat, qu'ils se crurent trop bien payés des terrains qu'ils prétendaient leur avoir été pris, et ils ne songeaient plus qu'à remercier de si fidèles amis ; mais le sénat ne fut pas content jusqu'à ce qu'en leur faisant restituer les terres que le peuple s'était adjugées, il eût rendu à la gloire du nom romain son premier éclat.

Saint Louis et son frère.
[XIIIe siècle.]

Charles [1], comte d'Anjou, frère du roi saint Louis, était en procès avec un chevalier, son vassal [2], pour la possession d'un domaine. Les juges d'Anjou ayant décidé la question en faveur du prince, le chevalier en appela au tribunal du roi. Charles, irrité, le fit mettre en prison. Le roi en fut averti, et envoya chercher sur-le-champ le jeune prince. « Croyez-vous, lui dit-il, que vous serez au-dessus des lois parce que vous êtes mon frère ? Rendez sur-le-champ la liberté à votre vassal ; qu'il vienne défendre son droit devant les juges royaux. » Charles obéit ; mais, comme on le craignait, le chevalier ne trouvait ni procureurs ni avocats. Louis lui en assigna lui-même. La question fut scrupuleusement examinée ; le chevalier fut réintégré dans ses biens, et le frère du roi condamné à tous les dépens.

---

1. C'est ce Charles qui fut roi de Sicile et de Naples.
2. Au moyen âge on appelait *vassal* celui qui était soumis à la domination d'un seigneur quelconque : ainsi, comme duc de Normandie, le roi d'Angleterre était vassal du roi de France.

Sévérité.
[365.]

Justin, empereur d'Orient, pour rétablir l'ordre et la justice, indignement méconnus depuis quelque temps, nomma préfet de Constantinople un magistrat intègre, qu'il arma de toute son autorité pour punir les coupables. Il déclara que les sentences du préfet seraient exécutées sans appel, et que le souverain ne ferait grâce à personne. Cette déclaration si terrible effraya tous ceux qui jusque-là s'étaient fait une habitude de l'iniquité et de la violence, hormis un seul, qui, se croyant au-dessus de toutes les lois, s'empara du bien d'une pauvre veuve. La veuve alla se plaindre au préfet : le magistrat, par ménagement pour le coupable, voulut bien lui écrire, et le pria de rendre justice à la pauvre femme, qu'il chargea de porter elle-même la lettre. Pour toute satisfaction elle ne reçut que des outrages et des coups. Indigné d'une telle insolence, le préfet cite cet homme devant son tribunal. L'inculpé se moque de la citation et, au lieu de comparaître, va dîner au palais, où il était invité ce jour-là. Le préfet, ayant appris que cet homme était à table avec l'empereur, demanda et obtint la permission d'entrer dans la salle du festin, et adressant la parole au prince : « Seigneur, lui dit-il, si vous persistez dans la résolution que vous avez annoncée de réprimer toute injustice, je continuerai d'exécuter vos ordres ; mais si vous renoncez à ce projet si digne de vous, s'il faut que les plus méchants des hommes soient honorés de votre faveur et admis à votre table, daignez recevoir ma démission d'un emploi dans lequel je ne puis que me rendre odieux sans vous être utile. »

Justin, frappé de cette noble remontrance : « Je n'ai point changé d'avis, répondit-il ; poursuivez partout l'iniquité ; je vous la livre : fût-elle assise avec moi sur le trône, je l'en ferais descendre pour subir son châtiment. » Armé de cette réponse, le magistrat fait saisir le coupable au milieu des convives, le traîne au tribunal, écoute la plainte de la veuve; et, comme cet homme auparavant si superbe, alors interdit et tremblant, ne pouvait alléguer aucun moyen de défense, il lui fit infliger un châtiment exemplaire. Ses biens furent saisis au profit de la veuve, et cet exemple arrêta pour longtemps à Constantinople l'usurpation et la violence.

Impartialité.

Aristide[1] avait été chargé de prononcer sur un différend entre deux citoyens. L'un d'eux, en plaidant, accusa son adversaire d'avoir parlé d'Aristide en termes injurieux, et il espérait par là indisposer le juge contre son rival. Aristide l'interrompit : « Mon ami, lui dit-il, laissons là, je vous prie, le mal que votre adversaire a pu dire de moi; parlons du tort que vous dites qu'il vous a fait : je suis ici pour juger votre cause et non la mienne. »

Inflexibilité.

Un scélérat, condamné au dernier supplice, avait trouvé des protecteurs puissants qui, à force d'instance et en trompant la religion du roi, avaient obtenu sa grâce. Ce roi était Louis XIV; il envoie chercher le chancelier[2] Voysin : « J'ai promis des lettres de grâce, dit le roi; allez chercher les sceaux. — Sire, dit le chancelier, je vous en supplie, n'accordez pas l'impunité à un tel homme, à un tel crime : Votre Majesté, en conscience, ne le peut pas. — Allez me chercher les sceaux ! » reprend le roi d'une voix sévère. Le chancelier obéit; on scelle les lettres en sa présence : « Maintenant, remportez les sceaux, dit le roi. — Non, sire, ils sont souillés, je ne les reprends plus. » A ces paroles si hardies, le monarque le plus fier de l'Europe ne manifesta aucune colère; il réfléchit pendant quelque temps, prit les lettres de grâce et les jeta au feu. « Je reprends les sceaux, sire, dit Voysin; le feu a tout purifié. »

---

1. Le plus vertueux des Athéniens, surnommé *le Juste*. Mort 469 av. J. C.
2. Le *chancelier*, en France, était le chef de la justice et le premier personnage du royaume après le connétable : il réunissait presque toujours à ses fonctions celles de garde des sceaux.

Conscience du juge.

Dans le fameux procès du général Moreau[1], le savant Clavier, juge au tribunal criminel de la Seine, était d'avis que l'accusé fût condamné à une détention de deux années. Comme un homme très-puissant le pressait vivement de prononcer la condamnation à mort, en l'assurant que le premier consul[2] ferait grâce après le jugement, il fit cette mémorable réponse : « Et qui nous ferait grâce, à nous? » En effet, la conscience est un juge inexorable qui ne pardonne jamais à ceux qui ont violé ses lois.

Devoir du magistrat.

Sous la Restauration[3], le garde des sceaux[4] pressait vivement M. Séguier, qui était à cette époque premier président de la cour royale de Paris, de décider conformément aux vues du gouvernement dans une affaire très-grave : « La cour, disait le ministre, en agissant ainsi, nous rendra un véritable service. » Le digne magistrat ne lui répondit que ces mots : « La cour rend des arrêts, et non des services. »

Recommandation refusée.

Comme on ne doit demander aux juges que justice, on ne doit jamais chercher à exercer d'influence sur eux. Un valet de chambre de Louis XIV le suppliait de faire recommander au premier président du parlement[5] de Paris

---

1. Moreau, l'un des plus grands généraux de la République, célèbre surtout par sa belle et triomphante retraite dans la forêt Noire, en 1796, et par la victoire de Hohenlinden, en 1800. Jaloux du premier consul Bonaparte, il se lia avec ses ennemis. C'est alors qu'eut lieu ce fameux procès. Il fut exilé en Amérique. En 1813, il eut la faiblesse d'accepter le commandement des armées alliées contre la France ; mais, à peine arrivé à leur quartier général, devant Dresde, il fut tué par un boulet de canon.

2. Bonaparte a gouverné la France avec le titre de *premier consul*, depuis le mois de novembre 1799 jusqu'au 18 mai 1804. A cette époque, il devint empereur des Français.

3. On appelle *Restauration* le temps qui s'est écoulé de 1814 à 1830, comprenant le règne de Louis XVIII et celui de Charles X.

4. Le ministre de la justice porte le titre de *garde des sceaux*, parce qu'il est dépositaire des sceaux de l'État.

5. On appelait *parlements*, en France, des tribunaux supérieurs, qui jouissaient de très-grandes prérogatives et exerçaient un très-grand pouvoir.

un procès qu'il soutenait contre un de ses parents ; et sur le refus du roi, il insistait, en disant : « Hélas ! sire, pour que je gagne mon procès, vous n'avez qu'à dire un mot. — C'est ce qui n'est pas, répondit Louis XIV, et tu es grandement dans l'erreur ; mais, dis-moi, si tu étais à la place de ton adversaire, et que ton adversaire fût à la tienne, serais-tu bien aise que je disse ce mot ? »

Respect pour le droit des gens.
[371 ans av. J. C.]

Le célèbre Camille [1], général romain, assiégeait la ville de Faléries [2] : le siége traînait en longueur, et la ville, bien défendue, n'était nullement disposée à se rendre. Un traître résolut de la livrer. C'était un instituteur qui, passant pour très-instruit, réunissait dans son école les enfants de tous les citoyens les plus distingués. Cet homme, indigne de la noble profession qu'il exerçait, conçut une pensée atroce et l'exécuta. Un jour de vacance, il conduisit ses élèves à la promenade hors des murs et d'un côté où l'on n'avait rien à craindre de l'ennemi. Puis, en les faisant passer par des détours qui lui étaient connus, il les amena dans le camp des Romains. « Général, dit-il à Camille, Faléries est maintenant en votre pouvoir ; car voici les enfants de tous les premiers de la ville : pour les ravoir, ils subiront toutes les conditions que vous voudrez leur imposer. »

Le traître s'attendait à un accueil flatteur et à de brillantes récompenses. Quelle fut sa consternation, quand il entendit Camille lui adresser ces paroles foudroyantes :

« Tu as donc pensé, misérable, que les Romains étaient des lâches comme toi !... Apprends, perfide, que les lois de la justice sont sacrées, qu'on est tenu de les observer envers ses ennemis même, et que la guerre n'anéantit point les

---

1. Mort 365 ans av. J. C. Il est faux que, comme le prétendent les historiens romains, ce célèbre général ait repris Rome prise par les Gaulois, nos ancêtres ; les Romains rachetèrent leur ville à prix d'or, et les Gaulois emportèrent l'or dans leur pays.

2. Ville située non loin des bords du Tibre ; appelée aujourd'hui *Civita Castellana*.

droits de l'humanité. Profiter de la trahison, ce serait la
partager. Nous ne faisons pas la guerre aux enfants, et nous
la faisons loyalement aux hommes. »

En même temps il rassura toute cette jeunesse tremblante, il la fit reconduire à Faléries, et livra à la juste vengeance des habitants le traître chargé de liens.

Quand les enfants revinrent dans la ville où régnait déjà
la désolation, la joie et l'admiration éclatèrent de toutes
parts : la conduite du chef des Romains avait gagné tous
les cœurs; les habitants de Faléries, aimant mieux avoir
pour ami que pour ennemi un peuple à la fois si brave et si
généreux, ouvrirent leurs portes aux Romains, qui les trai-
tèrent désormais en alliés et en frères.

Conduite équitable envers un ennemi.
[278 av. J. C.]

Tandis que les Romains soutenaient contre Pyrrhus[1],
roi d'Épire[2], une guerre longue et difficile, le consul[3]
Fabricius[4], général de l'armée romaine, reçut une lettre
du médecin du roi, qui lui offrait d'empoisonner Pyrrhus, si
les Romains lui promettaient une récompense proportionnée au grand service qu'il leur rendrait. Fabricius écrivit
promptement à Pyrrhus, pour l'avertir de se précautionner
contre cette noire perfidie. La lettre était conçue en ces
termes : « O roi! vous choisissez mal vos amis et vos ennemis ; c'est ce dont vous conviendrez quand vous aurez lu la
lettre qu'on nous a écrite, et que nous vous envoyons. Car
vous faites la guerre à des gens de bien et d'honneur, et
vous donnez votre confiance à des méchants, à des per-
fides. »

Pyrrhus, ayant reçu cette lettre, s'écria : « A ce trait, je
reconnais Fabricius : il serait plus facile de détourner le

---

1. Un des plus habiles capitaines de l'antiquité ; ambitieux et inconstant. Mort 273 ans av. J. C.
2. On appelait ainsi un pays demi-grec, demi barbare, qui fait aujourd'hui partie de l'Albanie, province turque.
3. *Consul*, chef de la république romaine ; il y en avait deux, élus chaque année.
4. Célèbre par ses vertus et surtout par son désintéressement ; à sa mort, l'État fut obligé de faire les frais de ses funérailles et de doter ses filles.

soleil de sa route ordinaire que de détourner ce Romain du sentier de la justice et de la vertu. » Quand il se fut convaincu de la vérité du fait énoncé dans la lettre, il fit punir le traître du dernier supplice ; et, pour témoigner au général ennemi sa reconnaissance, il lui renvoya tous les prisonniers romains sans rançon. Le magnanime consul, ne voulant point accepter une récompense pour n'avoir pas commis un crime, ne refusa point les prisonniers romains, mais renvoya un pareil nombre de prisonniers tarentins et samnites[1].

Du reste, Fabricius n'avait fait que son devoir en refusant les offres d'un scélérat ; ce qu'il y a de louable dans sa conduite, c'est l'avertissement qu'il donna sur-le-champ à Pyrrhus.

Justice et humanité.

Pendant une guerre que se faisaient l'Angleterre et l'Espagne[2], un navire anglais, richement chargé, essuya, dans le golfe de la Jamaïque[3], une tempête furieuse qui l'obligea d'entrer dans le port de la Havane[4] pour sauver sa cargaison et son équipage. Le capitaine anglais, conduit devant le gouverneur, lui raconta comment il s'était vu forcé d'aborder dans un port ennemi. « Je viens, lui dit-il, vous livrer mon vaisseau, mes matelots, mes soldats et moi-même ; je ne vous demande que la vie pour mon équipage. — Non, monsieur, répondit le généreux espagnol, je ne vous traiterai pas ainsi. Si nous vous avions pris en pleine mer ou sur nos côtes, dans un combat, votre vaisseau serait de bonne prise et vous seriez nos prisonniers ; mais, lorsque vous êtes battus de la tempête, et que vous vous réfugiez dans ce port, j'oublie et je dois oublier que ma nation est en guerre avec la vôtre. Nous ne voyons en vous que des hommes : l'humanité nous oblige à vous donner des secours gratuits. Déchargez donc en assurance votre vaisseau ; radoubez-le ;

---

1. C'étaient des peuples d'Italie, alliés de Pyrrhus.
2. En 1766
3. Ile appartenant aux Anglais.

1. La Havane est une grande et belle ville, capitale de l'île de Cuba, en Amérique, qui appartient à l'Espagne. Cuba est la principale des Grandes-Antilles

vous partirez ensuite, et je vous donnerai un sauf-conduit jusqu'à ce que vous soyez au delà des Bermudes [1]. »

La conduite de Lapérouse [2], célèbre marin français, ne fut pas moins honorable. Le gouvernement l'avait chargé d'attaquer et de détruire les établissements des Anglais dans la baie d'Hudson [3]. Après une traversée longue et périlleuse, Lapérouse parvint au terme de sa navigation; il prit et détruisit les forts anglais. La conduite qu'il tint ne fit pas moins d'honneur à son humanité qu'à son courage. Les ordres qu'il devait exécuter étaient rigoureux : il s'y conforma avec toute l'obéissance d'un marin; mais, une fois l'ennemi vaincu et ses devoirs de soldat remplis, il songea à remplir ceux de l'humanité. Les Anglais s'étaient enfuis dans les bois; leurs forts étaient détruits. Qu'allaient devenir ces malheureux, exposés d'un côté à périr de faim, de l'autre à tomber entre les mains des sauvages? Lapérouse, avant de repartir, déposa pour eux sur le rivage des armes et des vivres.

§ II. PROBITÉ.

La probité peut suppléer à beaucoup d'autres qualités; mais, sans elle, aucune qualité n'a de valeur. Il ne faut jamais se fier à ceux qui manquent de probité, quelques talents qu'ils puissent avoir. (*Paroles de Washington.*)

La probité est une vertu si délicate et si scrupuleuse, qu'elle s'effarouche de l'ombre même d'un soupçon. (B.)

On loue et on doit louer les actes de probité où l'on sent un principe de vertu, un effort de l'âme. Un homme pauvre remet un dépôt dont il avait seul le secret : il n'a fait que son devoir, puisque le contraire serait un crime; cependant son action lui fait honneur et doit lui en faire. On juge que celui qui ne fait pas de mal, dans certaines circonstances, est capable de faire le bien; dans un acte de simple probité, c'est la vertu qu'on loue. (*Cours de morale.*)

---

1 Groupe d'îles de l'Océan Atlantique, au N. E. des Antilles, appartenant à l'Angleterre.

2 Né à Alby, chargé, en 1785, par Louis XVI, d'un voyage de découvertes; depuis 1788 on a ignoré ce qu'il était devenu; on a acquis plus tard la certitude qu'il avait péri avec tous ses compagnons dans un naufrage.

3. Vaste golfe dans l'Amérique septentrionale, communiquant avec l'Océan glacial arctique par des passages dont les limites sont peu connues.

Aristide.
[490 av. J. C.]

Après la fameuse bataille de Marathon [1], Aristide fut laissé seul avec un petit nombre d'hommes pour garder les prisonniers et le butin, et ce grand homme justifia la bonne opinion qu'on avait de son intégrité. L'or et l'argent étaient semés çà et là dans le camp ennemi; les tentes des chefs ennemis et les vaisseaux qu'on avait pris étaient pleins d'habits précieux et de meubles magnifiques : non-seulement il ne fut pas tenté de toucher à ces monceaux de richesses, mais il empêcha tous les autres d'y toucher.

Ce fait n'a rien de louable; Aristide n'a fait dans cette occasion que ce qu'exigeait la probité la plus vulgaire, mais voici un trait vraiment remarquable.

Plus tard ce même Aristide fut choisi, par tous les peuples de la Grèce, pour administrer leurs finances et veiller sur le trésor commun. Pour exercer des fonctions si importantes, il n'accepta aucun salaire, et mourut si pauvre, que la république dut se charger de faire ses funérailles et de doter ses filles.

Saint Éloi [2].

Dans le temps qu'Éloi n'était encore que simple orfévre, le roi Clotaire II, informé de son habileté, le chargea de faire un fauteuil d'or enrichi de pierreries, et lui fit donner pour cet ouvrage une grande quantité d'or, que l'orfévre ne reçut qu'après l'avoir fait peser. Il fit aussi compter les pierres précieuses qu'on lui remit. Il travailla sur le modèle qu'on lui avait donné, mais, au lieu d'un seul fauteuil, il en fit deux. Il n'en présenta d'abord qu'un à Clotaire, qui en fut très-content. Il lui présenta ensuite le second. Le prince fut surpris; et, comme il ne pouvait se persuader que ce

---

1. Gagnée par les Athéniens, au nombre de dix mille, contre une armée de cent mille Perses, qui avait débarqué sur leurs côtes. Marathon est aujourd'hui un bourg à 31 kilomètres N. E d'Athènes.

2. Mort en 659.

qu'on avait fourni à Éloi eût été suffisant pour faire les deux fauteuils, il fallut l'en convaincre par le poids, qui se trouva égal à celui qu'on avait donné. Le roi vit qu'il pouvait accorder toute sa confiance à un homme si probe. Telle fut l'origine de la fortune de saint Éloi, qui, comme on le sait, devint premier ministre.

Thomas Morus [1].

Thomas Morus, chancelier d'Angleterre, l'un des plus grands hommes de son temps, était d'une droiture inflexible. Un des plus puissants seigneurs de la cour avait un procès considérable dont il craignait l'issue. Pour se rendre le chancelier favorable, il lui envoya en présent deux flacons de vermeil d'un très-grand prix. Morus les fit remplir d'un excellent vin, et les renvoya à ce seigneur, qui gagna sa cause parce qu'elle était juste. Ce digne magistrat était persuadé, avec raison, que tout juge qui reçoit un présent, fait les premiers pas vers l'iniquité, et que, lorsqu'on écoute celui qui veut acheter la justice, on est bien près de la vendre.

Dugas.

Lorsque M. Dugas était prévôt des marchands [2] à Lyon [3], les boulangers vinrent lui demander la permission d'augmenter le prix du pain : il leur répondit qu'il examinerait leur demande. En se retirant ils laissèrent adroitement sur la table une bourse de deux cents louis. Ils revinrent, ne doutant point que la bourse n'eût bien plaidé leur cause. M. Dugas leur dit : « Messieurs, j'ai pesé vos raisons dans la balance de la justice, et je ne les ai point trouvées de poids. Je n'ai pas jugé qu'il fallût, par une cherté que rien ne justifie, faire souffrir le peuple. Au reste, j'ai distribué votre argent aux deux hôpitaux de cette ville : je n'ai pas

---

1 Mort en 1536.
2. On appelait *prévôt des marchands*, à Paris et à Lyon, le magistrat qui remplissait les fonctions de maire de la ville.
3. Vers le milieu du XVIII siècle.

dû croire que vous en voulussiez faire un autre usage. J'ai compris que, puisque **vous étiez en état de faire de pareilles aumônes, vous ne perdez pas,** comme vous le dites, dans votre commerce. »

Wimpfen.
[Septembre 1792.]

Au commencement des guerres de la Révolution, les Autrichiens assiégeaient Thionville[1]. Leur général, au nom de l'empereur, offrit à Félix Wimpfen, commandant de la place, un million s'il voulait la leur livrer : « Volontiers, dit gaiement le brave Français, pourvu que l'acte de vente soit passé devant notaire. »

Daumesnil.
[1814.]

Le brave général Daumesnil fit, dans une circonstance semblable, une réponse à la fois aussi gaie et aussi fière. Après avoir perdu une jambe en combattant contre les Russes, cet illustre invalide avait été nommé gouverneur de Vincennes[2]. Les souverains alliés qui envahirent la France en 1814, lui firent offrir deux millions s'il voulait leur livrer la place. Il répondit à l'envoyé : « Allez dire aux Russes que je leur rendrai Vincennes quand ils m'auront rendu ma jambe. »

L'Ostiak.
[XVIIIe siècle.]

Les Ostiaks, peuple à demi sauvage du nord de la Russie, sont remarquables par leur désintéressement et leur probité. En voici un exemple. Un marchand russe allant de Tobolsk[3] à Bérésoff[4] passa la nuit dans la cabane d'un

---

1. Ville forte, sur la Moselle, à 21 kilomètres de Metz ; les Allemands la possèdent aujourd'hui.
2. Célèbre forteresse, située à 7 kilomètres de Paris.
3. Capitale de la Sibérie ou Russie asiatique.
4. A 570 kilomètres N. de Tobolsk, chef-lieu d'une contrée affreuse et presque inhabitée, qui produit des pelleteries en assez grande quantité.

Famille d'Ostiaks.

Ostiak : le lendemain il perdit, à quelque distance, une bourse dans laquelle il y avait environ cent roubles[1]. Le fils de l'homme qui avait donné l'hospitalité au Russe, allant un jour à la chasse, passa par hasard à l'endroit où cette bourse était tombée, et la vit sans la ramasser. De retour à la cabane, il se contenta de dire qu'il avait remarqué cette bourse sur le chemin, et qu'il l'y avait laissée. Son père le renvoya aussitôt sur le lieu, et lui ordonna de couvrir la bourse avec de la terre et quelques branches d'arbres, afin qu'elle pût être retrouvée à cette même place par celui à qui elle appartenait, si jamais il venait la chercher. La bourse resta dans cet endroit pendant plus de trois mois. Lorsque le Russe revint de Bérésoff, il alla loger chez le même Ostiak, et lui raconta la perte qu'il avait faite le jour même qu'il était parti de chez lui : « C'est donc toi qui as perdu une bourse ? lui dit l'Ostiak ; eh bien ! sois tranquille, je vais te donner mon fils qui te conduira à l'endroit où elle doit être, tu pourras la ramasser toi-même. » Le marchand, en effet, trouva sa bourse à la place même où elle était tombée.

Sentiment de la probité dans un enfant de sept ans.

Un bon villageois, nommé Jacques, devant quelque argent à un de ses voisins, lui offrit en payement ses poules, qui furent acceptées.

Les poules furent donc portées chez le voisin. Mais, comme elles n'étaient point renfermées, le lendemain, lorsqu'elles voulurent pondre, elles retournèrent chez Jacques déposer leurs œufs dans leur ancien poulailler.

Le fils de Jacques, nommé Philippe, petit garçon âgé de sept ans au plus, était alors tout seul à la maison. Entendant glousser ses poules chéries, il courut tout de suite au poulailler, fureta dans la paille et trouva les œufs. « Ha ! ha ! se dit-il à lui-même, voilà de bons œufs frais que j'aime tant ! ma mère sera bien aise de les trouver à son retour;

---

[1]. Le *rouble* est une monnaie d'argent, dont le cours a varié entre 3 fr. 45 c. et 1 fr. 61 c. Elle vaut aujourd'hui 1 fr.

elle les fera cuire, et nous les mangerons. Cependant, reprit-il un instant après, pouvons-nous bien retenir ces œufs? n'appartiennent-ils pas au voisin, comme nos pauvres poules? J'appris l'autre jour à l'école que l'on doit rendre une chose que l'on trouve à celui à qui elle appartient, dès qu'on le connaît. Allons, allons, je n'attendrai pas que mes parents reviennent, je vais porter les œufs à leur maître. » En effet, il courut aussitôt frapper à la porte du voisin : « Tenez, lui dit-il en entrant, je vous apporte les œufs que vos poules viennent de pondre dans notre poulailler. — Et qui t'envoie ici? lui demanda le voisin. — Personne. — Quoi ! tu m'apportes ces œufs sans que personne te l'ait commandé ? — Vraiment oui, mon père et ma mère ne sont point à la maison; je fais ce qu'ils m'auraient dit de faire, j'en suis sûr. — Et d'où vient que tu n'as pas attendu leur retour? — C'est qu'ils ne reviendront qu'à midi; et d'ici là, je n'avais pas le droit de retenir une chose que je sais être à vous. »

Le vieil aveugle.
[XIXᵉ siècle.]

Un vieillard aveugle se tenait assis sur la route qui conduit de la ville de la Charité à Nevers, et de temps en temps une légère pièce de monnaie tombait dans son chapeau.

Sa petite fille était auprès de lui, et ses rires joyeux parvenaient quelquefois à égayer le visage du pauvre homme. La gentillesse de la pauvre petite attirait l'attention des passants, et rendait plus fréquentes les aumônes qui tombaient dans le chapeau du vieux mendiant.

Elle était à jouer au milieu de la route, lorsqu'un nuage de poussière s'éleva, et une voiture de poste, attelée de quatre chevaux, vint à passer rapidement. Lorsque cette voiture fut éloignée, la petite fille retourna à ses jeux, et fut surprise de trouver quelque chose qu'elle porta à son grand-père : c'était un portefeuille.

Le vieillard le prit, et sentant qu'il était plein et fermé par une petite serrure, il n'essaya point de l'ouvrir, et se disposa à aller à la ville voisine le remettre aux autorités. Dans ce moment passait un paysan qui connaissait

le vieux mendiant, et qui s'approcha pour lui parler. « Qu'est ce que vous tenez là à la main? lui dit-il. — C'est un portefeuille que ma petite-fille vient de trouver sur la route; il est sans doute tombé de la voiture qui vient de passer. Je vais le porter à la Charité, afin que ceux qui l'ont perdu puissent le retrouver s'ils viennent le réclamer. — Que vous êtes bon! ce portefeuille renferme probablement des billets de banque : votre fortune est faite si vous le gardez; n'en parlez à personne. — Garder le bien d'autrui! non, non; j'aime mieux être misérable et honnête qu'être riche et avoir quelque chose à me reprocher. » L'aveugle alla sur-le-champ remettre sa trouvaille au commissaire de police de la Charité.

Le portefeuille fut réclamé dès le lendemain. On offrit au vieux mendiant une forte récompense, car la somme contenue dans le portefeuille était considérable. Il ne voulut rien accepter.

Quelques jours après le même paysan rencontra encore ce brave homme, et lui dit : « Eh bien! trouvez-vous encore que vous avez bien fait de rendre ce portefeuille? Vous savez maintenant ce qu'il contenait; vous seriez riche si vous aviez voulu : que vous reste-t-il pour avoir été si honnête? — Il me reste le témoignage de ma conscience, qui me dit que j'ai bien agi. »

Le mendiant.
[janvier 1845.]

Dernièrement, un jour de congé, un élève externe du collége de Lille trouva sur son chemin un pauvre aveugle qui sortait de l'église et que conduisait un chien. L'enfant s'approche du pauvre et lui glisse sa petite aumône; mais, ô surprise! on lui refuse. L'enfant rougit, insiste, mais en vain. A quelque distance était son père, dont la surprise était grande aussi : il avait connu jadis les besoins de l'aveugle et l'avait secouru bien des fois; il connaissait aussi sa probité, et, croyant que son refus a pour motif le jeune âge de l'enfant, il s'approche : « C'est mon fils, lui dit-il, prenez; je suis bien aise qu'il vous donne, et j'applaudis à sa charité. — Non, monsieur, répond le pauvre; ma misère est moins grande qu'elle n'était, et je puis à présent m'abstenir de mendier. Il vient de m'être accordé une pension de cent cinquante francs à cause de mes services militaires, et en outre une gratification annuelle de cinquante francs m'est assurée. Je puis gagner aussi quelque chose à faire des commissions en ville : car mon chien me conduit fort bien; je puis vivre ainsi. Je n'ai mendié que forcé par la plus absolue nécessité, et maintenant cette nécessité n'existe plus. »

Le jeune manœuvre.
[Novembre 1815.]

Un fermier des environs de Toulouse avait mis au fond d'un panier soigneusement recouvert de paille un sac de mille francs, et le portait à dos de cheval à son propriétaire : c'était le prix de son fermage, amassé à grand'peine dans cette année, mauvaise pour le pays. Chemin faisant, le panier se défonça et le sac tomba sur la grande route; ce n'est qu'à son arrivée que le fermier s'aperçoit de cette perte : rien ne peut peindre le désespoir de cet homme ruiné. Il retourne chez lui et raconte son malheur, que l'on croit déjà sans remède.

Un jeune journalier d'environ dix-huit ans, nommé Leprieu, se rendait à son travail par le même chemin : il trouve le sac, le ramasse avec l'étonnement d'un homme qui n'a jamais vu pareil trésor, l'enveloppe soigneusement et arrive à son chantier, où il a la prudence de ne pas parler de sa trouvaille.

Les grandes nouvelles vont vite : c'était, pour une commune qui n'est pas très-riche, un événement important que le malheur arrivé au fermier, et bientôt les compagnons de travail de Leprieu en sont instruits et en causent entre eux. Le jeune homme connaît alors d'une manière certaine quel est le légitime propriétaire du trésor qu'il a trouvé; il s'empresse de revenir au village, chargé de son fardeau, et il rend au pauvre fermier sa fortune et la vie.

Toute la fortune de cet honnête jeune homme consiste dans les 90 centimes qu'il gagne par jour.

Le fermier.
[1817.]

Un fermier des environs de Namur vint se plaindre à son propriétaire de ce que, dans une de ses grandes chasses, il avait foulé aux pieds et considérablement endommagé une pièce de blé. « C'est bon, répondit le propriétaire ; faites évaluer le dommage, j'en payerai le montant. » Le fermier lui ayant aussitôt répondu qu'il avait fait faire le calcul, et que le dommage s'élevait à cinq cents francs, le propriétaire le remboursa immédiatement et n'y pensa plus.

Quelques semaines après, il voit revenir le fermier : « Monsieur, lui dit ce brave homme, le blé qui avait été foulé aux pieds s'est relevé et est devenu le plus beau de toute la ferme. Je viens vous rapporter les cinq cents francs. » Et en effet, il déposa sur la table un sac contenant cette somme. « Ah ! s'écria le propriétaire charmé, mais non surpris, voilà un trait qui me plaît ; c'est ainsi que les hommes devraient toujours agir les uns envers les autres. »

Il ouvre un tiroir de son secrétaire, y prend cinq cents francs en or, et les mettant dans le sac où étaient les cinq cents francs du fermier, il lui remet le tout entre les mains. « Vous avez, lui dit-il, un enfant qui est encore à l'école ; je lui fais ce cadeau. Faites valoir cet argent pour lui comme vous l'entendrez ; quand il sera en âge, vous le lui remettrez de ma part, et surtout n'oubliez pas de lui dire à quelle occasion vous l'avez reçu. »

La probité récompensée.
[XVIIIe siècle.]

Un jeune paysan breton, nommé Perrin, qui cultivait une petite ferme aux environs de Vitré[1], revenait un soir de cette ville avec sa femme Lucette. Perrin fait un faux pas et tombe. La nuit l'empêche de distinguer ce qui avait occasionné sa chute, il cherche avec les mains, et ramasse un sac assez pesant. Curieux de savoir ce qu'il contient, il

---

[1] Chef-lieu d'arrondissement dans le département d'Ille-et-Vilaine.

entre avec Lucette dans un champ où brûlaient encore des racines auxquelles les laboureurs avaient mis le feu pendant le jour. A la clarté qu'elles répandent, il ouvre le sac, et y trouve douze mille francs en or. « Que vois-je ! s'écria Lucette; ah ! nous voilà devenus riches. » Transportés de joie, ils se remettent en chemin : ils étaient près de leur maison, lorsque Perrin s'arrête. « Cet or peut nous rendre heureux, dit-il, mais est-il à nous? La foire de Vitré vient de finir; un marchand, en retournant chez lui, l'a vraisemblablement perdu; dans ce moment où nous nous livrons à la joie, il est peut-être en proie au désespoir le plus affreux; pouvons-nous jouir de son bien? Le hasard nous l'a fait trouver; mais le retenir serait un vol. Allons chez M. le curé, et remettons-lui cet argent. » Lucette fut de son avis, et ils exécutèrent sur-le-champ cette bonne résolution.

Le curé fit annoncer dans les journaux le sac perdu; personne ne se présenta pour le réclamer. Au bout de deux ans, le curé ne jugea pas qu'il fallût attendre davantage : il reporta le sac aux deux jeunes époux : « Mes enfants, leur dit-il, jouissez du bienfait de la Providence. Ces douze mille francs sont actuellement sans produit; vous pouvez en faire usage. Si, par hasard, vous découvriez le maître, vous devriez les lui rendre ; faites-en un emploi qui, les changeant seulement de nature, n'en diminue point la valeur. » Perrin suivit ce conseil : il acquit pour cette somme la petite ferme qu'il tenait à bail. Le fermier, devenu propriétaire, donna une plus grande valeur à son terrain; ses champs, mieux cultivés, devinrent plus fertiles : il vécut dans une douce aisance.

Dix ans après, un jour que Perrin, après un travail pénible, revenait des champs, il vit passer sur la grande route un homme dans une voiture qui versa à quelques pas de lui. Il courut porter du secours ; il offrit les chevaux de sa charrue pour transporter les malles, et pria le voyageur, qui n'était point blessé, de venir se reposer chez lui.

« Ce lieu m'est bien funeste, s'écria le voyageur : j'y ai déjà fait, il y a douze ans, une perte assez considérable.

Je revenais de la foire de Vitré : j'emportais douze mille francs en or, que j'ai perdus. — Comment, lui dit Perrin, avez-vous négligé de faire des recherches pour les retrouver? — Cela ne me fut pas possible : je me rendais à Lorient[1], où je devais m'embarquer pour les Indes; le temps pressait; le vaisseau, prêt à mettre à la voile, ne m'aurait pas attendu : je ne pus faire des recherches, sans doute inutiles, qui, en retardant mon départ, m'auraient causé un préjudice beaucoup plus grand que la perte que j'avais faite. »

Ce discours fait tressaillir Perrin, qui redouble ses instances et décide le voyageur à venir chez lui. Son offre est acceptée. Perrin lui montre sa maison, son jardin, sa bergerie, ses bestiaux, l'entretient de ses champs et de leur produit. « Tout cela vous appartient, dit-il ensuite : l'or que vous avez perdu est tombé entre mes mains. Voyant qu'il n'était pas réclamé, j'en ai acheté cette ferme, dans le dessein de la remettre un jour à celui qui y a de véritables droits. Elle est à vous. »

L'étranger, surpris, regarde Perrin, Lucette et leurs enfants : « Où suis-je? s'écrie-t-il enfin, et que viens-je d'entendre? Quel procédé! quelle vertu! quelle noblesse! Avez-vous quelque autre bien que cette ferme? — Non; mais, si vous ne la vendez pas, vous aurez besoin d'un fermier, et j'espère que vous me donnerez la préférence. — Votre probité mérite une autre récompense : il y a douze ans que j'ai perdu la somme que vous avez trouvée; depuis ce temps Dieu a béni mon commerce; il s'est étendu, il a prospéré. Cette restitution aujourd'hui ne me rendrait pas plus riche. Vous méritez cette petite fortune : la Providence vous en a fait présent, ce serait l'offenser que de vous l'ôter. Conservez-la, je vous la donne : vous pouviez la garder ; je ne la réclamais point. »

Perrin versait des larmes de reconnaissance et de joie. « O mes enfants ! ô Lucette ! ce bien est à nous : nous pouvons en jouir sans trouble et sans remords ! »

---

1 Ville du département du Morbihan, port renommé

L'improbité punie.
[1809.]

L'empereur Napoléon, dont l'armée occupait depuis quelque temps l'île de Lobau[1], dans le Danube, y transporta ensuite son quartier général. Son premier soin fut de visiter ses soldats dans leurs bivacs. Ils prenaient alors leur repas : « Eh bien, mes amis, dit-il à un groupe devant lequel il s'était arrêté, comment trouvez-vous le vin ? — Il ne nous grisera pas, sire, répondit un grenadier en montrant le Danube; voilà notre cave. » L'empereur, qui avait ordonné la distribution d'une bouteille de vin par homme, fut surpris de voir ses ordres si mal exécutés. Il fit prendre des informations, et l'on découvrit que les employés aux vivres, chargés de ce service, avaient vendu à leur profit le vin destiné aux troupes de l'île. Ces misérables furent aussitôt arrêtés, traduits devant une commission militaire, et punis selon la rigueur des lois.

---

§ III. FIDÉLITÉ.

L'honnête homme se fait une loi de tenir ce qu'il a promis, dans les choses même les plus légères : car on est bientôt infidèle dans les grandes quand on s'accoutume à n'être pas fidèle dans les petites. (BLANCHARD.)

La fidélité, pour un cœur honnête, est chose sacrée; il n'est point de nécessité, point de terreur, point de séduction qui puisse le rendre infidèle. (*Moralistes anciens*.)

Régulus.
[250 av. J. C.]

Régulus, consul romain, après avoir vaincu les Carthaginois[2] en Afrique, fut ensuite vaincu par eux et fait prison-

---

1 A 9 kilomètres de Vienne.

2. La ville de Carthage, en Afrique, était une république puissante, surtout sur mer, et qui, après avoir lutté longtemps contre les Romains, fut enfin détruite. La ville de Tunis est située à peu de distance de l'emplacement où était Carthage.

nier. Conduit à Carthage, il éprouva les traitements les plus inhumains ; on lui fit expier les durs triomphes[1] de sa patrie. Les Romains, qui traînaient à leurs chars, avec tant d'orgueil, des rois tombés du trône, des femmes, des enfants en pleurs, pouvaient-ils espérer qu'on respectât dans les fers un citoyens de Rome ?

La fortune redevint ensuite favorable aux Romains. Carthage demanda la paix ; elle envoya des ambassadeurs en Italie : Régulus les accompagnait. Les Carthaginois, lui avaient fait donner sa parole qu'il reviendrait reprendre ses chaînes, si les négociations n'avaient pas une heureuse issue : on espérait qu'il plaiderait fortement en faveur d'une paix qui devait lui rendre sa patrie.

Le sénat romain donna audience aux ambassadeurs et à Régulus. Régulus déclara qu'il venait, par l'ordre de ses maîtres, demander à la république romaine la paix ou l'échange des prisonniers.

Les ambassadeurs exposèrent les avantages de l'une et de l'autre mesure, et sortirent ensuite de la salle. Régulus voulut les suivre : mais les sénateurs le prièrent de rester à la délibération.

Pressé de dire son avis, il représenta fortement toutes les raisons que Rome avait de n'accorder ni la paix, ni l'échange. Les sénateurs, admirant sa fermeté, désiraient sauver un tel citoyen. Le grand pontife[2] soutenait qu'on pouvait le dégager du serment qu'il avait fait de retourner à Carthage.

« Suivez les conseils que je vous ai donnés, dit l'illustre captif d'une voix qui étonna l'assemblée, et oubliez Régulus. Je ne demeurerai point dans Rome, je n'attirerai point sur vous, par un parjure, la colère du ciel. J'ai promis à nos ennemis de me remettre entre leurs mains si vous rejetez la paix ; je tiendrai mon serment : le violer serait un sacrilége.

« Je n'ignore point le sort qui m'attend ; mais le crime

---

1 Les Romains, lorsqu'ils étaient vainqueurs, avaient coutume de traîner en triomphe leurs captifs depuis les portes de la ville jusqu'au Capitole.

2. Chef de la religion chez les Romains.

flétrirait mon âme : la douleur ne brisera que mon corps; d'ailleurs, il n'est point de maux pour celui qui sait les souffrir. Sénateurs, cessez de me plaindre : je retourne à Carthage ; je fais mon devoir, faites le vôtre »

A ces mots, il se leva, s'éloigna de Rome sans proférer une parole de plus, tenant les yeux attachés à la terre, et repoussant sa femme et ses enfants, de peur de se laisser attendrir par leurs adieux. On dit que les Carthaginois le firent périr dans d'affreux supplices. Régulus fut un exemple mémorable de ce que peuvent, sur une âme courageuse, la religion du serment et l'amour de la patrie.

Le jeune savant.
[1650.]

Un jeune savant danois, nommé Gudmond, ayant été soupçonné à tort d'avoir professé des opinions contraires au gouvernement, fut enfermé à Copenhague dans une prison appelée la Tour-Bleue. Le geôlier de cette prison, vieillard bon et humain, voyant combien ce jeune homme était doux et studieux, s'attacha à lui. « Si vous me donnez votre parole, lui dit-il, de ne point chercher à vous évader ni à entretenir des intelligences avec le dehors, je vous placerai dans une bonne chambre bien claire qui a vue sur des jardins. » Le jeune homme lui fit bien volontiers cette promesse, et le geôlier le logea dans une chambre commode donnant sur une rue déserte toute bordée de jardins qui n'en étaient séparés que par des barrières à claire-voie. La fenêtre de cette chambre n'était pas même grillée. Le jeune homme, qui avait beaucoup de goût pour l'astronomie, passait une grande partie de la nuit à observer les astres. Une nuit, s'étant trop avancé hors de la fenêtre, il tomba dans la rue; mais heureusement il ne se fit aucun mal. Lorsque le premier étourdissement causé par la chute fut passé, que pensez-vous qu'il fît?... qu'il profita de l'occasion pour recouvrer sa liberté?... il s'en garda bien : ç'aurait été manquer à sa parole et compromettre le geôlier qui avait été si bon pour lui. Il alla frapper à la porte de la

Tour, et rentra sur-le-champ dans sa prison. Le roi entendit raconter ce fait ; il voulut examiner par lui-même l'affaire de Gudmond, et reconnut que le jeune homme était innocent du tort qu'on lui avait imputé. Il lui rendit sur-le-champ la liberté, et le combla de bienfaits.

Turenne et les voleurs.

Turenne, passant une nuit sur les boulevards extérieurs de Paris, tomba entre les mains d'une troupe de voleurs qui arrêtèrent sa voiture. Sur la promesse qu'il leur fit de cent louis d'or, pour conserver une bague d'un prix beaucoup moindre, ils la lui laissèrent, et l'un d'eux osa, le lendemain, aller chez lui, au milieu d'une grande compagnie, lui demander à l'oreille l'exécution de sa parole. Le maréchal lui fit donner les cent louis ; et avant de raconter l'aventure, il laissa à cet homme le temps de s'éloigner. « La promesse d'un honnête homme, dit-il, est inviolable ; jamais il ne doit manquer à sa parole, l'eût-il donnée à des fripons. »

Dreux et Chamillard.
[XVIIe siècle.]

Sous le règne de Louis XIV, Dreux et Chamillard, conseillers au parlement, étaient unis par une sincère amitié.

Dreux était riche, et Chamillard pauvre. Le même jour il naquit au second une fille, au premier un garçon. Dreux, le lendemain de leur naissance, demanda à Chamillard de promettre, comme lui, de les unir un jour ensemble.

Chamillard représenta à son ami, par délicatesse, qu'avant cette époque il trouverait des partis bien plus avantageux que sa fille. Dreux insista tellement, qu'ils se donnèrent réciproquement parole. Au bout de vingt-deux ans, la position respective des deux amis avait bien changé : Dreux était resté simple conseiller au parlement, et Chamillard, comblé d'honneurs et de richesses par Louis XIV, était devenu ministre de la guerre et des finances. Aussitôt après sa nomination, il dit à Dreux : « Nos enfants sont en âge de se marier, et ils ont de l'inclination l'un pour l'autre : il est

temps de remplir l'engagement que nous avons pris. »
Dreux, touché jusqu'aux larmes, fit tout ce qu'un homme
d'honneur peut faire pour rendre à son ami sa parole;
Chamillard le somma de tenir la sienne. Ce combat de générosité dura plusieurs jours. A la fin Chamillard, bien résolu de partager sa fortune avec son ami, l'emporta, et le
mariage se fit. Un pareil trait honore à jamais la mémoire
de Chamillard. Souvent, quand on monte si haut, la tête
tourne et le cœur se gâte. Honneur à l'homme qui a voulu
que le ministre tînt la parole de l'ami! C'était se montrer
digne de son rang, et justifier son élévation.

Pellisson [1].

Pellisson, l'un des beaux génies du grand siècle de
Louis XIV, avait été le confident du fameux Fouquet, ministre des finances, qui l'avait comblé de faveurs et de
marques d'amitié. Lorsque Fouquet fut disgracié [2], renfermé et accusé de trahison par des ennemis acharnés à sa
perte, presque tous ceux qui lui faisaient la cour pendant
sa prospérité l'abandonnèrent; Pellisson lui resta fidèle. On
le réduisit à une dure captivité, sans que rien fût capable
d'ébranler sa fidélité, ni de lui arracher un mot qui pût
compromettre son bienfaiteur. On lui fit de magnifiques
promesses, auxquelles il résista; ensuite on l'accabla de rigueurs; on le priva de papier et d'encre, et il se vit réduit à
écrire sur la marge de ses livres, avec le plomb de ses
vitres. On vit qu'on ne pouvait le séduire ni l'intimider; on
imagina de le tromper, afin de tirer de lui quelques paroles dont on pût faire usage contre Fouquet. On plaça auprès de lui un Allemand, simple et presque stupide en
apparence, mais rusé, et qui cachait, sous les dehors d'un
prisonnier malheureux et exaspéré, toute la finesse d'un
habile espion. Pellisson découvrit le piége, et, loin de se
laisser tromper, il s'empara si bien de l'esprit de l'Allemand, que cet homme lui procura de l'encre et du papier,

---

1. Mort en 1693.
2. En 1661. Fouquet avait, dit-on, dilapidé les finances de l'Etat. Il eut pour successeur l'illustre Colbert.

dont il se servit pour écrire d'admirables mémoires adressés à Louis XIV en faveur de son malheureux ministre.

Louis XIV apprécia cette fidélité si noble et si courageuse; non-seulement il fit cesser la captivité de Pellisson, mais il lui confia les fonctions importantes de maître des requêtes au conseil d'État, et l'honora de sa confiance.

N'omettons pas de dire que La Fontaine, l'illustre auteur des Fables, qui avait été l'ami de Fouquet, lui resta fidèle, et composa sur sa disgrâce une élégie qui est un de ses plus beaux ouvrages.

La femme de l'aveugle.
[XIX° siecle.]

Vers la limite du département du Jura, dans la partie des montagnes la plus voisine de la Suisse, se trouve un joli village que ses lacs, ses bains, ses rochers rendent riant et pittoresque. C'était là qu'étaient nés Gaspard et Marguerite; tous deux appartenaient à de pauvres familles; tous deux perdirent leurs parents de bonne heure; tous deux s'aimaient dès l'enfance, et ce commun malheur rendit plus vive encore leur tendresse mutuelle. Ils se promirent d'être l'un à l'autre.

Leur mariage allait avoir lieu, lorsque Gaspard, en faisant jouer une mine pour tirer de la pierre d'une carrière, fut blessé si grièvement, qu'après de longues et cruelles souffrances, il demeura aveugle, sans espoir de recouvrer jamais la vue. Alors il dit à Marguerite : « Laisse-moi; épouse un homme qui puisse te gagner du pain; je trouverai quelque petit garçon qui me conduira pour mendier le mien. — Que je t'abandonne! s'écria Marguerite; que je t'abandonne à présent! Et si le malheur fût tombé sur moi, m'aurais-tu abandonnée, toi? — Oh non! murmura Gaspard en élevant vers le ciel ses yeux qui ne voyaient plus, Dieu m'en est témoin. »

Peu après, leur mariage fut célébré; il y eut bien quelques gens au cœur égoïste et à l'esprit faux qui haussèrent les épaules, en disant que Marguerite faisait une folie :

mais, excepté eux, tout le monde l'approuva et manifesta hautement de l'estime pour elle. Sa tendresse pour son mari, qui ne se démentit jamais, son assiduité au travail, sa bonne conduite, la firent respecter de tout le canton.

L'âge, en augmentant les besoins du mari et de la femme, leur enleva les moyens d'y subvenir ; mais dans le pays on se fit un honneur d'assurer le repos et le bien-être de leurs vieux jours. Pas une ménagère qui ne s'empressât de porter à Marguerite un des gâteaux dont elle avait coutume de régaler sa famille aux jours de grande solennité, pas un fermier qui ne se montrât fier d'aider à remplir la mesure de froment qui suffisait à la provision de l'heureux et pauvre ménage : ils étaient révérés et chéris, et il n'y avait pas de petit garçon, quelque étourdi qu'il fût, qui ne se rangeât respectueusement pour les laisser passer, lorsque, le dimanche, ils allaient ensemble à la messe de la paroisse.

Tant qu'ils vécurent, en voyant l'ordre et la propreté qui régnaient dans leur cabane, chacun sentait qu'ils étaient heureux, et disait qu'ils l'avaient bien mérité.

§ IV. SINCÉRITÉ.

Il ne faut pas toujours dire ce qu'on pense, il faut toujours penser ce que l'on dit. Quand un homme a acquis la réputation de vrai, on jurerait sur sa parole ; elle a toute l'autorité du serment ; on a pour ce qu'il dit un respect de religion. (M*^e* LAMBERT.)

L'homme qui donne des mensonges pour des vérités est coupable comme celui qui donne de la fausse monnaie pour de la bonne. (B.)

On ne croit plus le menteur, même lorsqu'il dit la vérité. C'est qu'il en est du mensonge comme d'une plaie qui laisse une cicatrice après elle. (*Moralistes orientaux.*)

La flatterie est pire que le faux témoignage : le faux témoin ne fait que tromper le juge et ne corrompt pas ; le flatteur nous trompe et nous corrompt. (*Traité de la sagesse.*)

Aveu sincère.
[XVIIe siècle]

La duchesse de Longueville, n'ayant pu obtenir une faveur qu'elle avait demandée à Louis XIV, en fut si vivement piquée qu'il lui échappa contre lui des paroles très-déplacées. Une seule personne les avait entendues, mais cette personne fut indiscrète. La chose fut rapportée au roi, qui en parla au prince de Condé, frère de la duchesse. Le

Le grand Condé.

prince répondit que ce rapport devait être faux. « J'en croirai votre sœur elle-même, répliqua le roi, si elle le dément. » Le prince va voir sa sœur, qui ne lui cacha rien; en vain il tâche, pendant toute une soirée, de lui persuader qu'en cette occasion la sincérité serait trop dangereuse, qu'en la déclarant innocente il avait cru dire la vérité, qu'elle ne devait pas lui donner tort, et qu'elle ferait même plus de plaisir au roi en niant sa faute qu'en l'avouant. « Voulez-vous, lui dit-elle, que je répare cette faute par une plus grande? Celui qui m'a dénoncée a grand tort; mais, après tout, il ne m'est pas permis de le faire passer pour un calomniateur, puisqu'en effet il ne l'est pas. » Elle alla trouver le roi et avoua tout. Louis XIV, non-seulement lui pardonna de bon cœur, mais lui accorda quelques grâces auxquelles elle ne s'attendait pas.

Généreuse franchise.

Charles VII[1], se trouva presque dépouillé de tous ses États au commencement de son règne, et il ne lui restait aucune ville importante, à l'exception d'Orléans et de Bourges. Cependant il se livrait au plaisir et ne songeait qu'à donner des fêtes. Un jour qu'il dansait dans un ballet qu'il avait imaginé lui-même, un brave chevalier, Xaintrailles, entre dans la salle. Le roi lui dit : « Eh bien! Xaintrailles, que pensez-vous de cette fête? Ne trouvez-vous pas que nous nous divertissons bien? — Oui, sire, répondit le chevalier; il faut convenir qu'on ne saurait perdre un royaume plus gaiement. »

Cette réponse si franche fit rougir le jeune roi. Dès ce moment, il s'occupa davantage de ses devoirs et moins de ses plaisirs.

Flatterie et sincérité.

Un souverain d'Orient, voulant choisir un confident à la fois sincère et habile, imagina l'épreuve que voici : Il fit venir un soir dans son palais les cinq personnes de sa capitale qui passaient pour avoir le plus d'esprit. Aux doigts de sa main gauche brillaient cinq diamants d'une grosseur prodigieuse. Il leur dit : « Je vous ai rassemblés ici tous les cinq, dans l'espérance que vous me ferez entendre la vérité.

---

1. Charles VI étant tombé dans un état de démence, avait déshérité son fils en faveur de son gendre, le roi d'Angleterre, Henri V.

Vous voyez ces cinq superbes diamants, ils seront la récompense de votre sincérité. Parlez : que pensez-vous de ma puissance et de ma gloire. » Quatre s'empressèrent successivement de répondre. Éblouis de la grosseur et de la beauté des diamants, ils se flattaient d'en obtenir un. Ils exaltèrent donc à l'envi l'un de l'autre la grandeur du souverain ; ils l'élevèrent au-dessus de tous les héros de l'histoire ; ils parlèrent avec enthousiasme de ses talents et de ses vertus, et finirent par l'élever si haut, si haut, qu'ils n'auraient plus trouvé d'expressions nouvelles pour parler de la grandeur et de la puissance de Dieu.

Le roi ôte quatre diamants de ses doigts et les leur distribue. Puis, s'adressant au cinquième : « Et toi, lui dit-il, pourquoi gardes-tu le silence? Dis-moi aussi, je le veux, ce que tu penses de ma puissance et de ma gloire. — Je pense, répondit-il, que votre puissance est un dépôt que Dieu vous a confié pour le bonheur de vos peuples et dont il vous demandera un compte sévère ; je pense que votre gloire sera fausse et périssable si vous la faites consister dans l'éclat et dans les conquêtes, et non dans le sévère accomplissement de tous vos devoirs. » Le roi répondit : « Je ne te donne pas le cinquième diamant, mais ma confiance et mon amitié. Reste toujours auprès de moi ; j'ai trouvé l'ami que mon cœur cherchait. »

Le lendemain, les quatre autres viennent au palais tout effarés dire au roi que le joaillier qui lui avait vendu ces diamants l'avait trompé, qu'ils étaient faux. « Eh quoi ! répondit le roi en riant, croyez-vous que je ne le savais pas? Vous me donnez de fausses louanges, je vous donne de faux diamants. Je vous ai payés de la même monnaie : de quoi vous plaignez-vous? »

Inconvénients du mensonge.

Le jeune Célestin était d'un caractère aimable et doué d'heureuses dispositions ; mais comme il avait contracté la malheureuse habitude de mentir à tout propos, ses paroles n'inspiraient aucune confiance.

Il avait un petit jardin rempli des plus belles fleurs, dont la culture faisait le plus cher de ses amusements. Un jour une vache, qui passait dans le pré voisin, force la haie, entre dans le jardin, et Célestin, à son retour, trouve une belle planche de renoncules toute bouleversée. Dans la crainte que la vache n'allât écraser les fleurs encore plus belles de la planche voisine, il n'osa pas la poursuivre pour la chasser, et il courut appeler le jardinier à son secours; mais le jardinier, accoutumé aux tours du jeune Célestin, ne crut pas un mot de ce qu'il venait lui raconter : « Allez, allez, mon petit ami, lui dit-il, vous ne m'en ferez pas accroire; » et il refusa tout net d'aller à son secours.

Un jour d'hiver, le père de Célestin, se promenant avec lui, eut le malheur de faire une chute et de se casser la jambe. Célestin, saisi de douleur, et n'étant pas assez fort pour secourir son père, alla en toute hâte au village pour appeler du monde. Son caractère de menteur était trop généralement connu; on crut qu'il faisait un conte, et personne ne voulut venir. Heureusement il vint à passer une voiture près de l'endroit où son pauvre père était étendu par terre; les gens qui la conduisaient le portèrent chez lui; sans cela, tous les cris de son fils n'auraient jamais pu lui procurer la moindre assistance.

Célestin avait un camarade plus fort que lui, sur le compte duquel il s'était égayé aux dépens de la vérité. Ce garçon le guetta un jour sur le chemin de l'école, et le maltraita rudement pour se venger. Célestin alla se plaindre à son père d'avoir été battu, et le père crut devoir en parler aux parents du camarade; mais ils lui répondirent : « Votre fils est généralement connu pour un imposteur; nous ne saurions ni écouter ses plaintes, ni croire à son rapport. » Voilà toute la satisfaction qu'obtint le père de Célestin.

Enfin ces désagréments, aussi humiliants que douloureux, se répétèrent si souvent, que le malheureux jeune homme commença à sentir ses torts. Son repentir fut suivi de bonnes résolutions : plein du désir sincère de se corriger, il se méfia de ses propres paroles; il n'en prononça

DEVOIRS DES HOMMES ENTRE EUX. 217

qu'avec circonspection et rarement. Par ce moyen, il se corrigea en peu de temps, et en vint même au point qu'il se faisait scrupule d'altérer la vérité, même en plaisantant. Un changement aussi heureux lui rendit la confiance de tout le monde, et sa propre estime.

Sincérité d'un sage.

Solon, célèbre législateur d'Athènes, s'étant rendu à la cour de Crésus[1], roi de Lydie, si fameux par son opulence, ce prince ordonna qu'on lui fît voir en détail toute la magnificence de sa cour; puis, croyant l'avoir frappé d'admiration par ce spectacle, il lui dit : « De tous les hommes que vous avez vus dans votre vie, quel est celui qui vous a paru le plus heureux? » Il croyait que Solon allait lui répondre : « C'est vous. » Il fut donc bien surpris, quand le sage lui dit tranquillement :

Solon.

« L'homme le plus heureux que j'aie connu est un citoyen d'Athènes, nommé Tellus, homme d'une vertu irréprochable, qui, après avoir joui toute sa vie d'une aisance modeste et avoir vu sa patrie toujours florissante, a laissé après lui des enfants estimés de tout le monde, a eu la joie de voir les enfants de ses enfants, et enfin est mort en combattant glorieusement pour sa patrie.

— Et après Tellus? » dit le roi. Solon lui cita deux

---

1. La Lydie était un royaume qui embrassait une grande partie de l'Asie Mineure. Crésus en fut le dernier roi. Il fut vaincu par Cyrus 568 av. J. C., et la Lydie fut réunie à l'empire des Perses.

jeunes frères qui étaient morts après avoir accompli un acte héroïque de piété filiale. « Et moi, s'écria Crésus, presque irrité, mon existence n'est donc pas heureuse, selon vous? — Prince, répondit Solon, jusqu'ici vous avez joui d'une grande prospérité; mais ce n'est pas en cela que consiste le bonheur. Et d'ailleurs, quel homme sait ce que l'avenir lui réserve? Qui sait quelle sera plus tard votre destinée? »

Ce langage si franc et si sincère ne plut pas à Crésus, que ses flatteurs avaient accoutumé à se regarder comme le plus heureux des mortels; mais il s'en souvint peu de temps après, lorsqu'il eut été détrôné par les Perses et réduit en esclavage; et il soupira en s'écriant : « Solon! Solon! tu m'avais dit vrai! »

Le flatteur puni.

Un courtisan de Denys [1], nommé Damoclès, exaltait l'opulence de ce tyran, le nombre et la valeur de ses soldats, l'étendue de son pouvoir, la magnificence de ses palais, ses richesses en tout genre, et concluait que jamais homme n'avait été si heureux. « Eh bien! puisque tout cela vous paraît si beau, lui dit le tyran, seriez-vous d'humeur à en goûter un peu, et à voir par vous-même quel est mon sort? » Damoclès consent avec joie. Aussitôt on le place sur un siége d'or enrichi de pierreries; on l'entoure de tout le luxe des rois; une douce symphonie charme ses oreilles; on prodigue les fleurs, les parfums; on place devant lui une table chargée des mets les plus exquis, des vins les plus vantés; on le sert avec toutes les marques du respect le plus profond. Damoclès nage dans la joie. Au milieu de tout cet enchantement, il lève les yeux, et aperçoit suspendue au-dessus de sa tête, par l'ordre du tyran, une épée acérée qui ne tenait au plafond doré que par un crin de cheval. A l'instant ses yeux ne virent plus tout cet éclat qui l'environnait; il n'entendit plus les sons de la musique.

1. La ville de Syracuse, en Sicile, était riche et puissante. Denys, ayant usurpé le pouvoir suprême, y exerça une cruelle tyrannie; mort l'an 365 av. J. C. Son fils, du même nom, lui succéda et fut détrôné.

il perdit l'envie de toucher aux mets, de goûter les vins. Pâle, tremblant, il levait sans cesse les yeux vers le glaive près de tomber sur sa tête. « Eh bien! lui dit le tyran d'un air sombre, voilà mon sort; en as-tu assez? — Oui, oui, » répond le courtisan d'une voix étouffée. Il obtint la permission de quitter la place où il était assis, place si brillante et si dangereuse. Ceux qui se sont élevés par des moyens injustes tremblent sans cesse dans l'attente du châtiment qu'ils ont mérité; ce châtiment est comme suspendu sur leur tête, et peut à chaque instant les écraser. Quand on est ainsi agité par la crainte, on ne peut goûter aucun plaisir; c'est là ce que Denys voulait faire entendre, en suspendant sur la tête de Damoclès cette épée qui ne tenait qu'à un fil.

Leçon donnée aux flatteurs.

Canut[1], roi de Danemark, était arrivé au plus haut degré de puissance : il avait conquis toute l'Angleterre; la Suède et la Norvége lui rendaient hommage. Tous ses ennemis étaient vaincus, découragés, ou gagnés à sa cause. On lui avait donné le surnom de *Grand*.

Un soir, il était assis sur les bords de la mer, pensif, promenant au loin ses regards, méditant peut-être sur la vanité des grandeurs et de la gloire. Les courtisans qui l'entouraient cherchaient à attirer son attention en renchérissant sur leurs flatteries ordinaires. D'abord, ils le mirent au-dessus de tous les rois qui avaient jamais existé; et le silence du maître paraissant encourager l'exagération de leurs panégyriques, ils le mirent au-dessus de l'humanité. « Canut, disaient-ils, n'est pas un homme, c'est un dieu. » Le roi les écoutait en silence.

Cependant le jour baissait, un vent froid et violent s'était élevé et tourmentait la mer; les vagues s'amoncelaient; elles arrivaient déjà de loin, rapides et mugissantes. Les courtisans regardaient avec inquiétude. Mais le roi restait assis; il paraissait si satisfait de se voir égaler par eux à la

---

1 Roi de Danemark en 1014; d'Angleterre en 1017; mort en 1036.

Divinité, que personne n'eût osé troubler son auguste ravissement. Et d'ailleurs, après s'être écrié avec enthousiasme : « Oui, Canut est un dieu ! » comment lui dire, en un froid et vulgaire langage : « Sire, prenez garde, voici la mer qui mouille vos pieds? »

Cette scène dura quelques minutes. Canut prenait plaisir à voir ses flatteurs pâlir de crainte : enfin, un flot vint se briser sur le siége du roi et lancer son écume sur les courtisans, qui reculèrent saisis d'épouvante. Canut, se tournant vers eux, leur dit : « Que faites-vous? quelle vaine frayeur s'empare de vos esprits? n'êtes-vous pas en la compagnie d'un dieu? » Ensuite, étendant la main sur la mer, il s'écria solennellement : « Vagues, je vous défends d'avancer plus loin sur cette terre qui m'appartient. Éloignez-vous de mon royaume. Obéissez. » A peine avait-il cessé de parler, qu'une seconde lame, plus furieuse que la première, se rua sur lui et le couvrit presque tout entier. Alors il se leva avec calme, et abandonnant son siége à la mer, il dit à ses courtisans : « Oserez-vous encore comparer un misérable mortel à celui qui seul peut dire à l'Océan : « Tu iras jusqu'ici, et pas plus loin? »

§ V. RECONNAISSANCE.

La reconnaissance est un sentiment qui attache au bienfaiteur, avec le désir de lui prouver ce sentiment par des effets, ou du moins par un aveu du bienfait, qu'on publie avec plaisir dans les occasions qu'on fait naître avec candeur ou qu'on saisit avec soin :

L'ingratitude est un vice contre nature; les animaux mêmes sont reconnaissants :

Il y a entre le bienfaiteur et l'obligé une convention tacite, c'est que l'un doit sur-le-champ oublier le service qu'il a rendu, et l'autre s'en souvenir toujours. (*Auteurs divers.*)

Frescobaldi.

Un négociant de Florence[1], nommé Frescobaldi, avait à juste titre la réputation d'un homme libéral et bienfaisant.

---

1. Belle et célèbre capitale de la Toscane, en Italie.

Un jour un étranger, d'une physionomie très-distinguée, mais très-mal vêtu, se présenta devant lui : « L'éloge que j'ai entendu faire de votre générosité, lui dit-il, m'enhardit à solliciter de vous quelques secours. Je suis né en Angleterre, je m'appelle Thomas Cromwell[1]. J'ai quitté mon pays pour chercher fortune ; mais le malheur m'a poursuivi partout. Je viens d'être malade, et je suis sans aucune ressource pour retourner dans mon pays. » Frescobaldi, sensible à son infortune, le fit habiller décemment, le garda dans sa maison jusqu'à ce qu'il eût tout à fait recouvré ses forces, et lui donna à son départ trente pièces d'or pour son voyage. De retour en Angleterre, Cromwell obtint une petite place dans l'administration, puis il fit un chemin rapide, gagna entièrement la faveur du roi Henri VIII, et enfin fut nommé chancelier d'Angleterre.

Cependant Frescobaldi, qui avait oublié Cromwell et qui ignorait sa prospérité, se vit, à la suite de pertes réitérées sur terre et sur mer, presque réduit à l'indigence. Comme plusieurs marchands anglais lui devaient une somme assez considérable, il partit pour l'Angleterre, dans l'intention d'en faire le recouvrement. Un jour qu'il était sorti pour aller voir un de ses débiteurs, il rencontra le chancelier à cheval, qui se rendait au palais. Cromwell, ayant jeté les yeux sur lui, reconnut sur-le-champ l'homme qui lui avait rendu en Italie un si important service. Il descend de cheval et court l'embrasser. Frescobaldi était stupéfait : « Ne me reconnaissez-vous pas ? lui dit le chancelier ; je suis cet Anglais que vous avez tiré de la misère ; vous m'avez sauvé la vie, vous êtes la première cause de ma fortune actuelle. Mes devoirs ne me permettent pas de rester plus longtemps avec vous dans ce moment ; mais je vous en conjure, venez aujourd'hui même dîner chez moi ; c'est dans cet espoir que je vous quitte. » Et il continua sa route.

Charmé d'une si heureuse rencontre, Frescobaldi fut exact au rendez-vous. Le chancelier lui fit l'accueil le plus honorable et le plus cordial. Après dîner, Frescobaldi, sur

---

[1]. Ce Cromwell n'a de commun que le nom avec le fameux *Olivier Cromwell*, qui régna plus tard en Angleterre sous le titre de *protecteur*.

sa demande, l'ayant instruit de sa malheureuse position, le chancelier l'obligea, malgré sa résistance, d'accepter quatre sacs, dont chacun contenait une somme assez considérable, en lui disant : « Voici l'argent que vous m'avez avancé à Florence, accru des intérêts et des bénéfices présumables qu'il vous aurait rapportés dans votre commerce : ce n'est point un présent que je vous fais, c'est un remboursement. » Il lui demanda ensuite la liste de ses débiteurs, et fit faire de telles diligences, qu'en moins de quinze jours tout fut payé. Frescobaldi, pendant tout ce temps, logea dans la maison du chancelier, qui aurait bien voulu le retenir en Angleterre ; mais, comme Frescobaldi, tout en regrettant de se séparer d'un ami si généreux, voulut retourner dans sa patrie, le roi Henri VIII, pour faire plaisir à son chancelier, le recommanda si chaudement au duc de Toscane, que l'honnête négociant, de retour à Florence, devint en peu d'années plus riche qu'auparavant.

L'Algérien.

En 1683, une flotte française bombarda Alger[1] pour punir les habitants de leurs pirateries et de leurs crimes. Dans leur rage, ces barbares attachèrent à la bouche de leurs canons des prisonniers français, dont les membres étaient ainsi lancés sur les vaisseaux. Un capitaine algérien, qui avait été autrefois prisonnier des Français, et traité par eux avec la bonté qui leur est naturelle, reconnaît, parmi ceux qui vont subir ce sort affreux, un officier qui lui avait rendu les plus grands services. Il demande, avec des cris et des larmes, le salut de cet officier. Inutiles prières : on va mettre le feu au canon auquel le Français est attaché. L'Algérien se jette aussitôt sur lui, l'embrasse étroitement, et, adressant la parole au cannonier, lui dit : « Tire ; puisque je ne puis sauver mon bienfaiteur, j'aurai du moins la consolation de mourir avec lui. » Le dey[2], qui était présent,

---

1. Avant la conquête d'Alger par les Français, en 1830, cette ville africaine était un repaire de pirates.

2. Le souverain d'Alger portait le titre de *dey*.

ne put résister à l'émotion que fit naître en lui ce spectacle, et il accorda à cet homme généreux le salut de son bienfaiteur.

Bienfait et reconnaissance.

Dans la journée du 10 août 1792 [1], un capitaine des gardes suisses s'était battu depuis sept heures du matin jusqu'à cinq heures du soir, et avait reçu plusieurs coups de sabre. Accablé par la fatigue et par la souffrance, il parvint à se cacher sur un arbre, dans le jardin des Tuileries, jusqu'à huit heures du soir. Espérant alors se sauver à la faveur des ténèbres, il descend de son arbre pour aller chercher un asile. Passant par la place Vendôme, il aperçoit un groupe, et se cache dans la balustrade qui entourait la statue de Louis XIV [2]. Un jeune homme, domestique d'un riche financier qui demeurait dans la rue Vivienne [3], aperçoit ce militaire qui se cachait, et court à lui en criant : « Qui va là? » Le capitaine lui fait connaître son nom et sa qualité : « Mon ami, ajouta-t-il, qui que tu sois, mon sort est entre tes mains, livre-moi si tu veux, car je suis accablé de fatigue, blessé, sans asile, et la vie m'est à charge. » Le jeune homme, ému de compassion, le conduit à l'hôtel du financier, et le cache dans sa petite chambre, où il ne le laisse manquer de rien. Le financier, instruit du fait, et craignant d'être compromis, met à la porte le protégé et le protecteur. Le bon jeune homme conduit le soir son hôte chez sa mère, qui vendait du charbon sur le quai de la Grève, et l'invite à prendre patience dans cette modeste retraite jusqu'à un moment plus heureux.

Le jeune homme et sa mère savaient qu'en donnant asile à un proscrit, ils exposaient leur vie; mais le sentiment de l'humanité était plus fort en eux que la crainte du danger; ils furent même soupçonnés de cacher quelqu'un chez eux :

---

1. Dans cette journée, Louis XVI, attaqué dans son palais par une multitude insurgée, fut obligé de se réfugier, avec sa famille, dans le sein de l'Assemblée législative. Ses gardes suisses périrent presque tous en voulant le défendre.

2. A la place où était, jusqu'à ce derniers temps, la colonne surmontée de la statue de Napoléon Ier, qui, démolie par l'ordre de la Commune, doit être prochainement rétablie.

3. Belle rue près du Palais-Royal.

on vint faire dans leur misérable boutique une visite domiciliaire ; à peine eurent-ils le temps de cacher le capitaine sous une douzaine de sacs de charbon.

La visite se fait scrupuleusement ; on sonde les sacs avec des piques de quatre pieds de long : les visiteurs se retirent, et le capitaine est hors de péril. Enfin il obtint un passe-port sous un nom supposé, et retourna dans le canton de Berne, où il possédait une fortune assez considérable. A peine arrivé, il envoie une somme d'argent à ses bienfaiteurs, avec l'invitation la plus pressante de venir le voir en Suisse. Ils arrivent, et il les reçoit, avec les témoignages de la plus affectueuse sensibilité, dans un joli petit domaine qu'il les force d'accepter.

Alexandre Martin.
[XIXe siècle.]

A Champrond en Gâtinais, dans l'arrondissement de Nogent-le-Rotrou [1], qui appartenait autrefois presque tout entier à Sully [2], habite un menuisier nommé Alexandre Martin, dont la famille avait été comblée des bienfaits du marquis de l'Aubespine, descendant de Sully. Martin avait dû son éducation et son état aux bontés de M. de l'Aubespine, qui, pendant la Révolution, l'attacha à son service, et il n'oubliait pas les premiers bienfaits de son maître : pendant trente-cinq ans il ne le quitta point.

Le marquis de l'Aubespine se ruina ; obligé de tout vendre, il ne réserva que trois rentes viagères, une pour lui-même, une autre pour son fils, et une troisième de 400 francs pour Martin : peu après il mourut. Martin venait de se retirer dans sa famille, comptant en vain sur sa pension, que les créanciers firent saisir. Privé de ce secours, il avait repris tranquillement la profession de ses jeunes années, quand un soir sa porte s'ouvre.... M. de l'Aubespine, fils de son bienfaiteur, paraît avec ses trois petits enfants ; obligé de fuir la France et de s'expatrier : il

---

1. Département d'Eure-et-Loir.
2. Un des plus grands ministres qu'ait eus la France et qui illustra le règne de Henri IV.

ne parle à Martin que d'une courte absence, et s'éloigne pour ne plus revenir, laissant au menuisier ses trois enfants, seul reste du sang du grand Sully.

Martin avait lui-même trois enfants. Heureusement sa fille aînée sortait d'apprentissage : elle était capable de travailler. Sa mère et elle gagnaient vingt-quatre sous par jour, Martin en gagnait trente : c'est avec ce revenu qu'ils espéraient élever la nouvelle famille que la Providence ajoutait à la leur. Quand le travail manque, ils empruntent; quand ils ne peuvent emprunter, ils vendent leur mobilier. Ils vivent de pain noir; le pain blanc ne manque jamais aux jeunes l'Aubespine.

Après six années, le père des trois enfants n'existait plus. Il fallait aux pauvres orphelins un tuteur : quel autre le serait que Martin ?... La tutelle des descendants de Sully fut dévolue à ce noble cœur.

Cependant le dévouement de Martin s'était ébruité dans la contrée. L'hospice de Nogent-le-Rotrou, que Sully avait doté, et qui garde le dépôt de ses cendres, donna quelques secours pour l'éducation des enfants. Ainsi, de tout l'héritage de ce grand ministre, la part qu'il a faite aux malheureux est la seule dont une parcelle soit arrivée à sa postérité.

Le gouvernement accorda une bourse dans un lycée au jeune l'Aubespine, ses deux sœurs furent admises dans des pensions tenues par des religieuses, et une récompense solennelle, accordée à Martin, consacra à jamais le souvenir de sa reconnaissance et de sa fidélité.

Le maître d'école.

Après avoir fait au collége de Pau, sa patrie, de brillantes études, Bernadotte[1] devint un grand capitaine, un habile ministre, et monta enfin sur le trône de Suède, sous le nom de Charles-Jean. Un jour, sortant de son palais pour aller passer la revue de ses troupes, il vit un vieillard fendre la

---

[1] Né à Pau; successivement ambassadeur de France à Vienne, ministre en France, prince royal de Suède en 1810, roi de Suède en 1818; mort en 1845.

foule qui l'entourait, et venir se jeter à ses pieds, ému, ne pouvant prononcer une parole, mais les yeux remplis de larmes et tenant dans sa main, qu'il agitait en l'air, une petite médaille d'argent suspendue à un ruban tout usé. Charles-Jean fixe quelque temps les yeux sur cette médaille : c'est la première qu'il a portée à l'école primaire de sa ville natale; il la reconnaît, et son cœur tressaille. Il relève le vieillard qui la lui montre : c'est son premier maître; il l'embrasse, il le conduit dans son palais. Le vieillard n'en sortit, quelques semaines après, que pour revenir vivre, sous le ciel de la France, d'une pension que lui a assurée son reconnaissant écolier.

Le maître de pension.
[1846.]

Il y a vingt-cinq ans, vivait à Reims un maître de pension, M. P..., que tous ses élèves chérissaient. Il était ferme et bon, instruit et modeste. Après quelques années de travaux peu fructueux, des revers de fortune l'obligèrent de quitter cette ville, et ses anciens élèves le perdirent de vue, tout en conservant de lui le souvenir le plus vif et le plus affectueux.

Au mois de novembre 1846, un habitant de Reims encore assez jeune, traversant une des rues les plus étroites et les plus sombres du quartier de la Cité, à Paris, aperçut un vieillard dont la misère décente et l'air distingué le frappèrent vivement. Il s'approche de lui : quelle n'est pas son émotion en reconnaissant dans cet infortuné son ancien maître de pension! Il l'aborde, il échange avec lui les compliments les plus affectueux; il l'interroge avec réserve; il parvient à savoir son adresse. Poussant ensuite plus loin ses investigations, il s'informe discrètement des moyens d'existence de ce vieillard, et apprend avec douleur qu'il est à peu près sans ressources.

L'ancien élève de M. P.... retourne à Reims, assemble un soir chez lui ses anciens camarades, leur raconte la rencontre qu'il a faite, et les engage à s'unir à lui pour venir au secours de leur malheureux maître. Séance tenante, on décide qu'une pension de mille francs lui sera assurée jusqu'à la fin de ses jours.

Au 1er septembre 1846, M. P.... a touché d'avance le premier trimestre de sa pension.

Nous aimons à citer un trait si noble et si touchant. Il prouve que l'ingratitude n'est pas devenue, comme on le dit, un vice universel, et que l'instituteur qui a semé de bonnes leçons, recueille quelquefois la reconnaissance.

Pierre et Menzikoff.

Le fameux Menzikoff[1] avait exposé ses jours dans un combat pour défendre la vie de son souverain, Pierre le Grand[2]. Ce favori joignait à de brillantes qualités de grands défauts ; sa cupidité, comme son ambition, était sans bornes ; il avait détourné à son profit des sommes considérables destinées aux besoins publics. Étant parti de Pétersbourg à la suite du czar[3] qui se rendait avec une extrême diligence à Azov[4] dans le dessein de surprendre cette ville et de l'investir, il apprit en route qu'on l'avait dénoncé, et que le czar était pleinement instruit de la coupable conduite de son favori.

Le silence et l'air sombre du prince, dont il connaissait l'inflexible sévérité, lui annoncent sa disgrâce ; il se croit déjà précipité du faîte des honneurs dans l'opprobre et dans la misère ; les déserts de la Sibérie[5], la solitude d'un long exil, la hache qui menace sa tête, frappent tour à tour son imagination. Son sang s'allume, une fièvre maligne se déclare ; il s'arrête dans une misérable chaumière, et y reste trois semaines plongé dans un effrayant délire. Enfin

---

1. Menzikoff, de simple garçon pâtissier, s'éleva, par la faveur du czar Pierre le Grand, aux plus hautes dignités. Sous Pierre II, il fut exilé en Sibérie et y mourut.
2. Pierre Ier a régné de 1682 à 1725. C'est lui qui a civilisé la Russie et qui a fondé Pétersbourg, capitale de cet empire.
3. On donne ce titre aux empereurs de Russie.
4. Ville située sur le Don ou Tanaïs.
5. La Sibérie occupe la plus grande partie de la Russie asiatique. C'est un pays immense, très froid et presque désert, où l'on déporte les condamnés, et particulièrement les condamnés politiques.

il se réveille et porte autour de la pauvre chambre ses regards inquiets; tout paraît l'avoir abandonné; un seul homme est près de lui, un seul homme le soigne, une seule voix lui adresse des paroles consolantes : cette voix, c'est celle de son prince; cet homme, c'est Pierre le Grand.

Cette vue inopinée lui rend la vie et la force; de brûlantes larmes inondent son visage : « Grand Dieu ! s'écrie-t-il, c'est vous ! — Oui, depuis trois semaines je n'ai pas quitté cette chambre. — Quoi, vous m'aimez encore ! quoi, vous m'avez pardonné ! vous n'avez pas prononcé la mort d'un coupable? — Malheureux, dit Pierre en l'embrassant, pouvais-tu croire que j'oublierais que tu m'as sauvé la vie? Répare tes fautes, n'y retombe plus, et compte toujours sur moi. »

La reconnaissance récompensée : Julien.

Julien était le fils d'un pauvre menuisier, qui, en mourant, le laissa dans l'abandon et dans la plus profonde misère. Un homme riche, nommé Dulac, eut pitié du pauvre orphelin, et le mit en pension pour lui faire apprendre le métier de son père.

Lorsque Julien eut seize ans, M. Dulac le fit venir; et, lui remettant une bourse, il lui dit : « Julien, jusqu'ici tu t'es bien conduit; tout le monde m'a parlé de toi avec éloge; continue. Voici une petite somme que je te donne pour faire ton tour de France. Il faut voyager pour te perfectionner dans ton métier. Adieu ! reviens honnête homme, si tu veux être un jour un homme heureux : car il n'y a de bonheur que pour les honnêtes gens. »

Julien pleura beaucoup en quittant son bienfaiteur; ensuite il voyagea pendant cinq ans, toujours travaillant de toutes ses forces, partout se conduisant très-bien; puis il voulut revenir dans son village natal : il lui tardait de revoir les lieux où il avait passé son enfance; il lui tardait surtout de revoir son bienfaiteur.

Mais quelle fut sa désolation lorsqu'il arriva dans son village ! il apprit que M. Dulac venait de mourir presque subitement.

Julien fut accablé d'un chagrin mortel. Pendant quelques jours il fut incapable de faire autre chose que de pleurer. Il se mit ensuite à l'ouvrage. Il n'avait rien, mais il était devenu habile dans son métier, et l'on s'empressa de le faire travailler. Accoutumé à l'économie, il se logea dans une petite cave en attendant que son travail lui permît de se caser mieux.

Au bout de quelques jours, on apprit que les héritiers de M. Dulac venaient d'arriver et faisaient une vente de tous les meubles qui lui avaient appartenu. Julien alla à cette vente, non par curiosité, mais pour revoir le lieu qu'avait habité son bienfaiteur. Lorsqu'il entra dans la maison, son cœur se serra et ses yeux se mouillèrent de larmes.

Bientôt à sa douleur se mêla l'indignation, lorsqu'il vit que la nièce et le neveu de M. Dulac faisaient vendre tous les meubles d'un oncle qui avait été si bon pour eux. « Ah! disait-il, si j'étais à leur place, je conserverais tout par respect pour sa mémoire. »

Il allait se retirer, quand il entendit crier : « A trois francs le tableau! » Quelle ne fut pas son indignation! c'était le portrait de son bienfaiteur!

A cette vue, son cœur se serra. « Ah! les ingrats! s'écriat-il, ils vendent le portrait de leur oncle!... Eh bien! je vais l'acheter, moi; l'image d'un homme qui m'a fait tant de bien ne tombera pas dans des mains inconnues. »

Julien ne possédait au monde que cinq francs; il les offrit, et le portrait lui fut adjugé.

Il le détacha avec transport. Il ne pouvait s'empêcher de baiser cette bouche qui lui avait tant de fois souri avec bonté, et ces mains qui s'étaient tant de fois ouvertes pour le secourir.

Il emporta le portrait pour le suspendre dans sa petite cave. Mais, en l'emportant, il fut étonné de le trouver très-lourd. Il voulut le placer à la muraille; le clou se brisa et le portrait tomba. Julien releva le tableau avec précaution : i s'était un peu déchiré par derrière, et un rouleau sortait de la toile du fond. Julien prend ce rouleau, il l'ouvre : quel fut son étonnement! il y trouva cinquante louis. Il y avait entre les deux toiles quatre autres rouleaux semblables : le tout formait une somme de deux cent cinquante louis.

« Ciel! s'écria Julien en bondissant de joie autour de son trésor, me voilà donc devenu riche! »

Cependant une idée vint le tourmenter : « Cet argent, se dit-il, est-il bien à moi? On m'a vendu ce tableau, il est vrai; mais l'aurait-on donné pour cinq francs si l'on avait su qu'il renfermait un tel trésor? Non, cet argent ne m'appartient pas, il faut le rapporter aux héritiers. »

Pendant qu'il formait cette résolution, il aperçut à terre un petit billet qui était tombé avec les rouleaux et qu'il n'avait pas vu d'abord. Il le ramassa, et il l'ouvrit. Le billet était ainsi conçu :

« Je crains bien que mes héritiers ne soient des ingrats... S'ils ont la lâcheté de vendre mon portrait, il sera sans doute acheté par quelqu'un de ceux à qui j'ai fait du bien. La somme que le tableau renferme sera pour lui. Je la lui donne. « DULAC. »

Julien fut au comble de la joie. Il pouvait garder cette somme en conscience, et il la garda. Cette nouvelle courut tout le pays. Les héritiers intentèrent un procès à Julien; mais le billet de son bienfaiteur lui fit gagner sa cause. Le neveu et la nièce furent condamnés aux frais et aux dépens: tout le monde se moqua de leur avarice et de leur ingratitude.

Julien suspendit dans sa chambre le portrait de son bienfaiteur, et ne passa pas un seul jour sans contempler ses traits et sans bénir sa mémoire.

L'ingratitude punie : Aufredi.
(XVIIe siècle.)

Il fut un temps où la ville de la Rochelle, active, riche, puissante, couvrait la mer de ses vaisseaux.

A cette heureuse époque de son histoire, un de ses négociants les plus distingués était en même temps un de ses citoyens les plus éclairés et les plus vertueux. Il se nommait Aufredi.

Par l'union si rare d'une probité austère et d'une bonté indulgente, d'une rigide économie et d'une bienfaisance inépuisable, Aufredi avait gagné tous les cœurs, en même temps qu'il augmentait considérablement sa fortune. Il n'avait point d'enfants : des parents plus ou moins éloignés lui en tenaient lieu. Il avait pour eux la générosité d'un père : il les aidait dans toutes leurs entreprises ; s'ils se trouvaient tous dans une position heureuse, c'était surtout grâce à ses bons conseils et aux secours d'argent qu'il ne leur avait jamais refusés : aussi faisaient-ils tous éclater pour lui la plus vive reconnaissance ; ils exagéraient même les services qu'il leur avait rendus ; ils cherchaient à lui faire croire qu'ils lui devaient tout, parce qu'ils savaient qu'une belle âme s'attache toujours à proportion du bien qu'elle a fait.

« Oh ! disaient-ils, si le ciel nous présentait une occasion de vous prouver notre reconnaissance ! » Cette occasion s'offrit.

Le malheur fondit sur Aufredi, terrible et prompt comme la foudre. La guerre éclata. De douze navires qu'il avait sur des mers lointaines, sept furent pris par des croiseurs anglais, deux périrent en cherchant à leur échapper, trois se perdirent, du moins on n'en eut pas de nouvelles ; on sut seulement que le port où ils s'étaient réfugiés, dans les grandes Indes, avait été incendié par les Anglais.

Ces nouvelles arrivèrent coup sur coup dans l'espace de quelques jours. Aufredi était ruiné : il avait passé, avec une effrayante rapidité, de l'opulence à la misère. Que devenir ?

Il était seul dans sa vaste maison, déjà vendue, et qu'il fallait quitter : seul, il attendait, avec une fiévreuse impatience, la visite de ses parents ; ses parents ne vinrent pas. Que dis-je? il n'avait plus de parents, tous le reniaient depuis qu'il était malheureux. « Il est vrai, disaient-ils, que nous avons eu quelques relations avec cet imprudent, qui a si mal dirigé ses affaires ; nous avions la bonté de l'accueillir, mais nous ne sommes point ses parents. Dieu merci. » L'un d'entre eux, qui portait le même nom que son bienfaiteur, avait trouvé cette ingénieuse explication pour décliner la parenté : « Jusqu'où va l'orgueil des gens! cet Aufredi n'a-t-il pas eu l'audace de retrancher un *f* de son nom, pour faire croire qu'il appartient à notre famille? Son véritable nom est *Auffredi* par deux *f*. »

Aufredi avait supporté les coups de la fortune avec la fermeté d'un sage ; l'ingratitude de ses parents brisa son cœur : il tomba dangereusement malade. On le transporta dans une misérable chambre d'une pauvre maison, où la longue durée de sa maladie épuisa les faibles ressources qui lui restaient. Aucun de ses parents ne vint le voir, ni ne s'informa de ses nouvelles; mais les pauvres ouvriers qui habitaient dans son voisinage lui prodiguèrent des soins aussi assidus que désintéressés. Grâce à eux, il revint à la vie, faible, mais un peu consolé. Les bons traitements qu'il avait reçus de ces hommes simples lui avaient réchauffé le cœur.

« Désormais, dit-il, les pauvres seront mes amis; c'est avec eux que je veux vivre ; comme eux je travaillerai de mes mains. Dans ce monde brillant qui m'a abandonné, il n'y a plus de place pour moi : eh bien! Aufredi ne s'abaissera pas jusqu'à implorer leur pitié, je vivrai d'un pain noir que j'aurai gagné. »

Il alla se placer sur le port, avec une médaille de cuivre à sa boutonnière, et là il faisait les commissions des capitaines de navires étrangers; la connaissance qu'il avait de leurs diverses langues lui rendit ce métier assez lucratif. Les autres commissionnaires lui témoignaient toujours le plus profond respect ; ils ne souffraient pas qu'il se chargeât d'un fardeau trop lourd, et le lui enlevaient souvent, malgré lui, pour le porter à son profit : lui, de son côté, en leur servant d'interprète, rendait leur besogne plus facile : c'était entre eux et lui un continuel échange de bons offices.

En le voyant passer sur le port ou dans les rues, chargé de quelque ballot, ses parents détournaient les yeux et haussaient les épaules, en murmurant ces mots : « Quelle honte ! » Mais les hommes de sens et de cœur l'admiraient ; « Quel noble courage ! » disaient-ils; et les jeunes gens, en passant auprès de lui, le saluaient plus profondément qu'au temps de sa prospérité.

Pendant quatre ans Aufredi mena cette existence, si pénible et si admirable à la fois.

Un jour d'été, la mer était calme, et chacun de ses flots réfléchissait en lames brillantes les feux du soleil couchant ; une brise, chargée des fortes senteurs de la mer, soufflait doucement, et toute la population élégante de la Rochelle, se promenant sur le port, goûtait les charmes d'une belle soirée. On signale trois navires ; aussitôt toutes les lorgnettes se dirigent vers l'entrée de la rade. A quelle nation appartiennent les trois bricks qu'on aperçoit à peine? Grand sujet de vives causeries. « Ce sont des Norvégiens, dit l'un, chargés sans doute de sapin et de goudron. — Je reconnais l'allure des Hollandais, dit un autre : attendons-nous à voir débarquer les épiceries des Moluques, le thé du Japon. » D'autres ouvraient d'autres avis, lorsqu'un vieux marin, qui depuis quelques instants observait les navires dans un profond silence, s'écrie d'une voix émue : « Non, messieurs, non, vous êtes tous dans l'erreur : ces enfants de l'Océan, que vous voyez là, ont été baptisés à la Rochelle. Je ne puis m'y tromper, ce sont des navires de notre port.

— De notre port ! s'écrie-t-on de toutes parts ; mais aucune de nos maisons n'attend de navires ; qu'est-il donc arrivé ! » L'attention redouble, l'anxiété s'y joint ; tous les yeux sont fixés sur les trois briks qui s'approchent rapidement : « Aufredi !... s'écrie le vieux marin, ce sont les trois navires d'Aufredi qu'on a crus perdus il y a quatre ans ! »

Et les trois navires étaient entrés dans le port ; et, aux acclamations d'une foule immense, dans une légère chaloupe, les trois capitaines arrivent à terre. Leur premier mouvement est de baiser, dans un transport d'enthousiasme, le sol sacré de la patrie. Ils se relèvent : à peine peuvent-ils répondre aux questions dont on les accable : « Oui, nous avons échappé aux Anglais ; oui, nous avons fait deux fois le tour du monde, souvent poursuivis, échappant toujours, vendant, achetant, revendant avec succès, et, Dieu aidant, nous apportons à notre excellent patron un assez bon denier, trois millions. Vive Aufredi! vive la Rochelle! »

Cette nouvelle se propage dans la ville avec la rapidité de l'éclair. Escortés de la foule, les trois officiers cherchent Aufredi; ils trouvent leur patron avec un ballot sur ses épaules et une médaille de cuivre à sa veste.

« Quoi! c'est en cet état!... Quoi! les Rochellois?. Quoi! vos parents!... » ils n'en peuvent dire davantage; l'indignation et les larmes étouffent leur voix.

« Amis, fidèles amis, disait Aufredi d'un air serein, d'une voix calme, c'est donc ainsi qu'à travers tant de dangers vous avez sauvé et décuplé ma fortune! Oh! cette fortune devrait être toute entière à vous : acceptez-en du moins le tiers, que vous partagerez avec vos marins. »

Tout le monde, dans la Rochelle, applaudit à cette libéralité. Aufredi, redevenu riche, ne pouvait manquer ni d'amis ni d'approbateurs.

« Un million! un million! disaient les honnêtes gens qui se trouvaient tout à coup redevenus ses parents; mais c'est exorbitant! Comment notre oncle (car c'est notre oncle) peut-il causer un si grand préjudice à sa famille! — Et surtout, ajoutait l'homme aux deux *f*, à celui de ses neveux qui seul porte son nom, qui seul peut perpétuer ce nom honorable! »

Ils osèrent retourner auprès de lui et lui faire leur cour, non pas dans l'intimité, ils n'eussent pas été reçus, mais dans les salons de son ancienne demeure, immédiatement rachetée et qu'il s'était vu contraint d'ouvrir à la foule qui venait le complimenter. Ils avaient craint que le premier moment de l'entrevue ne fût terrible, ils s'étaient trompés : Aufredi les reçut avec une politesse glacée, qu'ils prirent pour un reste de mécontentement, facile à vaincre. L'assemblée était nombreuse et brillante.

Après avoir reçu leurs compliments empressés, Aufredi s'adressa à ceux qui l'entouraient :

« Dans ce moment solennel, dit-il, je veux, devant l'élite

de mes concitoyens, déclarer mes immuables résolutions. »

A ces mots tous les cousins sentirent leurs cœurs battre d'impatience et en même temps d'effroi : leur arrêt allait sortir de la bouche de leur parent.

« J'ai recouvré, par la faveur du ciel, une belle fortune. Accablé par l'âge, épuisé par la fatigue, je n'en jouirai pas longtemps ; je veux tout donner à mon excellente famille, à ceux que j'aime à appeler, selon leur âge, mes enfants et mes frères. »

Le soleil, dans un ciel pur au mois de juillet, brille moins radieux que ne brillèrent alors les physionomies de tous les cousins.

« Oui, ma famille, reprit Aufrédi d'une voix émue, mon excellente famille ; sachez que j'appelle de ce nom les pauvres ouvriers de la Rochelle : ce sont là mes parents ; ils ont été des frères, des enfants pour moi : à eux les affections de mon cœur, à eux toute la fortune que Dieu m'a rendue. »

Quel désespoir pour les cousins ! la sueur découlait de leurs fronts livides. Les regards de tous les assistants étaient fixés sur eux avec une expression ironique. Il fallut avaler jusqu'à la lie cet amer calice, et écouter le reste de ce cruel discours :

« Je divise ma fortune en trois parties égales. Le premier tiers sera distribué, dès à présent, entre tous ceux qui m'ont donné des soins pendant ma maladie, qui m'ont aidé sur le port dans mon métier pénible, qui ont ranimé, par des marques d'intérêt, mon âme découragée.

« Les deux autres tiers, je les garde.... (les cousins, à ces mots, respirèrent ; un faible espoir brilla dans leurs yeux) je les garde pour construire et pour doter un hospice réservé exclusivement aux pauvres ouvriers de la Rochelle et aux familles des commerçants qui tomberaient dans le malheur : le travail, hélas ! et la probité ne suffisent pas toujours pour préserver de la misère. »

La construction et la direction de cet établissement charitable occupèrent les derniers jours du vertueux négociant. L'hôpital d'Aufrédi s'élève encore aujourd'hui dans la Rochelle, toujours riche de la dotation que son fondateur lui a léguée, et accueillant exclusivement les infortunes auxquelles ce digne négociant l'a consacré.

§ VI. BONTÉ, INDULGENCE.

ZÈLE POUR LE BIEN DE L'HUMANITÉ.

Celui qui n'aime point les autres hommes, n'a point connu Dieu, car Dieu est amour. (SAINT JEAN.)

La Rochefoucauld-Liancourt.
[1747-1827.]

Le duc de la Rochefoucauld-Liancourt voua son existence entière à l'exercice de la philanthropie. Raconter sa vie serait faire l'histoire de toutes les institutions qui ont pour but de prolonger les jours de l'homme, de prévenir ses besoins, de soulager ses infirmités, d'augmenter son bien-être, et de le rendre meilleur en épurant sa moralité. C'est lui qui introduisit en France la vaccine [1], et il travailla à sa propagation avec un zèle qui donna à cette utile découverte la force de triompher de tous les préjugés, et qui suffirait pour le faire placer au nombre des bienfaiteurs de l'humanité.

Il obtint aussi, à force de zèle et de dévouement, la réforme des prisons, l'amélioration du régime des hôpitaux, et l'établissement des dispensaires [2].

Il introduisit dans sa terre de Liancourt les perfectionnements de l'agriculture anglaise, et y établit des fabriques de coton qui ont servi de modèle à toutes celles qui ont été ensuite créées en France.

Sa maxime favorite était que la meilleure aumône à faire au pauvre, c'est de lui donner de l'ouvrage. Dans cette vue,

---

[1] Avant l'introduction de la vaccine, beaucoup d'enfants mouraient de la petite vérole. La vaccine a été découverte par un médecin anglais, nommé Édouard Jenner, né en 1749, mort en 1823.

[2] Les *dispensaires* sont des établissements de charité où l'on distribue gratuitement des remèdes aux pauvres.

il avait fondé à Liancourt une école des arts et métiers. Cette école, qu'il entretint à ses frais pendant vingt-cinq ans, acquit tant d'importance, que, bien qu'elle fût l'œuvre d'un simple particulier, elle s'était élevée au rang d'une institution nationale, et que Napoléon crut devoir l'adopter au nom du pays. Elle fut transportée à Châlons, où elle subsiste encore. C'est sur le modèle de cette école qu'ont été fondées plus tard celles d'Angers et d'Aix.

La bienfaisance de cet homme illustre était inépuisable. Il ne se bornait pas à aider de ses conseils, il assistait de ses finances, il soutenait de son appui; quand il le fallait, il agissait de sa personne, et il apportait à suivre ses projets et ceux des autres une ardeur qui ne reculait ni devant les fatigues ni devant les obstacles. Toutes ses veilles étaient consacrées à l'étude, et sa plume élégante s'occupait sans cesse à populariser des vérités utiles.

Sa vieillesse fut tranquille et vénérée. Il lui fut donné de voir prospérer tout ce qu'il avait créé : tous les grains qu'il avait semés dans sa jeunesse avaient porté leurs fruits au centuple.

OBLIGEANCE.

Il est triste et sot de s'aimer tout seul; si l'on ne fait jamais rien pour les autres, on ne doit attendre d'eux ni reconnaissance, ni amitié, ni secours. (*Cours de morale.*)

C'est n'être bon à rien que de n'être bon qu'à soi. (B.)

Une promenade de Fénelon.

Fénelon[1], cet homme d'un talent si élevé, d'une vertu si sublime et si pure, était aussi bon qu'il était grand. Toujours occupé de ses travaux, il ne connaissait d'autre délassement que la promenade; encore trouvait-il le secret de la faire entrer dans ses exercices de bienfaisance. S'il rencontrait des hommes de la campagne, il se plaisait à s'entretenir avec

---

[1] Précepteur du duc de Bourgogne, petit-fils de Louis XIV; archevêque de Cambrai, et l'un des écrivains les plus célèbres de la France; auteur des *Aventures de Télémaque*, du traité de *l'Existence de Dieu* et de plusieurs autres beaux ouvrages; né en 1651, mort en 1715.

eux. On le voyait assis sur l'herbe au milieu de ces bonnes gens. Il entrait même dans leurs cabanes, et recevait avec plaisir tout ce que lui offrait leur simplicité hospitalière.

Parmi les traits de bonté dont sa vie est pleine, il en est un plus touchant que tous les autres, et qu'Andrieux a raconté en vers simples et pleins de charme :

> Fénelon, dans Cambrai, regrettant peu la cour,
> Répandait les bienfaits et recueillait l'amour,
> Instruisait, consolait, donnait à tous l'exemple;
> Son peuple, pour l'entendre, accourait dans le temple :
> Il parlait, et les cœurs s'ouvraient tous à sa voix.
> Quand, du saint ministère ayant porté le poids,
> Il cherchait vers le soir le repos, la retraite,
> Alors aux champs aimés du sage et du poète,
> Solitaire et rêveur il allait s'égarer;
> De quel charme, à leur vue, il se sent pénétrer!
> Ses regards, animés d'une flamme céleste,
> Relèvent de ses traits la majesté modeste;
> Sa taille est haute et noble; un bâton à la main,
> Seul, sans faste et sans crainte, il poursuit son chemin,
> Contemple la nature et jouit de Dieu même.
> Il visite souvent les villageois qu'il aime,
> Et, chez ces bonnes gens, de le voir tout joyeux,
> Vient sans être attendu, s'assied au milieu d'eux,
> Écoute le récit de peines qu'il soulage,
> Joue avec les enfants et goûte le laitage.
>   Un jour, loin de la ville ayant longtemps erré,
> Il arrive aux confins d'un hameau retiré;
> Et sous un toit de chaume, indigente demeure,
> La pitié le conduit ; une famille y pleure.
> Il entre ; et, sur-le-champ, faisant place au respect,
> La douleur un moment se tait à son aspect.
> « O ciel! c'est monseigneur!... » On se lève, on s'empresse,
> Il voit avec plaisir éclater leur tendresse.
> « Qu'avez-vous, mes enfants, d'où naît votre chagrin?
> Ne puis-je le calmer? versez-le dans mon sein;
> Je n'abuserai point de votre confiance. »
> On s'enhardit alors, et la mère commence :
> « Pardonnez, monseigneur, mais vous n'y pouvez rien;
> Ce que nous regrettons, c'était tout notre bien;
> Nous n'avions qu'une vache ; hélas! elle est perdue;
> Depuis trois jours entiers nous ne l'avons point vue,
> Notre pauvre Brunon!... Nous l'attendons en vain;
> Les loups l'auront mangée et nous mourrons de faim.
> Peut-il être un malheur au nôtre comparable?

— Ce malheur, mes amis, est-il irréparable?
Dit le prélat, et moi, ne puis-je vous offrir,
Touché de vos regrets, de quoi les adoucir?
En place de Brunon, si j'en trouvais une autre?
— L'aimerions-nous autant que nous aimions la nôtre?
Pour oublier Brunon il faudra bien du temps!
Eh! comment l'oublier? ni nous, ni nos enfants,
Nous ne serons ingrats... C'était notre nourrice:
Nous l'avions achetée étant encore génisse!
Accoutumée à nous, elle nous entendait,
Et même à sa manière elle nous répondait.
Son poil était si beau! d'une couleur si noire!
Trois marques seulement, plus blanches que l'ivoire,
Ornaient son large front et ses pieds de devant.
Avec mon petit Claude elle jouait souvent,
Il montait sur son dos; elle le laissait faire;
Je riais! A présent nous pleurons, au contraire!
Non, monseigneur, jamais, il n'y faut pas penser,
Une autre ne pourra chez nous la remplacer. »
    Fénelon écoutait cette plainte naïve;
Mais, pendant l'entretien, bientôt le soir arrive;
Quand on est occupé de sujets importants.
On ne s'aperçoit pas de la fuite du temps.
Il promet, en partant, de revoir la famille.
« Ah! monseigneur, lui dit la plus petite fille,
Si vous vouliez pour nous le demander à Dieu,
Nous la retrouverions. — Ne pleurez plus. Adieu. »
Il reprend son chemin, il reprend ses pensées,
Achève en son esprit des pages commencées:
Il marche; mais déjà l'ombre croit, le jour fuit;
Ce reste de clarté qui devance la nuit
Guide encore ses pas à travers les prairies,
Et le calme du soir nourrit ses rêveries.
Tout à coup à ses yeux un objet s'est montré,
Il regarde... Il croit voir... il distingue... en un pré,
Seule, errante et sans guide, une vache... c'est celle
Dont on lui fit tantôt un portrait si fidèle,
Il ne peut s'y tromper... Et soudain, empressé,
Il court dans l'herbe humide, il franchit un fossé,
Arrive haletant; et Brunon complaisante,
Loin de le fuir, vers lui s'avance et se présente.
Lui-même, satisfait, la flatte de la main.
Mais que faire? va-t-il poursuivre son chemin,
Retourner sur ses pas ou regagner la ville?
Déjà pour revenir il a fait plus d'un mille[1]...
« Ils l'auront dès ce soir, dit-il, et par mes soins

---

[1] Un millier de pas, c'est-à-dire à peu près un tiers de lieue

Elle leur coûtera quelques larmes de moins. »
Il saisit à ces mots la corde qu'elle traîne,
Et marchant lentement, derrière lui l'emmène.
Venez, mortels si fiers d'un vain et mince éclat,
Voyez en ce moment ce digne et saint prélat
Que son nom, son génie, et son titre décore,
Mais que tant de bonté relève plus encore.
Ce qui fait votre orgueil vaut-il un trait si beau ?
Le voilà, fatigué, de retour au hameau.
Hélas! à la clarté d'une faible lumière,
On veille, on pleure encor dans la triste chaumière :
Il arrive à la porte : « Ouvrez-moi, mes enfants,
Ouvrez-moi : c'est Brunon, Brunon que je vous rends. »
On accourt, ô surprise! ô joie! ô doux spectacle!
La fille croit que Dieu fait pour eux un miracle.
« Ce n'est point monseigneur, c'est un ange des cieux,
Qui sous ses traits chéris se présente à nos yeux ;
Pour nous faire plaisir il a pris sa figure :
Aussi je n'ai pas peur... Oh! non, je vous assure,
Bon ange! » En ce moment, de leurs larmes noyés,
Père, mère, enfants, tous sont tombés à ses pieds,
« Levez-vous, mes amis, mais quelle erreur étrange!
Je suis votre archevêque, et ne suis point un ange.
J'ai retrouvé Brunon, et, pour vous consoler,
Je revenais vers vous; que n'ai-je pu voler!
Reprenez-la ; je suis heureux de vous la rendre.
— Quoi! tant de peine? O ciel! vous avez pu la prendre
Et vous-même!... » Il reçoit leurs respects, leur amour,
Mais il faut bien aussi que Brunon ait son tour.
On lui parle : « C'est donc ainsi que tu nous laisses!
Mais te voilà! » Je donne à penser les caresses!
Brunon paraît sensible à l'accueil qu'on lui fait :
Tel, au retour d'Ulysse, Argus le reconnaît [1].
« Il faut, dit Fénelon, que je reparte encore;
A peine dans Cambrai serai-je avant l'aurore :
Je crains d'inquiéter mes amis, ma maison...
— Oui, dit le villageois, oui, vous avez raison;
On pleurerait ailleurs, quand vous séchez nos larmes.
Vous êtes tant aimé! Prévenez leurs alarmes;
Mais comment retourner? car vous êtes bien las;
Monseigneur, permettez... nous vous offrons nos bras.
Oui, sans vous fatiguer, vous ferez le voyage. »
D'un peuplier voisin on abat le branchage,
Mais le bruit au hameau s'est déjà répandu ;
« Monseigneur est ici. » Chacun est accouru;

---

[1] Ulysse, père de Télémaque, revenant, après une très-longue absence, dans Ithaque sa patrie, ne fut reconnu que par son vieux chien, nommé Argus

Chacun veut le servir. De bois et de ramée
Une civière agreste aussitôt est formée,
Qu'on tapisse partout de fleurs, d'herbages frais;
Des branches au-dessus s'arrondissent en dais;
Le bon prélat s'y place, et mille cris de joie
Volent au loin : l'écho les double et les renvoie,
Il part, tout le hameau l'environne, le suit;
La clarté des flambeaux brille à travers la nuit;
Le cortége bruyant, qu'égaye un chant rustique,
Marche... Honneurs innocents et gloire pacifique,
Ainsi par leur amour Fénelon escorté,
Jusque dans son palais en triomphe est porté.

COMPLAISANCE.

Quand je rends service, disait un sage, je ne crois pas accorder une faveur, mais payer une dette;

La complaisance, quand elle est inspirée par des motifs honorables, est un des liens les plus doux de la vie. (B.)

Trait de Catinat [1].

Le maréchal de Catinat était plein de bonté et de com-

Hôtel des Invalides.

plaisance; il aimait à considérer les jeux des enfants; quel-

[1] Un des meilleurs généraux et un des hommes les plus vertueux de son siècle.

quefois même il daignait s'y mêler. Un enfant qui l'avait entendu parler avec éloge de l'hôtel des Invalides[1], vint un jour, avec l'empressement naïf de son âge, le prier de l'y conduire. Le maréchal y consent; il prend l'enfant par la main, le mène avec lui, arrive aux portes. A la vue du maréchal, la garde se range sous les armes, les tambours se font entendre, les cours se remplissent; on répète de tous côtés : « Voilà le père la Pensée[2] ! » Ce mouvement, ce bruit causent à l'enfant quelque frayeur. Catinat le rassure : « Ce sont, dit-il, des marques de l'amitié qu'ont pour moi ces hommes respectables. » Il le conduit partout, lui fait tout voir. L'heure du repas sonne; il entre dans la salle où les soldats s'assemblent, et, avec cette noble simplicité, cette franchise des mœurs guerrières qui rapprochent ceux que le même courage et les mêmes périls ont rendus égaux : « A la santé, dit-il, de mes anciens camarades ! » Il boit et fait boire l'enfant avec lui. Les soldats, debout et découverts, répondent par des acclamations qui le suivent jusqu'aux portes; et il sort, emportant dans son cœur la douce émotion de cette scène, dont le récit, conservé dans les mémoires de sa vie, a pour nous quelque chose d'attendrissant et d'auguste.

INDULGENCE.

L'indulgence, c'est-à-dire la disposition à supporter les défauts des hommes et à excuser leurs fautes, est un des caractères les plus aimables d'une vertu éclairée. En général, plus on est sévère pour soi-même, plus on est indulgent pour autrui. (B.)

Trait de Joseph II.

L'empereur Joseph II[3] n'aimait ni la représentation ni l'appareil. Un jour que, revêtu d'une simple redingote boutonnée, il était allé seul dans une calèche à deux places

---

1. Magnifique établissement construit, à Paris, sous le règne de Louis XIV; on y reçoit les vieux soldats qui ne sont plus en état de servir.
2. C'était un surnom que les soldats avaient donné à Catinat, à cause de ses méditations continuelles.
3. Empereur d'Allemagne, fils de François de Lorraine; né en 1741, mort en 1790.

qu'il conduisait lui-même, faire une promenade du matin aux environs de Vienne, il fut surpris par la pluie, comme il reprenait le chemin de la ville.

Il en était encore éloigné, lorsqu'un homme qui retournait vers la ville, à pied, lui fait signe d'arrêter; Joseph II arrêta ses chevaux. « Monsieur, lui dit le militaire (car c'était un sergent), y aurait-il de l'indiscrétion à vous demander une place à côté de vous? Cela ne vous gênerait pas prodigieusement, puisque vous êtes seul dans votre calèche, et cela ménagerait mon uniforme que je mets aujourd'hui pour la première fois. — Ménageons votre uniforme, mon brave, lui dit Joseph, et mettez-vous là. D'où venez-vous? — Ah! dit le sergent, je viens de chez un garde-chasse des forêts de l'empereur, où j'ai fait un fier déjeuner. — Qu'avez-vous donc mangé de si bon? — Devinez. — Que sais-je, moi... une soupe à la bière? — Ah! bien oui, une soupe, mieux que ça. — De la choucroute? — Mieux que ça. — Une langue de veau? — Mieux que ça, vous dit-on. — Oh! ma foi, je ne puis plus deviner, dit Joseph. — Un faisan, monsieur; un faisan que j'ai tué dans les bois de Sa Majesté. — Dans les bois de Sa Majesté! il n'en devait être que meilleur? — Je vous en réponds. »

En général les princes, et même tous les propriétaires, sont fort jaloux de la chasse : un autre aurait sévèrement puni le sergent. Telle ne fut pas la conduite de Joseph II.

Comme on approchait de la ville, et que la pluie tombait toujours, il demanda à son compagnon dans quel quartier il logeait, et où il voulait qu'on le descendît. « Monsieur, c'est trop de bonté; je craindrais d'abuser de... — Non, non, dit Joseph; votre rue? » Le sergent, indiquant sa demeure, demanda à connaître celui dont il recevait tant d'honnêtetés. « A votre tour, dit Joseph, devinez. — Monsieur est militaire, sans doute? — Comme vous dites. — Lieutenant? — Ah! bien oui, lieutenant; mieux que ça. — Capitaine? — Mieux que ça. — Colonel, peut-être? — Mieux que ça, vous dit-on. — Comment donc! dit l'autre en se rencognant aussitôt dans la calèche, seriez-vous feld-maréchal[1] ?— Mieux que ça.— Ah! mon Dieu, c'est l'empereur! — Lui-même, » dit Joseph. Le sergent épouvanté se confond en excuses, et supplie l'empereur d'arrêter pour qu'il puisse descendre. « Non pas, lui dit Joseph : après avoir mangé mon faisan, vous seriez trop heureux, malgré la pluie, de vous débarrasser de moi aussi promptement; j'entends bien que vous ne me quittiez qu'à votre porte; et il l'y descendit.

CLÉMENCE.

La satisfaction qu'on tire de la vengeance ne dure que peu de moments ; mais celle que produit la clémence ne finit jamais. (Paroles de HENRI IV.)

Titus et Louis XII.

Titus, cet empereur romain[2] si célèbre par sa bienfaisance, apprit que deux sénateurs ambitieux conspiraient pour s'emparer de son trône. C'étaient deux hommes qu'il avait toujours aimés. Il les fit venir en sa présence et leur parla avec la plus touchante bonté : « Avouez votre faute à Titus, leur dit-il, l'empereur n'en saura rien. » Ils avouèrent tout. Non content de leur pardonner, il les invita dès le soir à sa table. Le lendemain, comme il était seul avec eux, on lui apporta deux épées qui devaient servir à un combat de gladiateurs[3] ; il les leur remit pour les examiner, afin qu'ils vissent bien qu'il ne craignait pas de les laisser maîtres de sa vie. Cet excellent prince fut surnommé les *Délices du genre humain.* C'est lui qui, le soir d'un jour où il n'avait fait de bien à personne, s'écria : « J'ai perdu ma journée. »

Louis XII[4], l'un des meilleurs rois qu'ait eus la France, ne fut pas moins magnanime. Lorsqu'il n'était encore que duc d'Orléans et qu'il disputait la régence à la fille de Louis XI, il avait été vaincu et fait prisonnier dans un

---

1. La dignité de feld-maréchal, en Allemagne, correspond à celle de maréchal de France.
2. Titus, fils de Vespasien, régna à Rome de 79 à 81 après J. C.
3. Les gladiateurs se battaient entre eux dans les spectacles, pour l'amusement des Romains. Ces jeux horribles furent supprimés en même temps que les combats contre les bêtes féroces.
4. Louis XII, dit *le Père du peuple*, a régné en France depuis 1498 jusqu'en 1515. A eu pour ministre le cardinal d'Amboise.

combat par la Trémoille. Quelques années plus tard il devint roi : on l'exhortait à se venger de la Trémoille. C'est alors qu'il fit cette immortelle réponse : « Ce n'est pas au roi de France à venger les injures du duc d'Orléans. » Il appela auprès de lui la Trémoille et le combla de marques de faveur.

A la même époque, il fit faire la liste des principaux personnages de la cour, et, sur cette liste, il mit de sa main une croix rouge à côté de plusieurs noms. Ces noms étaient ceux d'hommes dont il avait justement à se plaindre. Informés de ce fait, ils étaient en proie à la plus vive inquiétude. Louis XII en fut informé : « Qu'ils cessent de craindre, dit-il ; cette croix que j'ai mise à côté de leur nom est pour me rappeler que je suis chrétien et que je dois leur pardonner. » Il leur pardonna en effet, et jamais dans la suite, il ne fit aucune distinction entre eux et les autres personnes de sa cour.

Pardon magnanime : le duc de Bourbon.

Louis [1], duc de Bourbon, ayant été quelque temps prisonnier en Angleterre, signala son retour par une des actions les plus magnanimes dont l'histoire ait conservé le souvenir. Plusieurs de ses vassaux avaient profité de son absence pour piller ses domaines, et se flattaient que personne n'oserait lui rendre compte de leur conduite. A son arrivée, ils s'empressèrent d'aller le féliciter. Ils étaient tous assemblés autour de lui, lorsque le procureur général de ce prince, homme d'une intégrité scrupuleuse et d'une sévérité inflexible, lui apporta un mémoire détaillé des torts qu'ils avaient faits. Ils pâlirent et furent consternés ; mais le généreux prince dit au magistrat : « Avez-vous aussi tenu registre des services qu'ils m'ont rendus ? — Non, monseigneur, répondit-il. — Il faut donc brûler ces papiers, reprit le prince, je n'en puis faire usage. » En même temps, il les prit et les jeta dans le feu sans les avoir lus.

---

1. Prince du sang, ami et émule de Duguesclin ; mort en 1410.

Vengeance d'un homme de bien.
[1618.]

Lorsque Molé, à la tête du parlement de Paris, se rendit au palais de la reine régente pour solliciter la mise en liberté de deux conseillers détenus illégalement, la foule ameutée arrêta sa voiture; et un homme qu'il ne connaissait pas, le prenant par un petit toupet de barbe qu'il conservait toujours au menton, lui adressa d'insolentes menaces. Le lendemain, le premier président reçut une visite; c'était un homme qui venait lui faire connaître celui qui l'avait traité la veille avec tant d'insolence : « C'est, lui dit-il, un pharmacien, mon voisin. » Molé envoya chercher le pharmacien, qui arriva éperdu. « Je vois bien que je suis reconnu, dit cet homme, j'implore votre indulgence ! » Molé ne s'amusa pas longtemps de sa frayeur : « Je vous ai envoyé chercher, lui dit-il, pour vous avertir que vous avez un méchant voisin, défiez-vous de lui ; adieu. »

Moyen de se défaire d'un ennemi.
[1075.]

Saint Anselme, le plus célèbre auteur d'ouvrages philosophiques qu'ait eu l'Église depuis saint Augustin, avait été nommé très-jeune prieur de l'abbaye du Bec, en Normandie. Sa nomination excita parmi les frères beaucoup de jalousie; mais Anselme opposa à leur haine tant de patience et de charité, qu'enfin il en triompha. Un jeune moine, nommé Osberne, qui s'était déclaré contre Anselme avec encore plus d'acharnement que les autres, persista seul dans ses mauvais sentiments. Le pieux philosophe sut, malgré l'injustice d'Osberne, apprécier son mérite, et découvrant en lui un bon naturel, s'attacha à lui particulièrement; il lui témoigna tant de bonté, qu'il ranima dans son cœur la générosité étouffée par l'aversion, et enfin il eut le bonheur d'obtenir entièrement sa confiance et son amitié. Il n'y a qu'une belle âme qui puisse goûter tout le charme qu'on ressent à gagner le cœur d'un ennemi qu'on estime.

Anselme, devenu le guide et l'ami d'Osberne, connut ce bonheur dans toute sa pureté.

BONTÉ ENVERS LES ANIMAUX.

La douceur envers les animaux est un devoir d'humanité; les maltraiter est un acte inexcusable de barbarie. (B.)

Hogarth [1], peintre anglais, a composé quatre dessins où il a montré comment l'habitude de la cruauté envers les animaux peut conduire insensiblement à la cruauté envers les hommes et enfin au crime.

Dans le premier de ces dessins on voit des enfants qui garrottent des chats et des chiens, qui tirent un coq à l'arbalète, qui percent l'œil à un oiseau, et qui paraissent beaucoup s'amuser de toutes ces souffrances ; un petit garçon sort d'une maison et s'élance dans la rue pour délivrer son chien que l'on torture, il pleure, il supplie ces méchants enfants de mettre la pauvre bête en liberté, il leur offre une belle tourte sucrée qu'il se disposait à manger de bon appétit; mais les enfants le repoussent avec un vilain rire et continuent leurs horribles jeux.

Au second dessin, les enfants sont devenus hommes, mais ils continuent à être cruels envers les animaux. Un cocher frappe avec fureur, à coups de manche de fouet, un cheval qui est tombé et est embarrassé sous les brancards d'une voiture. Deux hommes, l'un très-grand, l'autre très-gros, sont montés sur un pauvre petit âne, qui, en outre, est obligé de porter des demi-tonneaux en guise de paniers et un coffre énorme; un autre homme le frappe par derrière avec une fourche. Enfin un paysan, qui conduit un troupeau, assomme sur le pavé une brebis que la fatigue empêchait d'avancer aussi vite qu'il aurait voulu.

Dans le troisième et le quatrième dessin, ces hommes, dominés par leurs habitudes brutales, maltraitent des femmes et des enfants et sont, par suite, condamnés à des peines rigoureuses.

Aujourd'hui en France comme en Angleterre, la loi

---

1. Hogarth (Guillaume), peintre anglais, mort en 1764.

défend de maltraiter les animaux sans nécessité ; et dans les rues de nos villes personne ne se montrerait brutal envers eux sans exciter aussitôt l'indignation et les murmures des passants.

Quelquefois c'est le mauvais exemple qui entraîne à faire le mal et à en rire : il faut savoir résister, et obéir aux bons mouvements de la conscience.

« Je me souviens, dit M. Édouard Charton, qu'un jour, dans mon enfance, étant à la promenade avec les pensionnaires du collége de Sens, nous entrâmes tous dans un bois pour y chercher des nids d'oiseaux. On se sépara, et je cherchai de mon côté avec ardeur, car jamais je n'avais encore déniché un seul œuf ou un seul petit, et mes camarades se moquaient de ma maladresse. Après avoir battu le taillis pendant plus d'une heure, tout à coup, sur la branche d'un petit chêne, à trois pieds de terre, j'aperçois un beau nid de merle. Tout tremblant d'émotion, j'approche sans bruit, le cou et la main tendus en avant : la mère me voit, m'attend, et ne s'envole du nid que lorsque je touche déjà à l'arbre. Il y avait trois œufs, et je m'apprêtais à les prendre : mais, en me retournant, je découvre la mère qui s'était perchée à peu de distance : il me sembla qu'elle me suppliait en me regardant : mon cœur se serra. Le signal du départ se fit entendre à l'entrée du bois ; je pris une ferme résolution, et m'éloignai les mains vides en disant à la mère, comme s'il lui eût été possible de m'entendre : « Reviens, reviens, je t'ai laissé tes œufs ; tu retrouveras ta couvée. » Mes camarades avaient presque tous des nids et des oiseaux, et ils se moquaient de moi suivant leur habitude ; ils répétaient : « Oh! nous savions bien qu'il ne trouverait rien. » Une mauvaise honte m'empêcha d'avouer le mouvement de compassion qui m'avait saisi ; mais j'étais content de moi, et je ne racontai mon aventure qu'à ma bonne mère, qui m'embrassa en pleurant de joie. »

Le petit Auguste, fils d'un négociant de Paris, n'était pas, il s'en faut de beaucoup, aussi humain que le jeune élève du collége de Sens. Il tourmentait les animaux toutes les fois qu'il en trouvait l'occasion.

Un jour qu'il passait devant la boutique d'un boucher, il vit devant la porte un veau attaché par les pieds. Il s'approcha, tourmenta ce pauvre animal en le tirant par les oreilles et en lui donnant des coups de pied. Mais un homme l'ayant aperçu, sortit tout à coup d'une maison voisine, et lui tira si bien les oreilles, que ses dents s'entre-choquèrent : « Aïe ! aïe ! s'écria l'enfant. — Ah ! ah ! lui dit l'homme, cela te fait du mal !... les animaux souffrent aussi quand on les tourmente. » Auguste promit, mais un peu tard, qu'on ne l'y prendrait plus.

L'homme doit plus que de la douceur, il doit une sorte de reconnaissance à ces utiles compagnons de ses travaux. Le duc de Calabre [1], par une réprimande sévère, rappela un jour cette vérité à un homme qui l'avait oubliée.

Ce prince, chargé par son père du gouvernement de l'État, assisté de ses conseillers, donnait tous les jours audience, à Naples, à ceux qui avaient quelque requête à lui présenter; et, dans la crainte que les gardes ne fissent pas entrer les pauvres, il avait fait placer dans la salle même du conseil une sonnette, dont le cordon pendait hors de la première enceinte. Un vieux cheval, abandoné de son maître, vient se gratter contre le mur, et fait sonner. « Qu'on ouvre, dit le prince, et faites entrer. — Ce n'est que le cheval du seigneur Capèse, » dit le garde en entrant; et toute l'assemblée d'éclater.... « Vous riez, dit le prince.... Sachez que l'exacte justice étend ses soins jusque sur les animaux.... Qu'on appelle Capèce.... Qu'est-ce? un cheval que vous laissez errer? lui demanda le duc. — Ah! monseigneur, reprit le cavalier, ç'a été un fier animal dans son temps; il a fait vingt campagnes sous moi; mais enfin il est hors de service, et je ne suis pas d'avis de le nourrir en pure perte. — Le roi mon père vous a cependant bien récompensé. — Il est vrai, j'ai été comblé de ses bienfaits. — Et vous ne daignez pas nourrir ce généreux animal qui eut tant de part à vos services! Allez de ce pas lui donner une place dans vos écuries; qu'il soit traité à l'égal de vos autres animaux

---

[1]. Fils d'un roi de Naples, chargé du gouvernement pendant l'absence de son père. La Calabre est une province du royaume d'Italie.

domestiques, sans quoi je ne vous regarde plus vous-même comme un loyal chevalier, et je vous retire ma bienveillance. »

§ VII. CHARITÉ, BIENFAISANCE.

CHARITÉ, BIENFAISANCE DES RICHES.

Le riche ne doit se considérer que comme le dispensateur des biens que la divine Providence lui a confiés. (NEUVILLE.)

Le bonheur des riches ne consiste pas dans les biens qu'ils ont, mais dans le bien qu'ils peuvent faire. (FLÉCHIER.)

On s'accoutume à la prospérité, et l'on y devient insensible, mais on sent toujours la joie d'être l'auteur de la prospérité d'autrui. Chaque bienfait porte avec lui ce tribut doux et secret dans notre âme. Le long usage, qui endurcit le cœur à tous les plaisirs, le rend ici tous les jours plus sensible. (MASSILLON.)

L'habitude des actions de bonté, celle des affections tendres, est la source du bonheur le plus pur, le plus inépuisable :

Elle produit un sentiment de paix, une sorte de volupté douce, qui répand du charme sur toutes les occupations, et même sur la simple existence :

Prends de bonne heure l'habitude de la bienfaisance, mais d'une bienfaisance éclairée par la raison, dirigée par la justice :

Ne donne point pour te délivrer du spectacle de la misère ou de la douleur, mais pour te consoler par le plaisir de les avoir soulagées :

Ne te borne pas à donner de l'argent, sache aussi donner tes soins, ton temps, tes lumières, et ces affections consolatrices souvent plus précieuses que les secours :

Alors ta bienfaisance ne sera plus bornée par la fortune ; elle en deviendra indépendante ; elle sera pour toi une occupation comme une jouissance :

Apprends surtout à l'exercer avec cette délicatesse, avec ce respect pour le malheur qui double le bienfait et ennoblit le bienfaiteur à ses propres yeux : n'oublie jamais que celui qui reçoit est, par la nature, l'égal de celui qui donne ; que tout secours qui entraîne de la dépendance n'est plus un don, mais un marché, et que, s'il humilie, il devient une injure. (*Conseils d'un père à sa fille.*)

Stanislas.

Le roi Stanislas[1], duc de Lorraine, mérita le glorieux

---

1. Stanislas Leczinski, roi de Pologne, avait été détrôné ; sa fille épousa Louis XV. A la suite d'une guerre heureuse, en 1738, Louis XV fit donner à Stanislas, comme dédommagement, la Lorraine, à condition qu'après sa mort elle serait réunie à la France. Stanislas mourut en 1766.

surnom de philosophe bienfaisant. On raconte de lui une foule de traits qui feront à jamais chérir sa mémoire. Un jour son petit-fils, le dauphin de France, l'interrogeait sur le grand art de faire des heureux : « Mon enfant, lui répondit Stanislas, aimez les peuples, et vous tenez mon secret. »

Le propriétaire d'un domaine qui était à sa convenance lui ayant fait offrir de le lui vendre, il envoie sur les lieux un de ses intendants pour en faire la visite et convenir du prix. L'intendant, avant de conclure, écrit à son maître que le domaine vaut ce qu'on en demande, mais que le propriétaire, qui a besoin d'argent, sera obligé d'accepter le prix qu'on voudra bien lui donner : « Avez-vous pu croire, répond Stanislas, que je serais capable d'abuser d'une situation malheureuse? Payez le domaine tout ce qu'il vaut. »

Un seigneur de sa cour, qui plus d'une fois avait eu part à ses libéralités, parlait devant lui avec amertume de ses nombreux établissements en faveur des pauvres, et des secours de tous genres qu'ils y recevaient : « En vérité, ajouta-t-il, il ne leur manque plus que d'avoir des carrosses à leur disposition. — Non, monsieur, dit le roi, non! je n'ai déjà que trop d'importunités à essuyer de la part des mendiants en carrosse, je me garderai bien d'en augmenter le nombre; mais je ferai tout mon possible pour que personne ne soit réduit à marcher pieds nus. »

Son plus grand bonheur était de pouvoir consacrer ses économies à la fondation de quelque établissement utile à l'humanité : « Je ne veux pas, disait-il, qu'il y ait un genre de maladie dont les pauvres ne puissent se faire traiter gratuitement. » Dans ce but, il surveillait les hôpitaux déjà établis, en créait de nouveaux, et multipliait à l'infini les soulagements destinés aux malades indigents. Afin d'épargner à la vertu malheureuse l'embarras et la honte de solliciter un utile secours, il avait consacré une somme très-considérable à une fondation d'aumônes secrètes : « On ne doit pas, disait-il, s'informer s'il y a des pauvres, mais demander où ils sont. »

Montyon.

[1733-1821.]

Montyon, vertueux magistrat et savant distingué, jouissait d'une grande fortune, que pendant sa longue carrière il employa exclusivement à faire du bien dans le plus profond secret. Sa modestie était égale à sa charité, et ses innombrables bienfaits étaient toujours anonymes.

On lui indiqua un jour un jeune littérateur dont les talents s'annonçaient avec éclat, et qui manquait des dons de la fortune. Montyon lui fit secrètement offrir une pension, mais ne voulut point être nommé : « Je n'accepte le bienfait, dit le jeune écrivain, que sous la condition de connaître mon bienfaiteur. » Le combat dura quelque temps ; mais il n'y eut aucun moyen de fléchir ni la modestie de l'homme généreux, ni la délicatesse de l'homme de lettres.

Cet homme si riche méprisait profondément toutes les jouissances du luxe. Ses besoins étaient bornés. Il ne vivait que de légumes, de fruits et de laitage. Cette abstinence prolongea ses jours et entretint la sérénité de son âme, en fournissant de nouvelles ressources à sa bienfaisance.

Montyon ne cessa d'entretenir une correspondance active et noblement mystérieuse avec tous les bureaux de bienfaisance. Il avait eu le malheur de survivre à toute sa famille : les indigents lui en formaient une nouvelle.

Chargé d'années et de vertus, il arriva plein de sérénité à ce moment fatal qui, pour le sage, est le soir d'un beau jour, et, pour le sage chrétien, l'aurore d'un jour sans fin. Les secrets de sa bienfaisance sortirent en foule de sa tombe. Son testament fit connaître et l'emploi de sa vie et la puissance que donne une sage économie pour opérer un bien immense. Il légua aux hospices une somme de trois millions de francs, et à l'Académie des sciences, ainsi qu'à l'Académie française, des dotations destinées à encourager les travaux utiles à l'humanité et les ouvrages utiles aux mœurs, et à décerner des prix aux actes de vertu pratiqués dans le sein de l'obscurité et de l'indigence.

Anicius.

La moisson ayant manqué dans toute l'Italie en 383, Rome fut menacée de la famine. Pour la prévenir, on fit sortir de la ville toutes les personnes qui n'y étaient pas nées ou domiciliées. Ces malheureux, errants et sans secours dans les campagnes stériles, étaient réduits à se nourrir de glands, de racines et de fruits sauvages. Leur sort attirait la compassion générale; mais personne n'en fut plus vivement touché qu'Anicius, préfet de la ville. C'était un vieillard rempli de charité et de courage. Il assembla les plus riches citoyens : « Que faisons-nous, leur dit-il, pour prolonger notre vie? Nous faisons périr ceux qui travaillent à la soutenir. Ces étrangers que nous bannissons ne sont-ils pas nos ouvriers, nos serviteurs, nos marchands, quelques-uns même nos parents? Nous ne retranchons pas la nourriture à nos chiens, et nous l'ôtons à des hommes! Qui voudra désormais nous procurer, par le commerce ou par le travail, les nécessités de la vie? Sacrifions plutôt nos richesses et sauvons ces malheureux! rouvrons-leur les portes de la ville; consacrons, à acheter du blé pour les nourrir, tout notre argent, et, s'il le faut, le prix de nos bijoux et de nos meubles : ainsi nous serons bénis de Dieu, estimés des hommes, contents de nous-mêmes. »

Ce discours fit sur tous les assistants l'impression la plus vive; les plus avares se montrèrent généreux. On fit venir des blés de toutes parts ; on rouvrit les portes de la ville à ceux qu'on avait chassés, et l'on pourvut à leur subsistance.

Montesquieu[1].

Montesquieu, l'un des plus grands génies qu'ait produits la France, allait assez souvent à Marseille rendre visite à sa sœur.

Un dimanche, ayant envie de se promener sur mer, il

---

1. Auteur de l'*Esprit des Lois*, des *Considérations sur les causes de la grandeur et de la décadence des Romains*. Mort en 1755.

entra dans un canot que conduisait un jeune homme de dix-huit ans : une douce brise soufflait, le ciel était pur, la mer était calme et comme illuminée par les feux du soleil couchant. Montesquieu jouissait délicieusement des charmes de cette promenade. Il communiqua ses impressions à son jeune conducteur, qui lui répondit avec esprit

et avec élégance. Surpris de la distinction de son langage, Montesquieu remarqua que le jeune homme avait le teint beaucoup moins hâlé et les mains beaucoup plus blanches que ne les ont ordinairement les gens de cette profession. Il lui en témoigna son étonnement : « Je ne suis point un marin, répondit le jeune homme, je suis employé chez un négociant. J'ai fait toutes mes études au collége : le dimanche et les jours de fête je promène les étrangers dans le port, afin de gagner un peu d'argent. »

A ces mots, la surprise de Montesquieu redoubla : « Votre conduite est étrange, dit-il; il y a là-dessous quelque mystère. — Ah! monsieur, ce mystère est bien facile à expliquer, et en même temps bien triste : mon père, honnête négociant de cette ville, s'était embarqué sur un navire avec des marchandises qui faisaient toute sa fortune, ce navire a été pris par les pirates de Maroc : ils l'ont emmené lui-même comme esclave à Tétouan[1], ils exigent 6000 francs pour sa rançon. Nous n'avons rien; ma mère, ma sœur et moi, nous tâchons, par un travail continuel, d'amasser cette somme : mais hélas! quelque économie que nous mettions dans nos dépenses, il faut vivre; le travail de deux femmes est si peu de chose! et mon patron ne m'accorde encore que des appointements bien faibles !... Voilà, monsieur, pourquoi les jours de fête je me mets au service des étrangers qui veulent se promener dans le port. »

Montesquieu, en écoutant ce récit, était vivement ému : il admirait la belle conduite de ce jeune homme, mais il dissimula ses sentiments, et continua de le faire causer. Il apprit de lui le nom de son père et celui du pirate qui le retenait captif. Le jeune homme, entraîné vers cet inconnu par un charme qu'il ne s'expliquait pas à lui-même, lui confiait naïvement toutes ses pensées. L'estime et la bienveillance qu'il avait inspirées à Montesquieu ne cessaient de s'accroître. La promenade se prolongea bien avant dans la nuit. En sortant du canot, Montesquieu remit au jeune homme deux pièces d'or pour prix de son passage. « Je ne sais qui j'ai conduit aujourd'hui dans mon canot, se disait Robert (c'était le nom du jeune homme), mais bien certainement ce n'est pas un homme ordinaire : jamais je ne perdrai le souvenir de cette soirée. »

Un soir, six semaines après, le jeune Robert prenait, avec sa mère et sa sœur, un frugal repas : il les entretenait

---

1. Ville et port du Maroc.

encore de cet inconnu, dont la belle physionomie et le noble langage étaient gravés dans sa mémoire en traits de feu. Tout à coup la porte s'ouvre, et à leurs yeux se présente... ce père, cet époux dont ils pleuraient tous les jours l'absence, Robert, dont la rançon a été payée, et à qui une somme suffisante a été remise pour les frais de son voyage.

Après quelques moments passés dans l'ivresse de la joie: « Mais à qui dois-je ma délivrance? s'écrie Robert. — Ah je n'en doute pas, répond le jeune homme, c'est à cet inconnu dont je parle si souvent à ma mère. Ah! quand pourrai-je le retrouver! quand pourrai-je lui témoigner la reconnaissance des trois heureux qu'il a faits! »

Rendu à sa famille, Robert trouva des amis et des secours Les succès surpassèrent son attente. Au bout de quatre ans il acquit de l'aisance; ses enfants partageaient son bonheur, et ce bonheur eût été sans mélange, si les recherches continuelles du fils avaient pu lui faire découvrir ce bienfaiteur qui se dérobait avec tant de soin à leur reconnaissance et à leurs vœux. Il le rencontre enfin, un dimanche matin, dans une des rues les plus fréquentées de la ville : « Ah! mon sauveur! » C'est tout ce qu'il put dire en se jetant à ses pieds; il tombe sans connaissance. Montesquieu s'empresse de le secourir et de lui demander la cause de ses transports : « Quoi ! monsieur, pouvez-vous l'ignorer? lui répond le jeune homme; avez-vous oublié Robert et sa famille infortunée que vous rendîtes à la vie en lui rendant son père ? — Pourquoi pensez-vous, mon ami, que ce soit moi qui vous ai rendu ce service plutôt qu'un autre? Il est probable que celui qui vous a obligé ne veut pas être connu. » Ainsi ce grand homme, loin de se vanter de la belle action qu'il avait faite, voulait la cacher. Une foule nombreuse, attirée par cette scène, encombrait la rue. Montesquieu se dégage doucement des étreintes du jeune homme, et disparaît dans la foule.

Lacépède[1].

Lacépède, célèbre naturaliste, grand-chancelier de la

---

[1]. Continuateur de l'*Histoire naturelle* de Buffon Mort en 1825.

Légion d'honneur et surintendant du Jardin des plantes, avait autant de générosité que de talent ; il faisait le bien avec une grâce et une discrétion qui en augmentaient le mérite. Il avait appris qu'un employé du Jardin des plantes, père de famille honnête et laborieux, qu'il connaissait particulièrement, se trouvait, par suite de circonstances imprévues, dans le plus cruel embarras. Cet homme avait contracté des engagements qu'il lui était impossible de remplir. Il voyait avec effroi approcher le moment des échéances. Lacépède le fait mander auprès de lui : « Pardonnez-moi, lui dit-il, de m'immiscer dans vos affaires de famille. J'ai appris votre gêne momentanée. Ne vous alarmez point; je verrai vos créanciers, je ferai tout pour obtenir du temps; et avec du temps et de l'économie, tout s'arrange. — Ah! monsieur, je ne sais comment vous exprimer ma reconnaissance; mais la somme est bien forte, 18,000 francs! et mes créanciers sont inflexibles. — Laissez-moi faire, reprend Lacépède, tranquillisez-vous et rassurez votre famille. » Le malheureux employé, comptant sur le crédit et l'éloquence de son protecteur, le quitta plein d'espérance. Les créanciers se rendirent auprès du célèbre naturaliste, et ses arguments en faveur de son protégé eurent en effet un succès complet.

Quelque temps s'était écoulé, l'employé n'avait pas vu paraître à sa porte les visages sinistres de ses créanciers. Un jour, il rencontre l'un d'eux dans la rue; il l'aborde, et, lui serrant la main : « Monsieur, dit-il, vos procédés sont honorables; comptez sur mon éternelle reconnaissance et sur le prompt payement de ce que je vous dois. — Mais, monsieur, répond l'homme un peu confus, vous ne me devez ni argent ni reconnaissance, puisque de votre part M. de Lacépède m'a envoyé mon argent. » L'employé va à l'instant chez ses autres créanciers, et acquiert la certitude que toutes ses dettes sont acquittées, et toutes par la même main. Transporté d'admiration et de reconnaissance, il court aussitôt chez son bienfaiteur, et les larmes aux yeux : « Ah! monsieur, s'écrie-t-il, je sais tout, maintenant : je sais comment vous avez sauvé ma famille de la misère, comment vous m'avez sauvé la vie ! » Et parlant ainsi, il s'était assis au bureau de Lacépède, et s'apprêtait à lui signer une reconnaissance de sa dette. Lacépède lui retira doucement la plume des mains : « Que voulez-vous faire? lui dit-il, mon ami, je ne prête jamais... »

Dupaty [1].

Charles Dupaty était un statuaire aussi distingué par l'élévation de son caractère que par son rare talent. S'agissait-il de ses camarades, de ses rivaux, il trouvait toujours le moyen de les faire valoir, aux dépens même de ses propres intérêts. S'agissait-il de ses inférieurs, sa bienfaisance allait jusqu'à l'oubli de lui-même. Un ancien employé de son atelier, qu'il avait été forcé de renvoyer, et qui plus d'une fois s'était réuni aux détracteurs de son talent, accourut un jour chez lui dans un trouble extrême. On était au moment de saisir ses meubles pour une lettre de change qu'il ne pouvait acquitter; sa femme et ses enfants allaient être réduits à la plus affreuse misère. Le statuaire, ému de ce récit, oublie les traits mordants que cet homme avait tant de fois lancés contre lui, et lui demande quelle somme lui serait nécessaire pour conserver l'honneur et la liberté : « Si je ne trouve 3,000 francs sous deux heures, je suis perdu. —3,000 francs ! reprend l'artiste, la somme est bien forte.... » En achevant ces mots, il passe dans son cabinet, ouvre son secrétaire, où il trouve l'argent demandé (c'était tout ce qu'il possédait alors), revient vers le solliciteur, et lui dit : « Voilà les 3,000 francs dont vous avez besoin. Je sais que j'oblige un ingrat, mais cela vous regarde. Allez sauver votre femme et vos enfants du désespoir et de la misère. »

Garrick.
[XVIIIe siècle.]

Un homme, universellement estimé à Londres, avait emprunté à Garrick une somme de 500 livres sterling [2], et lui

---

1. Mort en 1825; fils de l'auteur des *Lettres sur l'Italie*.

2. La livre sterling, monnaie de compte en Angleterre, vaut 25 francs

avait fait son billet. Peu de temps après, la fortune de cet homme fut compromise par des faillites inattendues.

Ses parents et ses amis, désirant le tirer d'embarras, prirent jour pour s'assembler et faire la liste de ses créanciers, avec lesquels ils voulaient traiter.

Garrick en fut instruit, et, loin de tirer avantage de cette circonstance, qui lui assurait le payement de sa créance, il renferma le billet de son débiteur dans une lettre qu'il lui envoya, et qui était ainsi conçue : « J'apprends, monsieur, que vous rassemblez aujourd'hui vos amis. J'aurais été flatté de pouvoir être de la fête ; je vous prie donc de me permettre d'y prendre part. Il fait froid, et pour les recevoir vous devrez faire grand feu : je vous envoie un papier qui servira à l'allumer. »

Mademoiselle Barrau.

Mlle Barrau, fille d'un magistrat de Cahors, a consacré toute sa fortune à secourir les malheureux. Elle a prodigué tout son patrimoine en œuvres de charité. Elle ouvrit une maison d'instruction et de travail pour les enfants dans la misère : là elle reçut des jeunes filles, qui, par ses soins, apprirent à lire, à écrire, à connaître et à pratiquer leurs devoirs religieux. Trois compagnes l'assistaient de leur zèle ; quelques personnes charitables venaient aussi à son secours. « Ne craignez-vous pas, lui dit quelqu'un de sa connaissance, que les enfants pour lesquels on vous promet une petite pension restent à votre charge ? que feriez-vous, vous qui avez déjà adopté tant d'enfants de la misère, si ceux-ci vous tombaient sur les bras ? — Il faudrait bien les porter, » reprit-elle avec cette simplicité et cette gaieté franche dans laquelle se peint toute son âme. A cet établissement honorable elle joignit d'autres œuvres, qui suffisaient à peine à son ardente charité. On la vit distribuer des secours aux infirmes indigents et aux pauvres femmes en couches, visiter les prisons, et s'attacher surtout à consoler les condamnés et à les préparer à la mort.

Il y a peu d'années, une malheureuse, près de monter

sur l'échafaud, et ne trouvant qu'avec peine de la résignation auprès de sa pieuse consolatrice, lui ouvrit enfin tout son cœur en ces termes : « Je mourrais tranquille, si je pouvais penser que mes trois pauvres filles seront recueillies par vous. » Cette proposition pouvait alarmer la charité la plus intrépide · devenir la mère adoptive des enfants d'une suppliciée, c'était braver un préjugé, sans doute fort injuste, mais tellement enraciné dans l'esprit de beaucoup de personnes, qu'il fallait du courage pour avoir des rapports journaliers avec ces êtres malheureux. Eh bien, Mlle Barrau n'hésita pas ; elle se chargea de les instruire, les nourrit, les forma au travail, parvint à les placer, et les voit maintenant répondre à ses soins par une excellente conduite.

Cette vertueuse demoiselle est aussi modeste qu'elle est généreuse ; sa bienfaisance n'a été révélée qu'à son insu : elle a paru affligée quand elle a su que ses œuvres de charité étaient mises en lumière.

Madame Howard.
[xviiie siècle.]

Howard, célèbre philanthrope anglais, avait épousé une femme dont l'âme ressemblait à la sienne. Un jour qu'il s'occupait à régler le compte d'un de ses correspondants, il trouva, contre son attente, que la balance était en sa faveur. Aussitôt il proposa à sa femme d'employer cette somme à faire à Londres un voyage d'agrément. « Quelle jolie cabane on pourrait bâtir pour une pauvre famille avec l'argent que nous allons dépenser ! » telle fut la réponse de Mme Howard. Cet excellent conseil fut suivi : une bonne action vaut mieux que le plaisir d'un voyage.

Eugène.

Un pauvre cultivateur des environs d'Amboise avait laissé en mourant une femme et quatre enfants en bas âge dans la misère ; la femme ne tarda point à le suivre au tombeau.

La famille s'assembla et se partagea les trois enfants les plus âgés, mais personne ne voulut prendre le quatrième, âgé de six mois. Un des parents se détacha pour aller prendre l'avis d'un ecclésiastique qui, dans un château voisin, élevait deux jeunes gens.

L'ecclésiastique ne voit d'autre ressource que d'envoyer le malheureux enfant à l'Hôtel-Dieu de Blois, ou à l'hospice de Tours; mais Eugène, l'un des élèves, âgé d'environ douze ans, s'écrie aussitôt : « Je me charge de l'enfant; allons le voir. »

Son professeur lui objecte, pour l'éprouver, qu'il ne pourra suffire à la dépense, et que d'ailleurs son père prend déjà soin d'une multitude de pauvres.

« Quoi! mon bon maître, répond Eugène avec vivacité, ce laboureur, qui vient vous consulter avec la plus grande confiance, et qui peut à peine faire vivre sa famille, trouve dans sa misère des ressources pour se charger d'un de ces malheureux orphelins, et moi, fils d'un homme riche, je n'en trouverais pas pour secourir ce petit enfant! Je sacrifierai avec la plus grande satisfaction tout l'argent de mes menus plaisirs, et mon père ne refusera pas de m'aider. Partons pour rassurer au plus vite la famille. »

On court aussitôt à la cabane. L'enfant tend ses petits bras vers son jeune bienfaiteur, qui l'embrasse avec transport, et dit aux plus proches parents :

« N'ayez plus d'inquiétude sur cet enfant; je m'en charge, il est à moi. Cherchez une bonne nourrice le plus près que vous pourrez du château, je veux être à portée de veiller à ses besoins. »

Depuis ce temps l'aimable jeune homme ne fut plus occupé, dans ses moments de loisir, que de son petit protégé Il sacrifia pour lui tout l'argent dont il pouvait disposer. Plus tard il paya son apprentissage, et le mit en état de gagner honorablement sa vie.

Les chemises neuves.
[XIXe siècle.]

Un des derniers archevêques de Bordeaux, le vénérable

Daviau du Bois de Sanzay, était d'une charité inépuisable, donnait tout aux pauvres, et ne se réservait rien. Les personnes attachées à son service ne pouvaient rien obtenir de lui pour ses propres besoins. Il n'avait presque plus de linge de corps ; et, quand on lui parlait de le renouveler, il répondait toujours : « Un peu plus tard ; nous verrons. »

Sa femme de charge, pour lui en procurer, usa de cette ruse ingénieuse : « Moi aussi, lui dit-elle, je viens vous implorer pour une bonne œuvre. — Et laquelle ? ma bonne Jeannette : j'y suis d'avance tout disposé, puisqu'il s'agit de quelqu'un à qui vous vous intéressez. — Je voudrais, avec votre permission, employer mes moments de loisir à faire quelques chemises pour un bon vieillard qui en a le plus pressant besoin ; j'ai pensé que vous seriez assez bon pour fournir la toile, ce serait une charité bien placée : le vieillard est digne de toutes vos bontés, et n'a de ressources que celles qu'il attend de vous. — De tout mon cœur, s'écrie le bon archevêque : tenez, voilà 200 francs, c'est tout ce qui me reste ; prenez-les, et faites des chemises à ce bon vieillard ; et, s'il a d'autres besoins, recourez à moi, ne craignez pas de m'importuner. »

Par ce moyen, l'archevêque eut des chemises neuves.

Un propriétaire généreux.
[Septembre 1846.]

Un propriétaire de la Croix-Rousse[1] avait pour locataire d'une des mansardes de sa maison un pauvre ouvrier, père de famille, d'une conduite exemplaire. Le propriétaire, n'ayant pas touché le montant de ses deux derniers termes, se rend chez son locataire. Grand émoi dans la famille de l'ouvrier. Cet homme, aussi honnête que malheureux, était malade ; il n'avait aucune ressource, il ne pouvait pas payer. Le propriétaire, après s'être rendu compte par lui-même de la situation de son débiteur, lui dit : « Vous ne pouvez rester ici. » L'ouvrier pâlit ; il avait compris, par ces mots, que le propriétaire le chassait faute de payement. « Non,

---

[1] Faubourg de Lyon, habité surtout par des ouvriers.

continue l'homme bienfaisant, vous ne pouvez rester ici; vous êtes trop mal, votre famille est trop nombreuse : vous descendrez deux étages, et vous aurez deux chambres. Le prix de votre location restera le même, et vous me payerez quand vous pourrez. »

Réponse d'un sage.

On reprochait à un sage d'avoir fait l'aumône à un méchant : « Je la fais à son malheur, répondit-il, et non à sa personne. »

Bienfaisance et probité.

Une femme vint exposer au cardinal de la Rochefoucauld qu'elle était sur le point d'être renvoyée avec sa fille d'un petit appartement qu'elle occupait chez un homme riche, parce qu'elle ne pouvait lui payer cinq écus. Le ton d'honnêteté avec lequel elle faisait connaître son malheur fit comprendre au cardinal qu'elle n'y était tombée que parce que la vertu lui était plus chère que les richesses. Il écrivit un billet, et la chargea de le porter à son intendant. Celui-ci, l'ayant ouvert, lui compta cinquante écus. « Monsieur, lui dit cette femme, je n'ai pas demandé autant à monseigneur, et certainement il s'est trompé. » Le cardinal, à qui elle rapporta son billet, dit : « Il est vrai que je me suis trompé. » Et au lieu de cinquante écus, il en écrivit cinq cents, qu'il engagea la vertueuse mère à accepter pour marier sa fille.

Le bijoutier.

En 1794, Mme de N..., ayant perdu son mari et toute sa fortune, se trouva, à Paris, sans aucun moyen d'existence, chargée de cinq enfants. D'abord cette femme courageuse chercha des ressources dans le travail. Elle bordait des souliers; mais l'ouvrage vint à manquer. Elle eut recours à un orfèvre-bijoutier de son voisinage, et lui vendit successivement tous les objets précieux qu'elle avait conservés : c'était une timbale de vermeil, des boucles d'oreilles d'or, une croix de diamants, et son anneau de mariage; enfin il ne lui restait plus que son linge. L'honnête bijoutier vint encore à son aide. Chaque semaine elle lui apportait une pièce de linge, et il lui en remettait la valeur : c'est à l'aide de cette ressource que, depuis trois mois, la courageuse mère soutenait sa famille, quand tout à coup elle cessa d'aller chez le bijoutier. Cet honnête homme s'étonna d'abord et s'inquiéta ensuite. Il s'informa de la demeure de cette dame, la découvrit, et vint frapper à sa porte : une petite fille lui ouvrit. C'était pendant l'hiver; il n'y avait point de feu dans la chambre; Mme de N..., à moitié cachée sous une couverture de lit, cherchait à réchauffer ses deux plus jeunes enfants, qu'elle mouillait de ses larmes.

« Eh quoi! madame, lui dit le bijoutier, pourquoi ne venez-vous plus chez moi? êtes-vous malade? — J'ai tout vendu, tout épuisé, lui répond Mme de N..., vous me voyez réduite à me tenir nuit et jour sous cette couverture. Pouvais-je me rendre chez vous? je n'avais plus que des larmes à y porter. — Infortunée! et de quoi vivez-vous donc, vous et vos enfants? — Nous mangeons le pain que le bureau de bienfaisance fournit aux pauvres; c'est notre unique ressource : pas même un peu de soupe pour ces enfants si faibles!... — Madame, dit le bijoutier, prenez courage, ayez espoir dans l'avenir; en attendant, écoutez-moi : vous avez déposé dans ma maison vos boucles d'oreilles, votre anneau, votre croix et du linge; j'ai vendu tous ces objets, dont j'ai tiré 2,000 francs : voilà cette somme, qui est à vous, et qu'il faut que vous acceptiez. Quant à l'argent que vous avez reçu de moi, je vous prie de le considérer comme un prêt, comme une simple avance, c'est une affaire que nous réglerons ensemble dans des temps plus heureux. » A ces mots le bijoutier s'échappe et disparaît, sans attendre de réponse.

La reconnaissance de Mme de N... fut aussi vive que l'action de son bienfaiteur était généreuse. Loin de rougir de sa misère et des dons qui venaient de la soulager, elle raconta partout son histoire, et pria les journaux d'en faire mention.

Deux ans après, sa position, s'étant améliorée, lui permit de rendre au bijoutier ses avances; la publicité qu'elle avait donnée à son histoire attira à cet homme généreux une infinité de pratiques : il fit une fortune brillante; et il put véritablement en jouir, car il la devait à sa vertu.

CHARITÉ, BIENFAISANCE DES PAUVRES.

Il n'est pas nécessaire d'être riche pour être bienfaisant; la bonté nous donne des plaisirs vrais qui ne s'usent point, qui se renouvellent toujours, et dont le souvenir est encore une jouissance :

Les pauvres ont plus de mérite encore que les riches à exercer la bienfaisance : car ceux-ci ne donnent guère que leur superflu, et les pauvres, pour donner, prennent sur leur nécessaire :

Il n'est pas de destinée si humble où l'on ne puisse se créer des devoirs qui, par la persévérance, deviennent d'admirables vertus :

Les bonnes actions grandissent de toute la modestie de leur auteur, et de toute la simplicité qui les accompagne. (*Auteurs divers.*)

La dette acquittée.

Un jeune peintre, arrivé à Modène et manquant de tout, pria un pauvre artisan de lui trouver un gîte à peu de frais; l'artisan lui offrit la moitié du sien. On cherche en vain de l'ouvrage pour cet étranger ; son hôte ne se décourage point, il le défraye et le console. Le peintre tombe malade ; l'artisan se lève plus matin et se couche plus tard pour gagner davantage, et fournir en conséquence aux besoins du malade, qui avait écrit à sa famille.... Il le veilla pendant tout le temps de sa maladie, qui fut assez longue, et pourvut à toutes les dépenses. Quelques jours après sa guérison, l'étranger reçut de ses parents une somme assez considérable, et voulut payer l'artisan : « Non, monsieur, lui répondit celui-ci, c'est une dette que vous avez contractée envers le premier honnête homme que vous trouverez dans l'infortune : je devais ce bienfait à un autre, je viens de m'acquitter; n'oubliez pas d'en faire autant dès que l'occasion s'en présentera. »

Le forgeron.

M. Chéron passant, vers minuit, devant l'atelier d'un pauvre forgeron, entendit les coups redoublés de l'enclume. Il entra, voulut savoir le motif qui le retenait ainsi à l'ouvrage jusqu'au milieu de la nuit.

« Ce n'est pas pour moi que je travaille, dit le forgeron; c'est pour Pierre, mon voisin : le malheureux a été incendié, il est sur la paille avec ses enfants. Je me lève deux heures plus tôt, je me couche deux heures plus tard, cela fait deux journées par semaine dont je puis lui céder le produit : ce n'est que quelques coups de marteau de plus à donner. Si je possédais quelque chose, je le partagerais avec lui ; mais je n'ai que mon enclume. Dieu merci, la besogne ne manque pas dans cette saison; et, quand on a des bras, il faut bien les faire servir à secourir son prochain. — C'est fort bien, répondit M. Chéron, mais croyez-vous que votre voisin Pierre sera jamais en état de vous rendre ce que vous lui donnez ? — Oh ! peut-être bien que non, je le crains plus pour lui que pour moi: mais que voulez-vous? chaque jour apporte son pain : au total, je n'en serai pas plus pauvre, et ses malheureux enfants ne seront pas morts de faim. Il faut bien s'aider l'un l'autre; si c'était ma maison qui eût brûlé, je serais bien aise qu'il en fît autant pour moi. »

Le rémouleur.

Antoine Bonafoux, né dans le département du Cantal, exerçant à Paris le métier de rémouleur, logeait dans la même maison et au même étage qu'une pauvre veuve.

Cette femme avait eu douze enfants et les avait tous nourris; il lui restait seulement un garçon quand elle perdit son mari.

Ce funeste événement la réduisait à la misère et ne lui permettait plus de donner de l'éducation et un métier à son fils. Le rémouleur, qui n'a pour subsister lui-même que le produit de ce qu'il peut gagner chaque jour, fut touché de l'infortune de la mère et du sort du fils : il commença par donner quelques secours, que cette bonne femme tâchait de reconnaître par son zèle et ses soins envers lui.

La veuve ayant été atteinte d'une attaque d'apoplexie, Bonafoux s'opposa à ce qu'elle fût transportée à l'hôpital et fit des sacrifices pour qu'elle fût traitée chez elle.

Le jeune garçon ayant été mis en apprentissage, le bon rémouleur fournissait en partie à ce qui était nécessaire pour sa dépense, et imaginait quelquefois des prétextes pour donner ses habits à cet enfant.

Une seconde attaque a été encore plus funeste pour la veuve : percluse d'un bras, elle ne peut faire usage de ses jambes qu'à l'aide d'une béquille. Ce nouvel accident a excité encore plus le zèle et la générosité de Bonafoux; il a fait de nouveaux et plus grands sacrifices pour subvenir aux besoins de la mère et du jeune homme jusqu'à ce qu'il eût terminé son apprentissage.

La persévérante et touchante générosité d'un pauvre ouvrier, qui, vivant du faible produit de sa journée, en consacre, pendant plusieurs années, une partie à soulager une famille malheureuse, et met dans ses procédés une délicatesse et des sentiments qui honoreraient des personnes d'un état distingué, est bien digne d'être proposée en exemple.

Le soldat malade.

Un jeune homme très-pauvre, venant de finir ses études, n'ayant pas d'argent pour faire un voyage qui devait décider de son sort, crut devoir s'adresser à l'administration de l'hôpital de Poitiers : il ignorait que les fonds des hôpitaux ont une destination sacrée dont il n'est pas permis de les détourner, et que, quelque intéressante que fût son infortune, l'administration, malgré toute sa bonne volonté, ne pouvait rien faire pour la soulager. Comme cet infortuné exposait ses besoins à l'un des administrateurs, il entendit la voix d'un soldat malade et languissant dans un lit voisin, qui lui dit : « Jeune homme, j'ai vingt et un francs, en voilà dix-huit qui peuvent vous aider ; si je guéris, je trouverai bien le moyen de rejoindre mon régiment ; un peu de malaise est bientôt passé, et le bien que l'on fait donne de la force et du courage. »

La nourrice.

Une pauvre nourrice a donné un exemple touchant ; c'était une laitière qui demeurait dans un village aux environs de Besançon. Elle avait été chargée de nourrir l'enfant d'une famille de la ville ; quand il fallut le rendre à ses parents, elle versa bien des larmes, car elle s'était attachée à cet enfant et le regardait comme le sien propre. Bientôt elle apprit que le père, qui était commerçant, avait fait de mauvaises affaires, qu'il était ruiné, que ses créanciers le poursuivaient et qu'il avait disparu, abandonnant sa famille. Aussitôt elle accourt, elle cherche son nourrisson, et, le trouvant dans un état déplorable, elle le prend, le serre dans ses bras, le couvre de baisers et l'emporte à sa chaumière. Depuis ce temps, elle et son mari partagèrent avec cet enfant le pain qu'ils gagnaient à la sueur de leur front.

Le porteur d'eau.
Récit de M. le curé de Saint-Jean-Saint-François, à Paris.

La femme d'un porteur d'eau, nommé Jacquemin, père de trois enfants, ne gagnant qu'un franc soixante-quinze centimes à deux francs par jour, vint, il y a quelque temps, solliciter auprès de moi des secours pour une femme indigente, infirme et hors d'état de gagner sa vie : « Où demeure cette femme ? lui dis-je. — Chez nous. — Depuis quand ? — Dix mois, le onzième commence. — Que vous paye-t-elle par mois ou par jour ! — Rien. — Comment, rien ? — Pas de quoi mettre dans l'œil ; depuis qu'elle est avec nous, j'allonge la soupe, elle mange avec nous. — Vous n'avez pas le moyen de faire ce sacrifice ; au moins elle vous a promis qu'un jour ou l'autre elle vous dédommagerait ? — Elle ne m'a promis et ne me promet que ses prières. — Votre mari ne murmure-t-il pas ? — Mon mari ne dit rien, il est si bon ! — Ne va-t-il pas au cabaret ? — Jamais : il travaille et se tue pour ses enfants. — Depuis dix mois, c'est bien long.... — Elle était dans la rue, elle m'avait demandé asile pour deux ou trois jours, et Jacquemin et moi nous n'aurions pas le cœur de la mettre à la porte. — Mais, ma bonne femme, de quoi est composé votre logement ? — De deux chambres. — Combien le payez-vous ? — Je le payais cent vingt francs ; on l'a augmenté de vingt francs, ce qui fait quarante centimes par jour. — Mais il me semble que c'est pour vous que vous devriez demander des secours ? — Je ne demande rien, grâce à Dieu ; aussi longtemps que mon mari et moi pourrons travailler, je rougirais d'importuner personne pour nous. — Eh bien ! ma bonne femme, voici dix francs pour.... — Que la pauvre veuve Pétrel va être heureuse !.... »

Des larmes de joie coulent des yeux de cette femme charitable ; c'est à elle que je voulais donner ces dix francs, je la laissai dans l'erreur ; cette erreur était si honorable pour elle ! « Allez dire à la veuve Pétrel, qui vous est si redevable, de faire une pétition pour être admise dans un hospice et de me la remettre ; je me charge du reste. »

La veuve fut placée dans un excellent hospice.

Plus de dix mois de soins, d'asile et de nourriture, donnés sans espoir de récompense par l'indigence laborieuse à l'indigence abandonnée, n'est-ce pas là un exemple digne d'être cité ?

Mademoiselle Linet.

Dans une des rues de Paris, à l'étage le plus élevé d'une maison modeste, est une petite chambre où l'on ne voit qu'un fauteuil, qu'un lit, et qui n'a pour ornement qu'un crucifix : c'est là que demeurait depuis longues années Mlle Pierrette Linet, n'ayant pour subsister d'autre ressource que son travail.

Mlle Linet comptait déjà soixante années, remplies de bonnes œuvres, lorsque, près d'elle, dans une mansarde voisine de celle qu'elle occupe, vint se réfugier une pauvre et vieille femme, Mme Billy, veuve d'un ancien employé des postes.

Mme Billy n'avait pour tout moyen d'existence qu'une pension viagère de trente francs par mois. Mais le dénûment, la misère n'étaient pas ce qui l'affligeait. Tristement parvenue au terme de la vie, une douleur profonde accablait son âme : sa fille était infirme, sourde-muette. Où lui trouver un appui, et comment supporter l'idée de la laisser seule ?

Chaque jour ajoutait au désespoir de la pauvre mère, lorsque Mlle Linet, émue de compassion sur tant d'infortunes, vint doucement s'initier aux chagrins de la mère, aux besoins de la fille, et se placer, comme une seconde Providence, entre ces deux êtres.

Alors Mme Billy put mourir, et, à sa dernière heure, confiant sa fille à son amie, elle entendit celle-ci répéter : « Jamais, non jamais je ne la quitterai. »

Ne songeant plus qu'à remplir cet engagement sacré, Mlle Linet a commencé, à soixante-cinq ans, une tâche de dévouement pour laquelle elle s'est inspirée de toute une tendresse de mère.

A peine Mme Billy eut-elle fermé les yeux, que Mlle Linet fit transporter la pauvre orpheline dans son petit réduit. Là il n'y avait qu'un lit, ce lit fut pour la malade. Mlle Linet travaillait déjà dix heures par jour, elle en travailla quinze, elle en travailla dix-huit; quand le travail ne suffit plus, elle vendit ses meubles.

Que ne peut la passion de la charité ! Jusqu'alors un seul

être au monde avait pu comprendre les gestes et les sons inarticulés de la malheureuse infirme : l'ingénieuse vertu de Mme Linet lui donna la clef de ce langage.

Elle a toutes les inquiétudes, tout l'amour troublé d'une mère, sans en avoir jamais eu ni les joies ni les espérances; et, quand on lui parle de l'impossibilité de continuer à son âge cette vie de perpétuels sacrifices et d'une résignation surhumaine, elle lève les yeux au ciel, et, de là, les portant sur sa fille adoptive, elle répond avec confiance : « Je l'ai reçue de sa mère et je ne la rendrai qu'à Dieu. »

La famille Grosso.
[XIXe siècle.]

Un colonel espagnol, que diverses vicissitudes laissèrent sans fortune et sans asile, avait eu à son service, pendant vingt-cinq ans, le nommé Grosso, qui avait fait la guerre sous ses ordres. Dans la vieillesse et l'adversité, son serviteur fidèle ne l'abandonna point. Mais Grosso mourut. Sa femme, son fils crurent devoir continuer sa tâche : ils s'y dévouèrent avec courage. Le fils, chaque mois, apportait tout son gain à sa mère pour faire vivre l'ancien maître de son père. Cependant, voilà que, lui aussi, à trente-trois ans, la mort est venue le frapper, et la mère, atteinte de tant de coups, est désormais incapable de travail. Deux filles restaient pour porter tout cet héritage de dévouement, et soutenir à la fois le vieux colonel et sa bienfaitrice. Elles étaient brodeuses de leur état : elles travaillèrent la nuit et le jour. Elles travaillèrent si assidûment, que l'aînée, attaquée par une maladie sans remède, cessa de pouvoir payer son tribut. Elle tombait ainsi, avec son hôte et sa mère, à la charge de sa plus jeune sœur. Pétronille Grosso accepte tous les fardeaux que lui envoie la Providence. A force de travail, de privations et de courage, elle suffit à tout. Son courage ne fléchira point. Mais déjà sa santé s'épuise, et, quand les voisins effrayés pour elle, lui offrent les moyens d'acheter des aliments plus solides, elle achète au vieillard quelque surprise qui lui rappelle sa fortune et sa patrie. Quand on lui apporte, dans les rigueurs de l'hiver, des vêtements plus chauds, elle les donne à sa sœur. Sa constance parmi tant d'infortunes semblerait surhumaine si elle ne trouvait dans la religion le seul soutien qui puisse toujours égaler nos forces à nos devoirs et à nos misères. Mais n'admire-t-on pas cette famille, que la mort frappe à coups redoublés sans y tarir la source des sentiments généreux ! La vertu s'y transmet, comme une succession, au plus proche héritier. Rien n'atteste mieux l'heureuse puissance de l'éducation et ne fait plus vivement sentir ce que peuvent les pères pour assurer à leurs enfants le trésor des bons sentiments avec celui des bons exemples.

La veuve Vignon.
[1822.]

La veuve Vignon résidait à Bordeaux, vivant chétivement de sa profession de cardeuse de matelas. Elle avait pour amie la veuve d'un ancien officier, décédé aux Invalides. L'état d'infirmité où était tombée Mme Dutois (c'est le nom de cette amie), ne lui permettant plus de subvenir par elle-même à ses besoins, et la veuve Vignon se trouvant, de son côté, privée d'une partie de ses pratiques, il fallut songer à se créer une nouvelle existence. La pensée de Paris, où elle est née, où elle a laissé des protecteurs, vient s'offrir à la bonne cardeuse de matelas. Elle sait qu'elle y trouvera de l'ouvrage. Il faut donc, elle et son amie, se déterminer à faire le voyage ; mais comment l'entreprendre ? Il est si long, si pénible, si dispendieux ! Elles n'ont ni crédit ni ressource. La veuve Vignon peut du moins marcher, mais Mme Dutois est hors d'état de se mouvoir. Qui n'eût pas reculé devant tant d'obstacles ?

La veuve Vignon ne se découragea pas. Son humble mobilier est vendu : du prix qu'elle en reçoit elle achète une petite charrette, dans laquelle elle place son amie impotente et elle s'y attelle intrépidement, et la conduit ainsi de village en village, de ville en ville, à travers une route hérissée d'embarras et de difficultés, au milieu des fatigues et des privations, sans se plaindre, sans se laisser abattre, sans regretter un instant d'avoir pris une résolution si hardie. A mesure qu'elle avance, les obstacles se multiplient autour d'elle : le ciel se couvre de nuages, la tempête éclate, les chemins deviennent impraticables. Voilà cependant les deux amies parvenues jusqu'à Angoulême, dont elles traversent les rues, dans une situation digne de pitié. La pauvre veuve haletante, couverte de sueur, enfoncée avec sa charrette dans une boue gluante et épaisse, et ne devant un reste de forces qu'à l'angélique obstination de sa vertu, excitait l'intérêt de tous, sans obtenir l'assistance d'un seul. Ce spectacle si nouveau, si touchant, frappe les yeux d'une dame qui passait [1]. Cette dame, émue jusqu'au fond du cœur à l'aspect de ces deux femmes, s'arrête, interroge, apprend la vérité, court vers les infortunées qui vont cesser de l'être, répand dans leurs mains l'or qu'elle a recueilli pour elles, leur procure de la main du préfet, heureux de s'associer à cet acte de bienfaisance, une feuille de route avec l'étape et l'indemnité ; et, à l'aide d'une si puissante intervention, la veuve Vignon peut arriver au but où l'appelait son dévouement.

Rendues à Paris, la bonne veuve et son amie infirme se logent dans un comble : l'ouvrage vient ; la cardeuse de laine suffit par son travail à deux existences. Tous les jours elle s'applaudit de sa courageuse résolution couronnée par le succès ; tous les jours elle reçoit les nouvelles bénédictions de sa compagne, qui, bien que plus âgée qu'elle, se plaît à la nommer sa mère adoptive.

La petite Marie.
[XIXe siècle.]

Une jeune fille de quinze ans parcourait d'un pas leste et rapide le chemin qui mène à la ville de Vesoul. Elle allait gaiement acheter, du fruit de ses économies, les habits qu'elle espérait porter dans quelques jours à la fête de son village. La joie est dans son cœur ; sa parure éclip-

---

[1] Mme de Jumilhac, nièce d'un ministre du roi Louis XVIII.

sera celle de ses compagnes. Cette petite fille est Marie, fille d'un pauvre vigneron. Au milieu de ses rêves charmants, elle rencontre un vieillard réduit à la misère et qui fondait en larmes. Marie s'arrête; elle écoute, en pleurant aussi, le récit de ses malheurs; son âme s'ouvre à la pitié, elle n'a plus besoin d'habits neufs; la charité naît dans son cœur et triomphe de l'amour de la parure. Elle donne au vieillard sa petite bourse et commence à sentir qu'une bonne action rend plus heureux que de beaux habits.

Les enfants de l'école de Stanz.
[1799.]

Pestalozzi, homme célèbre par ses vertus et par ses talents, s'était voué à l'éducation de la jeunesse. Il avait accepté la direction d'un établissement à Stanz[1], où étaient réunis des enfants pauvres, que la guerre avait privés de leurs parents et laissés absolument sans ressources. Cet établissement se soutenait par une subvention du gouvernement et par le produit du travail des enfants, qui s'occupaient de jardinage pendant les beaux jours, et de tissage

ou de filature pendant l'hiver. A peine avaient-ils le strict nécessaire. Tout à coup on apprit que la petite ville d'Altorf, voisine de Stanz, venait d'être réduite en cendres. Pestalozzi rassemble ses élèves : « Altorf est détruite, leur dit-il; peut-être plus de cent enfants sont, dans ce moment, sans vêtements, sans asile et sans nourriture; voulez-vous que nous nous adressions au gouvernement pour qu'il nous permette de recevoir vingt de ces enfants au milieu de nous? — Oui! oui! s'écrièrent les enfants d'une voix unanime. — Mais, reprit leur directeur, réfléchissez bien à ce que vous demandez. Nous avons bien peu d'argent à

---

1. Petite ville de Suisse, chef-lieu du canton d'Unterwald.

notre disposition, et il n'est pas sûr qu'en faveur de ces nouveaux venus on nous en accorde davantage. Peut-être, pour conserver vos moyens d'existence et d'instruction, faudra-t-il travailler plus que vous n'avez fait jusqu'à présent. Peut-être faudra-t-il partager avec ces étrangers vos aliments et vos habits. Ne dites donc pas que vous les désirez au milieu de vous, si vous n'êtes pas sûrs de pouvoir vous imposer toutes ces privations sans en avoir ensuite du regret. » Le directeur répéta plusieurs fois ces objections ; il fit répéter aux enfants tout ce qu'il avait dit pour s'assurer qu'ils l'avaient bien compris. Ils persévérèrent dans leur généreuse résolution. « Qu'ils viennent, dirent-ils tous ; qu'ils viennent ; et, quand même ce que vous dites arriverait, nous voulons partager avec eux tout ce que nous avons. » Ils vinrent, en effet, et furent reçus et traités en frères.

Les petits écoliers de Passy[1].
[1842.]

Un pauvre ouvrier, nommé Morvan, veuf depuis plusieurs années, vint pendant l'hiver de 1842, avec son enfant, d'un département éloigné, dans l'espoir de travailler aux fortifications de Paris; il avait obtenu l'admission de son jeune garçon, âgé de neuf ans, à l'école communale de Passy. Le père et l'enfant étaient dans le dénûment le plus complet : c'est à peine si celui-ci avait son pain de chaque jour; souvent même on se couchait sans souper. « Nous allons, disait un jour l'enfant à l'un de ses camarades, dans son naïf langage, nous coucher à jeun ce soir, car nous n'avons plus de pain. » Alors un enfant de l'école, presque aussi pauvre, commença à partager son déjeuner avec lui; et depuis, les autres, touchés de la misère de ce pauvre enfant, s'empressèrent d'apporter chaque jour de quoi subvenir non-seulement à ses besoins, mais encore à ceux de son père, que le mauvais temps empêchait souvent de travailler. Ainsi, les uns donnaient du pain, les autres un, deux et quelquefois

---

1. Passy, commune voisine de Paris, a été réunie, en 1860, à cette capitale.

jusqu'à trois sous. On donnait aussi des vêtements, même des souliers. Enfin chaque soir le pauvre enfant emportait au moins un kilogramme de bon pain, qui servait au souper et au déjeuner du lendemain. Et ce qu'il y a de plus touchant, c'est que ce bon cœur des enfants s'est soutenu tout le temps de la saison rigoureuse, sans faiblir un seul instant, toujours avec le même empressement et la même effusion.

Quand les jours furent devenus plus doux, ces pauvres gens reprirent à pied la route de leurs pays, emportant dans leur cœur le souvenir de l'école de Passy.

§ VIII. HUMANITÉ, DÉVOUEMENT.

Le spectacle du malheur produit par un violent incendie, la vue d'un homme assailli par les brigands, les cris d'un enfant près de périr dans les flots, enfin la présence d'un péril imminent portent une foule d'âmes généreuses à risquer leur vie pour sauver leurs semblables ; ce sont là des élans de l'âme, des mouvements d'une générosité spontanée qu'on ne saurait trop louer : ils honorent la nature humaine. (LEBRUN.)

Il est des circonstances où l'homme, pour secourir ses semblables, déploie tout à coup une magnanimité, une puissance de volonté et de résolution, une élévation de sentiment inouïes. La France est tellement féconde en âmes généreuses, que, toutes les fois qu'un danger extraordinaire éclate, sur-le-champ un dévouement extraordinaire se manifeste. (B.)

Dans notre heureuse France, nous pouvons, avec une juste fierté, montrer à nos amis autant de citoyens vertueux et dévoués, que nous avons opposé d'émules à nos rivaux et de braves à nos ennemis. (SÉGUR.)

Lorsqu'on nous raconte un beau trait de dévouement, nous nous sentons vivement émus ; nous éprouvons un plaisir noble et pur : nous nous sentons meilleurs. N'est-il pas évident que nous éprouverions un plaisir encore plus vif, une émotion plus forte, un bonheur plus grand, en imitant ce que nous avons admiré, et en faisant des actions semblables à celles dont le simple récit nous a si profondément émus ? (B.)

MALADIES, MISÈRE.

Bétancourt.
(XVIe siècle.)

Un religieux français, nommé Pierre de Bétancourt, étant à Guatemala, ville de l'Amérique espagnole, fut touché du sort des esclaves qui n'avaient aucun lieu de refuge pendant leurs maladies. Ayant obtenu par aumône le don d'une chétive maison, où il tenait auparavant une école pour les pauvres, il bâtit lui-même une espèce d'infirmerie qu'il recouvrit de paille, dans le dessein d'y retirer les esclaves qui manquaient d'abri. Il ne tarda pas à rencontrer une femme nègre, estropiée, abandonnée par son maître. Aussitôt le saint religieux charge l'esclave sur ses épaules, et, tout glorieux de son fardeau, il le porte à cette méchante cabane qu'il appelait son hôpital. Il allait courant toute la ville, afin d'obtenir quelques secours pour sa négresse. Elle ne survécut pas longtemps à tant de charité; mais, en répandant ses dernières larmes, elle promit à son gardien des récompenses célestes, qu'il a sans doute obtenues.

Plusieurs riches, attendris par ses vertus, donnèrent des fonds à Bétancourt, qui vit la chaumière de la femme nègre se changer en un hôpital magnifique. Ce religieux mourut jeune; l'amour de l'humanité avait consumé son cœur. Aussitôt que le bruit de son trépas se fut répandu, les pauvres et les esclaves se précipitèrent à l'hôpital pour voir encore une fois leur bienfaiteur. Ils baisaient ses pieds, ils coupaient des morceaux de ses habits, et l'on fut obligé de mettre des gardes à son cercueil.

L'ordre du père Bétancourt lui survécut : l'Amérique entière se couvrit de ses hôpitaux, desservis par des religieux, qui prirent le nom de Bethléémites. Telle était la formule de leurs vœux : « Je fais vœu de pauvreté, de chasteté et d'hospitalité, et m'oblige de servir les pauvres malades, encore bien qu'ils soient infidèles et attaqués de maux contagieux. »

Belzunce et Roze.

L'histoire a conservé les noms du pieux Belzunce, évêque de Marseille, et du brave chevalier Roze, qui, lors de la peste qui désola cette ville en 1720 et 1721, imitèrent le zèle et le dévouement dont saint Charles Borromée avait donné un si bel exemple dans la peste de Milan. On les voyait, au plus fort de la contagion, allant de rue en rue, portant des secours de tous genres aux malades; encourageant, par leur exemple encore plus que par leurs discours, les militaires et les magistrats qui se dévouèrent avec eux à cette œuvre héroïque. Chaque jour ils exposaient leur vie; et, par une faveur spéciale de la Providence, le fléau destructeur ne les atteignit jamais.

Le choléra à Paris.

En 1832, le choléra envahit Paris avec la rapidité de la foudre. On le voit s'abattre en même temps sur les palais et sur les plus misérables demeures, et porter la mort au sein de toute une population pâle et déjà terrassée d'épouvante.

Effrayés par le fléau, les habitants vont-ils s'isoler les uns des autres? Les malheureux seront-ils délaissés? Non: l'humanité va faire des prodiges. Animés d'un zèle aussi grand que le péril, les médecins demandent à leur art de nouveaux secrets : pour eux le jour n'a plus de repos, la nuit plus de sommeil; chaque heure, chaque moment, chaque minute sont consacrés au devoir, à la fatigue, aux dangers, et sur tous les points de la capitale des ambulances[1] s'établissent ; des divers postes où s'est distribuée cette milice savante et courageuse, elle vole au premier appel de la souffrance : des pharmacies portatives la suivent au lit des malades.

Mais le nombre des malades se multiplie. Comment suffire à tout? Voici venir des auxiliaires, et quels sont-ils? les enfants des plus riches familles de Paris désertent leurs brillantes demeures et vont s'installer dans les mansardes et dans les hôpitaux. Infirmiers volontaires, semant l'or, prodiguant les soins, ils sont en permanence auprès des grabats infectés : leur zèle supplée à l'expérience, leur charité triomphe du dégoût, leur persévérance désarme la mort.

Les femmes viennent aussi réclamer leur part sublime

---

1. Les ambulances sont des espèces d'hôpitaux mobiles.

dans les services et dans les dangers. Les ministres de la religion semblent se multiplier pour porter partout des consolations et des secours. Jamais le zèle de l'humanité n'offrit un concours plus attendrissant, une rivalité plus héroïque.

Mademoiselle Détrimont.

Au commencement de l'année 1825, dans la commune de Saint-Remi-Bosrecourt, arrondissement de Dieppe, une maladie épidémique, contagieuse, ayant tous les caractères du typhus, s'était introduite, on ignore de quelle manière, dans une maison qu'habitait une pauvre famille, composée de onze personnes. En six jours la grand-mère et deux de ses petits-enfants avaient succombé. Un mois après la mère mourut, et deux autres de ses enfants la suivirent à sept ou huit jours d'intervalle. Jacques Vasselin, chef de cette famille infortunée, restait seul avec quatre enfants, et ils étaient tous les cinq attaqués du mal qui avait déjà frappé six victimes sous leurs yeux.

Effrayés de tant de morts si promptes, et qui s'étaient succédé si rapidement, les parents, les amis, les voisins, n'osaient approcher de Vasselin et de ses enfants : abandonnés de tous, ils semblaient condamnés à périr sans espoir de secours. « Nous ne voulons pas aller chercher la mort » : telle était la réponse de tous ceux que l'autorité locale pressait de porter quelque soulagement, quelques soins à ces malheureux. Mlle Célestine Détrimont, habitante d'une commune voisine, informée de ces faits par la voix publique, vint s'offrir au maire de Saint-Remi pour donner à cette famille infortunée les secours qui lui étaient refusés de toutes parts. Le maire accepte avec attendrissement son offre, mais il ne croit pas devoir lui cacher le danger qu'elle allait courir : « Je sais à quoi je m'expose, répondit-elle; mais je ne puis laisser périr cinq malheureux ainsi abandonnés ; quand on sert Dieu et ses pauvres, on ne craint pas la mort. » Et, à peine munie de quelques préservatifs, elle alla s'enfermer dans la maison infectée, où gisaient entassés Vasselin et ses quatre enfants. Un seul de ces enfants mourut. Par ses soins actifs et constants, Mlle Détrimont eut le bonheur d'arracher à une mort qui paraissait certaine, Vasselin et les trois enfants qui lui restaient. Cette belle action n'est pas un fait unique dans la vie de Mlle Détrimont : elle a fait beaucoup d'actions semblables, qui ne sont connues que du ciel et des infortunés qu'elle a secourus.

Madeleine Saunier.

On était au plus fort de l'hiver rigoureux de 1835. Une femme bienfaisante, nommée Madeleine Saunier, avait découvert, au loin dans la campagne, une femme appelée Mancel, dont la retraite ressemblait plutôt à celle d'une bête fauve qu'à l'asile d'une créature humaine. La femme Mancel, depuis longtemps malade, voyait approcher son dernier moment. Madeleine, assise à son chevet, ne la quittait plus. C'était vers la fin d'une longue nuit; une neige épaisse couvrait la terre, un vent glacé soufflait et ébranlait la cabane où s'abritait tant de misère et de charité. Madeleine, pour combattre le froid mortel qui se joignait à tant d'autres souffrances, avait allumé quelques morceaux de bois vert qui remplissaient la hutte de fumée, et prodiguait les dernières consolations à la malade, en proie aux convulsions de la mort, lorsque la porte, fermée seulement par une pierre qui la butait à l'intérieur, s'entr'ouvre et laisse apercevoir un loup affamé prêt à s'élancer sur Madeleine, ou à disputer à la mort sa proie. Madeleine, épouvantée, eût pris la fuite si elle avait été seule; loin de là, elle s'élance pour défendre le dépôt que la Providence a placé dans ses mains; elle tient ferme, repousse, contient la pierre et la porte, rassemble quelques autres obstacles, ne cesse de pousser des cris, qu'elle varie pour que l'animal féroce croie avoir affaire à plusieurs personnes à la fois. Mais ses forces vont s'épuiser. Heureusement le jour paraît et le loup s'éloigne. Quelques heures après, la femme Mancel avait cessé d'exister. Vous croyez que Madeleine se tient quitte envers elle et ne songe qu'à regagner son village?... non : sa piété envers son semblable ne lui permet pas d'abandonner ainsi les restes de cette créature dont elle avait longtemps soulagé les souffrances et tout à l'heure encore défendu, au péril de sa vie, les derniers moments. Elle frémit à l'idée du loup revenant dans la chaumière ; elle court chez le paysan le plus voisin, et le supplie de permettre qu'elle dépose chez lui la dépouille de la pauvre femme. Sa prière est exaucée ; et, sa mission providentielle enfin accomplie, elle tombe à genoux et remercie Dieu d'avoir béni ses efforts. Qu'on juge de l'émotion qu'elle éprouva, lorsqu'elle apprit que l'animal contre lequel elle avait héroïquement lutté était revenu la nuit suivante, et que ses pas, imprimés sur la neige et dans la cabane, lui prouvèrent jusqu'à quel point son courage était récompensé !

Jeanne Jugan.

Née à Cancale, Jeanne Jugan vint chercher à se placer comme servante, il y a plus de vingt-cinq ans, dans une petite ville de l'arrondissement de Saint-Malo, Saint-Servan.

Elle entra en dernier lieu dans une maison où l'on peut dire qu'elle était à l'école des bonnes œuvres. Sa maîtresse étant venue à mourir, Jeanne résolut de la remplacer dans l'exercice de la bienfaisance.

Or voici ce que cette résolution, cette sorte de vœu, a produit.

Une vieille aveugle, infirme et dans la misère, venait de perdre sa compagne, son unique soutien, une sœur âgée et dans la misère comme elle. L'hiver de 1839 allait commencer. Comment une aveugle se passerait-elle d'un appui? où celle-ci trouvera-t-elle le sien ? Jeanne Jugan la fait transporter dans sa demeure. La voilà avec quelqu'un à nourrir et à soigner.

Une servante s'était dévouée à ses maîtres ; elle les avait servis d'abord fidèlement dans la prospérité, puis sans gages dans la détresse, puis en les nourrissant des fruits de son labeur et de ses propres épargnes. L'âge, les infirmités, l'incapacité du travail, enfin l'isolement, étaient venus pour elle-même ; ses maîtres étaient morts, elle était sans abri :

Jeanne Jugan l'emmène encore chez elle ; elles seront trois. La maison est petite, les ressources aussi, la Providence y pourvoira.

D'autres malheureux viennent frapper à la porte de cette pauvre demeure, devenue comme une maison d'asile. Les vieillards abandonnés sont nombreux à Saint-Servan : c'est une population de marins ; les flots et les fatigues d'un rude métier emportent brusquement l'homme fort de la famille, celui dont le travail fournit aux besoins de tous. Lui mort, les enfants, les vieux parents restent sans ressources. Jeanne veut bien leur venir en aide, mais il faudra lui chercher une maison plus grande : elle trouve cette maison, elle la loue, elle déménage avec ses pauvres, elle s'y installe ; un mois après la maison est pleine : douze pauvres gens y ont un abri.

Alors on en parle dans la ville, dans les familles aisées ; on va voir ; on admire l'ordre et les soins, et les moyens ingénieux qui servent à une femme dénuée de tout bien, à nourrir, à entretenir, à tenir content tout son monde. On veut s'unir à cette bonne œuvre : une maison plus spacieuse est acquise, on la cède à Jeanne, mais on l'avertit bien : c'est tout ce qu'on fera, on ne peut contribuer à la dépense ; qu'elle y prenne garde, c'est elle seule que cette dépense regarde ; qu'elle ne multiplie pas trop son personnel. « Donnez, donnez la maison, dit-elle, si Dieu la remplit, Dieu ne l'abandonnera pas. »

Bientôt, au lieu de douze pauvres, elle en a vingt : et aujourd'hui elle compte autour d'elle une famille de soixante-cinq malheureux des deux sexes, tous vieux ou infirmes, ou atteints de maux incurables, tous arrachés à la misère dans leurs greniers, ou à la honte de mendier dans les rues, ou soustraits aux vices que le vagabondage traîne après lui.

Excitées par son exemple, trois personnes sont venues se joindre à Jeanne pour le service, vouées à toutes les occupations de l'intérieur. Le travail est organisé dans la maison, volontairement, selon l'aptitude et les facultés de chacun ; un médecin y visite gratuitement les malades : il y a établi une petite pharmacie : en un mot, Jeanne Jugan a doté d'un véritable *hospice* la ville de Saint-Servan !

Le plus grand nombre des hospices a été formé par des communes ou par l'État. D'autres établissements du même genre l'ont été par des hommes riches, par des dispositions testamentaires, par des appels à la bienfaisance : l'hospice de Saint-Servan a été fondé par une pauvre servante, qui n'avait pour richesse que sa charité.

Comment est-il possible que Jeanne suffise aux dépenses d'une telle maison ? La Providence est grande. Jeanne est infatigable, Jeanne est éloquente, Jeanne a les prières, Jeanne a les larmes, Jeanne a le travail, Jeanne a son panier, qu'elle emporte sans cesse à son bras, et qu'elle rapporte toujours plein.

INONDATIONS, NAUFRAGES.

Dercy.
[XIXe siècle.]

Au commencement d'un hiver rigoureux, les environs d'un village furent affligés d'un grand désastre. A la suite de pluies abondantes, toutes les rivières avaient débordé, plusieurs écluses du canal avaient été rompues. L'inondation avait déjà gagné les premières maisons ; on tremblait pour les habitants d'un moulin situé à trois cents pas du village. Le meunier et son garçon étaient absents ; la femme était restée seule avec deux enfants en bas âge. On arrivait à ce moulin par une chaussée qui s'élevait entre le canal et une prairie. Dès la veille, la prairie était submergée ; au point du jour, on vit avec effroi la chaussée déjà couverte de quinze centimètres d'eau.

Georges Dercy, jeune propriétaire d'une ferme voisine, avait travaillé toute la nuit avec des gens du pays, tant à élever à la hâte quelques digues, qu'à ouvrir des écoulements aux eaux. Quel fut son effroi, quand il vit le danger qui menaçait cette pauvre famille ? Les eaux grossissaient presque à vue d'œil : point de bateau ; un seul, ordinaire-

Inondation.

ment attaché près du moulin, avait été emporté par le courant. Tout à coup, parmi le groupe des habitants rassemblés dans la partie de la rue qui n'était pas encore inondée, un homme à cheval vint à passer. Georges jette un coup d'œil sur l'eau qui couvre la chaussée, puis s'approchant du voyageur : « Monsieur, lui dit-il poliment, descendez de cheval, je vous prie. — Comment! que je descende? — A l'instant. » Le jeune homme avait dans ce moment un ton si impératif, que le voyageur, tout étourdi, met pied à terre ; Georges saute en selle, et enfile au grand trot la chaussée. « Mon fils ! mon fils, lui criait sa mère. — N'ayez pas peur, ma mère, il n'y a pas de danger. » On le voit arriver au pied du moulin ; la pauvre femme passe une corde sous les aisselles d'un de ses enfants, elle attache l'autre à un drap ; Georges, debout sur la selle, les reçoit tous les deux, les place devant lui et part, en promettant à leur mère qu'il va revenir. C'est la vieille Mme Dercy qui prend les deux enfants des mains de son fils. Pour cette fois, tremblante, éperdue, elle n'ose plus l'arrêter ; elle sait qu'elle l'essayerait en vain, qu'il ne l'écouterait pas ; elle sent qu'il n'y a pas un moment à perdre. Georges retourne chercher la mère. A ce second voyage, le cheval avait de l'eau jusqu'au poitrail, il semblait nager. Grâce au ciel, ce second voyage s'exécuta aussi heureusement que le premier. C'est la mère de Georges qui remet à l'autre mère ses deux enfants.

Georges avait été reçu aux acclamations de tous les habitants ; il reconduit le cheval au voyageur. Celui-ci s'était écrié : « Ce jeune homme-là est-il fou? Il va noyer mon cheval ! il va se noyer ! » Ensuite, reprenant son cheval, il dit à Georges : « Monsieur, vous êtes un brave ! mais j'ai eu bien peur pour vous ; jugez donc d'un côté le canal, et de l'autre trois mètres d'eau dans la prairie. — Oui, reprit Georges, mais un à peine sur la chaussée, et je la connais si bien ! Je m'y promène si souvent ! et, d'ailleurs je sais nager ; je n'ai donc pas de mérite : mais j'aurais éprouvé bien du regret si, après avoir sauvé les enfants, je n'étais parvenu à leur conserver leur mère. »

Antoine Dejean et ses compagnons.

L'Aveyron [1] longe la petite et jolie plaine du Riol. Le village du Riol-Bas, composé de dix-huit familles, situé dans cette plaine, à deux cents mètres de la rivière, commença, dès le mois de février, à être envahi par l'inondation. Les habitants, accoutumés à de pareilles visites, conduisirent leurs bestiaux aux villages voisins, étayèrent leurs caves et se renfermèrent dans leurs maisons. Pendant toute la journée, l'eau ne discontinua pas de grossir ; mais dans la nuit l'inondation fut effroyable. Une immense quantité de grosses pièces de bois étaient charriées dans les rues du village, et donnaient des secousses terribles aux maisons : deux s'écroulèrent avant la fin de la nuit. Le bruit de leur chute, mêlé à celui des eaux qui roulaient au dehors et au dedans des habitations, portait la consternation dans le cœur des habitants. Chaque famille tremblait d'être ensevelie sous les décombres de son toit. Enfin le jour paraît ; mais ce n'est que pour montrer à ces malheureux toute l'horreur de leur position... L'inondation allait toujours croissant, et la pluie tombait sans cesse par torrents. Les habitants d'un village voisin s'empressaient pour porter des secours, mais ils sont arrêtés à une distance énorme ; à peine peuvent-ils faire parvenir quelques paroles de consolation et d'encouragement, car la seule barque qui se trouve habituellement dans le voisinage est ensevelie sous les eaux. Cependant, au bruit des flots se mêlent des gémissements, des cris de détresse. On voit aux croisées et sur les toits les familles groupées, lever leurs mains au ciel... Les mères embrassent leurs enfants, les mouillent de larmes de douleur et d'angoisse : « Implorons tous ensemble la miséricorde de Dieu, s'écrient-elles en sanglotant, car nous allons tous périr s'il n'a compassion de nous ! » Témoins de ce douloureux spectacle, les gens du village voisin conçoivent l'heureuse idée d'aller aux Ardourels, bourg éloigné de

---

1. Rivière impétueuse qui se jette dans le Tarn, entre Montauban et Moissac; elle donne son nom à un département formé de l'ancien Rouergue.

trois quarts de lieue, en longeant la rivière, s'informer si l'on a pu sauver quelques bateaux. On arrive dans ce b urg ; on voit une gabarre qui flotte bien avant sur l'eau, au bord d'un tertre fort élevé qui domine le lit de l'effroyable rivière. Qui ira au milieu des torrents prendre ce bateau ? l'un ne sait pas nager, l'autre craint d'être englouti. « Quatre-vingts personnes auront peut-être péri ce soir, si nous n'allons à leur secours !.... — Il faut y voler, » s'écrie le jeune Antoine Dejean, propriétaire de la gabarre ; et, se confiant en la Providence, il se jette à l'eau, arrive au bateau, le détache et l'emmène au bord. Il était impossible de le conduire par eau jusqu'au lieu de désolation : on le place sur une charrette, et l'on arrive bientôt au Riol-Haut, distant de six cents mètres environ du village inondé. Aussitôt la gabarre est lancée à l'eau ; Dejean la conduit, accompagné de deux braves, tous trois munis de perches et de petites rames. Ces trois personnes, aussi habiles que courageuses, affrontent les plus grands dangers. A la rapidité avec laquelle ils courent sur les haies et les murailles dont est parsemée la plaine submergée, on connaît, on sent la généreuse humanité qui les anime. Tous les spectateurs font des vœux pour la réussite de leur dangereux projet. Déjà on aperçoit à peine au milieu de l'eau la fugitive nacelle...; bientôt elle vogue sur la place du village consterné. A sa vue, les pleurs et les cris redoublent, mais ce sont des cris d'espérance, des larmes de joie. Les pilotes sauveurs se dirigent vers les maisons qui courent le plus grand danger. Ils sauvent les uns après les autres tous les habitants de ce village submergé. Cependant des maisons tombaient d'intervalle en intervalle. A l'arrivée de la nuit, le malheureux village était détruit, mais entièrement évacué. Les voisins donnèrent l'hospitalité aux émigrants, et l'on n'eut à déplorer la perte de personne.

Gilbert Bellard.

Gilbert Bellard est un de ces vieux soldats de la France qui ont puisé sous les drapeaux de nobles inspirations

Après le licenciement de 1815, la commune d'Artonne, dans le département du Puy-de-Dôme, le choisit pour garde champêtre; et, dès ce moment, Bellard sembla ne plus vivre que pour ses concitoyens.

Le 25 juillet, tandis que les cultivateurs d'Artonne et de Saint-Myon sont retenus au dehors par les travaux de la moisson, un orage épouvantable les surprend; une énorme trombe d'eau, s'abattant subitement, leur coupe toute retraite; la pluie, la grêle, poussées par un vent furieux, font déborder la rivière de Morge. Les propriétaires des usines établies sur cette rivière paraissent d'abord les plus menacés, et déjà Bellard est au milieu d'eux.

Mais il les quitte bientôt: de plus grands dangers le réclament. Toutes les populations voisines sont accourues, et la terreur les glace. Sur un très-petit espace que les eaux vont infailliblement envahir, cinq malheureux se sont réfugiés, et attendent une mort dont il semble qu'aucun secours humain ne puisse les préserver, car d'énormes troncs d'arbres, roulés par les eaux, se pressent, se heurtent, et rendent au plus habile nageur l'abord impraticable. Les cris de détresse de ces infortunés, les déchirantes supplications de leurs familles, portent la consternation à son comble. Leur pasteur désolé prie, et gémit en les bénissant.

Enfin Bellard arrive; il voit, il comprend. Alors, s'adressant à ses concitoyens: « Je sais, leur dit-il, à quoi je m'expose; si je péris, je vous lègue ma femme et mes quatre enfants. »

Aussitôt il plonge, et commence une lutte affreuse, car il ne peut ramener chacun de ces infortunés que l'un après l'autre, et n'arrive, prêt à succomber sous le poids de celui qu'il sauve, que pour songer à ceux qui restent, renouvelant pour chacun d'eux tout ce que le plus intrépide courage peut inspirer de plus héroïque.

Les cris d'admiration des populations entières, les larmes de reconnaissance des mères et des enfants le soutinrent sans doute, car, après six heures d'affreux périls, tous furent sauvés, tous furent rendus à leurs familles.

Paillette.

Paillette, revenu dans ses foyers après vingt-trois ans de service, semble avoir été placé comme une puissance conservatrice dans le voisinage du bassin de la Villette [1], théâtre des nombreux actes de son intrépide dévouement. Nageur habile, dès qu'il est instruit des dangers d'un de ses semblables, il se hâte de voler à son secours. Tantôt ce sont des enfants imprudents, tantôt des femmes au désespoir, des hommes malheureux et sans ressource qu'il retire de l'eau où les allait engloutir, soit le hasard, soit leur volonté. Ces traits, qui lui sont familiers, remontent jusqu'à son enfance. Un jour il sauva trois personnes, parmi lesquelles il s'en trouvait une qui, loin de rendre grâce à son libérateur, l'accabla d'injures. A la Villette, un charretier, jeté dans le bassin par des hommes qui l'avaient volé, fut ramené sain et sauf sur le bord par le brave Paillette averti de son danger. Une jeune femme, à la suite d'une violente querelle avec son mari, se précipite au fond de l'eau : Paillette l'y suit, la saisit au moment où elle va disparaître, la rend à la vie, à la raison, à son époux. Deux couvreurs, pris de vin, s'égarent dans leur route et tombent, la nuit, sur la glace, qui se rompt, s'ouvre et les engloutit : ils périssaient sans le secours de Paillette. Un infortuné, poussé par les conseils de la misère, allait chercher au fond des flots la fin d'une vie de dénûment : il doit l'existence à Paillette, qui l'héberge ensuite, lui donne à manger et lui laisse deux francs, somme insignifiante pour le riche, capital précieux pour le pauvre. C'est ainsi que dans l'espace de quelques années Paillette a sauvé plus de soixante personnes au péril de sa vie.

Le jour, la nuit, l'été, l'hiver, il est prêt : ses actes de dévouement n'auront de terme qu'avec son existence. Il s'est fait, pour ainsi dire, l'esclave de sa vertu : il appartient à quiconque est en danger. On vient le réveiller sans cesse pour les asphyxiés ou pour les blessés dont sa maison

---

[1] Commune réunie à Paris depuis 1860 : les canaux Saint-Martin et Saint-Denis prennent naissance dans ce beau bassin, alimenté par le canal de l'Ourcq.

est devenue l'hospice. Non content d'exposer ses jours pour conserver ceux de ses semblables, il recueille sous son toit les malheureux qu'il a dérobés au trépas, les veille, les garde, les nourrit, leur distribue les parcelles de sa mince fortune, rappelle à de bons sentiments ceux que l'excès de la détresse ou les erreurs des passions avaient entraînés au suicide, et ne les renvoie qu'après s'être bien assuré qu'il ne doit craindre pour eux aucune récidive. Il fait plus que de les garantir du danger présent, il protége encore leur avenir contre eux-mêmes : c'est à la fois un sauveur et un apôtre.

Naxi.

Il y a en Lorraine une petite ville peu connue, au milieu de plaines basses et marécageuses, à quelques lieues de Nancy. Une rivière la traverse, qui, pendant la belle saison, a souvent peu d'eau; en quelques endroits, on peut la passer alors à gué : on s'accoutume ainsi à la croire sans danger ; mais l'eau y devient tout à coup très-haute, à la moindre pluie d'orage ; elle a des places fort redoutées dans le pays, et citées pour nombre d'accidents.

Dans cette ville, qu'on appelle Vic[1], au bord de la Seille[2], habite un homme que la Providence semble y avoir placé tout exprès pour répondre à tous ceux qui, dans les accidents que la crue des eaux amène, invoquent du secours Joseph Naxi, toujours prêt au moment du besoin, a en cela d'autant plus de mérite, que ce n'est point un batelier, un homme de rivière. C'est un chapelier, un ancien soldat.

Le soin de sauver des malheureux surpris et entraînés par les eaux est devenu chez lui une habitude et presque une vocation, de telle sorte qu'on a fini par le considérer dans le pays comme le gardien de la rivière. Si un accident arrive, la première idée qui vient, c'est d'aller chercher Joseph Naxi. On dit : « Si Joseph était là ! » et Joseph est toujours là. Dès qu'on l'appelle, il a quitté son travail, sa

---

1. Chef-lieu de canton du département de la Meurthe

2. Cette rivière se jette dans la Moselle, à Metz.

boutique, sa table, son lit, l'hiver comme l'été, par tous les temps et à toutes les heures.

Il a sauvé une foule de personnes.

C'est un vigneron qui pêchait au bord de la Seille et que la Seille avait entraîné; c'est un sellier qui tombe à l'eau, près de périr; un soldat qui se noie avec son cheval; des ouvriers qui chavirent avec leur bateau; deux écoliers se baignant dans un courant trop rapide, qui ont déjà disparu sous l'eau, et qu'il rend à leur famille. Une autre fois, c'est un malheureux aliéné qu'il sauve; c'est une femme âgée, c'est une petite fille de trois ans.

Cette enfant était tombée dans la rivière du haut d'un pont. Deux habitants de Vic, témoins de sa chute, s'étaient aussitôt élancés après elle; mais, inhabiles à nager, ils ne purent l'atteindre. L'eau, très-haute alors, l'avait entraînée déjà loin; l'enfant surnageait toujours; mais, vers un endroit fort dangereux, on voyait l'eau déjà tourbillonner autour d'elle, prête à l'engloutir. On accourt chez Joseph. Il venait de prendre son repas, il était malade, le froid de l'eau pouvait le tuer. Il part, malgré sa femme qui se jette au-devant de lui pour le retenir. Aux supplications et aux larmes de sa femme, il répond un seul mot : « Je veux sauver cette enfant-là. » Il l'a ramenée à son père.

Mais un jour surtout fut le jour de triomphe de sa courageuse et persévérante humanité.

La rivière de Seille, enflée par de longues pluies, avait inondé ses deux rives. Elle était entrée dans les rues de la ville, elle était montée de plus d'un mètre jusque dans les habitations. Beaucoup de gens appelaient du secours : Joseph entendit tout le monde. Il suit son impulsion, il fait son office accoutumé. Des ménages entiers, maris et femmes, parents âgés et petits enfants, lui durent leur sûreté, leur salut. Avec un dévouement infatigable, par le froid du mois de novembre, il resta dans l'eau depuis six heures du matin jusqu'à la nuit, onze heures entières, et sans relâche! Ce jour-là, il sauva de l'eau dix-neuf personnes.

Si nous vivions au temps et au pays[1] où pour chaque

---

1. Chez les Romains.

citoyen sauvé l'on donnait une couronne de chêne, Joseph jusqu'à ce jour, à notre connaissance, en aurait trente-deux à suspendre dans sa maison.

Boisdoux.

Matthieu Boisdoux, habitant de Montereau[1], est un brave homme, rangé, sobre, laborieux, qui travaille le jour, qui travaille la nuit, pour nourrir sa mère et élever ses enfants. Son seul désordre est de prodiguer sa vie, cette vie si nécessaire à tous les siens, pour le bien de ses semblables. Qu'il découvre au loin la lueur d'un incendie, il y court; et, une fois arrivé, il est partout où sont les grands services à rendre, les grands dangers à braver. Qu'un accident arrive sur la Seine ou sur l'Yonne, qu'un enfant, qu'un homme crie au secours, si loin que soit Boisdoux, il l'entendra, et l'enfant, l'homme seront sauvés. On ne compte plus les incendies où a éclaté son courage, les victimes qu'il a disputées aux deux rivières de sa cité. Un jour, leurs flots débordés couvraient au loin la plaine, plusieurs quartiers étaient inondés. Les habitants, réfugiés sur les hauteurs, ne communiquaient plus qu'en bateau avec leurs maisons envahies. Trois d'entre eux, qui étaient allés ainsi voir les ravages de l'inondation, remontent dans leur batelet, et du pied le poussent au large. Ils n'avaient ni croc, ni rames. Ils s'en aperçoivent quand il n'est plus temps. Le fleuve les emporte; devant eux est le pont, dont les arches, pour la plupart, sont déjà cachées sous les eaux : ils vont y être brisés. Ils crient au secours. Boisdoux les a entendus. Que fera-t-il? Ira-t-il chercher son bateau? Point! Le temps presse. Il se précipite, il nage : il fera ensuite comme il pourra. Ce qu'il fit, le voici :

Les malheureux allaient toujours; il était loin. Il les voyait fuir, arriver au pont. Quelles angoisses pour Boisdoux! Enfin, il a tant peur pour ces trois hommes qui vont périr, il fait de tels efforts, qu'il est arrivé. Il a rejoint le

---

[1]. Ville du département de Seine-et-Marne, au confluent de la Seine et de l'Yonne.

bateau. A quoi bon pour un autre que Boisdoux ? avec ce flot emporté, ce pont qu'on touche, sans rame, sans aviron, que peut-il de plus que ces trois hommes, qui n'ont rien pu pour eux-mêmes ? Il a, de plus qu'eux, le courage le plus intelligent, celui qui se dévoue. Il y a là une lumière et une force divines. Boisdoux raidit son bras contre le batelet pour l'arrêter, il se saisit de la corde qui pend, lutte contre le flot, et, comme il lui faut ses deux bras, tant le flot est terrible, il prend de ses dents la corde qui doit les sauver ; Dieu aidant, il les sauve, en effet, à force de courage et de fatigues ; il arrive au rivage, épuisé, mais content. Les trois hommes lui ont dû la vie.

Une autre fois, le 7 novembre 1843, le coche[1] d'Auxerre descendait sur Paris. Le flot était rapide. Le coche va droit au pont, manque l'arche. Un grand cri se fait entendre. Il était brisé, englouti. Boisdoux a tout vu, tout entendu ; il s'est élancé. Le coche portait vingt-trois passagers. Ils étaient presque tous dans la salle commune. Le navire est englouti, sauf l'arrière qu'on voit encore à fleur d'eau. Boisdoux y est arrivé ; il est sur ce qui reste du pont[2]. Et, comme il s'enquiert des moyens de sauver ces malheureux, un homme qui se tenait cramponné dans l'eau jusqu'à la ceinture, lui répond qu'ils sont perdus. Qui pourrait penser à les sauver ? « Moi, dit Boisdoux : je suis venu pour cela. » Et il cherche les issues. Une de ces fenêtres de navire qu'on appelle des sabords était seule à moitié hors de l'eau. Elle est trop étroite pour lui donner passage. Mais tout autre moyen est impossible. Il y passera. Vous l'auriez vu faire effort pour forcer l'entrée du sabord, pour plonger dans ce gouffre où ces infortunés luttent contre la mort, comme d'autres eussent fait pour en sortir. Enfin, il entre, il est dans cet abîme. Il saisit une des victimes, une jeune fille, l'amène au sabord, la fait passer, respire, et se replonge dans le gouffre : il ramène un jeune homme encore vivant, puis encore une jeune fille, puis une autre : celle-ci ne vivait plus. Le temps s'écoulait dans cette lutte héroïque.

1 Grand bateau dont une partie forme une chambre sous le pont.

2. On appelle pont le plancher du navire.

La mort, malgré tout, allait plus vite que Boisdoux. Cependant il recommence, mais c'était en vain. Il n'y avait plus là d'être vivant que lui. Il faut qu'il se contente de ces trois vies qu'il a sauvées, de ces deux jeunes filles, de ce jeune homme, qui n'ont revu que grâce à lui la clarté du jour.

Enfin il se décide à revenir à la lumière, à sortir de l'eau, des ténèbres, de ce tombeau si rempli ; il était épuisé de fatigue, il fallut qu'on vînt à son aide, qu'on le tirât avec effort de ce sabord, qu'il avait franchi tout seul quand il avait fallu se dévouer, devant lequel il faiblissait quand il n'avait plus qu'à se sauver lui-même.

Bousard.

[1777.]

Pendant une nuit orageuse, vers les neuf heures du soir, un navire chargé de sel, monté de huit marins et de deux passagers, s'approcha des jetées[1] de Dieppe. Le vent était si impétueux et la mer si agitée, qu'un pilote côtier, nommé Bousard, essaya en vain quatre fois de sortir pour diriger l'entrée du navire dans le port. Bousard, s'apercevant que le capitaine du navire faisait une fausse manœuvre, tenta de le guider avec le porte-voix et des signaux ; mais l'obscurité, le sifflement des vents, le fracas des vagues et la grande agitation de la mer empêchèrent le capitaine de voir et d'entendre. Le navire fut jeté sur les galets[2] et échoua à soixante mètres de la jetée.

Aux cris des malheureux qui allaient périr, Bousard, sans s'arrêter aux représentations qu'on lui faisait, et à l'impossibilité apparente du succès, résolut d'aller à leur secours. Il fait éloigner sa femme et ses enfants, qui voulaient le retenir ; ensuite il se ceint le corps avec une corde, dont le bout était attaché à la jetée, et se précipite au milieu des flots. Les marins seuls peuvent se former une idée du danger auquel il s'exposait. Après des efforts incroyables, Bousard atteignait cependant la carcasse du navire, que la

---

1. Une jetée est une digue en pierres de taille qui s'avance dans la mer.

2. Cailloux ronds et polis que la mer a roulés et laissés sur le rivage.

fureur de la mer mettait en pièces, lorsqu'une vague l'en arracha et le rejeta sur le rivage. Il fut ainsi vingt fois repoussé par les flots et roulé violemment sur les galets. Son ardeur ne se ralentit point; il se jette de nouveau à la mer; une vague violente l'entraîne sous le navire. On le croyait mort, lorsqu'il reparut tenant dans ses bras un matelot qui avait été précipité du bâtiment et qu'il apporta à terre sans mouvement et presque sans vie. Enfin, après plusieurs tentatives inutiles, entouré de débris qui augmentaient encore le danger, et couvert de blessures, il parvient au navire, s'y accroche et y lie sa corde. Bousard ranime et instruit l'équipage; il fait toucher à chaque matelot cette corde salutaire qui leur trace un chemin au milieu des ténèbres et des flots ennemis; il les porte même, quand les forces leur manquent; il nage autour d'eux comme un ange tutélaire, et luttant contre les vagues, qui redemandent, en mugissant, leurs victimes, il en dépose sept sur le rivage.

Épuisé par son triomphe, Bousard parvient avec peine à remonter sur la jetée; là il succombe et reste quelques instants dans un état de défaillance effrayant. On venait de lui donner des secours; il avait rejeté l'eau de mer, et il reprenait ses esprits, lorsque de nouveaux cris frappent ses oreilles. La voix de l'humanité lui rend sa première vigueur; il court à la mer, s'y précipite une seconde fois, et est assez heureux pour sauver encore un des deux passagers qui étaient restés sur le navire et que la faiblesse avait empêchés de suivre les autres naufragés. Des dix hommes qui montaient le navire, il n'en périt que deux : leurs corps furent trouvés le lendemain sur les galets.

L'intrépidité incroyable que montra Bousard dans cette occasion périlleuse avait sa source dans la piété filiale : son père s'était noyé dans la mer sans qu'on pût le secourir; depuis ce moment, Bousard avait fait le vœu de sauver tous les naufragés, aux dépens de sa propre vie.

Herserho.

Une tempête affreuse s'était élevée dans la nuit du 21 au 22 octobre 1820; les vents du sud-ouest soufflant avec fureur battaient en côté, et portaient sur la falaise de Quiberon[1] d'énormes masses d'eau qui se succédaient avec rapidité, et venaient se briser à terre avec un bruit terrible qu'augmentaient encore des torrents de pluie mêlés de tourbillons de sable ; toute la falaise de Quiberon, si justement nommée *côte sauvage*, présentait l'image de la désolation.

Vers midi, le navire *le Saint-François* se trouva dans les récifs[2] et était porté, par la marée et l'ouragan, vers une chaîne de rochers où il devait inévitablement s'abîmer, lorsqu'une lame énorme les lui fit franchir et le jeta sur la côte, à un quart de lieue du rivage. Le patron, voyant le danger qui le menace, se décide à mettre son canot à la mer pour tâcher d'atteindre le rivage avec le secours de la marée. Il avait à son bord, comme passagers, une dame, sa fille, âgée de six ans, et un enfant de treize ans, se rendant tous les trois à Nantes. Cette dame, enfermée dans la chambre, attendait, son enfant serrée sur son sein, que la mort vînt terminer ses angoisses, lorsqu'elle s'aperçut que les marins faisaient des dispositions pour quitter le navire. Elle parvient, avec beaucoup de difficulté, à sortir de la chambre et reconnaît que le patron avait déjà embarqué sur le canot tous ses effets, son équipage et le jeune passager. Elle s'élance sur le pont, implore sa générosité et le conjure de sauver au moins sa fille : « Il n'y a plus de place dans le canot, lui répondit-il froidement, recommandez votre âme à Dieu, vous et votre enfant vous êtes perdues. » Sourd aux prières de cette infortunée, cet indigne marin s'éloigne et l'abandonne.

Dès le commencement du naufrage, le commandant de Quiberon, les officiers du fort, la garnison, les marins riverains s'étaient portés sur la falaise. Lorsqu'ils virent le canot du *Saint-François* s'éloigner et le patron abandonner cette infortunée et sa fille, un cri d'indignation s'éleva de toutes parts ; on apercevait cette malheureuse mère cram-

---

1. Dans le département du Morbihan. 2. Écueils à fleur d'eau.

ponnée aux haubans[1], sa fille dans ses bras, implorant par ses cris la miséricorde de Dieu et le secours des assistants.

Alors le brave Herserho, l'un des marins réunis sur la falaise, n'écoutant que son courage, s'élance à la mer, et, après avoir échappé à mille dangers, arrive jusqu'au navire : « Donnez-moi promptement votre enfant; si j'ai le bonheur de la sauver, vous me reverrez dans peu. » Il parvient à regagner la terre, dépose l'enfant, se précipite de nouveau dans les flots, rejoint le navire, qui, submergé à chaque oscillation par des montagnes d'eau, menaçait de s'engloutir; enfin, malgré tous les obstacles que lui opposent la position inclinée du navire et la tempête alors dans toute sa force, l'intrépide marin a le bonheur de saisir la malheureuse mère et de la transporter au rivage, où il la réunit à sa fille au milieu des acclamations générales.

ACCIDENTS DIVERS.

Incendie à Nancy.

Un affreux incendie consuma plusieurs maisons de Nancy en 1766. Le fléau était d'autant plus rapide et plus terrible

Incendie.

qu'il attaquait des maisons misérables, bâties presque entièrement en bois. Un vent très-violent hâtait encore les

---

1. Gros cordages qui vont, en forme d'échelle, de la tête des mâts au bord du navire, et qui servent à soutenir les mâts contre l'effort du roulis

progrès de l'incendie ; les flammes sortaient par les toits, toutes les poutres étaient embrasées, plusieurs pignons déjà renversés dans les cendres annonçaient un écroulement général et prochain. Les pompes demeuraient inutiles, malgré leur activité, et personne n'osait plus se hasarder davantage sous ces murailles. Au milieu des cris d'une multitude effrayée, une femme attirait tous les yeux par le caractère auguste de sa douleur ; c'était une mère. La malheureuse, en larmes, voyait les tourbillons de feu s'avancer vers une chambre du quatrième étage où la frayeur et le tumulte, trompant sa tendresse, lui avaient fait abandonner deux enfants dans leurs berceaux. A genoux, les mains au ciel, la mort au cœur, les yeux fixés sur les flammes qui gagnent sans cesse et la brûlent déjà sans la toucher, elle désigne l'endroit, implore du secours et n'excite qu'une vaine pitié.

Un régiment d'infanterie était en garnison dans la ville. Deux grenadiers (ils étaient frères) s'élancent sur des poutres brûlantes vers la chambre où sont déposés les enfants. Soudain ils disparaissent dans les nuages de fumée qui s'élèvent ; à peine sont-ils entrés que la moitié de la maison s'écroule.... La mère, éperdue, tombe sans connaissance. Les deux braves reparaissent, leurs vêtements à demi brûlés, leurs cheveux roussis jusqu'à la racine, et rendent chacun un enfant à cette mère, qui revient à la vie, tandis que le peuple pousse un cri d'admiration et que l'édifice s'écroule dans les flammes.

Incendie à Auch.
[xviiie siècle.]

Une nuit, à Auch, un incendie éclata dans le voisinage de l'église métropolitaine : le ciel était si rouge près de l'église qu'on aurait cru que c'était elle qui brûlait. L'incendie avait déjà dévoré deux maisons et venait d'envahir celle d'un marchand d'huile : là le brasier était devenu si ardent que la foule se tenait à l'écart.

C'était en vain que les plus intrépides soldats voulaient pénétrer dans la maison d'où l'on entendait sortir ces cris lamentables : « Sauvez-nous! sauvez-nous. » Ils allaient bien aussi près que possible ; mais, arrivés près des murailles enflammées et croulantes, l'ardeur du feu était telle, qu'ils reculaient malgré eux. Des officiers, voulant donner l'exemple à leurs hommes, dirent : « Eh bien! nous allons monter sur les murs ! » Et ils tentèrent de le faire ; mais eux aussi furent contraints de reculer.

Les pompiers, si intrépides, avaient fait des prodiges de courage, mais s'arrêtaient également devant ce qui semblait impossible à tous ; et l'on entendait cependant toujours la voix d'une femme qui criait : « Sauvez-nous ! sauvez mon enfant ! »

Au commencement il y avait eu bien des voix qui de cette maison avaient appelé *au secours*; à présent on n'entendait plus, au milieu du pétillement des flammes, du craquement et du croulement des poutres, que la voix de cette mère et de son enfant ; les autres habitants de la maison avaient péri. Un instant on l'avait vue apparaître avec son fils au premier étage.

L'archevêque d'Auch, Mgr d'Apchon, était arrivé depuis quelque temps en face de la maison qui brûlait : tant qu'il avait pu, il avait travaillé à la chaîne et exhorté la foule.

« Vingt-cinq louis, cria-t-il, vingt-cinq louis à celui qui sauvera cette femme et son enfant ! »

On entendit la voix du prélat. Plusieurs hommes du peuple firent quelques pas vers le feu et reculèrent bientôt.

« Cinquante louis à celui qui arrachera aux flammes le petit enfant et sa mère ! » cria plus haut encore l'archevêque.

La foule écouta et ne remua pas. Alors, à la lueur de l'incendie, on vit le magnanime prélat tremper un drap dans un seau d'eau, s'en envelopper, porter, avec l'aide d'un ou deux hommes, une échelle contre les murailles de la maison, et, faisant le signe de la croix, entouré de son long drap blanc mouillé, monter à l'échelle.

Tous les cœurs, à ce spectacle, palpitaient d'admiration et de crainte. La foule, fixant sur le courageux archevêque ses yeux avides et inquiets, le vit parvenir à une croisée

toute rouge de flammes, et puis elle ne vit plus rien...
Alors elle fut glacée d'effroi.... Mais Dieu n'avait pas voulu
que tant de charité fût vaine ; un groupe apparut à la croisée : c'était l'archevêque, la femme et le petit enfant. Oh!
quelle joie à cette vue ! Les voilà descendant de l'échelle.

L'archevêque, jetant de desssus ses épaules son drap à
moitié brûlé, était tombé à genoux pour remercier Dieu,
puis se relevant, il dit à la pauvre mère, ruinée par l'incendie : « Madame, j'avais promis cinquante louis à celui
qui vous sauverait ; je les ai gagnés, je les donne à votre
enfant. »

L'explosion.

Le 15 septembre 1837, le bateau à vapeur *le Vulcoin* descendait vers Nantes. Arrivé près d'Ingrande[1], il s'approche
de terre pour embarquer des voyageurs. Dans ce moment,
il touche, ses roues s'embarrassent, sa chaudière se déchire,
et la vapeur épanche de tous côtés son flot brûlant. Un ma-
rinier que ce flot redoutable atteint et blesse sur le pont,
pense aussitôt aux cinq enfants avec lesquels une minute
auparavant il jouait dans la salle commune. Ce brave
homme, Pierre Guillot, veut retourner vers eux ; l'escalier,
envahi, avait disparu dans l'eau bouillante, dans la vapeur
enflammée. Vainement il met ses mains sur son visage ;
avancer d'un pas est impossible. Et cependant il y avait
là une mère, cinq enfants et leur bonne qui allaient être
brûlés tout vivants !...

« Cette idée-là, disait-il, me tue. »

Il va aux sabords, se penche et aperçoit la mère. Vous
l'auriez vu se suspendre de son pied brûlé, à la rampe du
bâtiment, et d'un bras robuste enlever cette infortunée,
mais sans la sauver : elle était frappée à mort. Il revient,
voit la servante, et veut la saisir... Elle le repousse : « Non
non ! s'écrie cette généreuse fille à moitié calcinée, sauvez
les enfants ! » Guillot s'élance par le sabord, il plonge dans
la fournaise ardente ; il y fait deux voyages. Les cinq enfants

---

[1]. Chef-lieu de canton du département de Maine-et-Loire, à 16 kilomètres d'Angers

sont rendus à la lumière, leur bonne l'est à son tour ; mais trois enfants sont morts avec leur bonne et leur mère ; deux vivront.

Pierre Guillot n'a pas fait ce seul acte de dévouement dans sa vie ; elle est pleine de belles actions.

Le cheval emporté.

A Montiéramey[1], une voiture, dans laquelle se trouvent deux dames et deux jeunes gens, est emportée par un cheval fougueux vers la rivière qu'un orage avait gonflée. Isidore Masson, père d'une nombreuse famille qu'il soutient uniquement par son travail, voit le danger de ces quatre personnes. Il court au cheval pour l'arrêter ; mais, quelque diligence qu'il fasse, il ne peut arriver assez tôt pour empêcher qu'il n'entraîne la voiture et les voyageurs dans une eau profonde et bourbeuse.

Un des jeunes gens avait heureusement gagné le rivage, mais l'autre et ses deux compagnes périssaient. Les dames étaient entraînées par le courant sous les roues du moulin ; le jeune homme avait disparu dans la bourbe au fond de la rivière. Couvert de sang et sans se donner le temps de reprendre haleine, Masson se jette dans l'eau tout habillé, ramène d'abord les deux dames, et soudain, plongeant de nouveau, il parvient aussi à saisir le jeune homme qui, du fond de l'abîme, n'indiquait que par l'agitation qu'il communiquait à l'eau en se débattant, l'endroit où il allait expirer, et il le rapporte sur le rivage, aux applaudissements des nombreux spectateurs de cet acte héroïque, auquel personne n'avait eu le courage de contribuer.

La carrière éboulée.
[1817.]

Dans la commune de Beauquesne, près de Doullens, un ouvrier travaillait à extraire de la pierre d'une carrière de vingt-cinq mètres de profondeur, quand tout à coup un des piliers de la chambre s'écroule, et le malheureux est en-

---

1. Montiéramey est une commune du département de l'Aude, à 10 kilomètres de Vandeuvre.

seveli jusqu'aux épaules. Son fils était à l'orifice du puits attendant l'ordre de hisser les pierres. Il n'entend que les gémissements étouffés d'une voix qui peut à peine crier au secours : la foule accourt aux cris du jeune homme épouvanté. On le lie à la corde, on le descend ; il arrive ; il ne voit, pour ainsi dire, que la tête effrayée de son père. Il attaque cet amas de pierre.... Vaine espérance ! un nouvel éboulement le couvre lui-même. Ses bras meurtris ne peuvent plus secourir son malheureux père. Sa tête est ensanglantée, et sa voix n'annonce qu'avec peine à la foule effrayée qu'ils vont périr tous deux. Cette foule crie, se presse, sonde le précipice de ses regards ; mais personne n'ose descendre. On se montre avec effroi des amas de pierres ébranlées et prêtes à ensevelir les deux malheureux.

Le frère de la première victime recule lui-même devant ce péril imminent, lorsqu'un maître maçon qui travaillait près de là demande la cause de ces clameurs. C'est François Rétel, père de trois enfants en bas âge ; mais leur souvenir ne vient point glacer son intrépidité : il prend la corde à son tour ; il est au fond de cet abîme ; le fils n'a que la force de lui montrer la tête de son père. Rétel s'élance, il essaye de soulever une pierre qui pèse quatre cents : n'importe ! Rétel revient à la charge ; il la soulève, il la renverse, il arrache les autres et l'emporte à son tour. Mais le père est sans mouvement. Rétel craint d'être venu trop tard ; il demande de l'eau-de-vie, et quelques gouttes suffisent pour ranimer le mourant. Un fort panier descend ; il l'y place, il le lie, et une première victime est dérobée à la mort ; le fils est remonté à son tour ; Rétel ne reparaît que le dernier, et, au moment où la foule le salue de ses acclamations, le bruit d'un nouvel éboulement se fait entendre ; une minute plus tard, le sauveur des deux ouvriers eût payé de sa vie le courageux dévouement qui le signale à l'admiration publique.

La charrette entraînée.

Le pont que l'on a construit sur la rivière de Frémur, non loin de son embouchure, près de Saint-Malo, n'était pas encore achevé en décembre 1846; les voitures étaient encore obligées de suivre l'ancienne direction, c'est-à-dire de traverser la rivière à l'endroit où le gué est praticable à marée basse.

La marée n'était pas encore retirée, lorsqu'un fermier, conduisant une charrette attelée de trois chevaux, et sur laquelle était monté un vieillard, se présente sur la rive et se dispose à passer. Une foule de personnes rassemblées sur le bord, le voyant s'engager dans la rivière, lui crient que la mer n'est pas assez basse et le conjurent de s'arrêter.

Cet homme s'obstine dans sa funeste résolution, et sautant sur le brancard de la voiture, il pousse ses chevaux dans la rivière. A peine a-t-il avancé de quelques mètres, le sol manque sous les pieds des chevaux, ils se mettent à la nage; la charrette oscille fortement; le fermier tombe dans l'eau.

Ce fut alors une effroyable scène de confusion : les chevaux, n'étant plus dirigés, tournent sur eux-mêmes, s'empêtrent dans leurs traits, et par leurs mouvements désordonnés impriment des secousses violentes à la charrette, à laquelle le vieillard se tenait cramponné dans l'attente de la mort.

Non loin de là se trouvait un jeune homme, nommé Renaud, employé de l'entrepreneur du pont. Averti par les clameurs de la multitude, il accourt sur le rivage; malgré les supplications des assistants, qui le conjurent de ne pas s'exposer à une mort presque certaine, il se débarrasse de sa veste, se jette dans la rivière, et nage rapidement vers l'endroit où était tombé le malheureux fermier, dont un bras, de temps à autre, paraissait hors de l'eau. Mais ce bras disparaît pour la dernière fois. Plus d'espoir de sauver ce malheureux.

Renaud alors se dirige du côté où les chevaux continuaient de se débattre. Malgré l'agitation de la mer, malgré l'imminence du danger, il parvient à démêler les traits, à régulariser les mouvements des chevaux et à les diriger jusqu'au rivage, où ils prirent pied enfin en tirant après eux la charrette, dans laquelle se trouvait le vieillard, compagnon de l'infortuné qui venait de payer son imprudence de sa vie.

Le chien enragé.

Simon Albouy, tisserand à Rodez, revenant chez lui vers les sept heures du soir, fit la rencontre d'un chien enragé, qui avait déjà blessé grièvement plusieurs personnes ; cet animal se mit à le poursuivre. Albouy, après s'être adossé contre un mur, l'attendit avec courage, et l'animal, s'étant jeté sur lui, le mordit cruellement. Albouy cria au secours après s'être emparé du chien. « Je ne le lâcherai point, dit-il, je veux éviter qu'il fasse d'autres malheurs ; apportez une hache, et brisez-lui les reins. Je réponds de l'arrêter, et je sacrifie ma vie pour sauver mes concitoyens. »

Il s'exprimait ainsi, quand un gendarme, nommé Portal, entendit sa voix, accourut à son secours, et le vit aux prises avec ce gros chien, qu'il tenait par son collier et par les oreilles, ne cessant de demander une hache, afin, disait-il sans cesse, de le terrasser et d'empêcher qu'il ne fît d'autres victimes. Le gendarme frappa le chien de son bâton, trop faible pour le terrasser : mais un autre homme, armé d'un bâton plus massif, lui donna plusieurs coups si violents, qu'il l'étendit mort à ses pieds.

Un médecin, appelé sur-le-champ, constata qu'Albouy avait reçu de l'animal enragé quatorze blessures profondes. Il scarifia toutes ces blessures, en les brûlant avec le fer rouge, opération qu'Albouy supporta avec autant de courage qu'il en avait montré dans la lutte. « Opérez, allez toujours, disait-il au médecin, je ne crains rien, je suis content, en pensant que j'ai pu me rendre utile à mes concitoyens. »

Après avoir été malade environ quatre mois, le généreux Albouy a recouvré sa santé et ses forces.

Les enfants sous la glace
[1780]

Trois enfants étaient à jouer sur la glace qui couvrait un étang près de Versailles : la glace se brisa sous leurs pieds, et ils furent engloutis. Personne n'osait aller à leur secours : on craignait de se hasarder sur cette surface fragile, et de périr avec eux. Dans ce moment, un jeune homme de quatorze ans s'avance : intrépide, il mesure de l'œil l'étendue du danger; puis, se jetant à genoux et levant les mains au ciel, il implore l'aide de Dieu : aussitôt il s'élance, fortifié par cette prière, s'ouvre un chemin au milieu de la glace qu'il brise lui-même, et parvient ainsi jusqu'aux malheureux enfants qui luttaient contre la mort. Trois fois il parcourt la même route pour les sauver tous trois, et il les ramène sur le bord. Heureux alors, il les contemple avec ravissement; il cherche à réchauffer leurs corps transis de froid, et les remet bientôt entre les bras de leur mère.

Les enfants dans un puits.

Deux enfants de quatre ans jouaient ensemble sur la place publique de Gimont [1], exposés à tous les périls, comme il arrive partout où la maternelle institution des salles d'asile ne veille pas sur l'enfance. Ils montent sur le puits de la ville, y jouent, s'y précipitent. Tout le monde accourt. Mais que fera-t-on? On délibère, on se lamente. Tout le monde a perdu la tête. Seul un enfant de douze ans, Joseph Serres, se conduit en homme! Il demande une échelle. Elle est trop courte. On la tiendra. Il descend. Elle était trop courte en effet. Mais l'un des deux petits enfants est debout, tend les mains, aide à sa propre délivrance. En se penchant, Joseph peut le saisir; il le remonte péniblement, mais ne faiblit pas, ne se décourage pas, et le rend à ses parents.

Et l'autre! il n'a point paru. Il est sous l'eau. Il est perdu!... Joseph redescend, sans que de tous les assistants aucun ne se soit avisé au moins d'aller chercher une échelle moins périlleuse pour l'intrépide enfant. Cependant il va, il se baisse, il n'arrive point jusqu'à l'eau. Que fera-t-il? il se suspend, il se tient du pied au dernier échelon, puis il plonge, il cherche avec effort. On tremble pour tous les

---

[1] Petite ville du département du Gers, à 23 kilomètres d'Auch.

deux. Un moment on ne voit plus rien, on le croit perdu. Il a senti l'enfant, il l'a saisi sans connaissance, mort peut-être. N'importe, il le rendra à la lumière. Comment s'y prend-il? On ne le sait pas. Dans les actions généreuses, on a, quand il le faut, une force surhumaine. Enfin, il reparaît avec son fardeau. Tous deux sont sauvés, car le petit enfant est rappelé à la vie.

Le passage obstrué.
[14 juin 1837.]

Une fête qui se célébrait au champ de Mars le 14 juin 1837 était terminée. Le champ de Mars était alors entouré de fossés et de grilles. La foule, pressée d'en sortir, avait obstrué le passage de la grille voisine de l'École militaire. Une femme, suffoquée, tombe; ceux qui la suivaient trébuchent sur elle, poussés par la foule croissante qui se précipite et qui les écrase sous ses pieds. De là un grand désordre, un affreux tumulte, des cris de détresse, des blessés, des mourants, des morts, des malheurs enfin dont le nombre aurait été incalculable sans le dévouement, la présence d'esprit, l'humanité intelligente d'un homme que d'autres hommes courageux se sont empressés d'imiter.

L'adjudant Martinel, du Ier de cuirassiers, se trouvait en ce moment devant le quartier de son régiment, voisin de la grille : il entend le tumulte, il accourt, il se jette au devant de la foule, qu'il cherche à repousser de ses efforts, de sa voix, de ses prières, pour rendre plus libre le passage et pour en retirer les victimes; mais la foule, ignorante en même temps qu'épouvantée de ce qui se passe, pousse toujours en avant, s'amoncelle de plus en plus et accroît le péril de tous les efforts qu'elle fait pour en sortir. Dans la lutte, un if illuminé se renverse et barre le chemin. C'est presque vainement alors que le brave Martinel, aidé de quelques cuirassiers, s'efforce d'arracher les malheureux, renversés et blessés, à une mort imminente. Il a bientôt compris qu'il n'existe qu'un moyen de les secourir et de prévenir de plus grands désastres ; ce moyen, c'est de couper la foule au dedans de la grille. Il court au quartier du régiment : on sonne à cheval ; il n'attend pas lui-même que les hommes de garde soient prêts, car il n'y a pas un moment à perdre. Entraînant sur ses pas quelques cuirassiers, il se jette à pied dans l'intérieur du champ de Mars ; il se fait jour à travers la foule, qu'il écarte de toute sa force ; il met pour arriver au plus fort du péril toute l'ardeur que les autres mettent à s'en tirer. Il y pénètre enfin, guidant le cuirassier Spenlée, qui, seul de ses camarades, a pu continuer à le suivre, et là, s'adossant à la foule, il travaille avec une admirable énergie à dégager le passage, à relever ceux qui ne sont plus, à sauver ceux qui respirent encore. Un vieil invalide et un jeune soldat sont emportés dans ses bras et arrachés par lui à la mort, et successivement un jeune garçon, une femme, une petite fille, neuf personnes enfin. On le voit sortir, rentrer sans cesse ; en tirant des victimes de la foule, il a failli y rester ; n'importe, il y revient pour en chercher encore ; il ne croit jamais avoir fini sa tâche. Épuisé, haletant, il poursuit sa besogne héroïque au péril continuel de sa vie, donnant à tous l'élan, encourageant tout le monde de sa voix comme de son exemple. Le cuirassier Spenlée, électrisé par lui, sauve à la fois de la terrible bagarre un homme et un enfant. Le porte-étendard Mitz se précipite pour délivrer une femme qu'on écrase ; le lieutenant Gruss, qui emportait dans ses bras une jeune fille sans connaissance, se fait encore mettre un jeune garçon sur les épaules, et lutte une demi-heure contre la foule sous ce double fardeau ; il tombe ; près de périr, Martinel, renversé lui-même, était sur le point de succomber.

C'est alors qu'on vit un curieux et touchant spectacle ; c'est alors qu'un piquet de cuirassiers, envoyé pour mettre une digue à l'immense flot qui envahissait la grille, parut de loin au-dessus de la foule, exécutant la manœuvre de salut dans cette mêlée d'espèce nouvelle. On voyait ces braves, consternés et silencieux, s'avancer pas à pas, lentement, avec prudence, sur des chevaux qui, comme s'ils eussent été intelligents de l'humanité de leurs maîtres, semblaient marcher eux-mêmes avec précaution. Il était touchant de voir de tous côtés des mains s'élever vers eux comme vers des libérateurs et leur tendre des enfants dont ils chargeaient la croupe et le cou de leurs chevaux. A force de lenteur et de ménagement, un à un, deux à deux, en longue et patiente file, ils sont parvenus à enfoncer peu à peu la foule; ils l'ont enfin coupée : ils ont posé la digue à la masse immense. La grille est dégagée, les communications sont rétablies, le peuple s'écoule. On établit dans la caserne des ambulances ; on apporte les blessés, on leur prodigue les soins les plus délicats et les plus attentifs.

On demanda aux officiers et aux soldats, qui, dans cette journée, avait mérité le prix de l'intelligence et du dévouement ; tous, d'une voix unanime, le décernèrent à Martinel.

§ IX. GÉNÉROSITÉ.

Celui qui fait ce qu'il doit est juste; celui qui fait plus qu'il ne doit est généreux. (B.)

La probité a ses limites, et, pour le commun des hommes, c'est beaucoup de les atteindre, mais la vertu et la générosité peuvent s'étendre à l'infini; on peut toujours en reculer les bornes : on ne les passe jamais. (*Cours de morale.*)

L'homme généreux répond aux injures par des bienfaits, et aux bienfaits par des bienfaits plus grands. (B.)

En rendant le mal pour le mal, vous imitez ce que vous condamnez; en vous vengeant par des bienfaits, en faisant du bien, et en le faisant à un ennemi, vous méritez une double gloire. (M^e DE LAMBERT.)

Cette supériorité d'une âme qui ne connaît rien au-dessus d'elle que la raison et la loi, cette fierté généreuse d'un cœur sincèrement vertueux, qui ne se propose jamais d'autre récompense que l vertu même, voilà la grandeur d'âme. (D'AGUESSEAU.)

Le champ d'orge.
[XVIIIe siècle.]

Dans le siècle dernier, pendant les guerres des Français en Allemagne, un capitaine de cavalerie est commandé pour aller au fourrage. Il part à la tête de sa compagnie et se rend dans le quartier qui lui était assigné. C'était un vallon solitaire où l'on ne voyait presque que des bois : il aperçoit une pauvre cabane, il y frappe ; il en sort un vieux paysan à barbe blanche : « Mon bon père, lui dit l'officier français, montrez-moi un champ où je puisse faire fourrager mes cavaliers. — Tout à l'heure, » répondit le vieillard. Ce bon homme se met à la tête des cavaliers et remonte avec eux le vallon. Après un quart d'heure de marche, ils trouvent un beau champ d'orge : « Voilà ce qu'il nous faut, dit le capitaine. — Venez un peu plus loin, lui dit son conducteur, vous serez plus contents. » Continuant à marcher, ils arrivent à un quart de lieue plus loin, à un autre champ d'orge. La troupe aussitôt met pied à terre, fauche l'orge, le met en paquets et repart. L'officier dit alors à son guide : « Vous nous avez fait aller trop loin sans nécessité : le premier champ valait mieux que celui-ci. — Oui, monsieur, reprit le consciencieux vieillard ; mais celui-ci m'appartient et l'autre n'est pas à moi. »

Le bien pour le mal.

Dans une petite ville d'Allemagne vivaient deux hommes dont le métier était de fendre et de scier du bois. Hans, c'est le nom de l'un d'eux, était jaloux d'Heinrich son confrère, qui était bien plus souvent employé que lui. Cette préférence était toute naturelle ; car Hans était brusque, grossier, importun, et l'on ne venait jamais à bout de le contenter. Heinrich, au contraire, acceptait avec reconnaissance ce qu'on lui offrait, quelque peu que ce fût : aussi il arrivait souvent qu'on lui payait au delà de son salaire, et il avait tant d'ouvrage qu'il ne pouvait y suffire. Hans ne passait jamais dans la rue où travaillait son confrère sans lui jouer toutes sortes de mauvais tours : tantôt, comme par accident, il lui renversait son chevalet ; tantôt il coupait la corde de sa scie, ou, s'il pouvait s'emparer de sa cognée, il en brisait le manche.

On conseillait alors à l'offensé de porter ses plaintes au magistrat : « Non, disait-il, tant qu'il me restera des bras, Hans ne m'empêchera point de gagner mon pain. » Et il souffrait avec patience.

Un jour, Hans, en état d'ivresse, mit sans le vouloir le feu à sa propre maison : tout fut consumé ; mais Hans et sa famille furent sauvés. On eut généralement compassion de sa misère : l'un lui fournit un lit, d'autres habillèrent ses enfants ; on les logea provisoirement dans une pauvre mansarde. Le soir, ils entendirent frapper doucement à la porte : Hans l'ouvre et frémit en reconnaissant celui à qui il avait fait tant d'outrages. Il voulut le repousser avec violence : lorsque Heinrich lui dit : « J'ai deux cognées et ne puis me servir de toutes les deux en même temps ; celle-ci est pour toi. Je viens aussi d'acheter une nouvelle scie et j'ai raccommodé ce chevalet ; tout cela est à ton service. Le marchand qui demeure ici près m'a fait dire qu'il aurait demain de l'ouvrage pour moi ; j'ai fait répondre au marchand que j'enverrais quelqu'un à ma place : vas-y de bon matin et dis que tu viens de ma part. »

Hans, malgré sa dureté, fut sensible à un procédé si généreux ; il tendit la main à son bienfaiteur, qui continua à lui procurer l'ouvrage dont il ne pouvait se charger.

Noble vengeance.

Bérenger[1], après s'être emparé de la couronne d'Italie, renferma dans une tour la veuve du dernier roi, Adélaïde. Ce tyran et sa femme Hilla tourmentèrent cruellement leur captive pour la forcer d'épouser leur fils. Elle fut enfin délivrée par le roi d'Allemagne, Othon[2], qui, ayant fait Hilla prisonnière, la remit entre les mains d'Adélaïde. Hilla s'attendait aux traitements les plus cruels : elle les avait méritées. Amenée en présence d'Adélaïde, elle jeta sur elle des regards furieux : « Je n'ai fait, dit-elle, qu'une faute en ma vie, c'est de ne pas vous avoir fait mourir lorsque vous étiez en mon pouvoir. — Et moi, reprit tranquillement Adélaïde, je ferai du moins en ma vie une bonne action, c'est de vous rendre la vie et la liberté. Retournez vers votre époux, et tâchez de lui persuader enfin qu'il cesse d'être méchant pour cesser d'être malheureux. »

1. Berenger II, mort en 968, roi de Germanie et ensuite empereur ;
2. Othon I*er*, surnommé *le Grand*, mort en 973.

L'ennemi généreux.

Deux jeunes gens du Quercy, Resnier et Vesins, étaient divisés par une haine héréditaire : le premier était protestant, le second catholique; la différence de religion avait augmenté leur haine, et la guerre civile l'avait encore aigrie.

A l'époque fatale de la Saint-Barthélemy[1], tous deux se trouvaient à Paris.

L'occasion était bien favorable pour Vesins. Au signal qui fut donné pour commencer cette fatale exécution, il s'arme, monte à cheval, se fait suivre de quelques hommes armés et va droit chez son ennemi. Resnier, éveillé depuis quelque temps par le bruit, et instruit du sort qui le menaçait, s'était mis en prières et attendait la mort. Tout à coup il voit paraître Vesins; sans chercher à se mettre en défense, il lui présenta sa tête en lui disant *qu'il l'aurait à bon marché*.

Vesins avait une intention bien différente : il dit à Resnier de prendre ses armes et de le suivre; il le fait monter sur un cheval qu'il tenait tout prêt; aussitôt il devient son guide pour le préserver des dangers qu'il aurait courus à Paris, le ramène au fond du Quercy, le rend à sa femme et à ses enfants, qui désespéraient déjà de le revoir jamais.

On peut juger de l'impression que fit sur toute cette famille la belle action d'un homme dont on connaissait l'animosité. Leur joie était extrême, leur reconnaissance fut sans bornes : ils voulurent faire des présents à Vesins; il les refusa, donna même à Resnier le cheval sur lequel il l'avait amené, et se contenta de jouir du plaisir délicat de s'être montré généreux.

Hébron.

Gustave-Adolphe[2], à Nuremberg[3], avait essayé inutilement de forcer les retranchements de l'ennemi. Après une

---

1. 24 août 1572. Dans cette nuit terrible, les protestants qui se trouvaient à Paris furent massacrés par l'ordre de Charles IX, poussé par sa mère Catherine de Médicis.

2. Roi de Suède, fit la guerre en Allemagne avec beaucoup de succès, et fut tué à la bataille de Lutzen, qu'il gagna en 1632.

3. Cette ville alors libre, et l'une des plus anciennes de l'Allemagne, appartient aujourd'hui à la Bavière. On y fabrique des jouets d'enfants ainsi que des instruments de musique.

lutte terrible, la nuit approchait ; mais les Suédois s'étaient avancés si loin que le retour au camp offrait de grands dangers. Gustave le savait, et ses yeux cherchaient autour de lui un officier assez expérimenté pour qu'il pût le charger de cette tâche importante, lorsqu'il aperçut le colonel Hébron, vaillant Écossais, qui considérait, sans y prendre part, les diverses chances de cette journée : car, ayant été, à ce qu'il croyait, offensé par le roi, il avait demandé et obtenu son congé, et avait fait solennellement le vœu irréfléchi de ne plus tirer l'épée pour son service ; ce fut cependant à lui que Gustave-Adolphe s'adressa pour diriger la retraite.

« Les instants sont précieux, dit Gustave ; il faut que la retraite soit bien dirigée, ou l'armée court les plus grands risques. Vous m'en voulez, je vous offre une belle occasion de vous venger : commandez la retraite et aidez au salut de vos anciens camarades ; forcez-moi d'avoir pour vous autant de reconnaissance que j'ai déjà d'estime. — Sire, répondit l'intrépide Écossais, Votre Majesté a bien fait de me demander ce service, c'est le seul que je ne puisse lui refuser, puisqu'il expose ma vie cent fois au lieu d'une. »

Il s'élance au milieu du feu, il se fraye une route jusqu'aux escadrons les plus exposés ; il les rassemble, il fait passer à l'infanterie presque accablée les ordres de Gustave. Elle commence la retraite, en faisant toujours tête à l'ennemi ; Hébron la couvre avec sa cavalerie. Malgré les efforts de l'ennemi, la retraite s'achève en bon ordre et avec le plus grand succès. Gustave fit appeler Hébron pour le remercier et lui offrit des récompenses capables de tenter un homme de cœur : « Le vœu que j'ai fait ne me permet pas d'accepter, dit Hébron ; je pars, et ne tirerai plus l'épée que pour le service de mon pays. »

Biron.

Lorsque la guerre éclata entre la France et l'Angleterre, en 1778[1], l'amiral anglais Rodney se trouvait à Paris.

---

1. Les colonies anglaises d'Amérique s'étant soulevées contre l'Angleterre, les Français vinrent à leurs secours, et les colonies devinrent un État indé-

c'était un marin très-distingué, mais un homme sans conduite. Quand les hostilités commencèrent, il aurait bien voulu quitter la France pour aller commander les flottes de sa nation ; mais il était écrasé de dettes et n'avait pu calmer ses créanciers qu'en leur promettant de ne point partir sans les avoir payés ; il était leur prisonnier sur parole. Les Français remportèrent sur les Anglais quelques avantages assez brillants : on en causait à table chez le duc de Biron, à Paris ; Rodney était un des convives ; il dit d'un ton orgueilleux : « Vos compatriotes sont bien heureux que les Anglais soient si mal commandés ; nos amiraux font tout de travers. Si j'étais à la tête de la flotte anglaise, la vôtre serait bientôt anéantie ; mais on me force de rester inactif. — Qu'à cela ne tienne, répondit Biron, je m'engage à payer vos dettes, monsieur ; partez donc, vous verrez si les Français ont peur de vous. »

Il paya généreusement les dettes ; Rodney alla commander les flottes anglaises et eut lieu de reconnaître que, malgré toute son habileté, nos marins ne le craignaient pas.

L'archiduc Charles et le général Moreau.
[1800.]

L'archiduc Charles[1], allant se mettre à la tête de l'armée autrichienne contre les Français, commandés par Moreau, rencontra des soldats autrichiens blessés que leur colonel avait abandonnés sur la route. Ces malheureux manquaient de chevaux pour traîner leurs chariots. Charles ordonna à l'instant de prendre pour cet usage des chevaux qui ramenaient des canons : « La vie d'un brave homme, dit-il, est plus précieuse que cinquante pièces d'artillerie. » Ces canons tombèrent au pouvoir du général Moreau ; mais Moreau, en apprenant pour quel motif Charles les avait abandonnés, ne voulut pas les garder ; trop loyal pour pro-

---

pendant, sous le nom d'États-Unis d'Amérique. Tel fut l'objet de la guerre de 1778, dans laquelle se distingua le marquis de la Fayette.

1. Frère de l'empereur d'Autriche François II ; général habile. Les princes de la maison de Lorraine portaient le titre d'archiducs.

fiter d'un avantage qu'il devait à l'humanité du chef ennemi, il les lui laissa.

Almaque.
[311.]

Un pieux vieillard, nommé Almaque [1], vint des extrémités de l'Orient à Rome, dans l'espoir d'obtenir l'abolition de ces horribles jeux du cirque, dans lesquels on faisait combattre les hommes les uns contre les autres et contre les bêtes féroces pour l'amusement des spectateurs. Rome était encore païenne et soumise à un prince nommé Maxence. Almaque arrive dans le cirque, dont les gradins étaient couverts d'une multitude innombrable : les gladiateurs se tenaient dans l'arène, prêts à combattre les lions et les tigres qu'on entendait rugir dans leurs cages de fer, et qui bondissaient avec fureur contre les grilles. Almaque s'élance au milieu de l'arène, il supplie les Romains de renoncer à ces plaisirs cruels et de cesser d'exposer la vie des hommes pour un frivole amusement. La foule ne lui répond que par une explosion de rage ; de toutes parts retentit ce cri féroce : « Aux lions le chrétien ! aux lions ! » En même temps on ouvre les grilles, et Almaque périt victime de sa généreuse tentative. Mais il obtint ce qu'il désirait : le cirque qui avait été arrosé de son sang ne se rouvrit plus, et, dès ce jour, ces jeux impies furent abolis [2].

---

§ X. DEVOIRS ENVERS LA PATRIE.

Nous aimons nos parents, nos enfants, nos proches, nos amis : la patrie résume en elle seule toutes nos affections (B.)

Souvenez-vous sans cesse que la patrie a des droits imprescriptibles et sacrés sur vos talents, sur vos vertus, sur vos sentiments et sur toutes vos actions, qu'en quelque état que vous vous trouviez, vous n'êtes que des soldats en faction, toujours obligés de veiller pour elle, et de voler à son secours au moindre danger. (BARTHÉLEMY.)

---

1. Quelques auteurs le nomment *Télémaque*.
2. Maxence fut vaincu en 312 par Constantin, premier empereur chrétien, et, comme il fuyait su. un pont ce pont s'écroula, et il se noya.

Mourir pour la patrie est un sort aussi doux que glorieux.

S'irriter contre la patrie, c'est un crime :

Pour que la patrie soit heureuse, il faut que les magistrats obéissent aux lois, et les citoyens aux magistrats. (*Moralistes anciens.*)

Quand il s'agit de servir la patrie, toutes nos inimitiés doivent cesser, toutes nos affections doivent se taire : l'homme s'efface ; il ne reste que le citoyen. (B.)

On agit contre la nature toutes les fois que l'on combat contre sa patrie. (FÉNELON.)

Un grand prince : Charlemagne.
[783-814.]

C'est surtout au chef de l'État à remplir avec un soin religieux tous les devoirs envers le pays. Sous ce rapport, comme sous beaucoup d'autres, Charlemagne doit être cité comme un modèle.

Charlemagne était roi de France et empereur. Il vivait dans un temps d'ignorance, et il aima l'étude avec passion ; il fit tout ce qu'il put pour éclairer ses peuples.

Il donna à l'instruction de la jeunesse les plus grands soins. Il se plaisait à visiter les écoles où l'on instruisait les fils des seigneurs de sa cour ; il s'informait de leurs progrès, les interrogeait lui-même et leur disait : « Tâchez de devenir aussi distingués par l'instruction et par la vertu que vous l'êtes par le rang qu'occupent vos parents ; et vous pouvez compter sur ma faveur. Autrement, vous n'obtiendrez jamais rien de moi. »

Charlemagne était profondément pieux et plein d'un zèle ardent pour les progrès de la religion. Il était juste, et, lorsqu'il le fallait, il savait pousser la sévérité jusqu'à la rigueur ; mais c'était pour lui une douce jouissance que de pardonner et de se montrer clément.

Il fut un général habile, un intrépide guerrier, un conquérant toujours heureux. Il avait soumis l'Italie, l'Allemagne et une partie de l'Espagne. Quand il mourut, il fut regretté des peuples qu'il avait vaincus, autant que des Français.

Il sut maintenir l'ordre dans son vaste empire par la force de sa volonté et par la grandeur de son génie. Infatigable dans le travail, il voulait tout voir par ses yeux, et parcourait sans cesse les provinces pour connaître leurs besoins et pour s'assurer si la justice y était exactement rendue.

Il était modéré et plein de douceur; il avait des manières simples. Il était à la fois très-magnifique et très-économe.

Tel fut Charlemagne, un des plus illustres chefs de l'empire français.

Sous son règne, la France acquit un degré de prospérité et de gloire qu'elle n'avait pas connu jusqu'alors.

Un grand citoyen : Washington.

Un des plus beaux modèles qu'on puisse citer de l'accomplissement des devoirs du citoyen, c'est Georges Washington, véritable fondateur de la liberté américaine : homme privé, homme de guerre, homme d'État, il pratiqua constamment toutes les vertus civiques.

Lorsque Washington naquit[1], le pays qu'on appelle aujourd'hui États-Unis comprenait treize colonies soumises à l'Angleterre. Ces colonies, opprimées par le gouvernement anglais, s'allièrent pour lui déclarer la guerre[2] et résolurent de conquérir leur indépendance. Il fallait un chef; on choisit Washington, et on lui donna le titre et les pouvoirs de généralissime.

La lutte contre les Anglais dura neuf ans. Washington eut à vaincre des difficultés inouïes. Les obstacles, les revers, les inimitiés, les trahisons, les injustices, abondèrent sous ses pas; il triompha de tout.

Quand la guerre fut terminée, il licencia l'armée; il se démit de son titre de généralissime, et retourna vivre en simple particulier dans son domaine.

Nommé ensuite deux fois chef de ce grand pays, avec le titre de président, il gouverna huit ans avec une volonté habile et ferme, et fut toujours fidèle aux grands principes d'ordre, de liberté, de justice.

---

1 A Bridge-Creek, dans la Virginie.   2 Cette guerre commença en 1774

On lui offrit une troisième fois le gouvernement ; il re-
fusa, et passa ses derniers jours dans la retraite.

Dévouement au prince : le siége de Colchester.
[1618.]

L'Angleterre, sous le roi Charles Ier, fut désolée par des troubles affreux. Le roi et le parlement se faisaient la guerre ; les armées du parlement et les armées royales ne cessaient de se livrer des combats, après lesquels les vainqueurs traitaient sans pitié les vaincus.

Les troupes royales ayant eu le dessous, plusieurs officiers, fidèles à leur infortuné monarque, se jetèrent dans la ville de Colchester, sous le commandement de lord Capel : l'armée du parlement, commandée par lord Fairfax, vint mettre le siége devant cette place.

Le siége de Colchester est un des événements les plus mémorables de ces temps malheureux par l'opiniâtre résistance de ses défenseurs. Malgré les rudes assauts qu'ils eurent à souffrir, malgré la disette affreuse à laquelle ils furent bientôt réduits, ils faisaient sans cesse de brusques sorties, et bravaient toutes les forces des assiégeants.

Fairfax, brûlant de se rendre maître de la ville et encore plus d'attirer dans le parti du parlement lord Capel, un des hommes les plus vertueux et les plus illustres de cette époque, et voyant que Capel était déterminé à périr plutôt que de violer la fidélité qu'il devait à son roi, imagina, pour vaincre sa résistance, un moyen affreux.

Le fils unique de lord Capel, âgé de seize ans, étudiait alors dans un collége aux environs de Londres. Fairfax le fit saisir secrètement et le fit amener dans son camp. Puis il invita à une entrevue lord Capel, qui ne se doutait point de cet enlèvement. Une trêve d'un jour fut signée ; et les deux généraux se réunirent pour conférer, sous une tente, dans un lieu également éloigné du camp et de la place.

Capel ne pouvait pas se douter des motifs pour lesquels il avait été appelé à cette entrevue. Fairfax les lui expliqua : il lui offrit, au nom du parlement, les plus hautes dignités et les plus brillantes récompenses, s'il voulait abandonner la cause du roi et livrer Colchester.

Ces propositions firent frémir d'indignation cet homme plein d'honneur et de loyauté; il témoigna à Fairfax sa ferme résolution de rester fidèle jusqu'au dernier soupir à son roi et à son serment, et, se levant de son siége, il allait rompre brusquement l'entretien et retourner dans la ville, lorsque Fairfax lui dit avec un mouvement de colère :

« Arrêtez, vous n'avez pas tout entendu; et puisque je n'ai pu vous persuader, je vais faire parler quelqu'un qui aura sur vous plus de pouvoir que moi. Voyez cet enfant; votre réponse décidera de sa vie. »

En ce moment, le fils de lord Capel entrait dans la tente; il était tenu par des soldats; et l'un d'eux appuyait sur la poitrine nue du jeune homme la pointe d'un poignard.

« Parlez à votre père, lui dit Fairfax, en lui lançant un regard farouche; dites-lui qu'il me rende sur-le-champ cette ville; car, s'il ne me la rend pas, je le jure, vous allez périr sous ses yeux. »

Le père et le fils, qui ne s'étaient pas vus depuis deux ans, se regardaient avec tendresse et avec douleur, et brûlaient de voler dans les bras l'un de l'autre; mais les soldats de Fairfax les en empêchaient. « Barbare! s'écria Capel, que vous a fait cet enfant? De quel droit menacez-vous sa vie? — O mon père! s'écria l'enfant, cet homme ne m'arrachera pas une parole contraire aux sentiments que vous m'avez inspirés. Qu'il me tue, s'il le veut, je mourrai digne de mon père. »

Fairfax frémissait de fureur. « O mon fils! s'écria Capel, tu sais combien je t'aime; mais je me déshonorerais et je te déshonorerais toi-même, si pour toi je trahissais Dieu, mon roi et mon serment. Ta vie est entre les mains de cet homme, tu ne seras pas à plaindre si, dans un âge si tendre, tu as l'honneur de mourir pour ton roi. Adieu. » Et il se retira, après avoir échangé avec son fils un douloureux et dernier regard.

Tous ceux qui assistaient à cette scène avaient les larmes aux yeux. « Non, s'écria un des officiers de Fairfax, non, général, vous ne commettrez pas une action aussi cruelle : toute l'Angleterre vous maudirait. »

Fairfax, qui avait été sur le point de donner aux soldats l'ordre de tuer l'enfant, revint à des sentiments plus dignes d'un homme et d'un chrétien : il craignit l'exécration de la postérité; il craignit sa propre conscience; il se contenta de retenir l'enfant prisonnier, et plus tard il le rendit à sa mère[1].

Sacrifice à la patrie : les adieux de Fontainebleau.
[1814.]

Après la prise de Paris par les alliés, il restait encore à l'empereur Napoléon assez de forces pour soutenir la guerre; mais ç'aurait été prolonger les malheurs de la France; il aima mieux renoncer au trône. « Il n'est, dit-il, aucun sacrifice personnel, même celui de la vie, que je ne sois prêt à faire à l'intérêt de la France. »

Après cette déclaration, il signa le traité avec les puissances étrangères, et se disposa à quitter la France pour se rendre à l'île d'Elbe. C'est dans la cour du château de Fontainebleau qu'il fit ses adieux à sa vieille garde, le 20 avril, par ces paroles que l'histoire a consacrées :

« Soldats de ma vieille garde, je vous fais mes adieux. Depuis vingt ans, je vous ai constamment trouvés au chemin de l'honneur et de la gloire. Dans ces derniers temps comme dans ceux de notre prospérité, vous n'avez cessé d'être des modèles de bravoure et de fidélité. Avec des hommes tels que vous, notre cause n'était pas perdue; mais la guerre était interminable; ç'eût été la guerre civile, et la France n'en serait devenue que plus malheureuse; j'ai donc sacrifié tous mes intérêts à ceux de la patrie. Je pars! Vous, mes amis, continuez de servir la France. Son bonheur était mon unique pensée, il sera toujours l'objet de mes vœux. Ne plaignez pas mon sort; si j'ai consenti à me survivre, c'est pour servir encore à votre gloire. Je veux écrire les grandes

---

1. Colchester se rendit lorsque ses défenseurs, mourant de faim, n'eurent plus la force de tenir leurs armes. Le parlement anglais condamna à mort lord Capel et les principaux officiers de la garnison.

choses que nous avons faites ensemble.... Adieu! mes enfants! Je voudrais vous presser tous sur mon cœur; que j'embrasse au moins votre drapeau. »

A ces mots, le général Petit saisit l'aigle des grenadiers, l'empereur reçoit le général dans ses bras, et couvre l'aigle de ses baisers.

Tous ces braves soldats pleuraient et éclataient en sanglots; tous voulaient suivre Napoléon à l'île d'Elbe, mais il ne lui était permis d'en emmener que quatre cents, qui furent tirés au sort.

Amour de la terre natale.

Exemples de Ruth, de Joseph, de Thémistocle, de Néhémie, des Juifs captifs à Babylone.

On aime la terre où l'on habite ensemble; on la regarde comme une mère et une nourrice commune; on s'y attache, et cela unit.

Les hommes, en effet, se sentent liés par quelque chose de fort, lorsqu'ils songent que la même terre qui les a portés et nourris étant vivants, les recevra en son sein quand ils seront morts. « Votre demeure sera la mienne; votre peuple sera le mien, disait Ruth à sa belle-mère Noémi; je mourrai dans la terre où vous serez enterrée, et j'y choisirai ma sépulture. »

Joseph mourant dit à ses frères : « Dieu vous visitera et vous établira dans la terre qu'il a promise à nos pères : emportez mes os avec vous. » Ce fut là sa dernière parole. Ce lui est une douceur, en mourant, d'espérer de suivre ses frères dans la terre que Dieu leur donne pour leur patrie, et ses os y reposeront plus tranquillement au milieu de ses concitoyens.

C'est un sentiment naturel à tous les peuples. Thémistocle, Athénien, était banni de sa patrie et avait trouvé un asile chez le roi de Perse; et toutefois, en mourant, il ordonna à ses amis de porter ses os dans l'Attique pour les y inhumer secrètement.

C'est ainsi que les bons citoyens s'affectionnent à leur terre natale. « J'étais devant le roi, dit Néhémie[1], et je lui présentais à boire, et je paraissais languissant en sa présence. » Et le roi me dit : « Pourquoi votre visage est-il si triste, puisque je ne vous vois point malade ? » Et je dis au roi : « Comment pourrais-je n'avoir pas le visage triste, puisque « la ville où mes pères sont ensevelis est déserte, et que ses « portes sont brûlées ? Si vous voulez me faire quelque grâce, renvoyez-moi en Judée, en la terre du sépulcre de « mon père, et je la rebâtirai[2]. »

Étant arrivé en Judée, il appelle ses concitoyens, que l'amour de leur commune patrie unissait ensemble : « Vous savez, dit-il, notre affliction : Jérusalem est déserte ; ses portes sont consumées par le feu ; venez, et unissons-nous pour la rebâtir[3]. »

Tant que les Juifs demeurèrent dans un pays étranger[4] et si éloignés de leur patrie, ils ne cessèrent de pleurer, et d'enfler, pour ainsi parler, de leurs larmes les fleuves de Babylone, en se souvenant de Sion. Ils ne pouvaient se résoudre à chanter leurs agréables cantiques, qui étaient les cantiques du Seigneur, dans une terre étrangère. Leurs instruments de musique, autrefois leur consolation et leur joie, demeuraient suspendus aux saules plantés sur la rive, et ils en avaient perdu l'usage. « O Jérusalem ! disaient-ils, si jamais je puis t'oublier, puissé-je m'oublier moi-même[5] ! » Ceux que les vainqueurs avaient laissés dans leur terre natale s'estimaient heureux, et ils disaient au Seigneur, dans les psaumes qu'ils lui chantaient durant la captivité : « Il est temps, ô Seigneur ! que vous ayez pitié de Sion : vos serviteurs en aiment les ruines mêmes et les pierres démolies ; et leur terre natale, toute désolée qu'elle est, a encore toute leur tendresse et toute leur compassion[6]. » (BOSSUET.)

---

1. Ce Juif illustre, échanson d'Artaxerce, roi de Perse, obtint de lui la permission de rebâtir Jérusalem et le temple ; mort l'an 430 av. J. C.
2. *Esdras*, II, 1, 2, 3, 6.
3. *Esdras*, II, 17.
4. Captivité de Babylone : elle dura de l'an 695 à l'an 536 av. J. C.
5. *Ps.* CXXXVI. 5.
6. *Ps.* CI, 14, 15.

Souvenir de la terre natale : le général Martin.
[Mort en 1809.]

Le jeune Martin, né à Lyon, dans une condition modeste, mais ayant reçu une excellente éducation, se sentit tourmenté, à l'âge de dix-sept ans, d'un ardent désir de chercher sur les terres lointaines la gloire et la fortune, qu'il n'espérait pas trouver dans son pays.

Ses parents résistèrent longtemps à son désir.

Le jeune homme se croyait appelé à un avenir brillant, sans cesse il entretenait ses parents de ses rêves magnifiques, et les suppliait de lui permettre de les réaliser.

Enfin, à force de prières et de larmes, il obtint leur agrément pour partir. Sa mère, à demi persuadée par ses paroles brûlantes, lui dit en souriant, pour cacher sa douleur. « Allons, je le vois bien, tu ne reviendras à Lyon qu'en carrosse à six chevaux. »

Martin ne revint pas à Lyon : ses devoirs d'abord, et sa santé ensuite, ne lui permirent pas de revoir sa ville natale, mais elle fut toujours présente à sa pensée et chère à son cœur.

Martin alla chercher la fortune et la gloire sur les bords du Gange ; il y trouva l'une et l'autre. A force d'activité, d'habileté, de courage, il devint général, et acquit, par des moyens honorables, d'immenses richesses.

Ses parents, grâce à lui, terminèrent leurs jours dans l'opulence.

Quand il mourut, il laissa à la ville de Lyon de magnifiques témoignages de son amour pour sa patrie.

Parmi un grand nombre de legs qu'il a faits à cette ville, le plus remarquable est celui d'une somme de deux millions, qui ont été consacrés, d'après ses ordres, à la fondation d'une école qu'on appelle de son nom, La Martinière. Cette école est destinée à donner aux enfants des artisans de Lyon, classe à laquelle le général Martin s'était toujours honoré d'appartenir, une instruction moins brillante que celle qu'il avait lui-même reçue, mais solide, et suffisante pour assurer au travail un avenir modeste.

DEVOIRS DES HOMMES ENTRE EUX. 323

Cette école, établie depuis trente ans, est en pleine prospérité.

Patriotisme et charité.

En 450, Attila, roi des Huns, peuple hideux et féroce, avait envahi les Gaules. A l'approche de ce conquérant et de ses hordes sauvages, tout le monde était saisi d'épouvante, et les populations tout entières se sauvaient dans les bois.

Il marcha vers Paris. A cette nouvelle, les Parisiens furent frappés de stupeur.

Paris était dès cette époque une ville très-riche et très-commerçante, mais peu étendue; elle avait des faubourgs assez importants sur les deux rives de la Seine, mais la ville proprement dite ne consistait que dans l'île qu'on appelle encore aujourd'hui la Cité. Cette ville, entourée de tous côtés par le fleuve, était admirablement fortifiée; et quatre siècles après, quand elle fut attaquée par d'autres barbares appelés Normands, elle se défendit avec un courage héroïque et les repoussa. Mais à cette époque, en apprenant la marche d'Attila, les Parisiens, loin de songer à se défendre, furent glacés d'épouvante; ils transportaient à la hâte leurs richesses dans des barques, pour s'enfuir sur la Seine, dans l'espoir que les Huns ne trouveraient pas assez de bateaux pour les poursuivre.

Alors habitait à Paris une jeune fille illustre par la sainteté de sa vie; on la nommait Geneviève; elle était née à Nanterre; et l'illustre évêque d'Auxerre, saint Germain, avait le plus grand respect pour sa vertu.

Au milieu de la consternation générale, Geneviève montra seule un courage viril. « Comment, disait-elle, au lieu de défendre votre ville, vous l'abandonnez! Mais où irez-vous? Dans quelle place plus forte trouverez-vous un refuge? Vos bateaux seront saisis, seront pillés; vous, vos femmes, vos enfants, vous serez ou massacrés ou réduits en esclavage. Mettez donc votre confiance en Dieu, et Dieu étendra sur vous son bras tutélaire. Dieu vous a placés dans une position presque inexpugnable; il vous a donné de forts remparts, des armes, des vivres, tout ce qu'il faut pour vous défendre ; et, au lieu de profiter de ses dons, vous allez livrer votre ville à l'ennemi, et chercher dans une fuite honteuse un salut que vous ne trouverez pas ! Que veut Attila? Massacrer, piller, galoper à la tête de ses bandes pour porter de toutes parts l'incendie. Eh bien ! s'il voit que Paris, si bien fortifié par la nature et par l'art, est déterminé à se défendre, s'il voit que Paris lui coûtera au moins un an de siége, croyez-vous qu'il s'arrêtera devant vos murs ? N'aimera-t-il pas mieux courir à des conquêtes plus faciles? Faites donc votre devoir, et Dieu sera pour vous. Que sont devant lui les conquérants les plus redoutables? Priez, veillez, combattez ; et, je vous le promets, la ville est sauvée. »

La réputation de sainteté que Geneviève avait si bien méritée donnait à sa parole une influence plus qu'humaine; les femmes surtout se montraient touchées de ses discours. Elles encouragent leurs maris, leurs pères, leurs fils, leurs frères, à écouter cette voix. Le courage et la confiance renaissent dans les cœurs. Ses conseils sont suivis; on obéit à sa voix comme à la voix du ciel. Paris se met en état de défense.

Attila apprend cette nouvelle; il en frémit de rage ; mais, comme Geneviève l'avait prévu, il ne se soucie pas de perdre son temps devant une place si bien munie et déterminée à se défendre. Après s'être approché de Paris, il décampe tout à coup au milieu de la nuit, et va chercher ailleurs des triomphes plus faciles.

Quelque temps après, il y eut à Paris une affreuse famine. Geneviève s'embarqua sur la Seine, et alla de ville en ville, demandant des secours pour ses concitoyens. Elle revint avec onze bateaux tout chargés de blé, et sauva ainsi d'une mort certaine toutes les familles pauvres.

On croit que Geneviève avait été bergère, et on l'a représentée assez souvent gardant les moutons, une quenouille à la main.

Sainte-Geneviève mourut le 3 janvier 513, à l'âge de quatre-vingt-six ans. Elle fut inhumée dans une église qui reçut son nom. La ville de Paris a choisi cette sainte pour sa patronne. Sa châsse est l'objet d'un hommage tout particulier, et une superbe basilique, sur l'emplacement de l'église ruinée de Sainte-Geneviève, et appelée pendant quelque temps Panthéon, vient de reprendre le nom de la sainte.

Soumission aux lois : Socrate.
[400 av. J. C.]

Socrate, le plus sage des Grecs, injustement condamné à mort, attendait dans la prison qu'on fixât l'époque où se-

Mort de Socrate.

rait exécuté son arrêt. Un jour son ami Criton alla le voir de très-grand matin, et, le trouvant paisiblement endormi, s'assit doucement sur le pied de son lit, pour ne pas troubler son sommeil. A son réveil, Socrate lui demanda : « Pourquoi de si bonne heure, mon ami? » Criton lui apprit que la sentence devait s'exécuter le lendemain : « Soit, répondit Socrate avec son calme habituel, si telle est la volonté de Dieu. »

Alors Criton dit qu'il avait gagné le geôlier; que le soir les portes seraient ouvertes, et qu'une retraite sûre attendait Socrate en Thessalie [1].

Socrate lui demanda, en plaisantant, s'il connaissait un

1. Contrée de l'ancienne Grèce.

lieu où l'on ne mourût pas. Criton chercha à le convaincre, par les représentations les plus énergiques, qu'il devait se soustraire à un supplice injuste; au nom de son amour pour la patrie, il le supplia d'épargner aux Athéniens la honte d'avoir répandu le sang innocent; au nom de ses amis, il le conjura de sauver ses jours, pour leur épargner et la douleur de sa perte et le reproche d'avoir négligé le soin de sa délivrance. Enfin il fit parler l'intérêt de ses enfants, qui avaient besoin des leçons et de la protection d'un père.

Socrate le remercia de ces preuves d'une amitié généreuse, mais il refusa de profiter de ses offres. Il lui prouva qu'un citoyen n'a jamais le droit de se révolter contre la patrie, et que se soustraire à la justice de son pays, c'est être rebelle : « Si ma patrie me condamne injustement, je n'ai pas le droit de l'outrager. Elle a sur moi tous les droits, je n'en ai aucun sur elle. J'ai fait le serment d'obéir aux lois ; était-ce donc avec la pensée que, lorsqu'il me plairait, je pourrais m'en dégager ? non, ce serment me lie toujours. »

Socrate s'animait de plus en plus en soutenant cette belle thèse. Il demanda ce qu'il aurait à répondre, si, au moment où il serait sur le point de s'évader, les lois elles-mêmes, qu'il personnifie par une allégorie familière aux Grecs, se présentaient sur le seuil de sa prison et lui rappelaient ses devoirs. Le langage qu'il prête à ces divinités allégoriques est sublime et d'une force invincible. « Quant à mes enfants, dit-il en finissant, des amis tels que vous sauront bien me remplacer auprès d'eux, et la divine providence ne les abandonnera pas. »

Vaincu et subjugué, Criton ne trouva pas un mot à répondre : il se retira les larmes aux yeux.

Généreuse désobéissance : d'Orte et Montmorin.

L'obéissance ne doit point aller jusqu'à nous faire commettre des actions évidemment mauvaises : on doit tout souffrir plutôt que de blesser sciemment la loi de la conscience.

Voici quelle fut la réponse du vicomte d'Orte, commandant de Bayonne, à Charles IX, qui lui avait ordonné de faire massacrer les protestants qui se trouvaient dans la ville et aux environs :

« Sire, j'ai communiqué le commandement de Votre Majesté à ses fidèles habitants et gens de guerre ; je n'y ai trouvé que de bons citoyens et de braves soldats, mais pas un bourreau : c'est pourquoi eux et moi supplions très-humblement Votre Majesté de vouloir bien employer nos bras et nos vies en choses possibles : quelque hasardeuses qu'elles soient, nous y mettrons jusqu'à la dernière goutte de notre sang. »

Montmorin, gouverneur d'Auvergne, fit une réponse semblable, que voici :

« Sire, j'ai reçu un ordre, sous le sceau de Votre Majesté, de faire mourir tous les protestants qui sont dans ma province. Je respecte trop Votre Majesté pour ne pas croire que ces lettres sont supposées ; et si, ce qu'à Dieu ne plaise, l'ordre est véritablement émané de vous, je vous respecte aussi trop pour vous obéir. »

Fermeté civique : Lanjuinais.
[2 juin 1793.]

Lanjuinais[1], député de Rennes à la Convention, défendit toujours avec énergie le parti de la modération contre la violence ; son courage semblait croître avec le péril.

Pour assurer leur triomphe, les chefs du parti exalté demandaient à la Convention la mise hors la loi[2] de vingt-deux représentants, y compris Lanjuinais, coupables de modération et accusés d'être conspirateurs parce qu'ils s'opposaient aux excès. Afin de contraindre la Convention à proscrire ces vingt-deux députés, un comité insurrectionnel s'organisa ostensiblement dans Paris ; la garde nationale et le peuple, exaltés jusqu'au délire, se mirent sous ses ordres ; on résolut d'entourer en armes le château des Tuileries, où l'assemblée tenait alors ses séances.

La générale et le tocsin se firent entendre toute la nuit du

---

1. Mort en 1827.
2. Mettre quelqu'un *hors la loi*, c'é-tait le proscrire, le déclarer condamné à mort.

samedi au dimanche 2 juin 1793. Le canon d'alarme gronda, et toute la population de Paris fut en armes dès la pointe du jour. Près de quatre-vingt mille hommes menaçaient et investissaient la Convention; quelques bataillons de canonniers rangés autour du palais des Tuileries avaient cent soixante-trois bouches à feu, des caissons, des grils à rougir les boulets, des mèches allumées ; ils étaient prêts à exécuter tout ce que les agitateurs voudraient leur prescrire et à se livrer contre l'assemblée aux derniers excès.

Presque tous les députés se trouvaient à la séance, mais ceux qu'on voulait proscrire ne se présentèrent pas, à l'exception de Lanjuinais et de trois autres qui vinrent avec lui.

La séance s'ouvre, et Lanjuinais, résolu aux derniers efforts pour faire respecter l'autorité et les lois, Lanjuinais, que ni les clameurs, ni les menaces, ni l'imminence du péril ne peuvent intimider, est le premier à demander la parole. A sa demande, les murmures les plus violents retentissent : « Je veux, dit-il, vous occuper des moyens d'arrêter les nouveaux mouvements qui vous menacent! — A bas ! à bas ! s'écrie-t-on, il veut amener la guerre civile. — Tant qu'il me sera permis, reprend Lanjuinais, de faire entendre ici ma voix, je ne souffrirai point que l'insurrection nous dicte ses volontés. »

Des cris épouvantables interrompent à chaque instant l'orateur ; enfin la colère qu'il inspire devient telle, que plusieurs représentants du parti adverse se lèvent de leurs bancs, courent à la tribune et veulent l'en arracher; Lanjuinais résiste et s'y attache de toutes ses forces. Le désordre est à son comble; le président parvient enfin à faire entendre sa voix : «La scène qui vient d'avoir lieu, dit-il, est des plus affligeantes ; la liberté périra si vous continuez à vous conduire ainsi. »

Un peu de calme se rétablit, et Lanjuinais, toujours intrépide, continue d'exhorter l'assemblée à se montrer ferme contre les agitateurs. Cependant le bruit au dehors redoublait et l'on entendait crier aux armes. Le comité que la Convention avait chargé de préparer un rapport et une proposition sur les événements entre dans la salle, et, en son nom, l'un des membres monte à la tribune : « Le comité, dit-il, n'a eu le temps d'éclaircir aucun fait; mais, vu ce qui se passe, il croit que la suspension ou la démission volontaire des députés désignés produirait le plus heureux effet et sauverait la république d'une crise funeste. »

A peine a-t-il achevé de parler, que les trois députés qui étaient venus avec Lanjuinais offrent leur démission. Lanjuinais, qui ne pensait pas qu'il fallût céder, se présente à la tribune et dit : « Je crois que, jusqu'à ce moment, j'ai montré assez d'énergie pour que vous n'attendiez de moi ni suspension ni démission.... » A ces mots des cris éclatent dans l'assemblée; on l'injurie, on le menace; il promène un regard assuré sur ceux qui l'interrompent : « Le sacrificateur, s'écrie-t-il, qui traînait jadis une victime à l'autel la couvrait de fleurs et ne l'insultait pas... On veut le sacrifice de nos pouvoirs; mais les sacrifices doivent être libres, et nous ne le sommes pas! On ne peut ni sortir d'ici ni se mettre aux fenêtres ; les canons sont braqués, on ne peut émettre aucun vœu, et je me tais. »

Cette terrible séance eut pour conclusion la mise hors la loi, non plus seulement de vingt-deux députés, mais de trente-deux. Les amis de Lanjuinais réussirent à le faire évader. Trois ans après, il reçut une belle récompense de son courage civique : soixante-trois départements à la fois le choisirent pour leur représentant.

Patriotisme et générosité : Fabius.

Fabius, général romain, avait fait avec Annibal [1], pour le rachat des prisonniers, un traité par lequel il était convenu qu'on rendrait homme pour homme, et que celui des deux généraux qui, après l'échange, se trouverait encore avoir des prisonniers, les rendrait tous, en recevant pour chacun une certaine somme. L'échange fait, il se trouva qu'Annibal avait encore deux cent cinquante Romains. Le sénat refusa

---

1 Général des Carthaginois

d'envoyer leur rançon et reprocha même à Fabius d'avoir racheté des hommes qui, ayant les armes à la main, n'avaient pas su s'en servir et s'étaient rendus à l'ennemi. Fabius souffrit sans se plaindre ces injustes reproches ; mais, ne pouvant se résoudre ni à manquer de parole ni à laisser ces citoyens dans les fers de l'ennemi, il fit vendre une partie de ses domaines et en employa l'argent à payer la rançon des captifs. Plusieurs d'entre eux lui offrirent de le rembourser dans la suite ; Fabius refusa : « Tout ce que j'exige de vous, dit-il, c'est d'aimer la patrie et de la mieux servir. »

Patriotisme et désintéressement : Hippocrate [1].

La peste sévissait en Perse et menaçait la Grèce. Le roi de Perse, tremblant pour sa propre vie, fit prier le fameux médecin grec Hippocrate de venir à sa cour et lui promit de le combler de dignités et de trésors : il lui envoya en même temps des présents magnifiques. Hippocrate répondit à cette demande par un refus, et repoussa les présents : « Mes compatriotes sont en danger, dit-il, je me dois à eux. »

En effet, peu de temps après, les Athéniens, attaqués par la contagion, implorèrent son secours ; il courut à Athènes et n'en sortit que lorsque, grâce à ses soins, la peste eut entièrement cessé.

Piété et patriotisme : les chanoines de Saint-Quentin.

Il y avait cinq brèches aux murailles de Saint-Quentin, et c'était le onzième assaut que les Espagnols y donnaient lorsqu'ils prirent cette ville, en 1559. Les chanoines refusèrent de profiter de la permission, que le commandant espagnol leur accordait, d'y demeurer et de jouir paisiblement de leurs canonicats : « Nous ne voulons point, lui dirent-ils, rester dans une ville où il ne nous serait plus permis de prier Dieu publiquement pour la France. » Et ils se retirèrent à Paris.

---

1. Le plus illustre des médecins de l'antiquité. Mort 380 ans av. J. C.

Patriotisme des femmes : les dames de Beauvais.
[1472.]

Le duc de Bourgogne, Charles le Téméraire[1], faisant la guerre à Louis XI, roi de France, vint attaquer Beauvais. Il croyait emporter facilement cette ville et marcher ensuite sur Paris : les habitants se défendirent avec courage; mais ils étaient trop peu nombreux pour pouvoir résister longtemps. Les femmes, transportées d'une émulation magnanime, voulurent partager avec leurs pères et leurs époux les fatigues de la lutte et la gloire de sauver la ville. Sous la conduite d'une héroïne, appelée Jeanne Hachette, elles volent sur les remparts, à un endroit dépourvu de défenseurs : elles renversent les échelles, elles précipitent les assaillants dans les fossés; Jeanne Hachette, à leur tête, arrache un étendard des mains de l'ennemi. L'exemple des femmes redouble le courage des hommes; en vain Charles le Téméraire multiplie les assauts, en vain son artillerie foudroie jour et nuit la place, il est obligé de lever le siége, après avoir perdu une grande partie de son armée. La résistance des citoyens et des dames de Beauvais sauva Paris.

Depuis ce temps, à Beauvais, en mémoire de la conduite héroïque de Jeanne Hachette et de ses compagnes, les femmes, dans une fête annuelle commémorative de cet événement, avaient à la procession le pas sur les hommes.

Sentiments patriotiques : deux généraux français.

Un général français à qui, dans la chaleur du combat, l'on vint dire que son fils venait d'être tué, répondit : « Songeons maintenant à vaincre l'ennemi; demain je pleurerai mon fils. » Ce trait magnanime rappelle une belle parole de Saint-Hilaire, lieutenant général de l'artillerie sous Turenne. Le même coup de canon qui tua ce grand capitaine[2], le

---

1. C'était un prince très puissant, qui possédait non-seulement la Bourgogne et la Franche-Comté, mais presque tous les Pays-Bas. Il fut tué à la bataille de Nancy, en 1477, et le duché de Bourgogne fut réuni à la couronne de France. La Franche-Comté n'y fut réunie que plus tard.

2. 27 juillet 1675, à Saltzbach en combattant contre les Impériaux.

sauveur, la gloire de la France, emporta le bras à Saint-Hilaire. Il avait auprès de lui son fils, âgé de onze ans. A la vue du malheur arrivé à son père, l'enfant se jeta à son cou en pleurant et en sanglotant : « Ma mort n'est rien, mon fils, lui dit-il en lui montrant Turenne étendu mort; voilà celui qu'il faut pleurer. »

Patriotisme et modestie : Vauban.

Le maréchal de la Feuillade, à la tête d'une armée française, assiégeait Turin avec ardeur, mais sans succès. Le maréchal de Vauban[1], qui brûlait du désir de combattre pour la patrie, offrit à ce général de servir sous lui en qualité de volontaire; il essuya un refus La Feuillade voulait avoir seul l'honneur de prendre la ville, qu'il ne prit pas. Louis XIV, voyant que le siége n'avançait point, en parla à Vauban, qui offrit encore d'aller conduire les travaux : « Mais, monsieur le maréchal, lui dit le roi, songez-vous que cet emploi est au-dessous de votre dignité? — Sire, répondit Vauban, ma dignité est de servir l'État; si le bâton de maréchal est un obstacle, en entrant au camp je le laisserai à la porte. »

Inimitié abjurée pour le service public : Aristide et Thémistocle.

Aristide et Thémistocle étaient ennemis et toujours opposés l'un à l'autre dans les affaires publiques. Ayant été choisis tous deux pour une ambassade importante, l'intérêt commun les réunit. Lorsqu'ils furent sortis des portes d'Athènes, Thémistocle dit à Aristide : « Laissons ici notre inimitié; nous la reprendrons, si vous voulez, à notre retour. »

Cette réconciliation, quoique sincère, ne fut que momentanée; mais l'inimitié de ces deux grands hommes fit place à une véritable amitié, lorsque, par l'invasion de Xercès, le salut de la patrie fut en péril. Aristide, rappelé de l'exil

---

1. Célèbre surtout par son habileté dans l'attaque et la défense des places. Il a construit ou réparé presque toutes nos places fortes. Mort en 1707.

(c'est Thémistocle qui l'avait fait condamner), arriva pendant la nuit sur la flotte réunie pour combattre les Perses. Sans perdre un moment, il alla trouver Thémistocle : « Oublions, lui dit-il, nos dissensions; nous ne devons plus avoir qu'une seule pensée : sauvons la Grèce, vous en donnant des ordres, moi en obéissant. »

Thémistocle, touché de sa générosité, partagea le commandement avec lui. Ces deux grands citoyens agirent avec un concert parfait, et, indifférents à leur gloire personnelle, semblaient n'avoir plus qu'un même esprit et un même cœur.

Abnégation et dévouement : Épaminondas; Moreau.

Après une campagne glorieuse, Épaminondas [1], illustre général thébain, calomnié auprès du peuple, fut rayé de la liste des chefs, et envoyé comme simple soldat à la guerre de Thessalie. Ce grand homme se soumit sans murmurer à ce décret. Une bataille s'engagea : malgré la valeur et l'intrépidité dont il donnait l'exemple, les troupes, découragées, étaient au moment de succomber, lorsque tout à coup, dans un instant de crise, on entendit répéter dans tous les rangs le nom d'Épaminondas. Chacun l'invoque, l'appelle; tous jurent de vaincre ou de mourir sous ses ordres. Enfin, proclamé général par le vœu unanime, il accepte le commandement, sauve l'armée, remporte une victoire complète, et revient ensuite se placer parmi les simples soldats.

Telle fut aussi, dans une semblable occasion, la conduite du général Moreau [2]. On l'avait disgracié; après les plus brillantes victoires, on l'avait privé de son commandement; et cependant, sacrifiant à l'intérêt de la patrie un juste mécontentement, il consentit à servir dans l'armée d'Italie, commandée par Schérer, général sans mérite et sans gloire. Schérer alla de faute en faute, de défaite en défaite [3]. Avec les débris de l'armée, il s'était retranché derrière l'Adda [4],

1 Voir page 77.
2 Voir pages 188 et 313
3 1799.
4. Rivière d'Italie, qui se jette dans le Pô et qui est célèbre par la victoire de Flaminius sur les Gaulois.

et un soir il apprend que la ligne de l'Adda est forcée, et que les ennemis passent la rivière.

Schérer, éperdu, désespéré, supplie Moreau de prendre le commandement de l'armée. Certes, Moreau paraissait avoir le droit de refuser : on l'avait traité avec injustice et mépris, et, maintenant que la campagne était perdue, qu'il n'y avait plus que des désastres à essuyer, et que vingt-cinq mille Français étaient pressés de toute part par quatre-vingt mille Russes, on lui donnait le commandement !...

Il sacrifia tous ses ressentiments à sa patrie, et, avec un dévouement qu'on ne saurait trop louer, il accepta une défaite en acceptant le commandement le soir même où l'Adda était forcée.

Moreau, par son habileté et son courage, parvint à sauver les débris de l'armée, et mérita ainsi une gloire nouvelle. Heureux si cet héroïque dévouement à la France ne s'était pas démenti plus tard !

Réconciliation des citoyens à l'approche de l'ennemi : l'archevêque de Gênes.

[XIIIᵉ siècle.]

Deux partis divisaient depuis longues années la république de Gênes[1]. La supériorité passait tantôt à l'un, tantôt à l'autre, sans que le vainqueur pût jamais ni écraser ni désarmer son ennemi. Les meurtres ne cessaient d'ensanglanter la ville : la vengeance appelait la vengeance ; les haines et les fureurs étaient héréditaires. Les bons citoyens gémissaient inutilement sur un mal qui leur paraissait sans remède, et la république courait à sa ruine.

Pour comble de malheurs, Gênes, dans une situation déplorable, se vit attaquée par un ennemi étranger. Les Pisans[2], république alors puissante, lui déclarèrent la guerre. On s'attendait à chaque instant à voir paraître leur flotte ; mais les esprits, échauffés par les dissensions civiles, ne prenaient aucune précaution contre l'ennemi.

L'homme qui gémissait le plus de cet aveuglement et de

---

1. Cette ville d'Italie a été, pendant le moyen âge, une puissante république.

2. Pise est une ville de Toscane, aujourd'hui bien déchue.

ces fureurs était Ugo, archevêque de Gênes : il avait été marin et soldat, avant d'entrer dans les ordres sacrés ; il avait les vertus d'un prêtre et le cœur d'un citoyen. Un soir (c'était sur la fin de l'automne), il apprit par une voie sûre que Roland Avogado, chef de l'une des deux factions ennemies, avait réuni à un grand banquet ses principaux partisans, et que dans ce banquet une résolution affreuse avait été prise : le lendemain dès l'aurore, le parti de Roland devait courir aux armes, attaquer le parti contraire et combattre jusqu'à l'extermination de l'un ou de l'autre.

A cette nouvelle, le pieux prélat frémit d'horreur. Il résolut de tenter un effort suprême, non-seulement pour prévenir un si grand attentat, mais encore pour opérer, s'il était possible, la réconciliation des deux partis. De concert avec les plus sages citoyens et quelques-uns des principaux magistrats, il employa la soirée et les premières heures de la nuit à préparer la grande scène qu'il méditait. Voici le récit de cette scène mémorable, telle qu'une chronique de ce temps nous l'a transmise :

A minuit un quart, au milieu du plus profond silence et d'épaisses ténèbres à travers lesquelles ne scintillait aucune étoile, la grande cloche de la cathédrale sonne l'alarme, toutes les cloches des autres églises s'ébranlent à la fois. A ce bruit inattendu, la ville entière s'éveille : les femmes paraissent aux balcons et s'interrogent mutuellement avec anxiété ; les hommes saisissent à la hâte les armes qui se trouvent sous leur main, et se précipitent dans les rues. On court, on s'informe ; sont-ce les Pisans qui menacent la ville ? Roland, ses amis, ses ennemis, ont-ils devancé l'heure convenue et commencé le massacre ? « A la grande place ! à la grande place ! » crient quelques voix. Ce cri est bientôt celui de tout le peuple. Au milieu de l'épaisse nuit, par toutes les avenues, la foule se précipite par torrents vers la grande place : et cependant les cloches ne cessaient pas leur lugubre appel.

On arrive. Devant le portail de la cathédrale, trente ecclésiastiques, en aube et en surplis, étaient rangés sur une seule ligne, tenant des torches à la main. La flamme rouge des torches, que le vent faisait vaciller, colorait de reflets changeants le portail et les colonnades, pénétrait dans l'intérieur du temple, dont les portes ouvertes laissaient apercevoir le grand autel étincelant dans le lointain, et éclairait fortement la tête blanchie du vénérable Ugo, ainsi que les traits d'une assemblée imposante réunie à ses côtés : c'étaient les chefs de la cité, les premiers et les plus sages citoyens. Devant eux, dans une châsse d'argent, les reliques de saint Jean-Baptiste, et l'Évangile ouvert sur la chaine.

A cette vue, tous les citoyens sont saisis d'étonnement et de respect. On attend avec impatience ce qui va se passer : le silence le plus profond règne de toutes parts et permet à tous les citoyens d'entendre distinctement l'appel que leur fait le vénérable archevêque.

« Mes frères, dit-il, prions; » et sa voix, secondée par celle de tout son clergé, entonne le *Veni Creator*. Tous les fronts sont découverts, toutes les âmes s'unissent à la sienne dans la prière; il semble que l'esprit de Dieu invoqué descend sur cette foule muette et prosternée. Roland lui-même, qui se trouvait non loin de l'archevêque, se sent profondément ému.

La prière est terminée. Ugo, qui s'était agenouillé pendant tout le temps qu'avait duré l'invocation au Saint-Esprit, se relève. Il s'adresse au peuple :

« Mes frères, écoutez-moi. Dieu ne veut pas que des frères répandent le sang de leurs frères, et par ma bouche il vous ordonne d'abjurer des projets impies. Malheur à qui mépriserait l'ordre de Dieu !... Mes frères, moi aussi j'ai été soldat, et à ce titre je vous dis : Honte au lâche qui, au lieu de marcher contre l'ennemi de la patrie, irait immoler ceux qui, avec lui, peuvent la défendre !... Au nom de Dieu, et sous peine de sa malédiction, je vous somme de renoncer à vos haines parricides, de vous promettre les uns aux autres l'oubli, le pardon et la paix, et d'en faire serment sur l'Évangile. »

A ces mots, un murmure favorable s'élève, l'assentiment général éclate. Ugo, d'un signe de la main, réclame le silence.

« Roland, dit-il, Roland Avogado, c'est à toi de donner l'exemple : viens, l'Évangile est prêt, et Dieu va recevoir ton serment. »

Mais Roland ne répondait pas. Irrité, implacable, il détournait les yeux de cette scène imposante, et les tenait opiniâtrement attachés sur la terre.

« O Roland ! Roland ! s'écriait la foule, sois le sauveur de ton pays ; prête le serment. » On lui offre la croix à baiser ; les acclamations de la foule redoublent ; il reste immobile.

Il s'avance enfin, mais toujours inflexible : des larmes roulent dans ses yeux, larmes non d'attendrissement, mais de rage. D'une voix forte il s'écrie : « Non ! »

Le pieux archevêque redouble ses instances ; les parents, les amis de Roland l'entourent et le pressent ; il s'attendrit enfin ; il cède.

Il s'approche de la châsse d'argent ; il met la main sur l'Évangile, il jure l'oubli et la paix.

Mille applaudissements éclatent. On amène les chefs du parti contraire ; ils prêtent le même serment.

Tous ces vieux ennemis s'embrassent ; ces haines qui semblaient implacables sont éteintes pour jamais. Tous les Génois n'ont plus qu'un même cœur, qu'une même pensée, et cette heureuse nuit voit finir les inimitiés cruelles qui allaient causer la ruine de la patrie.

Fidélité à la patrie ingrate : Phocion.

Injustement condamné par ses ingrats concitoyens, Phocion, l'un des plus célèbres personnages de la Grèce, était près de ses derniers moments, lorsqu'on lui demanda s'il ne voulait rien faire dire à son fils. « Recommandez-lui de ma part, dit-il, de servir la patrie avec autant de zèle et de fidélité que moi, et surtout d'oublier qu'une mort injuste fut le prix dont elle paya mes services. »

Léonidas aux Thermopyles.
[180 av. J. C.]

Xercès, roi de Perse, à la tête d'une armée innombrable, marchait contre la Grèce. Les diverses républiques de ce pays se préparaient à se défendre, et, en attendant que leurs forces pussent se réunir, il fut résolu qu'on enverrait des troupes garder le défilé des Thermopyles, par où l'ennemi devait passer. Ce défilé, entre la mer et de hautes montagnes, n'a, en certains endroits, que quelques mètres de largeur.

Les Lacédémoniens ou Spartiates étaient alors à la tête de la confédération grecque : trois cents d'entre eux, sous la conduite de Léonidas, reçurent ordre d'aller défendre le défilé des Thermopyles ; quatre mille Grecs des autres villes marchèrent avec eux : ainsi quatre mille trois cents hommes allaient disputer le passage à trois cent mille.

Xercès, arrivé aux Thermopyles, ne pouvait croire qu'un si petit nombre de soldats osât lui résister. Il écrivit à Léonidas : « Si tu veux te soumettre, je te donnerai l'empire de la Grèce. » Léonidas répondit : « J'aime mieux mourir pour ma patrie que de l'asservir. » Une seconde lettre du roi ne contenait que ces mots : « Rends-moi tes armes. » Léonidas écrivit au-dessous : « Viens les prendre. »

Xercès, outré de colère, ordonne à une de ses divisions d'aller prendre ces hommes et de les lui amener vivants. Quelques-uns des soldats courent à Léonidas et lui disent : « Les Perses sont près de nous. » Il répond froidement : « Dites plutôt que nous sommes près d'eux. »

Les troupes perses s'avancent ; les Grecs, en masse les enfoncent et les mettent en déroute. Pendant deux jours les attaques se renouvelèrent avec si peu de succès que Xercès commençait à désespérer de forcer le passage, lorsque, pendant la nuit, un traître vint lui découvrir un sentier par lequel il pouvait franchir la montagne et tourner la position des Grecs.

A cette terrible nouvelle, les chefs des Grecs s'assemblèrent : « Amis, leur dit Léonidas, partez en toute hâte; ne prodiguez pas ici votre vie, dont la défense commune a besoin. Quant à nous, les lois de notre patrie ne nous permettent de quitter qu'avec la vie le poste qui nous a été assigné : nous avons reçu l'ordre de défendre le passage et nous le défendrons jusqu'à la mort. Ne croyez pas que notre dévouement soit inutile. Il redoublera le courage des Grecs ; et, en apprenant à nos ennemis quel est le peuple qu'ils veulent asservir, il les glacera d'épouvante. »

Léonidas resta donc seul dans le défilé avec ses trois cents Spartiates. Ému cependant sur le sort de deux jeunes gens qui lui étaient unis par le sang et par l'amitié, il donna au premier une lettre et au second une commission secrète pour les magistrats de Lacédémone : « Nous ne sommes point ici, lui dirent-ils, pour porter des dépêches, mais pour combattre. » Il fut contraint de céder à leurs instances et de ne point leur ravir l'honneur de mourir pour la patrie.

Bientôt ces généreux guerriers virent fondre sur eux la foule innombrable des Perses. Léonidas succomba le premier après avoir immolé un grand nombre d'ennemis. Tous ses compagnons tombèrent, percés de coups, après avoir chèrement vendu leur vie.

Le dévouement de Léonidas et de ses compagnons produisit plus d'effet que la victoire la plus brillante : il apprit aux Grecs le secret de leurs forces : l'admiration qu'inspirèrent ces héros fit naître un désir ardent de les imiter ; l'ambition de la gloire, l'amour de la patrie, toutes les vertus furent portées à une élévation jusqu'alors inconnue.

A l'endroit où furent ensevelis les héros des Thermopyles on érigea une colonne avec cette simple inscription : « Passant, va dire à Sparte[1] que nous sommes morts ici pour obéir à ses lois.

Flamma.
[IVᵉ siecle av. J.-C.]

Les Samnites[2] tenaient l'armée romaine comme assiégée dans un défilé d'où elle ne pouvait sortir sans être écrasée. Le consul délibérait pendant la nuit, avec les principaux officiers, sur les moyens d'échapper à ce péril extrême : « Il n'est qu'un moyen, dit l'un d'eux, nommé Flamma : que, pendant cette nuit, cinq cents de nos soldats aillent

---

1 Ou Lacédémone ; ce sont deux noms de la capitale de la Laconie dans le Péloponèse.

2. Les Samnites étaient un peuple d'Italie qui résista longtemps aux Romains, et les vainquit quelquefois.

se porter sur la seule colline dont l'ennemi n'est pas encore maître. Dès l'aurore, il se hâtera d'attaquer la colline : nos cinq cents hommes périront tous, mais en occupant les Samnites ils donneront au reste de l'armée le temps de s'échapper. — L'avis est excellent, dit le consul. Si cinq cents de nos soldats se dévouent, l'armée est sauvée. Mais qui les conduira à ce poste, d'où aucun ne devra revenir?— Moi, » s'écrie Flamma. Avec l'assentiment du consul, il choisit cinq cents braves, il les invite à venir mourir avec lui pour la patrie : tous répondent à cet appel. Ils vont, dans le plus grand silence, s'emparer de la colline ; le lendemain, l'ennemi, pour les attaquer, dégarnit un passage par où le consul et l'armée s'échappent.

On dit que Flamma, couvert de blessures, mais respirant encore, fut sauvé par les ennemis, pleins d'admiration pour son courage, et qu'il rendit ensuite à sa patrie des services dignes d'elle et de lui.

Winkelried.
[1386.]

Léopold, duc d'Autriche, à la tête d'une puissante armée, était entré dans la Suisse, dans le dessein de l'asservir. Il rencontra l'armée des Suisses près de Sempach[1]. Les Suisses étaient en très-petit nombre et très-mal armés. Les soldats de Léopold, tout couverts de fer, formaient un bataillon serré ; leurs larges boucliers et leurs longues javelines, qui pouvaient se prolonger au dehors depuis le quatrième rang, rendaient le front de ce bataillon impénétrable autant que meurtrier. Immobiles à leur rang, ces soldats reçurent sur la pointe de leurs lances les premiers efforts de leurs braves ennemis, et toute l'impétuosité des Suisses vint échouer à plusieurs reprises contre ce rempart hérissé de pointes menaçantes. Déjà la phalange autrichienne, s'ébranlant avec un bruit formidable, menaçait d'envelopper la petite troupe des Suisses. La vue de leurs pertes et de leurs dangers affaiblissait déjà leur courage ; et

---

1. Petite ville sur le lac du même nom, à 13 kilomètres de Lucerne.

leur irrésolution, en suspendant leurs coups, allait achever leur défaite.

Alors, l'un d'eux, Winkelried, s'écrie : « Amis, je vais vous frayer un chemin ; je vous recommande ma femme et mes enfants. » Plus prompt que l'éclair, il court à l'ennemi, embrasse de toutes ses forces autant de lances autrichiennes qu'il peut en saisir, les enfonce dans sa poitrine, et traînant avec elles, en tombant, ceux qui les portaient, il ouvre à travers la phalange ennemie un passage où la foule des Suisses entre et se précipite. Leurs files étroites et serrées pénètrent dans les rangs autrichiens, qu'elles rompent et dispersent.

Vaincus par l'étonnement avant d'être frappés par le fer, les Autrichiens se culbutent eux-mêmes ; ils tombent sans résistance, et la plupart expirent étouffés sous le poids de leurs lourdes armures. L'armée autrichienne est détruite, et Léopold trouve la mort dans les rangs ennemis.

Eustache de Saint-Pierre.

La ville de Calais fut assiégée par Édouard III, roi d'Angleterre, qui parvint à la réduire le 3 août 1347. Irrité d'avoir été retenu si longtemps au pied de ses murs, il refusa d'abord d'accorder aucune capitulation aux habitants. Il finit par se contenter d'exiger qu'on livrât à sa discrétion six des principaux citoyens, qui lui seraient présentés la corde au cou, et les clefs de la ville entre leurs mains.

Cette nouvelle jeta les Calaisiens dans la consternation. Il fallait envoyer à une mort certaine six de leurs compatriotes.... Sur qui le choix ou le sort pouvait-il tomber qui n'eût rendu des services à la patrie, et dont la perte ne dût faire verser des larmes à tous les citoyens ? On ne pouvait se résoudre à prendre une résolution, lorsqu'un généreux citoyen pria ses compatriotes de permettre qu'il sacrifiât sa vie pour conserver la leur. Il se nommait Eustache de Saint-Pierre. Cinq autres imitèrent son exemple.

Ils se passent eux-mêmes au cou la corde qui devait être

l'instrument de leur supplice. On leur donne les clefs de la ville ; on ouvre les portes ; ils partent : tous les habitants les regardent du haut des murailles, et versent des larmes. Les six généreux citoyens paraissent devant Édouard ; ils lui remettent les clefs de Calais. Édouard reçoit les clefs d'un air farouche, et ordonne qu'on livre les victimes au bourreau. Heureusement, la reine d'Angleterre, Philippine de Hainaut, était alors au camp ; elle ne put souffrir qu'un ordre aussi horrible s'accomplît : à force de supplications et de larmes, elle obtint de son mari la vie et la liberté de ces six généreux Français.

D'Assas.

Le chevalier d'Assas, capitaine dans le régiment d'Auvergne, en 1760, fut chargé de faire une reconnaissance pendant la nuit, à peu de distance du camp français, aux environs de Clostercamp, en Westphalie. Il s'avance dans les bois, au milieu de profondes ténèbres : tout à coup il sent que plusieurs épées s'appuient contre sa poitrine, et une voix murmure à son oreille : « Si tu dis un mot, tu es mort. » C'était une colonne ennemie qui s'avançait en silence pour surprendre les Français. D'Assas, rassemblant toutes ses forces, s'écrie d'une voix éclatante : « A moi, Auvergne ! ce sont les ennemis ! » Il tombe percé de coups, et l'armée française est sauvée.

Desilles.

Dans les premiers jours de la Révolution française, un régiment en garnison à Nancy s'était révolté. Un corps nombreux s'avançait pour rétablir l'ordre, et l'amnistie était promise à ces soldats égarés, s'ils rentraient dans le devoir. Déjà l'avant-garde n'était plus qu'à trente pas d'une des portes de la ville. Les factieux la défendaient avec deux pièces de canon chargées à mitraille. Tenant en main la mèche allumée, ils répondent par des cris de fureur à la sommation qui leur est faite de se rendre, et se disposent à faire feu sur les troupes.

Dans ce moment même, un jeune officier du régiment rebelle s'élance au milieu de ces furieux, et s'oppose à l'exécution de leurs horribles desseins. Desilles (c'était son nom), voyant que ses instances sont vaines, et que les révoltés sont avides de répandre du sang, arrache de leurs mains les mèches enflammées, et, se plaçant sur une des pièces de canon qu'il couvre de son corps, il s'écrie : « Non, le régiment ne trahira pas la patrie ! » Cependant il s'aperçoit que les rebelles vont mettre le feu à la seconde pièce, distante de quelques pas de la première : il se jette alors au-devant de la bouche sur le point de vomir le carnage et la mort, en s'écriant : « Ce sont des Français, vos frères d'armes, et vous pourriez tirer sur eux !... Non : il faut avant tout que vous m'arrachiez la vie ! » S'apercevant que ce cri de l'honneur a fait quelque impression sur ceux qui l'entourent et qui demeurent immobiles, il retourne devant l'autre pièce de canon, à laquelle on allait mettre le feu, et déclare qu'on le tuera plutôt que de lui faire quitter le poste périlleux qu'il occupe. Mais cette résistance opiniâtre exaspère les factieux ; irrités qu'un seul homme ose s'opposer à leurs résolutions, et cédant à la fureur qui les anime, ils tournent contre lui leurs armes parricides. Desilles tombe frappé de plusieurs balles et de coups de baïonnette. Quelques habitants de la ville, touchés de son sublime dévouement, se jettent sur cette noble victime qu'ils baignent de leurs larmes, et l'emportent dans une maison voisine, où bientôt le jeune héros expire, en répétant ces paroles mémorables : « Du moins je ne survivrai pas.... au déshonneur de mes compagnons d'armes ! »

Cependant le bruit de sa mort, répandu parmi les soldats égarés, fait succéder à leur rage la honte et le repentir. Elle est irrésistible cette impression que produit une action héroïque inspirée par le sentiment du devoir. Les chefs profitèrent de ce soudain changement pour faire rentrer les factieux dans l'obéissance, et la mort généreuse d'un jeune officier suffit pour empêcher une des principales villes de la France, et peut-être une province entière, d'être en proie aux horreurs de la guerre civile.

Schwardin.
[19 septembre 1793.]

Pendant les guerres civiles de la Vendée, une armée de quatre mille soldats, à Torfou[1], sous le commandement de Kléber, était poursuivie par vingt mille hommes appartenant au parti contraire. Kléber fait venir son ami le colonel Schwardin : « Tu vois notre situation, lui dit-il, va te mettre dans le ravin avec ton régiment ; tu te feras tuer, mais tu me donneras le temps de sauver l'armée. — Oui, général, » répond Schwardin. Il part, s'embusque dans le ravin, soutient seul avec ses hommes l'effort des assaillants, donne à Kléber et à sa petite armée le temps de se mettre hors de danger, et meurt glorieusement avec tous ses braves.

La Palice.
[1521.]

Le brave la Palice, chevalier français, était commandant d'une citadelle assiégée par les Espagnols ; il avait fait une sortie vigoureuse ; couvert de blessures, il veut reprendre le chemin du fort, les Espagnols lui ferment le passage : alors il s'appuie contre une muraille et se défend longtemps. Cédant enfin au nombre, il tombe et est traîné expirant à la tente de Gonzalve de Cordoue, chef des assiégeants, qui le menace d'une mort prompte s'il n'oblige à l'instant les assiégés à lui livrer le fort. La Palice écoute tranquillement l'Espagnol, puis il dit : « Qu'on me porte au pied du rempart. » Là, il fait appeler son lieutenant :

« Cornon, lui dit-il, Gonzalve, que vous voyez, menace de m'ôter un reste de vie si vous ne vous rendez promptement ; mon ami, regardez-moi comme un homme déjà mort ; soyez fidèle à votre devoir envers le roi et la France, et défendez la place jusqu'à votre dernier soupir. »

Gonzalve, quoique transporté de fureur, n'exécuta pas ses horribles menaces : il aima mieux échanger contre un officier espagnol du même grade son prisonnier qui respirait encore. La Palice guérit, et devint maréchal de France.

---

1. Dans l'arrondissement de Baupréau, département de Maine-et-Loire.

§ XI. DEVOIRS DE FAMILLE.

PÈRES ET MÈRES.

Il y a dans la tendresse des parents pour leurs enfants quelque chose d'héroïque qui leur fait trouver dans la bonne conduite d'un fils une satisfaction toute personnelle. Ils lui savent gré de tout ce qu'il fait dans son intérêt bien entendu : ils le remercient du bonheur qu'il se donne. (B.)

Heureux les enfants que leur père conduit à la perfection, bien moins par la voie longue et difficile des préceptes que par le chemin court et facile des exemples! Image vivante de la vertu, il la rend sensible à leurs yeux. Ce n'est plus cette vertu élevée au-dessus de l'humanité, que les philosophes représentent assise sur un rocher escarpé, au bout d'une rude et périlleuse carrière : c'est une vertu présente, accessible, et, si l'on ose le dire, familière, que les enfants apprennent bientôt par goût et par instinct, qu'ils croient voir et sentir, et qui semble emprunter une forme corporelle, pour s'accommoder à la faiblesse de leur raison naissante, et pour exciter en eux, non pas une admiration stérile, mais une utile imitation. (D'AGUESSEAU.)

Réponse d'Agésilas.

Agésilas, roi de Lacédémone, un des plus grands hommes qu'ait eus la Grèce, courait un jour à cheval sur un bâton pour amuser son fils encore enfant. Un homme, témoin de cette scène, s'avisa d'en rire. « Mon ami, lui dit ce héros, ne te moque pas si vite : attends, pour juger la conduite d'un père, que tu sois père toi-même. »

Madame de Sévigné[1].

Mme de Sévigné aimait sa fille avec une tendresse passionnée. Lorsqu'elle fut obligée de s'en séparer, elle exhala ses émotions maternelles dans une foule de lettres qu'on a publiées après sa mort, et qui vivront à jamais comme des chefs-d'œuvre de sentiment et de style.

C'est dans ces lettres qu'on peut reconnaître quels trésors d'amour renferme le cœur d'une mère. A peine Mme de Grignan[2] est-elle partie avec son mari pour la Provence, que déjà Mme de Sévigné confie ses angoisses maternelles au papier, qui devient brûlant sous ses doigts. Tout d'abord « elle a senti de vingt lieues cet éloignement cruel, comme

---

1. Femme célèbre, morte en 1696.   2. Fille de Mme de Sévigné.

Château de Grignan, résidence de la fille de Mme de Sévigné.

elle sentirait un changement de climat. » L'idée des périls de ce voyage lointain vient bientôt accroître les douleurs de la séparation, elle n'a plus devant les yeux que « les hauteurs de Tarare[1], si escarpées ; le cours du Rhône, si rapide. » Quand elle apprend que Mme de Grignan est arrivée heureusement, les alarmes de sa mère changent d'objet, et n'en sont pas moins vives : sans parler de la « pesanteur de l'absence », il faut « qu'elle porte l'épouvantable inquiétude qu'elle a d'une santé si chère. » Elle apprend que sa fille a mal à la poitrine ; aussitôt, dit-elle, « elle a mal à la poitrine de sa fille. » Comme le lecteur plaint cette pauvre mère, à la merci de tous les caprices de son imagination ! car, pour un cœur tel que le sien, « toutes les tristesses de tempérament sont des pressentiments, tous les songes sont des présages, toutes les précautions sont des avertissements ; c'est une douleur sans fin. »

Aussi n'a-t-elle pas d'autre pensée que de se rapprocher de sa fille, et, selon son énergique expression, de « précipiter dans cette espérance les restes de sa vie. » « Je prête, dit-elle, la main aux jours pour aller plus vite, et je consens de tout mon cœur à leur rapidité, pourvu que nous soyons ensemble ! » Heureusement Mme de Sévigné peut écrire ; quelle consolation ! et sa fille ne manque jamais de lui répondre ; quelle joie ! Ces lettres, qui viennent de Provence, sont de véritables événements ; aussi, comme elles sont attendues ! Et, lorsqu'elle tient une de ces lettres, oh ! elle ne la lit pas d'abord, de peur de l'avoir trop tôt lue ; et, lorsqu'elle l'a lue et relue, elle la relit encore ; et ce bienheureux papier règne sans partage jusqu'à ce qu'une lettre nouvelle vienne la supplanter.

La veuve du bûcheron.
[1824.]

Au milieu des forêts de sapins qui couronnent le sommet des Vosges, la veuve d'un pauvre bûcheron avait coutume d'aller chaque jour couper du bois. Tandis qu'elle parcou-

---

1. Tarare est une petite ville des environs de Lyon.

rait la forêt, elle déposait dans les buissons son enfant encore très-jeune.

Mais, privée de cet enfant chéri, peut-elle prolonger son absence? Une heure est pour cette tendre mère un siècle d'attente. Peut-être que, saisi tout à coup de frayeur, il tend vers sa mère ses faibles bras, et qu'il l'appelle de ses cris.

Déjà la mère alarmée se hâtait d'arriver aux lieux où son enfant reposait; mais voici qu'un loup terrible, l'œil en feu, la gueule béante, lui apparaît. Hors d'elle-même, elle ressent le froid de la mort; elle tremble que le monstre n'ait déjà dévoré sa proie. Dieu soit loué! un faible cri lui annonce que son fils respire encore, et qu'il repose dans son berceau de feuillage.

Cependant l'animal affamé va se précipiter sur sa victime; il va l'atteindre! Mais quelles forces le danger d'un fils ne donne-t-il pas à sa mère! Intrépide, elle se jette entre son ennemi et le buisson, et fait à son enfant un rempart de son corps.

A cette vue, le loup frémissant oublie la proie qu'il espérait d'abord, et, tournant toute sa rage sur la victime nouvelle qui se présente à lui, il l'attaque, la déchire et s'abreuve de son sang. Tandis que cette infortunée se débattait sous la dent du monstre, elle se rappelle qu'elle a un couteau; elle le saisit, et, rassemblant ses forces près de défaillir, elle enfonce dans le cœur du terrible animal un fer aigu. Il expire en poussant un horrible hurlement; mais, trop faible pour un pareil effort, la mère victorieuse tombe à côté de son ennemi abattu; elle tombe en s'écriant : « Sauvez mon fils! »

Ses gémissements plaintifs avaient attiré plusieurs bûcherons; ils accourent et voient leur compagne étendue sur la terre ensanglantée. Pendant cet affreux combat, l'enfant, ignorant les dangers de sa mère, s'était endormi paisiblement.

L'un et l'autre sont reportés dans leur cabane par les bûcherons empressés; chacun, entourant la mère inanimée, lui prodigue tous les soins qui peuvent la rappeler à la vie. Secours inutiles! elle est déjà glacée....

On désespérait de ranimer cette généreuse victime de la tendresse maternelle, lorsqu'on s'avisa de placer le visage de l'enfant contre celui de sa mère. La mère fait un léger mouvement, son teint se colore, elle ouvre un œil languissant, et sent peu à peu une douce chaleur se répandre dans ses membres ; elle reconnaît son fils, le presse dans ses bras, sans pouvoir rassasier sa tendresse. L'image du monstre terrible se présente, il est vrai, à son esprit ; mais elle l'oublie bientôt, puisque son fils respire.... Elle est sauvée !

Clémentine.
(XVIIIe siècle.)

Dans le beau pays de Roussillon, au milieu d'un bosquet de citronniers, s'élevait une maisonnette solitaire. Là vivait la bonne Clémentine, dont la tendresse et les vertus faisaient le bonheur de son mari et de ses enfants.

Un jour son mari était absent ; ses deux enfants, Antoine et Antoinette, jouaient ensemble dans les environs de la cabane. Tout à coup elle entend son fils pousser un cri d'effroi. Épouvantée, elle s'élance au dehors de la cabane ; elle frémit en voyant Antoine qui ramenait la petite Antoinette toute tremblante : « Maman, dit-il, voyez comme la main d'Antoinette saigne, une vipère l'a mordue. » Clémentine s'écrie en sanglotant : « Ah ! ma fille ! ma fille ! une vipère ! au secours ! au secours ! »

Un homme passait alors en marchant très-vite ; d'une voix entrecoupée, elle le conjura de s'arrêter et de venir à son secours.

« Jeune femme, dit le voyageur, je ne peux m'arrêter ; d'ailleurs, je ne sais qu'un remède : tâchez de vous procurer un chien qui suce le poison de la plaie, mais hâtez-vous, ne perdez pas un moment. »

Et il s'en alla. Clémentine chancela, comme saisie d'un vertige soudain. Le désespoir se peignait sur son visage pâle, mais un instant après son front devint serein, elle se leva dans un transport de joie.

« Un chien sucer le poison de sa blessure ! Non, un chien

ne le ferait pas, mais une mère le peut, une mère le fait. »
A l'instant elle saisit vivement sa fille par le bras; elle appliqua ses lèvres sur la blessure, et suça, suça longtemps, avec une ardeur inexprimable.

Cependant le père arrivait; Antoine, le voyant venir, court à sa rencontre, lui raconte ce qui est arrivé et ce que fait sa mère. Le jeune époux pâlit d'effroi; il chancelle, et il est obligé de s'appuyer contre l'arbre le plus voisin.

« Qu'avez-vous, mon père? » s'écrie l'enfant en s'élançant comme pour le secourir. En ce moment le bâton que son père tenait à la main tomba à terre. L'enfant voit ce bâton, autour duquel était entortillée une couleuvre morte. L'enfant recula en frémissant d'horreur « Ah! dit-il, voilà le serpent qui a mordu Antoinette. — Que dis-tu, ô mon fils? s'écrie le père en revenant à lui; quoi! le serpent qui a mordu ta sœur, était-il semblable à celui que tu vois? — Oui, répondit l'enfant, entièrement semblable. »

Le père respire, et pousse un cri de joie : « Ah! Dieu soit loué! s'écria-t-il, le serpent qui a mordu Antoinette n'était donc point une vipère; c'est une couleuvre, dont la morsure ne peut faire de mal, et ce n'est pas du poison que Clémentine a avalé en suçant la plaie! »

Les yeux mouillés de larmes, il arrive à la cabane; il prend dans ses bras et la fille et la mère, il les tient longtemps pressées contre son cœur; et, dans l'ivresse de sa joie, il dit :

« Ah! que tu m'as effrayé! mais, grâce à Dieu, le serpent n'était pas venimeux. Nous vivrons encore ensemble : jamais je n'oublierai ce trait de tendresse maternelle, jamais tes enfants ne l'oublieront. »

Jean Ducas.
[1072.]

Une troupe d'aventuriers français, sous les ordres d'un chevalier normand nommé Oursel, ravageait l'Asie Mineure, soumise alors au sceptre des faibles souverains du Bas-Empire. Jean Ducas, à la tête d'une forte armée, vint les combattre. Les Français remportèrent la victoire Jean, après une résistance opiniâtre, est blessé, pris et chargé de liens. Alors son fils Andronic s'élance au milieu des Français pour le délivrer; mais, accablé par le nombre, couvert de blessures, il tombe. Un guerrier français, s'élançant sur lui l'épée à la main, va lui donner le coup mortel. Jean, témoin de ce terrible spectacle, fait un si violent effort, qu'il rompt ses liens; en même temps il s'élance, couvre Andronic de son corps, et s'écrie : « Arrêtez, arrêtez, c'est Andronic, c'est mon fils. »

Les Français abaissent leurs épées; et admirant la tendresse courageuse d'un père sauvant les jours d'un fils qui mourait pour le délivrer, ils relèvent les deux captifs, les traitent avec douceur, et leur accordent la liberté.

Loizerolles.
[1791.]

A l'époque de la Terreur [1], des milliers d'innocents étaient renfermés dans les cachots, condamnés à mort sans distinction ni d'âge, ni de sexe, ni de condition; il ne leur restait plus qu'à répondre au dernier appel du geôlier et à monter sur la fatale charrette; encore à peine quelquefois les juges avaient-ils le loisir et la volonté de s'assurer de l'identité de ceux que la hache attendait : entassés pêle-mêle, ils mouraient aussi pêle-mêle.

A cette époque un jeune homme, nommé Loizerolles, comparut devant le tribunal révolutionnaire; il fut condamné. Son père l'avait suivi dans la prison; il n'avait pas voulu se séparer de son fils. Vieillard à cheveux blancs, il voulait soutenir le jeune homme dans sa dernière épreuve. Le jour où la sentence devait être accomplie, fatigué de ses émotions, abattu, accablé, le jeune homme s'était endormi dans son cachot. Son père veillait près de lui. Tout à coup le verrou crie, le guichet s'ouvre : le geôlier, accompagné de soldats, se présente une liste à la main, et appelle à tour de rôle les malheureux dont la dernière heure a sonné.

1. On appelle ainsi le temps qui s'est écoulé depuis le 2 juin 1793 jusqu'au 27 juillet 1794.

Il appelle : « Loizerolles ! » personne ne répond. Une seconde fois : « Loizerolles ! » même silence.... le père seul a entendu cet appel de la mort. C'est son fils qu'on réclame, son fils dont un heureux sommeil a engourdi les sens. Une pensée soudaine brille à l'esprit du vieillard : on appelle le fils, c'est le père qui répondra.

Cette inspiration de dévouement, il l'accomplit en silence. Une seconde fois il va donner la vie à son fils. Il se présente, et se met à la file des condamnés qui vont partir pour l'échafaud.

Mais, avant de quitter la prison, il revient encore vers son fils, et, se penchant vers lui : « Dors, mon fils, dit-il, dors du sommeil heureux qui te cache la vue de ton père qui va mourir pour toi; oh! ne te réveille pas trop tôt, attends que le sacrifice soit accompli! » Il ne l'embrassa point, de peur de le réveiller; et, s'adressant à voix basse à un de ses compagnons de captivité qui le considérait les yeux pleins de larmes, il lui dit : « Oh! je vous en conjure, quand il s'éveillera, quand il saura la vérité fatale, calmez-le, empêchez que son désespoir imprudent ne rende mon sacrifice inutile; instruisez-le de la dernière volonté d'un père qui a droit d'être obéi. Je lui ordonne de se résigner, et lui défends de compromettre cette vie que je lui ai deux fois donnée. »

Le père alors sort de la prison avec la foule des condamnés; il monte sur l'échafaud, et là, présentant sa tête à la hache, il murmure ces derniers mots : « O mon Dieu! veillez sur mon fils! »

ENFANTS.

Le plus saint des devoirs, celui qu'en traits de flamme
La nature a gravé dans le fond de notre âme,
C'est de chérir l'objet qui nous donna le jour.
Qu'il est doux à remplir, ce précepte d'amour!
(FLORIAN.)

La piété filiale est un devoir de religion, Dieu lui-même nous la prescrit.

La piété filiale se compose de respect, de tendresse, de reconnaissance et de dévouement. (B.)

William Brown.

Un Anglais, auteur d'un voyage en Écosse, raconte le fait suivant :

Le lendemain de notre départ de Glascow[1], ayant été obligés de nous arrêter dans un assez gros bourg, nous regardions les passants par une fenêtre de notre hôtellerie, placée vis-à-vis de la prison. Nous vîmes arriver à cheval un homme vêtu avec simplicité, quoique avec élégance ; il mit pied à terre à notre hôtellerie, et, remettant son cheval à l'hôte, il s'avança vers un vieillard qui était occupé à paver la rue. Après l'avoir salué, il prit la demoiselle, donna quelques coups sur le pavé, en disant au vieillard, assez étonné de l'aventure : « Cet ouvrage me paraît bien pénible à votre âge ; n'avez-vous donc point d'enfants qui puissent vous épargner un si rude travail ? — Pardonnez-moi, monsieur, répondit le vieillard, j'ai deux fils qui me donnaient les plus grandes espérances ; mais les pauvres enfants ne sont point maintenant à portée de secourir leur père.... — Et où sont-ils ? — L'aîné est parvenu au grade de capitaine dans les Indes orientales[2]. — Et le second ? » demanda précipitamment l'étranger. A cette demande, le bon vieillard ne put retenir ses larmes.... « Il a répondu pour moi, dit-il ; le pauvre enfant s'est chargé de payer mes dettes, il n'a pu les acquitter, et il est en prison.... » A ce récit le voyageur se détourna de quelques pas, resta quelque temps les mains sur le visage ; puis revenant auprès du vieillard : « Et cet aîné, dit-il, ce fils dénaturé, ce capitaine, il ne vous a donc rien envoyé pour vous tirer de la misère ? — Ah ! ne l'appelez pas dénaturé, s'écria le vieillard, mon fils est le meilleur des hommes, il m'a envoyé de l'argent, et bien plus même qu'il ne m'en fallait ; mais j'ai eu le malheur de perdre tout cet argent en me rendant caution pour un très-honnête homme qui, étant ensuite tombé dans le malheur, s'est trouvé hors d'état de payer ; on m'a tout pris, il ne me reste plus rien, et j'ai repris mon premier métier de

---

1. Grande et riche ville d'Écosse.   2. Appartenant en partie aux Anglais.

paveur.... » Comme il parlait ainsi, un jeune homme, passant la tête à travers les barreaux de la prison voisine où il était renfermé, se mit à crier : « Mon père, mon père, si mon frère William vit encore, c'est lui, c'est ce voyageur qui vous parle.... — Oui, c'est moi-même, » s'écria le voyageur en se précipitant dans les bras du vieillard, qui tout hors de lui, voulant parler et sanglotant, n'avait pu reprendre ses sens, quand une vieille femme, mise fort décemment, sortit d'une petite maison délabrée, en s'écriant : « Où est-il donc, où es-tu, mon cher William ? viens donc embrasser ta mère ! » Le capitaine ne l'eut pas plus tôt aperçue, que, quittant son père, il alla se jeter au cou de la bonne vieille. Alors nous descendîmes. L'un de nous, fendant la foule qui s'était rassemblée autour de l'heureuse famille : « Capitaine, dit-il, nous vous demandons la faveur de nous lier avec vous ; nous aurions volontiers fait cent lieues pour être témoins d'une scène si attendrissante. Venez, vous et les vôtres, nous vous en supplions, dîner avec nous dans cette hôtellerie. » Le capitaine, sensible à cette invitation, l'accepta, mais en nous disant qu'il ne mangerait ni ne boirait que lorsque son jeune frère aurait recouvré la liberté. Il alla déposer la somme pour laquelle on l'avait mis en prison : à l'instant même le jeune homme fut libre. Alors toute cette famille se rendit à l'hôtellerie, où ils eurent grand'peine à entrer, à cause du nombre infini de personnes qui s'y étaient rassemblées, et qui accablèrent de caresses le bon William, qui les leur rendit avec cordialité.

Le capitaine nous dit, aussitôt que nous pûmes converser : « C'est aujourd'hui que je sens dans toute leur étendue les faveurs de la Providence, à laquelle je dois tout. Au sortir de l'enfance, je m'enrôlai dans les troupes destinées à servir dans les Indes. Mon espoir était d'arriver à la fortune par ma bonne conduite ; cet espoir n'a pas été déçu ; j'eus le bonheur d'être remarqué par le gouverneur des possessions anglaises dans l'Inde. Mon zèle pour le service lui inspira des bontés pour moi ; grâce à sa protection, de grade en grade je devins capitaine, et j'obtins en même temps, comme quelques-uns de mes camarades, la permission de prendre part à quelques affaires de commerce. Tout m'a réussi. Devenu possesseur d'une fortune suffisante, j'ai quitté le service pour revenir au sein de ma famille. J'ai envoyé trois fois des sommes assez considérables à mon père, mais il n'a reçu que mon premier envoi ; le second est tombé entre les mains d'un banqueroutier. J'avais confié le troisième à un Écossais qui est mort dans la traversée... » Après le dîner, le capitaine remit à son père cent pièces d'or pour subvenir à ses besoins les plus pressants. Il fit aussi dresser un acte par lequel il assurait à son père et à sa mère 2,000 francs de revenu annuel, réversible à son jeune frère, qu'il promit en même temps d'associer à une manufacture qu'il se proposait d'établir pour donner de l'occupation aux habitants du bourg. Enfin, après avoir distribué 1,200 francs aux pauvres, il donna une très-belle fête à tous ses compatriotes.

Le jeune page.

Un jour Frédéric II, roi de Prusse, ayant sonné sans que personne répondît à cet appel, ouvrit la porte de son antichambre et trouva son page endormi sur une chaise. Au moment où il allait l'éveiller, il aperçut un papier écrit sortant de la poche du dormeur. La curiosité du roi était excitée : il ouvrit ce papier. C'était une lettre de la mère du jeune page, dans laquelle elle remerciait son fils des secours d'argent qu'il lui avait envoyés. Frédéric, charmé de la conduite de ce bon fils, qui se privait de sa paye pour aider sa mère, alla prendre un rouleau de ducats et le glissa avec la lettre dans la poche de l'enfant. Un instant après, il tira le cordon de la sonnette. Le page se réveilla et accourut auprès de Frédéric : « Vous avez dormi, » lui dit le roi. Le jeune homme tâcha de s'excuser ; et, mettant la main dans sa poche, qui lui semblait plus lourde qu'à l'ordinaire, il y trouva le rouleau de ducats. Il le prit, pâlit, trembla, et ne put articuler une parole. « Qu'avez-vous? dit le roi. — Hélas ! sire, dit le page, quelqu'un veut me perdre ; je ne sais d'où m'est venu cet or. — La fortune ne vient-elle pas toujours en dormant? reprit Frédéric. Envoie cette somme à ta mère, en lui faisant mes compliments, et assure-la bien que j'aurai soin d'elle et de toi. »

L'élève de l'École militaire [1].

Sous le règne de Louis XV [2] un enfant de douze ans, qui venait d'entrer comme boursier dans une école militaire, se fit remarquer par une frugalité rare à tout âge, et surtout au sien : il ne mangeait que de la soupe et du pain sec, et ne buvait que de l'eau. Le sous-directeur, averti de cette singularité, lui en fit des reproches : « Vous ne trouvez donc pas bon ce qu'on vous sert? dit-il. — Oh! monsieur, tout ce qu'on nous sert me paraît bien appétissant, mais je ne puis me résoudre à en manger. » Le sous-directeur n'ayant pu tirer de lui aucune autre réponse, fit son rapport au gouverneur de l'école. Le gouverneur fit venir l'élève, et, après lui avoir doucement représenté combien il était nécessaire d'éviter toute singularité et de se conformer à l'usage de l'école, voyant que l'enfant ne s'expliquait point sur les motifs de sa conduite, il se vit contraint de le menacer de le rendre à sa famille. « Hélas! monsieur, dit alors l'enfant, vous voulez savoir la raison de ma conduite... ; eh bien! la voici : mon père, ma mère, mes frères sont dans la détresse; ils ne mangent que du pain noir et ne boivent que de l'eau; et moi, quand je vois toutes les bonnes choses qu'on nous sert ici, et que je songe à la misère de mes parents, mon cœur se serre et je ne peux pas manger. » En achevant ces paroles, l'enfant, accablé par ce souvenir, honteux et affligé de s'être vu contraint à révéler la misère de ses parents, éclata en sanglots. Le gouverneur, attendri, serra l'enfant contre son cœur et tâcha de le consoler. « Mon ami, lui dit-il, monsieur votre père est un ancien officier; il n'a donc point de pension? — Non, monsieur,

---

[1] On appelait alors *écoles militaires* des collèges où l'on élevait des enfants destinés au service. Tel est encore aujourd'hui celui de la Flèche, dans le département de la Sarthe.

[2] Régna de 1715 jusqu'en 1774.

depuis deux ans il en sollicite une; on n'a pas encore répondu à sa demande. — Cher enfant, dit le gouverneur, dès demain je verrai le ministre, et je vous promets qu'avant huit jours votre père aura sa pension. Mangez donc maintenant de bon cœur, et acceptez, pour vos menus plaisirs, ces trois louis que je vous donne au nom du roi. Quant à monsieur votre père, je me ferai un plaisir de lui avancer le premier trimestre de sa pension. — Mais, monsieur, dit l'enfant rayonnant de joie, comment pourrez-vous lui envoyer cet argent? — Ne vous en inquiétez point, nous en trouverons les moyens. — Ah! monsieur, puisque vous avez cette facilité, remettez-lui aussi les trois louis que vous venez de me donner : ici j'ai tout en abondance; cet argent me serait inutile, et il fera grand bien à mon père pour ses autres enfants. »

Sedaine[1].

Un entrepreneur de bâtiments, nommé Sedaine, qui n'avait d'autre fortune que son industrie, mourut dans une ville du Midi, laissant sans ressource une femme et deux enfants. L'aîné, âgé de treize à quatorze ans, suivait alors comme externe les classes du collége. L'autre était beaucoup plus jeune.

Toute la ville s'intéressa vivement à la position de cette famille. On voulait que le jeune Sedaine continuât des études commencées avec autant de succès que de zèle; on promettait de l'aider; le principal du collége lui offrait son concours; ces propositions étaient bien douces au cœur du jeune élève. « Mais quoi! se dit-il, que deviendra mon petit frère, dont je suis l'unique protecteur, tout jeune que je suis? Et ma mère, accoutumée à l'aisance, le travail de ses mains pourra-t-il lui suffire?... Non, il faut que je me mette le plus tôt possible en état de les secourir : c'est un devoir, je le sens; ma conscience me le dit, et mon cœur m'y entraîne. » Et le pauvre enfant se fit apprenti maçon.

Les ouvriers, par respect pour la mémoire de son père

1. Né en 1719, mort en 1797; auteur de plusieurs pièces de théâtre.

et pour sa belle conduite, lui témoignèrent les plus grands égards. Les maîtres s'empressèrent de faciliter ses progrès. Dès les premiers jours, il gagna quelque chose, et son salaire s'augmenta rapidement.

En quittant le collége, il avait gardé ses cahiers d'étude. Tous les soirs, il étudiait : d'anciens camarades lui communiquaient les devoirs de classe ; les professeurs, qui recevaient toujours volontiers sa visite, l'aidaient de leurs conseils ; le principal lui donnait des livres.

Ainsi commença pour lui une double existence : le jour était consacré au travail manuel qui nourrissait sa famille la nuit l'était en partie à la culture des facultés de l'intelligence ; le jour appartenait aux nécessités du présent, la nuit aux espérances de l'avenir. Car ce généreux enfant rêvait la gloire ; mais il cachait cette pensée au fond de son cœur. Tout en devenant un maçon habile, il termina ses études classiques.

Alors il voulut apprendre l'architecture, et partit pour Paris, où un ancien ami de son père lui promettait un bienveillant accueil. Les voitures publiques allaient fort lentement à cette époque : Sedaine, à l'aide de ses économies, paya une place pour son jeune frère ; lui, il suivit à pied.

A Paris, il mena le même genre de vie, gagnant par son travail de quoi se nourrir ainsi que son frère, et de quoi aider sa mère, qui était restée dans son pays ; étudiant l'architecture avec autant d'ardeur que d'intelligence, et cultivant les lettres, tant pour satisfaire les nobles penchants de son âme que dans l'espoir de se faire un nom.

Tous les succès couronnèrent une vertu si pure. Le généreux collégien, qui s'était fait apprenti maçon, devint un des meilleurs architectes et un des plus célèbres littérateurs de son temps ; riche et honoré dans les deux carrières que son ardeur avait simultanément embrassées, membre de l'Académie d'architecture et de l'Académie française.

Mademoiselle Josserand.

Dans la ville de Provins[1], une famille honnête fut com-

---

1. Chef-lieu d'arrondissement du département de Seine-et-Marne.

plétement ruinée par des entreprises hasardeuses. Après avoir donné tout ce qu'il possédait, le malheureux père, âgé et incapable de travail, devait encore près de 4,000 francs.

Déclaré insolvable et n'ayant que des enfants mineurs, les créanciers l'abandonnèrent. L'un de ses enfants était une jeune ouvrière, qui travaillait depuis quelques années pour s'amasser une dot qui lui permît d'entrer dans la vie religieuse : c'était là l'unique objet de ses vœux.

Aussitôt que le désastre de sa famille lui fut connu, abandonner son petit trésor pour suffire aux premiers besoins, devenir, par son travail, l'unique appui d'un père infirme, d'un frère enfant, d'une grand'mère octogénaire, tout cela ne fut pas assez pour la jeune fille.

Sa mère, sa pauvre mère, est là mourante, et ce n'est pas la misère qui la tue ! Sa fille, en veillant auprès d'elle, comprend les vœux que sa mère forme dans son cœur sans oser les exprimer, et se dévoue à leur accomplissement. Le travail du jour, celui des nuits, joints aux plus rudes privations, lui permettront d'acquitter les dettes de la famille, et un jour le nom de son père sera réhabilité.

La malheureuse mère ferme les yeux, en bénissant sa fille, qui peu à peu va trouver les créanciers, leur demande du temps, beaucoup de temps, et les supplie de laisser quelques effets à son vieux père.

On est ému à la vue de cette enfant ; mais son projet étonne : elle n'a que son travail, trois personnes sont à sa charge, et elle entreprend de payer des dettes qui ne sont pas les siennes. Une résolution aussi forte, dans un âge aussi tendre, trouve des incrédules.

Vingt ans après avoir pris ce noble engagement, Mlle Josserand en avait rempli toutes les obligations, et elle semblait croire que sa conduite n'avait rien que de très-ordinaire.

Son courage n'ayant jamais failli, une vie qui n'a été que la mise en œuvre d'une bonne pensée lui a laissé toute sa délicatesse et toute sa modestie.

Elle a reçu les derniers vœux de sa grand'mère ; la vieillesse de son père a été honorée par elle et pour elle ; son frère lui doit une bonne éducation et un état; il lui doit surtout un nom sans tache, car toutes les dettes ont été acquittées; et ce sont des créanciers payés, ce sont des voisins témoins de tout, qui ont, à son insu, divulgué le secret d'une vertu si rare.

Le désastre de Monville.
[19 août 1845.]

Une trombe furieuse a éclaté dans la vallée de Monville, près de Rouen.

Deux vents violents, soufflant en sens inverse, s'étant contrariés, il en est résulté la formation d'un cône qui descendit des nuages, le sommet vers la terre, en tournoyant avec une effrayante rapidité. De son sein jaillissaient des éclairs; il répandait au loin une forte odeur de soufre, et l'on assure que des nuages rouges et noirs s'y mouvaient verticalement, lancés et relancés avec une force prodigieuse. On entendait un roulement semblable à celui qui précède la grêle. Le baromètre baissa tout à coup de seize millimètres; la température s'éleva rapidement, un courant d'air chaud précédait la trombe.

Le météore courait vers l'est en renversant tout ce qu'il trouvait sur son passage; il fit une trouée à travers une forêt sans épuiser sa force, coupant ou tordant les arbres, les projetant à droite ou à gauche.

Il s'abattit ensuite sur trois des principales usines de la vallée.

C'étaient de belles et riches filatures; toutes trois ont été littéralement réduites en miettes. Pour comble de fatalité, c'est à l'heure où le personnel complet des usines est au travail que le sinistre a éclaté.

La destruction de ces établissements a été plus rapide que l'éclair : quarante personnes ont perdu la vie; cent ont été blessées, la plupart mortellement.

Au bout de deux ou trois minutes, le météore avait cessé. Un vent violent, causé par cette effroyable perturbation de l'atmosphère, souffla encore pendant quelques heures, jusqu'à d'énormes distances : les débris des usines furent emportés jusqu'à dix lieues.

Un trait bien remarquable de courage, inspiré par l'amour filial, a signalé cette affreuse catastrophe.

La population, accourue de toutes parts, travaillait, sous la direction des autorités, à déblayer les décombres des usines pour retirer les victimes ensevelies sous les débris, et donner des secours à celles qui pourraient encore en recevoir. M. Neveu, l'un des trois propriétaires des filatures détruites, inspirait surtout un vif intérêt. Depuis longtemps on le cherchait sans pouvoir le découvrir, lorsqu'on entendit pousser des cris à demi étouffés sous les ruines : c'était M. Neveu qui appelait. On dirigea les fouilles de son côté.

On le trouva appuyé sur les deux poignets, le dos en voûte, supportant une masse de décombres et protégeant sa mère, qui était tombée devant lui et qu'il aurait étouffée sans son admirable courage. Il était resté dans cette position, formant une voûte au-dessus d'elle. Tous deux ont été retirés sans blessures sérieuses.

M. Neveu n'était pas resté moins de trois heures dans cette horrible position, continuant de protéger sa mère avec un courage héroïque; et telle avait été la contraction de ses muscles, que la réaction qui s'est opérée après sa délivrance lui a causé une prostration absolue. Après être resté plusieurs heures sans pouvoir articuler un seul mot, il a enfin repris connaissance, et ses premières paroles ont dignement couronné son dévouement : « Je sais, a-t-il dit, que je suis ruiné ; mais je ne me plains pas, j'ai eu le bonheur de sauver ma mère. »

Louise.

Louise était fille unique; elle possédait tous les dons réunis de la beauté, de l'éducation et de la fortune.

Elle avait vingt ans, et déjà son mariage était arrêté avec un jeune homme digne d'elle, de qui elle était tendrement aimée, et qu'elle-même aimait et estimait.

Tout à coup son père devint aveugle.

Aussitôt Louise rompit son mariage, malgré la douleur et les instances de son prétendu, malgré les supplications de son père. Elle ne voulut plus vivre que pour consoler et guider son père; elle dit adieu à tous les plaisirs.

Elle ne quittait jamais l'aveugle; elle cherchait à l'amuser par sa gaieté et par ses discours. Quand il voulait sortir, elle lui disait : « Appuyez-vous sur moi, mon père; » et elle le conduisait dans son jardin ou dans la campagne pour lui faire respirer un air pur.

De retour à la maison, elle lui faisait la lecture, elle chantait et faisait de la musique. De temps en temps, le soir, elle réunissait des personnes sensées et aimables dont la conversation charmait le vieillard, ou elle le conduisait chez de bons anciens amis où il passait une agréable soirée; puis elle le ramenait à la maison. Quand on venait inviter Louise à prendre part aux fêtes et aux plaisirs qu'elle aimait autrefois, elle répondait : *Qui donc tiendrait compagnie à mon père?* et elle restait auprès de lui.

Grâce aux soins si tendres et si ingénieux de sa fille, il ne connut jamais un seul moment d'ennui.

Élisabeth Lopouloff.

Un officier russe, nommé Lopouloff, avait été, quoique innocent, relégué en Sibérie et condamné à passer le reste

Traîneau de voyage en Sibérie.

de ses jours dans un des cantons les plus sauvages de ce pays horrible. Là, il endurait toutes sortes de maux et de privations; il ne recevait pour se nourrir et s'entretenir, avec sa femme et sa fille, que six sous par jour.

La jeune Élisabeth, sa fille, voyait avec douleur que son père était bien malheureux. Depuis quatorze ans qu'il était privé de sa liberté, il ne pouvait s'accoutumer à sa position, et il s'abandonnait souvent aux accès du plus violent désespoir. Alors Élisabeth conçut une idée aussi extraordinaire que courageuse : ce fut de partir pour Saint-Pétersbourg, et d'aller demander à l'empereur la grâce de son père. Saint-Pétersbourg est à plus de mille lieues du désert où gémissait Lopouloff ; personne dans cette grande capitale ne le connaissait ni ne prenait le moindre intérêt à son sort. Élisabeth et ses parents ne possédaient pas un écu, et cependant cette fille admirable, plaçant toute sa confiance en Dieu, résolut de mettre cette idée à exécution.

Elle n'osait pas d'abord en parler à son père ; mais enfin elle s'enhardit et lui dit : « Mon père, je vous en prie, permettez-moi d'aller à Saint-Pétersbourg demander votre grâce à l'empereur ; j'espère que Dieu me fera la faveur de réussir. »

A ces mots, Lopouloff éclata de rire, prit la jeune fille par la main, la conduisit vers sa mère, qui apprêtait le dîner, et s'écria : « Ma femme, bonne nouvelle ! tous nos malheurs vont finir ; voici une grande dame qui veut bien se donner la peine d'aller pour nous à Saint-Pétersbourg, et qui aura la complaisance de parler elle-même à l'empereur.

— Elle ferait mieux, dit la mère, d'être à son ouvrage que de nous conter ainsi des niaiseries. » Puis, voyant que la pauvre fille pleurait, sa mère l'embrassa en riant : « Allons, lui dit-elle en lui présentant un linge, commence par nettoyer la table ; tu t'occuperas ensuite de ta visite à l'empereur. »

Élisabeth, voyant qu'on se moquait d'elle, n'osa plus parler de son projet ; mais elle y pensait toujours, et dans ses prières elle demandait continuellement à Dieu de lui faire accorder par son père la permission de partir.

Trois ans après (elle avait alors dix-huit ans), elle renouvela sa demande : son père et sa mère virent bien qu'elle parlait sérieusement, et tâchèrent de la dissuader par leurs caresses et par leurs larmes.

Cependant elle les pria tant, qu'ils finirent par consentir. Elle obtint un passe-port qu'on ne pouvait lui refuser, parce qu'elle n'était pas condamnée avec son père.

Élisabeth reçut la bénédiction de ses parents, et partit.

Elle n'emportait qu'une valeur d'à peu près cinq ou six francs en grosse monnaie de cuivre, et elle était seule ; mais le généreux courage dont elle était animée lui tenait lieu de trésor, et sa confiance en Dieu lui tenait lieu de garde et d'escorte.

Elle éprouva dans ce voyage des fatigues inouïes ; elle essuya d'effroyables dangers.

Elle ne connaissait pas la route qu'il fallait suivre ; et quand elle demandait le chemin de Saint-Pétersbourg, qui était si loin, on croyait qu'elle était folle, et l'on se mettait à rire : aussi elle se trompa souvent de route, ce qui allongea considérablement son voyage.

Elle s'arrêtait plus ou moins dans différents villages, selon que la fatigue l'y obligeait, et d'après l'accueil qu'elle recevait des habitants. Elle tâchait, pendant le séjour qu'elle y faisait, de se rendre utile, en balayant la maison, en lavant le linge ou en cousant pour ses hôtes.

Souvent on la repoussait en lui donnant des noms injurieux ; alors elle s'éloignait en pleurant : et souvent aussi des personnes qui l'avaient ainsi maltraitée, touchées de ses larmes et de son air décent, la rappelaient et la traitaient bien.

Un soir, un violent orage la surprit. Elle chercha un refuge dans un bois. Elle se plaça sous un sapin entouré de hauts buissons, pour se préserver de la violence des vents. La pauvre enfant y passa toute la nuit, exposée aux torrents de la pluie. Le lendemain, mourant de froid et de faim, et toute couverte de boue, elle arriva dans une cabane où elle fut assez bien reçue, mais où elle resta malade pendant quelque temps.

Dans une autre circonstance, elle fut attaquée par une troupe de chiens qui l'entourèrent. Elle se mit à courir en se défendant avec son bâton, ce qui ne fit qu'augmenter leur acharnement. Un de ces animaux saisit le bas de sa robe et la déchira. Elle se jeta à terre en se recommandant à Dieu ; elle sentit même avec horreur un des plus furieux appuyer son nez froid sur sa tête pour la flairer, mais Dieu veillait sur elle : les chiens ne lui firent aucun mal ; un paysan qui vint à passer les dispersa.

Un jour elle traversait des marécages couverts de glace ; elle se perdit, et, après bien des efforts, elle arriva dans un lieu sauvage entouré de bois épais. La nuit approchait ; elle frissonnait de crainte : tout à coup des hommes sortirent du bois ; c'étaient des brigands, dont la physionomie farouche l'épouvanta. Ces hommes s'avancèrent, la regardèrent d'un air sinistre, et lui demandèrent durement ce qu'elle faisait là.

Élisabeth leur dit d'une voix tremblante : « Je viens du fond de la Sibérie, et je vais à Saint-Pétersbourg demander à l'empereur la grâce de mon père. »

Les bandits, étonnés, voulurent savoir quel argent elle possédait pour faire une si longue route. Elle avait quelques pièces de cuivre, et elle les leur montra ; ces hommes furent attendris.... Non-seulement ils ne lui firent point de mal, mais ils lui firent part de leurs provisions et lui indiquèrent son chemin.

Quand elle arriva à Kasan[1], un grand vent qui soufflait depuis plusieurs jours avait amassé beaucoup de glaçons sur les rives du Volga[2]. Le passage de ce fleuve était presque impraticable ; on ne pouvait le traverser que partie en nacelle et partie à pied en sautant de glaçon en glaçon. Les bateliers n'osaient aller d'un bord du fleuve à l'autre. Élisabeth, sans examiner le péril, voulut entrer dans un de leurs bateaux ; ils la repoussèrent brusquement en la traitant de folle, et en jurant qu'ils ne permettraient pas qu'elle traversât le fleuve avant qu'il fût entièrement gelé. Elle leur demanda combien de temps il fallait attendre : « Au moins quinze jours, » répondirent-ils. Alors elle résolut de passer sur-le-champ. « Je vous en prie, leur dit-elle d'une voix suppliante, au nom de Dieu, aidez-moi à traverser le

---

1. Ville importante de la Russie, à 1656 kilomètres de Saint-Pétersbourg.
2. Le Volga est le plus grand fleuve de l'Europe.

fleuve. Je viens du fond de la Sibérie, je vais demander à l'empereur la grâce de mon père, qui a été condamné par erreur. La route est déjà si longue! faut-il que je perde encore ici quinze jours? »

Ces paroles touchèrent un des bateliers. Il prit Élisabeth par la main : « Venez, lui dit-il, je vais essayer de vous conduire. Vous êtes une bonne fille, craignant Dieu et aimant votre père ; le ciel vous protégera. »

Il la fit entrer avec lui dans la barque, et navigua jusqu'à moitié du fleuve : alors ne pouvant aller plus loin, il prit la jeune fille sur ses épaules, et, marchant sur la glace en se soutenant sur son aviron, il atteignit avec elle, sans accident, l'autre rive du Volga.

Quelque temps avant d'arriver à Moscou, la pauvre Élisabeth commençait à manquer de tout, ses chaussures étaient déchirées, ses habits étaient en lambeaux, et le froid était terrible. La neige couvrait la terre de près d'un mètre d'épaisseur ; quelquefois, en tombant, cette neige se gelait en l'air, et semblait une pluie de glaçons qui ne permettait de distinguer ni ciel ni terre.

On ne saurait dire combien cette fille généreuse courut de dangers ; néanmoins elle était toujours pleine de courage et même gaie : elle pensait continuellement à Dieu et à son père, et cette pensée lui donnait une force incroyable.

Dans une des villes situées sur sa route, elle avait été reçue dans un couvent dont la supérieure lui avait remis des lettres pour une dame de Moscou et pour une autre dame qui demeurait à Saint-Pétersbourg. La dame de Moscou reçut très-bien Élisabeth, et lui donna des chaussures et des vêtements neufs. Heureuse de ce bon accueil, elle se remit gaiement en route, et arriva enfin à Saint-Pétersbourg, dix-huit mois après son départ de Sibérie.

Elle fut d'abord comme perdue dans cette ville immense ; enfin elle parvint à trouver la dame à qui elle était recommandée, qui la logea chez elle et la traita avec beaucoup de bonté.

Mais comment parvenir jusqu'à l'empereur? cela était encore plus difficile que tout ce qu'elle avait fait jusqu'alors.

Quand Élisabeth se présenta aux portes du palais et demanda à voir l'empereur, les soldats éclatèrent de rire. Elle s'éloigna toute confuse.

Elle passa près de deux mois en démarches inutiles. Enfin une personne charitable parla d'elle à la femme d'un officier des gardes. Cette dame connaissait la femme d'un secrétaire de l'impératrice, et la pria d'accorder à Élisabeth un moment d'entretien.

La femme du secrétaire y consentit. Élisabeth se présenta à elle et lui raconta son histoire. Cette femme généreuse en fut vivement touchée et lui dit : « Vous êtes une excellente fille ; Dieu, qui vous a protégée jusqu'à ce moment, ne vous abandonnera pas : il se servira peut-être de mon mari pour vous faire réussir. »

Le mari arrivait dans ce moment et promit de parler à l'impératrice dans la journée. Il pria Élisabeth de dîner chez lui, et il alla ensuite au palais.

L'impératrice ordonna qu'Élisabeth lui fût amenée le soir même à six heures. La pauvre enfant ne s'attendait pas à tant de bonheur. Lorsqu'elle en sut la nouvelle, elle pâlit et fut près de se trouver mal.

Reprenant ses forces, elle leva vers le ciel ses yeux pleins de larmes : « O mon Dieu ! s'écria-t-elle, ce n'est donc pas en vain que j'ai mis mon espoir en vous ! » Puis elle baisait les mains de la femme du secrétaire et les arrosait de ses pleurs.

Sur le soir, le secrétaire la conduisit au palais. L'impératrice reçut la pauvre fille avec une extrême bonté, et l'interrogea sur toutes les circonstances de son histoire. Élisabeth, qui était d'abord toute tremblante, se rassura peu à peu : « O madame, dit-elle à l'impératrice, mon père est innocent ; je ne demande pas grâce pour lui, je demande qu'on fasse la révision de son procès, et qu'on lui rende justice. »

L'impératrice, touchée jusqu'aux larmes, loua son courage et sa piété filiale, et lui fit remettre cent pièces d'or pour ses premiers besoins, en attendant de nouveaux bienfaits.

Élisabeth était si reconnaissante, si heureuse, qu'elle ne put remercier l'impératrice que par des pleurs et par des sanglots.

L'empereur, sur la demande de l'impératrice, ordonna la révision du procès de Lopouloff.

L'innocence de Lopouloff fut solennellement reconnue ; l'arrêt de sa délivrance fut proclamé. L'empereur lui accorda une pension considérable, réversible sur sa femme et sur sa fille.

ÉPOUX.

La femme dévoue son existence à celui qu'elle a accepté pour époux au pied des autels ; dans l'infortune comme dans la prospérité, dans la maladie comme dans la santé, sur la terre de l'exil comme sur le sol de la patrie, elle lui est fidèle ; la mort seule peut rompre des nœuds si saints. (B.)

C'est dans le mariage que la sensibilité est un devoir. Dans toute autre relation, la vertu peut suffire ; mais, dans celle où les destinées sont entrelacées, où la même impulsion sert, pour ainsi dire, aux battements de deux cœurs, une affection profonde est un lien nécessaire. (*Cours de morale.*)

Paroles de Livie.

Après la mort d'Auguste, on demandait à sa veuve, Livie, par quels moyens elle avait pu captiver si constamment le cœur de son époux : « Ces moyens sont bien simples, répondit-elle ; j'ai vécu dans l'observation rigoureuse de mes devoirs ; j'ai prévenu tous ses désirs ; je me suis empressée d'exécuter ses volontés ; jamais je n'ai cherché à connaître les affaires qu'il n'avait pas l'intention de me confier ; et, s'il a eu des torts envers moi, j'ai toujours voulu les ignorer. »

Réponse d'une mère de famille.

Une femme vertueuse fut priée, par une de ses amies, de lui apprendre quel secret elle avait pour conserver la tendresse de son mari : « C'est, lui dit-elle, en faisant tout ce qui lui plaît, et en souffrant patiemment, de sa part, tout ce qui ne me plaît pas. »

Les diamants.
[xviiiᵉ siecle.]

M. de C... était uni depuis quelques années à une femme qu'il aimait avec une extrême tendresse. Malheureusement elle fut attaquée d'une maladie de poitrine qui la conduisait lentement au tombeau. Son mari était témoin de son dépérissement, et devinait les douleurs qu'elle cherchait à lui cacher; il l'entourait des soins les plus ingénieux et les plus tendres, et quoiqu'il fût accablé d'un chagrin mortel, il s'efforçait de paraître sans inquiétude, afin de la rassurer et de calmer son imagination. Il n'était pas riche : d'après les termes du contrat de mariage, si la femme mourait sans enfants, tous ses diamants, y compris ceux que son mari lui aurait donnés, devaient revenir aux héritiers de Mᵐᵉ de C... Cette clause du contrat fit naître dans l'esprit, ou plutôt dans le cœur du mari, une idée aussi délicate que généreuse. Le jour de la fête de sa femme, quoique l'avis des médecins fût qu'avant six mois elle n'existerait plus, cachant ses craintes mortelles sous l'air le plus serein et sous le plus doux sourire, il lui offrit en cadeau une belle parure de diamants. Doublement heureuse de ce don, qui lui fit croire qu'aucun danger ne menaçait son existence, elle cessa d'être en proie à ses craintes, et, grâce à la généreuse tendresse de son mari, aucune inquiétude ne troubla les six derniers mois de sa vie.

Éponine.

Lors des troubles qui précédèrent et suivirent dans les Gaules la mort de Néron[1], Julius Sabinus, né dans les environs de Langres, fut un des chefs de l'insurrection. Il prétendait descendre de Jules César, et prit, dit-on, le titre d'empereur. Il fut vaincu; l'insurrection des Gaules fut étouffée, et les chefs de l'entreprise furent proscrits; Sabi-

---

1. Abominable tyran de Rome, qui périt de mort violente en 69.

nus surtout, que sa naissance rendait dangereux, n'avait point de grâce à espérer. Il mit le feu à sa maison, et se sauva dans un souterrain qui n'était connu que de lui. Personne ne douta qu'il n'eût péri dans l'incendie que son désespoir avait allumé.

Deux fidèles serviteurs l'avaient suivi dans sa sombre retraite : l'attachement des amis pour leurs amis et des serviteurs pour leurs maîtres, dans l'ancienne Gaule, était extrême. On va voir que celui des femmes pour leurs époux n'était pas moins admirable.

Éponine, femme de Sabinus, à la nouvelle de la mort de son mari, s'était abandonnée à l'affliction la plus vive ; les serviteurs de Sabinus, qui sortaient de temps en temps du souterrain pour renouveler ses provisions, lui apprirent que la vie d'Éponine s'éteignait rapidement dans les larmes. Il chargea l'un d'eux d'aller la consoler et de lui apprendre qu'il était vivant.

A cette heureuse nouvelle, les forces d'Éponine se raniment ; elle brûle de s'assurer par elle-même du salut de son époux : à la faveur des ténèbres, elle part, accompagnée du fidèle serviteur. Elle paraît tout à coup aux yeux de Sabinus : « Je viens, lui dit-elle, adoucir ton sort en le partageant ; je viens reprendre les droits sacrés d'épouse ; je viens te consacrer ma vie. » Quelle admiration ! quelle reconnaissance dut éprouver Sabinus ! Comme dans un moment tout est changé autour de lui ! Cette vaste caverne n'offre plus rien de triste à ses yeux : cependant, en songeant que c'est désormais la demeure d'Éponine, il soupire...

Les deux époux concertèrent ensemble les mesures qu'ils devaient prendre pour leur sûreté commune ; il eût été dangereux qu'Éponine disparût entièrement du monde. I fut donc décidé qu'elle ne viendrait dans le souterrain que la nuit ; mais sa maison en était éloignée, il fallait faire cinq lieues à pied. Comment supporterait-elle cette fatigue ? Comment une femme timide et délicate oserait-elle s'exposer à tous les dangers d'un voyage nocturne et pénible, qui devait se renouveler si souvent ? Comment enfin aurait-elle assez de discrétion et de prudence pour dérober à tous les yeux et ses démarches et son secret?... Elle vint à bout de tout : c'est qu'elle était guidée par l'amour et la vertu, mobiles si puissants lorsqu'ils se trouvent ensemble.

Éponine tint donc tous les engagements que son cœur lui avait fait prendre; elle venait régulièrement au souterrain; et souvent elle y passait plusieurs jours de suite, ayant su prendre les précautions nécessaires pour que son absence n'excitât aucun soupçon. Pour aller voir son époux, elle triomphait de tous les obstacles : ni les rigueurs de l'hiver, ni le froid, ni la pluie ne pouvaient l'arrêter ou la retarder. Quel spectacle pour Sabinus, lorsqu'il la voyait arriver tremblante, hors d'haleine, pouvant à peine se soutenir sur ses pieds délicats et meurtris, et tâchant cependant, par un doux sourire, de dissimuler sa lassitude et ses souffrances, ou, pour mieux dire, les oubliant auprès de lui!...

Ce bonheur, inconnu au monde, dura neuf ans. Mais, à la fin, un malheureux hasard fit découvrir la retraite de Sabinus : on le traîna, chargé de chaînes, à Rome, où Éponine le suivit. L'arrêt de mort qui avait été porté neuf ans auparavant contre lui fut exécuté. L'empereur Vespasien, qui aurait pu lui faire grâce, ne voulut pas épargner un homme qui avait eu des prétentions et même une sorte de droit à l'empire. Éponine, n'ayant pu obtenir de l'empereur la vie de son mari, lui demanda d'être associée à son sort. « Fais-moi cette grâce, Vespasien, lui dit-elle; il serait pour moi plus affreux de vivre sous ton empire, qu'il ne l'a été de vivre sous terre et dans les ténèbres. »

Roch Martin.

L'un des caractères de la vertu est de s'exagérer ses devoirs et de les remplir, quelque pénibles qu'ils puissent être. Roch Martin nous en a donné l'exemple. Après avoir porté les armes comme remplaçant d'un conscrit, il fut libéré du service militaire, et se maria, en 1815, dans le village de Montigny, près de Metz. La famille de la femme à laquelle il venait de s'unir était dans l'indigence. Elle se composait d'une mère infirme et de trois enfants.

Le jeune soldat se regarda comme chargé, désormais et pour toujours, de pourvoir à tous les besoins de la famille de son épouse. Il se trouvait heureux de pouvoir leur consacrer une somme de six mille francs, prix du service fait pour le conscrit remplacé. Une partie de ce petit pécule fut employée à acheter aux parents de sa femme une chaumière ; mais la naissance de trois enfants, et surtout la disette des années 1817 et 1818, eurent bientôt absorbé le reste. Les soins qu'exigeaient une mère infirme, trois enfants en bas âge et trois aveugles, ne laissaient pas à la femme de Martin le temps de se livrer à des occupations dont elle pût tirer un salaire, de sorte que le travail manuel du mari devint l'unique moyen d'existence de neuf personnes.

Il ne gagnait qu'un franc par jour, et cependant il y a quelque chose de si noble, de si délicat dans les sentiments généreux, que, dans cette extrême détresse, il ne voulut jamais permettre à ses beaux-frères aveugles d'aller implorer la pitié publique. Il s'était fait une telle idée de ses devoirs, qu'il aurait cru mériter des reproches si sa famille eût reçu des secours étrangers. Il aimait mieux lui distribuer tout le pain qu'il gagnait si péniblement, et s'exposer, comme cela lui est arrivé plusieurs fois, à tomber d'inanition au milieu de son travail.

Jamais on ne l'a entendu se plaindre, encore moins se vanter, et, après une si énergique persévérance, on ignorerait peut-être encore son dévouement, hors de l'étroite enceinte de son village, si l'amour de l'humanité n'eût amené dans cette chaumière un chirurgien recommandable qui entreprit de rendre la vue aux trois aveugles. Malheureusement, ses efforts ne furent pas récompensés par le succès ; mais, témoin de ceux que faisait depuis dix ans l'infatigable chef de cette nombreuse famille, il en révéla les besoins, le malheur, les nobles dettes ; et cette heureuse indiscrétion, en faisant connaître au public cette vertu si persévérante et si généreuse, a attiré sur elle d'honorables récompenses.

L'épouse de Grotius [1].

L'illustre Grotius, condamné à une prison perpétuelle à la suite d'une querelle religieuse où son parti avait eu le dessous, avait été enfermé au château de Lœvenstein [2]. Cependant son épouse avait la permission de le voir assez souvent, et de lui apporter le linge dont il avait besoin.

Cette femme, aussi prudente que courageuse, avait remarqué plus d'une fois que les gardes se lassaient de visiter un grand coffre dans lequel on emportait ordinairement le linge destiné au blanchissage. Elle profita de cette négligence pour conseiller à son mari de se placer dans le coffre, et de s'échapper ainsi. Dans cette vue, elle avait eu la précaution d'ouvrir un passage à la respiration, en perçant quelques trous dans le coffre. Ses mesures étaient si bien prises, que son mari, en suivant son conseil, parvint à s'évader, et fut porté dans le coffre chez un de ses amis. De là il se rendit déguisé à Anvers, et passa en France, où il fut très-bien reçu.

Pour ménager à Grotius le temps d'échapper, et pour ôter à ses ennemis tout moyen de l'arrêter dans sa fuite, elle feignit qu'il était malade, et, sous ce prétexte, écarta tous ceux qui auraient pu pénétrer dans la chambre qu'il occupait dans la prison. Lorsqu'elle fut bien persuadée que son mari était en sûreté, elle dit aux gardiens, en se moquant d'eux, que l'oiseau s'était envolé.

On voulut d'abord lui intenter un procès criminel, et il se trouva même des juges qui conclurent à la retenir prisonnière à la place de son mari; mais la pluralité des voix décida en faveur de la tendresse conjugale. La courageuse épouse fut relâchée, et tout le monde applaudit à sa conduite. Ce trait a été imité depuis en France par Mme de Lavalette, qui a eu le même succès.

FRÈRES ET SŒURS

Comment trouverez-vous chez les étrangers des amis fidèles, si vous êtes indifférents pour les amis que la nature vous a donnés? (*Moralistes anciens.*)

[1]. Savant hollandais, né en 1583, mort en 1646.

[2]. Lœvenstein, en Hollande, province de Gueldre.

Que l'amour que vous devez à vos semblables commence à se manifester en vous dans toute sa perfection à l'égard de ceux avec qui vous êtes liés par la plus étroite de toutes les fraternités, celle qui naît de la communauté du sang. (SILVIO PELLICO.)

Les deux frères.

La discorde s'était mise entre deux frères : tendrement unis dans leur enfance, ils s'étaient divisés à l'occasion de la succession de leur père, et se disputaient un champ. Leurs cœurs s'étaient aigris, des paroles offensantes étaient sorties de leur bouche, et ils étaient malheureux de leurs contestations et de leurs haines. L'un d'eux alla trouver le curé du village, et lui raconta ses chagrins ; il lui dit : « Ce morceau de terre est à moi; je ne dois pas cependant me dépouiller de mon bien... » Le bon curé répondit : « Combien rapporte cette pièce de terre? — Trente francs par an, quand la récolte est bonne. — Trente francs... que peut-on acheter avec cette somme? Un habit, un meuble, un hectolitre et demi de blé ? — Sans doute. — On pourrait peut-être en acheter quelque chose qui vaudrait mieux. — Eh, quoi donc? — Si avec cette somme vous pouvez vous assurer un bon ami qui vous aiderait dans le besoin, qui viendrait s'asseoir à votre foyer, le soir, dans l'hiver; qui vous donnerait un coup de main pour faire la moisson ou rentrer votre récolte, qui aimerait vos enfants et leur serait un protecteur; est-ce que cela ne vaudrait pas bien trente francs? — Que voulez-vous dire par là, monsieur le curé ? — Je veux dire, mon ami, que, pour gagner trente francs, vous perdez ce qui vaut beaucoup mieux : vous perdez un frère, qui a été l'ami, le compagnon de votre enfance, qui a été serré dans les bras d'une même mère, nourri d'un même lait. Je veux dire que pour gagner trente francs vous perdez la joie et la tranquillité de votre vie. — Cela se pourrait bien, monsieur le curé; mais que puis-je faire? — Je parlerai à votre frère; il y a peut être moyen d'arranger cela. »

En effet, le bon curé alla trouver le frère; il lui tint à peu près le même langage, et quand il le vit ému et ébranlé, il lui parla de sa vieille mère, et de son père qui n'était plus.... « Voulez-vous, lui dit-il, affliger votre mère dans sa vieillesse? Que dirait votre père s'il pouvait revenir à la vie, et qu'il vît les querelles de ses enfants? La haine entre les frères est la douleur des parents.... » Le villageois sentit des larmes couler de ses yeux; il courut embrasser son frère, et tous deux, oubliant leur animosité, prièrent le pasteur de décider lui-même de leur discussion. Il sut les arranger sans peine, et la bonne intelligence ramena le bonheur chez eux.

Mademoiselle de Rigny.
[xixe siècle.]

Les événements de la Révolution avaient enlevé à Mlle de Rigny toute sa famille. Retirée dans une habitation isolée, au milieu de la campagne, à l'âge de vingt ans, elle se voyait obligée de diriger et les affaires de la maison et l'éducation d'un jeune frère, qui n'avait qu'elle pour appui. Elle destinait cet enfant à l'École polytechnique; mais comment l'y préparer? comment lui donner en même temps l'éducation littéraire? Les colléges alors avaient été détruits, et les maisons d'éducation, en petit nombre, qui commençaient à s'élever, ne paraissaient pas à Mlle de Rigny dignes de sa confiance. La tendresse fraternelle lui inspira le plus généreux dessein : elle résolut d'apprendre elle-même tout ce que son frère devait savoir, pour le lui enseigner. Quelque effrayant que ce travail dût paraître à une femme, elle s'y dévoua avec une ardeur persévérante, qui fut couronnée par le succès : la langue latine, la littérature ancienne et moderne, l'éloquence, l'histoire, les diverses branches des mathématiques, elle apprit tout, elle enseigna tout à son frère, et le jeune de Rigny fut admis à l'École polytechnique, sans avoir eu d'autre maître que sa sœur.

C'est ce même de Rigny qui, devenu amiral, commandait la flotte française à Navarin[1], et qui fut plus tard ministre de la marine[2].

---

1. Ville et port de Grèce, dans la Morée : les escadres combinées de France, d'Angleterre et de Russie y détruisirent la flotte turque et égyptienne en 1827.
2. Mort en 1835.

Telle est la glorieuse destinée que lui avait préparée le dévouement infatigable de sa sœur.

Aubry.

En l'an 1800, le 31 octobre, eut lieu l'ouverture du pertuis[1] de Vermanton[2], qu'on venait de refaire à neuf. Étienne Aubry apprend que le train dont son fils, âgé de douze à treize ans, conduit le bout de derrière, doit passer le premier. Alarmé du danger qu'il court dans un pertuis neuf, il se rend sur les lieux et monte sur le train avec lui pour le surveiller. A peine le train est-il passé à moitié, que l'autre moitié est submergée de plus de deux mètres : Aubry avait pris son fils d'un bras, et de l'autre il s'affermissait sur le train ; mais la violence du courant les sépare et les précipite dans les eaux tourbillonnantes.

Le fils aîné d'Aubry, ancien militaire, privé du bras gauche, était témoin de cet affreux spectacle, et gémissait de ne pouvoir secourir ni son père, ni son frère, qu'il voyait périr.

Cependant le père est ramené à bord à l'aide d'une longue perche qu'on lui avait tendue à propos : mais l'enfant, à qui on la présenta à plusieurs reprises, ne put la saisir. Il allait être englouti, lorsque son frère, ne consultant que son cœur, s'élance à la nage, tout invalide qu'il est, l'atteint, le place sur son dos et le mène sain et sauf au rivage.

Le fils du marchand.

Un négociant de Londres avait deux fils d'un caractère bien différent : l'aîné, orgueilleux et méchant, haïssait son jeune frère qui, doux et aimable, s'attirait l'affection de tout le monde. Le père mourut ; le second fils n'avait encore que dix-huit ans ; l'aîné, qui était majeur, se mit à la tête de la maison de commerce, et commença par en chasser

---

1. On appelle *pertuis* les ouvertures qu'on pratique à une digue, pour laisser passer les bateaux et les radeaux.

2. Vermanton est à 22 kilomètres d'Auxerre : ce pertuis sert au passage des bois flottés.

son frère. S'abandonnant ensuite à ses passions, il crut que l'héritage paternel serait inépuisable : mais des entreprises hasardeuses entraînèrent des pertes ; la connaissance qu'on avait de son caractère éloigna de lui la confiance des honnêtes gens, et bientôt sa fortune fut ébranlée.

Cependant le plus jeune frère s'était d'abord laissé aller au découragement : son cœur était rempli d'amertume ; « Si mon frère me traite ainsi, disait-il, que dois-je donc attendre des étrangers? » Mais il reprit courage. Il commença quelques opérations de commerce, et bientôt, aidé par ses amis, soutenu par la bonne réputation qu'il s'était acquise, riche de la confiance qu'il inspirait, il vit ses affaires prospérer et sa fortune s'accroître.

Quinze années s'écoulèrent, et pendant cet intervalle quels changements les événements amenèrent !

Le frère aîné se vit réduit à la situation la plus déplorable, quitta l'Angleterre pour chercher des ressources dans les pays étrangers ; et enfin, après de cruelles souffrances, il revint dans sa patrie, pauvre, sans asile, réduit à tendre la main.

Un jour qu'après avoir fait plusieurs lieues, il cherchait, las et épuisé, quelque asile où il pût se reposer, il aperçut au milieu d'une prairie verdoyante, et au bout d'une grande allée d'arbres, une habitation élégante.

Comme il approchait, il vit sur le gazon qui entourait cette maison de jeunes enfants qui jouaient près de leur mère, et à quelque distance un homme qui dirigeait des ouvriers, et qui paraissait le maître de ce beau domaine. Le malheureux s'avança ; ses vêtements déchirés annonçaient assez sa misère, et il balbutia quelques mots pour exprimer ses besoins.

Le maître du logis était un homme bienfaisant ; il lui fit prodiguer des secours ; puis, s'entretenant avec lui avec bonté, il s'informa de la cause de ses malheurs. L'infortuné sentit le besoin d'épancher son cœur ; il raconta son histoire ; il prononça même le nom de son père.

A mesure qu'il parlait, son auditeur se sentait ému ; mais, renfermant dans son cœur tous les sentiments qu'il éprouvait, il garda le silence ; et, ayant invité le malheureux à passer la nuit dans sa demeure, il lui fit préparer un appartement commode, et voulut qu'on eût pour lui les soins les plus empressés.

Le lendemain, il lui dit : « Vous me parliez hier de votre père : étiez-vous donc son seul enfant? — Non, monsieur, j'avais un frère. Oh! combien ce souvenir m'accable! un frère que je devais aimer, que j'ai repoussé ; mais pourquoi cette question? — C'est moi, c'est moi qui suis ton frère! » répondit l'autre en pleurant ; et en même temps il se jeta dans ses bras et le pressa sur son cœur.

L'aîné, frappé d'étonnement, de confusion, de repentir, de reconnaissance et de joie, ne put lui parler. « Mon frère! » s'écria-t-il ; ce seul mot sortit de sa bouche, et en même temps il sanglotait et versait un torrent de larmes. « Reste dans ma maison, lui dit son frère ; tu es riche, puisque je le suis ; nous coulerons notre vie ensemble, et nous oublierons les peines passées. »

Le retour du captif.

Un jeune Français, nommé Drymel, était tombé au pouvoir des Russes pendant la campagne de 1812[1] : il fut envoyé en Sibérie, et resta dans cet affreux pays jusqu'au moment où la paix de 1815 rouvrit aux captifs les portes de leur patrie. Drymel, dont la santé était profondément altérée par les fatigues et par la rigueur du climat, se traîna quelque temps sur la route d'Europe avec les autres prisonniers ; mais, arrivé dans un village à peu de distance de Moscou, il sentit ses forces l'abandonner tout à fait ; il s'y arrêta, persuadé qu'il devait y mourir, et fit ses adieux à ses camarades, qui poursuivirent leur chemin vers la France.

Plusieurs années se passèrent sans qu'il pût revenir dans sa patrie : sa famille crut qu'il n'existait plus. Mais, après qu'il eut passé cinq années dans un hospice, entre la vie et la mort, le printemps de 1819 parut lui rendre les forces et

---

1. En 1812, l'armée française ayant envahi la Russie, fut presque entièrement détruite par l'excessive rigueur du froid.

le courage. Il partit, et, se sentant revivre à mesure qu'il marchait, il traversa l'Allemagne, toucha bientôt la frontière et éprouva, en mettant le pied sur le sol de la France, une de ces émotions qu'il est impossible de décrire. Il se hâta d'arriver à Lyon, sa patrie, et pleura d'attendrissement et

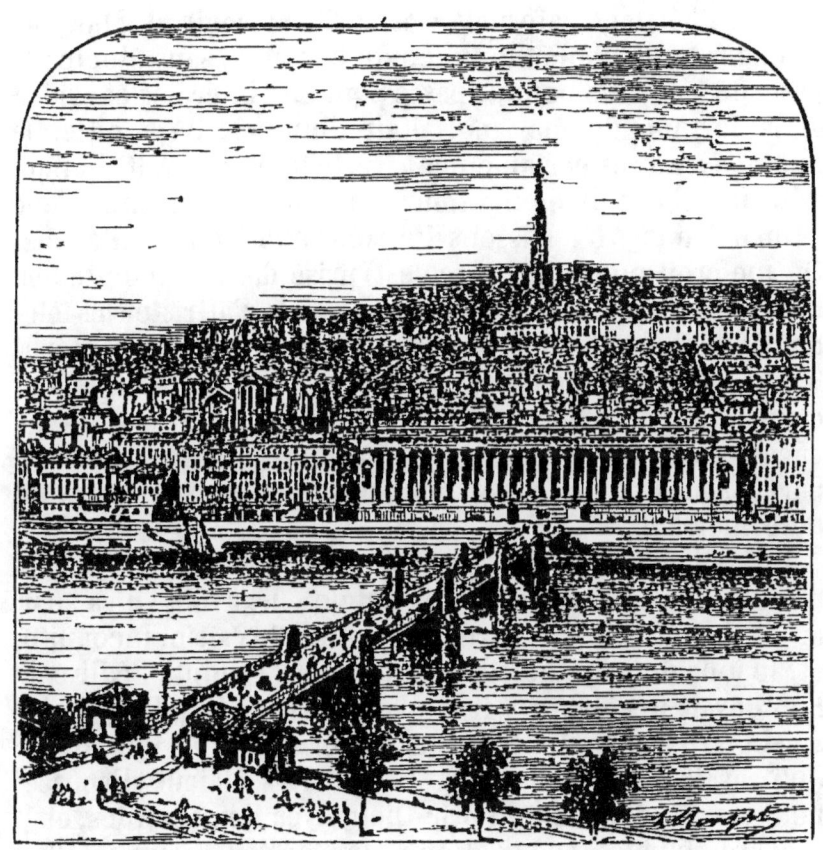

Lyon. — Vue prise en face du Palais-de-Justice.

de joie en revoyant les lieux où s'était écoulée sa jeunesse. Sans se faire connaître, il demanda la demeure de son vieux père et de sa mère : on ne put lui indiquer que leurs tombeaux. On lui dit que M. et Mme Drymel avaient eu un fils, qu'il était mort en Russie, et que, par conséquent, la jeune sœur s'était trouvée l'unique héritière d'une fortune assez considérable, et qu'elle allait épouser, sous deux ou trois jours, le fils d'un négociant fort riche et non moins intéressé. A cette nouvelle, le jeune Drymel parut plongé dans des réflexions profondes : il dirigea ses pas vers les bords du Rhône, et là, suivant une longue allée d'arbres qui conduit jusqu'au confluent, il se demanda ce qu'il devait faire. « Irai-je me présenter chez ma sœur et lui demander ma part de l'héritage paternel? Certes, j'en ai le droit. Mais elle va épouser un jeune homme, qu'elle aime sans doute ; le père de ce jeune homme passe pour être intéressé et avide : si la fortune de ma sœur était diminuée de moitié, le mariage n'aurait certainement pas lieu, et ce serait moi qui détruirais l'avenir de ma sœur, de cette pauvre enfant que j'aimais tant! Ah! laissons-lui son bonheur et son époux. On me croit mort; ma place est prise dans ce monde : eh bien ! ne la réclamons pas. Gardons-nous d'attrister les fêtes de l'hymen par l'apparition d'un visage oublié depuis longtemps : j'irai à Marseille, j'y trouverai de bons amis, des camarades de collége qui m'ouvriront les bras, et, s'il y a encore quelques mauvais jours à passer, n'y suis-je pas préparé? Après ce que j'ai souffert, que puis-je redouter désormais ? »

Drymel avait pris sa résolution irrévocablement, mais il ne pouvait s'arracher à sa ville natale sans avoir vu sa sœur au moins une fois. Il garda à Lyon le plus strict incognito, et, le jour du mariage étant arrivé, il se rendit à l'église où l'on devait le célébrer ; il se plaça derrière le pilier le plus voisin de l'autel, et attendit le cortége avec une impatience qu'il avait peine à contenir. Les chaises étaient disposées pour les assistants, et un prie-Dieu, avec deux cierges, était préparé pour les époux. Enfin, le cortége arriva : « C'est bien elle : ah! qu'elle a l'air aimable et bon! » dit son frère avec une vivacité qui l'aurait trahi si l'attention des assistants s'était dirigée de son côté ; mais, au milieu de cette brillante réunion, personne n'alla chercher derrière un pilier un jeune homme pâle et maigre, revêtu d'une mauvaise capote grise. Aucun des assistants ne le reconnut. Penché en avant sur sa chaise, il contemplait sa sœur dans une sorte d'extase, puis fixait sur son mari un regard scrutateur, et cherchant à lire dans ses yeux et dans ses moindres mouvements s'il rendrait heureuse celle qui se donnait à lui pour la vie. Enfin, au moment où la jeune épouse prononça, d'une voix émue, ce *oui* qui liait pour jamais sa destinée, Drymel tomba à genoux et prononça pour elle une de ces prières qui montent jusqu'à Dieu, parce qu'elles sont désintéressées.

Après la messe, Drymel alla se mettre près de la porte, sur le passage du cortége. La jeune mariée distingua au milieu de la foule ce visage pâle et grave : elle s'arrêta, le regarda fixement, et passa. Drymel était sur le point de se jeter au cou de sa sœur; mais il eut le courage de se contenir, et s'éloigna rapidement.

Il partit le soir même pour Marseille. Il y trouva un ancien compagnon d'études; c'était un négociant intelligent et consciencieux; c'était aussi un ami dévoué; il écouta le récit de la conduite de Drymel à Lyon avec un attendrissement mêlé de respect, et lui promit un secret inviolable. Il avait alors un navire en charge pour l'Amérique méridionale : il proposa à Drymel une place sur le bâtiment, et un intérêt dans les marchandises. Drymel accepta cette offre avec empressement. Il partit ainsi de France quinze jours après y être entré; depuis, on n'a plus entendu parler de lui. Amasse-t-il dans un comptoir éloigné une fortune dont il viendra jouir auprès de sa sœur, ou bien sa santé, déjà si faible quand il est parti, n'a-t-elle pu résister aux fatigues d'une si longue traversée? C'est ce qu'on ignore; mais dans ce monde ou dans l'autre, il a reçu sa récompense. (FILON.)

MAÎTRES ET SERVITEURS.

Accoutumez-vous à avoir de la bonté et de l'humanité pour vos domestiques. Un ancien dit « qu'il faut les regarder comme des amis malheureux. » Songez que vous ne devez qu'au hasard l'extrême différence qu'il y a de vous à eux; ne leur faites point sentir leur état; n'appesantissez point leur peine : rien n'est si bas que d'être haut à qui vous est soumis. N'usez point de termes durs : le service étant établi contre l'égalité naturelle des hommes, il faut l'adoucir. Sommes-nous en droit de vouloir nos domestiques sans défauts, nous qui leur en montrons tous les jours? (Mᵐᵉ DE LAMBERT.)

Rien de si fréquent dans le monde que les coups funestes du sort

Trompées par l'instabilité de la fortune, des familles heureuses et riches tombent soudain précipitées dans une misère absolue. Où leur désespoir trouvera-t-il des ressources? Ce sera souvent dans la pitié, dans le dévouement de pauvres domestiques qui leur furent attachés durant les jours de leur opulence. (L.)

Gaugelme.
[1318.]

Pendant l'expédition de saint Louis en Égypte, Gaugelme, un des valets de chambre du roi, fut attaqué de la peste. On vint apprendre au roi que son fidèle serviteur était en danger. « Je veux aller le voir, » dit-il. On chercha à le retenir; on lui représenta qu'il ne pouvait, sans une extrême imprudence, s'exposer à contracter cette affreuse maladie. « Cet homme est mon serviteur, il est mon frère, répondit le roi, je ne le laisserai pas mourir sans lui donner cette preuve de mon affection. » Il dit, et sur-le-champ se rendit auprès de Gaugelme, dont les yeux, déjà à demi éteints, brillèrent de joie et de reconnaissance. Louis prolongea assez longtemps sa visite, et lui adressa des paroles d'encouragement et de consolation.

Michel-Ange [1].

Michel-Ange, plus qu'octogénaire, soigna nuit et jour son fidèle serviteur Urbin, attaqué d'une maladie mortelle. Voici en quels termes il écrit à un de ses amis, au sujet de cette perte :

« Mon ami, je ne puis qu'écrire mal; cependant je dirai quelque chose en réponse à votre lettre... Vous savez comment Urbin est mort; ce qui a été pour moi une très-grande grâce de Dieu, et en même temps une grave perte et une douleur infinie. La grâce a été que, après m'avoir pendant sa vie, par ses soins, conservé vivant, il m'a, en mourant, enseigné à bien mourir. Je l'ai gardé vingt-six ans, et l'ai toujours trouvé rare et fidèle ; maintenant que je l'avais mis au-dessus du besoin, et que je m'attendais à l'avoir

---

[1] Né en Toscane : grand peintre, grand sculpteur, grand architecte; il travaillait encore lorsqu'il mourut à Rome en 1564, à l'âge de 90 ans.

pour bâton et repos de ma vieillesse, il m'est enlevé, et il ne me reste d'autre espérance que de le revoir en paradis. Dieu nous a donné un signe de cela par la très-heureuse mort qu'il a faite, car il regrettait bien moins de mourir que de me laisser dans ce monde perfide au milieu de tant de peines, bien que la plus grande partie de moi même s'en soit allée avec lui. Il ne me reste plus qu'une douleur infinie, et je me recommande à vous. »

Une telle lettre, qui témoigne à la fois de la piété et de la sensibilité de Michel-Ange, est un des traits les plus touchants, les plus caractéristiques de l'histoire de ce héros de l'art.

Un de nos plus célèbres peintres vivants a représenté, dans un tableau fort remarquable, Michel-Ange donnant ses soins à son fidèle serviteur.

La femme de chambre.

Un homme très-riche, ayant éprouvé les plus grands revers de fortune, se vit obligé de se restreindre à la plus sévère économie. « Je viens, dit-il à sa femme, de me défaire de tout le luxe que nous permettait auparavant la fortune que nous avons perdue, et je ne puis me dispenser de vous prier de m'imiter en cela. Vous avez une femme de chambre à laquelle vous êtes attachée, et c'est avec peine que je vous en demande le sacrifice; mais il est absolument nécessaire, et je me flatte que vous ne me le refuserez pas. »

Quelque cruelle que lui fût cette séparation, cette dame en sentit la nécessité et s'y résigna. Elle appela sa femme de chambre, à laquelle elle annonça ses intentions, en lui témoignant tout ce que cette séparation avait de pénible pour elle. « Madame, lui répondit cette fille, vous savez que j'ai quelque adresse; il est impossible, en restant chez vous, que mes petits talents n'équivalent pas aux frais de ma nourriture. Daignez donc me permettre de vous continuer mes services; je ne veux d'autre rétribution que le bonheur d'être auprès de vous. » Des larmes abondantes, qui coulèrent de part et d'autre, mirent fin à cette conversation.

Quelque temps après, on annonce que le dîner est servi. Le maître de la maison, à qui cette conversation avait été racontée, passe dans la salle à manger, et fait mettre un troisième couvert. « Attendez-vous quelqu'un? lui dit son épouse. — Non; faites venir votre femme de chambre. » On l'appelle; elle vient; il la prend par la main et lui dit : « Mademoiselle, la noblesse de vos sentiments, la sensibilité de votre cœur vous font notre amie : prenez une place à côté de nous, et dorénavant vous n'en aurez point d'autre. »

Huber[1].

Huber, savant distingué, à qui l'histoire naturelle doit des observations très-curieuses, devint aveugle. Cet affreux malheur allait mettre fin à ses intéressants travaux, et cette pensée le mettait au désespoir. Mais, après avoir un jour bien réfléchi sur ce triste sujet, il s'écria tout à coup : « Je me ferai des yeux, je verrai. » En même temps il appelle un jeune homme, François Burnens, qui était à son service : « Écoute-moi, lui dit-il. Tu as du bon sens, de bons yeux, tu aimes à t'instruire : aide-moi, je te prie, à continuer mes expériences : tu verras pour moi, je me chargerai du reste. » Le pauvre jeune homme, honteux de son ignorance, hésitait à répondre; mais, ému par les prières de son maître, il céda, et dès ce moment il se voua tout entier et avec le plus grand zèle à son nouveau devoir. Il seconda si bien Huber, que ce savant ne regretta plus ses yeux. Le maître et le disciple ne faisaient plus qu'un : c'était une même volonté, une même existence. Cette touchante association produisit une foule d'observations précieuses. Quand Huber mourut, le jeune homme, qui avait conçu pour lui la plus tendre affection, le pleura amèrement. Mais son dévouement trouva sa récompense. En travaillant avec son maître, son jugement s'était développé, ses connaissances s'étaient

---

1. François Huber, né à Genève en 1740, mort à Lausanne en 1801.

successivement accrues. Il se livra à l'étude des lois, et devint juge dans un canton de la Suisse.

La partie de chasse.

Le récit suivant, fait à M. Théry par un de ses amis, habile médecin et grand chasseur, et inséré par cet honorable écrivain dans ses *Conseils aux jeunes personnes*, servira de leçon à ceux qui se permettent la dureté et l'insolence envers les personnes condamnées à la nécessité de les servir.

« J'avais chez moi un vieux et excellent domestique, que j'aimais et qui m'était fort attaché. Malheureusement mes deux filles, assez mal élevées par une gouvernante trop faible, se plaisaient à le tourmenter. Élisa lui faisait des niches fort indiscrètes, tantôt en lui faisant accroire que je le demandais à l'extrémité de mon jardin, où il arrivait tout essoufflé pour s'entendre gronder par moi d'avoir quitté son ouvrage; tantôt en soufflant sa lumière au moment où il descendait à la cave, et au risque de lui faire rompre le cou. Hélène, l'aînée, se moquait de lui comme d'un être parfaitement ridicule, et lui ordonnait, d'un ton bref et absolu, des corvées inutiles ou accablantes. Le pauvre Olivier, c'est son nom, supportait beaucoup de ces choses pour l'amour de moi, et m'en cachait la plus grande partie, parce qu'il craignait les effets de ma colère paternelle.

« Un jour, il fut convenu que mes amis et moi nous chasserions au sanglier. Pendant qu'Olivier faisait avec ardeur tous les apprêts de la campagne et nettoyait les fusils et les grands couteaux, Élisa, courant, sautant autour de lui, faisait tomber les brosses, déchirait les morceaux d'étoffe qui lui servaient à nettoyer et à polir; enfin elle saisit un des fusils, et crut faire une agréable plaisanterie en ajustant son institutrice, qui assistait à ces folies sans les empêcher. La pauvre dame, oubliant que le fusil n'était pas chargé, fut saisie d'effroi; elle tomba à la renverse et se fit une blessure. Élisa, à la vue de cette chute, pousse des cris affreux. Hélène arrive, apprend ce qui s'est passé, et, s'a-

dressant à Olivier du ton le plus insultant : « Si avec vos
« soixante ans et votre barbe grise vous n'êtes pas capable
« d'empêcher de telles extravagances, je ne vois pas trop
« à quoi vous êtes bon ici ; l'argent que vous donne mon
« père est bien mal gagné. »

« Olivier était confondu, son courage était à bout. Il résolut de quitter une maison où ni son âge, ni sa fidélité n'empêchaient qu'on ne le traitât indignement. J'étais alors en cours de visites. Lorsque je rentrai, je ne le trouvai plus.

« La blessure de l'institutrice était fort légère. Je traitai fort sévèrement mes filles, et j'attendis, mais vainement, qu'Olivier rentrât. J'étais dans une anxiété cruelle. A trois heures du matin, mes amis vinrent me chercher pour la chasse, et je partis avec eux plein de chagrin et d'inquiétude.

« Nous arrivons à la forêt. Nous nous distribuons les postes, de manière à cerner le plus épais du bois. Nous lançons nos chiens. Au bout d'une heure le sanglier se jette dans un champ, où je le blesse d'un coup de fusil. Il tombe, roule plusieurs fois sur lui-même, se relève et rentre rapidement dans la forêt.

« J'étais seul, loin de tous mes compagnons, et sans chiens. L'amour-propre m'échauffa. Je voulus achever l'œuvre commencée, et couper la retraite au sanglier, en traversant un terrain creux assez profond, qui descendait et remontait en forme d'entonnoir, et qui était embarrassé de pierres et de broussailles. Plusieurs fois le pied me glissa, mon fusil s'accrocha et me ramena en arrière. Cependant j'arrivai au revers qu'il fallait franchir pour retrouver le sol de la forêt. Je commençais à gravir un sentier étroit et rocailleux, lorsque au-dessus de ma tête, dans ce même sentier, se précipite le sanglier, furieux de sa blessure. A peine ai-je le temps de me retirer d'un pas : l'animal me heurte et me renverse. Un premier coup de ses terribles défenses déchire mes habits ; un second va m'être funeste. Je n'ai plus le choix que d'un parti : téméraire par nécessité, je saisis à bras-le-corps la bête que sa fureur rendait encore plus redoutable, mais qu'affaiblissait la perte de son sang.

« Je l'étreins avec force, et nous luttons au fond de ce

précipice, qui semblait devoir être pour nous un commun tombeau. Le sanglier, par des mouvements rapides et imprévus, dégage sa tête à plusieurs reprises, et me fait de

cruelles blessures. Je m'affaiblissais et je craignais que mes cris ne fussent pas entendus.

« Tout à coup un bruit de pas frappe mon oreille. Un homme, caché à mes yeux par des bouquets de mûriers sauvages, glisse plutôt qu'il ne descend au flanc le plus escarpé du précipice. Un bras armé s'avance au-dessus de mon redoutable adversaire, et le frappe d'un coup mortel.

« N'avez-vous pas deviné quel était le brave à qui je devais la vie? C'était Olivier. Dans son désespoir, il avait passé toute la nuit au milieu des bois; puis, entendant les fanfares de la chasse, il s'était souvenu que je poussais quelquefois la témérité à l'excès, et, de loin, n'avait cessé de veiller sur moi.

« Quelle fut la confusion de mes filles, lorsqu'elles apprirent que l'homme qu'elles avaient si indignement traité venait de sauver la vie à leur père ! Depuis ce jour elles le comblent d'égards et de soins, et Olivier est traité par nous tous comme doit l'être un serviteur dévoué et fidèle, c'est-à-dire comme un véritable ami. »

Guénisset.

Antoine Magi, négociant à Marseille, éprouva des pertes à l'époque de la première révolution. Plein de confiance dans les opérations du gouvernement, il risqua, après le traité de paix d'Amiens [1], sur quelques navires, ce qui lui restait encore de sa fortune. Tout fut pris par les corsaires anglais. Ruiné par ce nouveau désastre, il vint à Paris avec ses deux anciens domestiques, Guénisset et sa femme, pour solliciter auprès du gouvernement des indemnités. Ses sollicitations furent sans succès....

Depuis cette époque, il n'exista que par les sacrifices de ses fidèles serviteurs. Émus par ses infortunes, ils s'attachèrent plus que jamais à son sort, dans l'espoir, sinon de le changer, du moins d'en adoucir l'amertume. Le mari obtint une place de sacristain qui lui rapportait chaque mois quinze francs, qu'il mettait dans la maison. La femme se procura des ouvrages de couture, et, d'accord l'un et l'autre, ils consacraient le produit de leur travail à soutenir les jours languissants de leur bon maître. L'épouse étant morte au bout de vingt ans, l'honnête Guénisset garda pour lui seul la charge touchante qu'il partageait auparavant ; et, dans les moments libres que lui laissaient les soins de la sacristie, il faisait des commissions. Une maladie grave qu'il essuya lui fit perdre sa place : il n'avait plus, pour son maître et lui, d'autres ressources que son état de commissionnaire. Son zèle semblait augmenter ses forces, et, grâce à lui, son maître n'a manqué de rien jusqu'à sa mort.

---

[1]. En 1802. La paix d'Amiens conclue entre l'Angleterre et la France, sous le consulat de Bonaparte, ne dura que quelques mois.

§ XII. DEVOIRS DE POSITION ET DE PROFESSION.

MAGISTRATS, ADMINISTRATEURS.

Le magistrat, c'est la loi vivante. (CICÉRON.)
Un homme, pour être vraiment digne de commander, doit tâcher d'être meilleur que ceux à qui il commande. (*Cours de morale.*)
Plus on est élevé en dignité, plus on a de devoirs à remplir envers Dieu, envers la patrie, envers le prince, envers le public, et plus, par conséquent, on doit être sévère pour soi-même. (B.)

Matthieu Molé [1].

Pendant la minorité de Louis XIV, la mauvaise administration du cardinal Mazarin causa des désordres qui finirent par dégénérer en guerre civile.

Dans ces circonstances difficiles, Matthieu Molé, premier président du parlement de Paris, déploya une fermeté à toute épreuve et remplit avec le même zèle les devoirs du magistrat et ceux du citoyen.

Le gouvernement avait fait jeter arbitrairement en prison deux conseillers au parlement, accusés de soulever le peuple. Une émeute éclate dans Paris. Le parlement décide qu'il ira au Palais-Royal [2] supplier la reine de rendre la liberté à ces deux conseillers. Des barricades étaient élevées dans toutes les rues : devant le parlement, elles s'abaissent. Comme le parlement s'en retournait sans ramener les deux conseillers, la fureur du peuple éclate contre les magistrats, qu'il accuse de trahison. Les barricades sont relevées, des cris terribles se font entendre, on menace les conseillers, le pistolet à la main. La plupart cherchent leur salut dans la fuite. Molé, calme et intrépide, rassemble ce qu'il peut de sa compagnie, et retourne au Palais-Royal au petit pas, sous le feu des exécrations et des blasphèmes. Il obtint, au péril de sa vie, la liberté des deux conseillers.

Depuis ce jour les troubles augmentèrent. Matthieu Molé fut constamment irréprochable; cherchant toujours à ramener le gouvernement dans les voies légales, le parlement

---

1. Né en 1584, premier président en 1641, mort en 1656.
2. La reine régente, mère de Louis XIV, demeurait alors au Palais Royal.

à l'exercice de ses devoirs et le peuple au calme et à l'ordre. Sa vie, dans les troubles, fut souvent menacée. Un jour que la foule, ameutée devant le palais, demandait à grands cris la tête du premier président, il sortit aussi tranquillement et avec un air aussi calme qu'à son ordinaire ; et, comme un homme lui appuyait sur le front le bout de son mousqueton chargé, Molé, sans écarter l'arme et sans détourner la tête, lui dit froidement : « Quand vous m'aurez tué, il ne me faudra plus que six pieds de terre. » Le peuple, en France, admire le courage. Cette réponse, si remarquable par le sang-froid et par l'intrépidité, excita son admiration, et la foule, au lieu d'insulter Molé, l'accompagna en silence jusqu'à la porte de sa maison.

La reine régente, sans lui enlever la première présidence, le nomma garde des sceaux[1]. On ne pouvait donner à la justice un chef plus intègre et plus ferme ; mais Molé avait fait un grand nombre de mécontents. Apprenant que sa présence au ministère était pour quelques-uns un obstacle à la réconciliation, il se démit de cette haute dignité.

La reine, en acceptant sa démission, éprouvait quelque honte à se séparer d'un ministre si habile et si dévoué. Elle voulait nommer secrétaire d'État[2] son fils aîné. « Mon fils, dit-il, est encore trop jeune » A la fin, ne sachant comment lui prouver sa reconnaissance et ses regrets, elle le pria d'accepter un dédommagement de cent mille écus. Il les refusa.

Il fut ensuite rappelé au ministère, tandis que l'orage de la guerre civile grondait encore. La reine avait emmené à Bourges le jeune roi son fils : Molé était le seul ministre qui fût resté à Paris. Il eut plusieurs occasions de signaler sa grandeur d'âme. Un jour une multitude irritée, demandant le retour du jeune roi et la diminution des impôts, assiégeait la porte de sa maison. Un maréchal de France qui se trouvait alors avec lui, proposa d'envoyer chercher un régiment suisse pour dissiper l'attroupement : « Non, monsieur le maréchal, dit Molé d'un air calme, laissez-moi

---

1. C'est à dire ministre de la justice.
2. Les ministres portent le titre de secrétaires d'État.

terminer seul cette affaire. Qu'on ouvre tout, ajouta-t-il en s'adressant à ses serviteurs ; la porte d'un premier président

Matthieu Molé.

doit être ouverte à tout le monde. » Et comme un jeune conseiller, qui était dans l'appartement, lui représentait avec chaleur qu'il allait s'exposer à périr : « Jeune homme, dit Molé, apprenez qu'il y a loin du poignard d'un assassin à la poitrine d'un homme de bien. » Il parut, et la multitude irritée se calma ; l'attroupement se dissipa de lui-même.

Molé conserva jusqu'à son dernier moment l'exercice de

ces deux grandes charges réunies de garde des sceaux et de premier président, et ne cessa de servir son pays qu'en cessant de vivre.

Rotrou.
[1650.]

Rotrou, célèbre poëte français, connu par ses pièces dramatiques, avait été nommé maire de la ville de Dreux, sa patrie [1]. Étant à Paris occupé de ses travaux littéraires, il apprit qu'une maladie épidémique commençait à sévir dans sa ville natale. Sur-le-champ, il partit pour Dreux, afin de se dévouer au service de ses concitoyens. Vainement ses amis de Paris lui écrivirent des lettres pressantes pour l'engager à quitter ce poste périlleux. « Ma conscience, leur répond-il, ne me le permet pas. Ce n'est pas, ajoutait-il en finissant sa lettre, que le péril où je me trouve ne soit fort grand, puisqu'au moment où je vous écris, les cloches sonnent pour la vingt-deuxième personne qui est morte aujourd'hui. Ce sera pour moi quand il plaira à Dieu. » Qu'il est beau, qu'il est grand de penser ainsi ! et quel sort plus digne d'envie que le sort de celui qui, comme Rotrou, meurt en faisant son devoir !

Félix Lecoulteux.

Heureuse la cité qui a un magistrat comme celui dont nous allons parler ! Félix Lecoulteux avait été appelé aux fonctions de préfet de la Côte-d'Or. Jeune encore, il jouissait de tous les biens qui peuvent attacher à la vie en donnant le bonheur sur cette terre : une épouse digne objet de ses affections, une famille aimable, d'excellents amis ; il possédait une fortune considérable, il jouissait de la considération publique, il avait été appelé à un poste élevé.

En 1812, une colonne de prisonniers espagnols fut dirigée sur Dijon, le typhus y régnait. Le préfet dut, en ce moment, créer un hôpital spécial pour prévenir les dangers de la contagion. Literie, pharmacie, services, il disposa tout en personne, il pourvut à tout. A peine les ma-

---

[1]. Chef-lieu d'arrondissement dans le département d'Eure-et-Loir.

lades étaient-ils installés dans cet asile, que le typhus y redouble ses ravages. Bientôt une nouvelle cause de désolation vint s'y joindre : un incendie éclate dans le voisinage : le feu gagne le dortoir des prisonniers : il fallait transporter les malades sans le moindre retard. En vain le préfet demande des bras, promet des récompenses, personne n'ose s'exposer; les infirmiers eux-mêmes reculent. Le préfet se précipite dans la salle où gisent ces infortunés, quitte son habit, les charge successivement sur ses épaules, et les met en sûreté ; son secrétaire général suit son exemple : les malades sont sauvés.

C'était vers le 20 ou le 24 mars 1812. Le soir même, Félix Lecoulteux fut attaqué de l'affreuse maladie; le 1er avril il succomba entre les bras de sa femme et de ses enfants, noble victime d'un rare dévouement. Digne magistrat, il mourut en héros chrétien, fidèle aux leçons et aux exemples de sa mère, qui était le modèle de toutes les vertus.

ECCLÉSIASTIQUES.

Aucune classe d'hommes n'a plus honoré l'humanité que celle des évêques, et l'on ne pourrait trouver ailleurs plus de vertus, de grandeur et de génie;

La simplicité du cœur, la sainteté de la vie, la pauvreté évangélique, la charité de Jésus-Christ, tel est le caractère distinctif des prêtres de nos paroisses. On en a vu plusieurs qui semblaient moins des hommes que des esprits bienfaisants descendus sur la terre pour soulager les misérables. (CHATEAUBRIAND.)

Barthélemy de Las Casas [1].

Barthélemy de Las Casas, un des héros du christianisme, ayant embrassé l'état ecclésiastique, passa dans l'Amérique, nouvellement découverte, pour travailler au salut et à la liberté des Indiens [2], que les conquérants espagnols traitaient avec une inhumanité sans exemple. Après avoir adressé à ces hommes cruels des représentations inutiles, Las Casas résolut de retourner en Europe, pour porter à Charles-Quint les plaintes des opprimés. Pauvre et sans

---

1. Né à Séville en 1474, mort en 1566, à Madrid.   2. On donne le nom générique d'*Indiens* aux indigènes de l'Amérique.

protecteurs, il ne craignit pas de dénoncer comme des tyrans et des monstres les hommes les plus redoutables par leurs immenses richesses, par leur crédit et par leur pouvoir. La voix de ce généreux apôtre fut écoutée, et le sort des malheureux Indiens fut adouci. Las Casas, devenu évêque de Chiappa [1], retourna en Amérique. Bientôt cependant, malgré les ordres de Charles-Quint, la persécution recommença contre les Indiens ; Las Casas, se consacrant, au péril de sa vie, à les défendre et à les consoler, remplit ce devoir sublime pendant cinquante ans avec un zèle infatigable et une charité héroïque, et sans cesser de donner l'exemple de toutes les vertus.

Saint Jean Népomucène.
[1583.]

L'empereur Wenceslas [2], cet insensé presque toujours ivre, forma le projet aussi extravagant que criminel de se faire révéler, par un prélat qui résidait à Prague, Jean Népomucène, ce que l'impératrice lui avait dit au tribunal de la pénitence. Jean repoussa avec horreur une proposition si contraire à ses devoirs. Après une seconde tentative également inutile, Wenceslas furieux le fit jeter dans un cachot. Lorsqu'il l'y eut laissé languir quelques jours, il l'en fit sortir, l'invita à sa table, et tâcha de le gagner par les promesses les plus séduisantes.

Il ajouta à ces promesses l'assurance d'un secret inviolable, et, en cas d'un nouveau refus, la menace des plus cruels supplices. Jean répondit, comme auparavant, qu'il était obligé au silence par les lois les plus sacrées.

Wenceslas, furieux, appela ses bourreaux, qui étendirent le prélat sur une espèce de chevalet brûlant et le tourmentèrent avec la plus affreuse barbarie. Au milieu de ce supplice, Jean montra le courage d'un héros et la douceur d'un ange. Enfin, on le relâcha.

Lorsqu'il fut rétabli des suites de cet affreux traitement,

---

1. Ville du Mexique, prononcez Kiappa.
2. Empereur d'Allemagne, roi de Bohême ; mort en 1419.

le tyran espéra le trouver enfin plus docile. Un jour, d'une des fenêtres du palais, le voyant passer dans la rue, il ordonna à ses gardes de l'amener auprès de lui. Le prélat entre dans l'appartement. Wenceslas s'élance vers lui, les yeux enflammés, les lèvres frémissantes : « Pour une dernière fois, lui dit-il, choisis : ou m'obéir ou mourir. — La volonté de Dieu soit faite, répondit Jean; je ne manquerai point à mes devoirs; ma vie est entre vos mains. »

Alors Wenceslas s'écria : « Qu'on ôte cet homme de devant mes yeux, et que cette nuit on le jette dans le fleuve. » Jean Népomucène employa le peu d'heures qui lui restaient à se préparer à la mort. On le précipita pieds et mains liés dans la Moldaw [1], de dessus le pont, à l'endroit même où l'on voit aujourd'hui un monument érigé en son honneur. L'Église s'empressa d'honorer et d'invoquer le martyr du secret de la confession. C'est sous ce titre qu'elle l'offre comme modèle à tous ses ministres.

Denis-Auguste Affre [2].

Lors des terribles journées de juin 1848, à Paris, le vénérable archevêque de cette ville résolut d'arrêter l'effusion du sang au péril de sa vie. Le dimanche 25, dans l'après-midi, après avoir demandé et obtenu l'assentiment du chef du pouvoir exécutif, il s'achemina, accompagné de deux de ses vicaires généraux, vers la place de la Bastille, où les insurgés, retranchés derrière de formidables barricades, soutenaient une lutte désespérée. A mesure qu'il avançait dans les rues pleines de soldats et de gardes mobiles et qu'il approchait du lieu du combat, les officiers, émus jusqu'aux larmes, le conjuraient de ne pas poursuivre une entreprise si périlleuse et dont le succès paraissait impossible. Il répondait avec un calme et avec un sourire de bonté que tant qu'il lui resterait une lueur d'espérance, il voulait s'efforcer d'arrêter l'effusion du sang. Il avançait donc toujours, vi-

---

1. Rivière qui se jette dans l'Elbe.
2. Né à Saint Rome du Tarn (département de l'Aveyron) le 28 septembre 1793, Mgr. Affre fut nommé archevêque de Paris en 1840; il est mort le 27 juin 1848.

sitant en passant les ambulances, bénissant et absolvant les mourants, et disant une parole de piété et de tendresse à chaque blessé.

Arrivé auprès de l'officier général qui commandait l'attaque, il lui fit connaître l'assentiment donné à sa démarche par le chef du pouvoir exécutif, et lui demanda en grâce de suspendre un moment le feu de son artillerie et de sa fusillade. « Je m'avancerai seul avec mes prêtres, ajouta-t-il, vers ce peuple que l'on a trompé; j'espère qu'il reconnaîtra ma soutane violette et la croix que je porte sur la poitrine. » Cette prière fut accueillie, et, malgré la gravité de la situation, l'ordre fut donné de suspendre le feu. Plusieurs gardes nationaux conjuraient l'archevêque de leur permettre de le suivre, et, s'il le fallait, de mourir avec lui. Il ne le permit pas. Un brave ouvrier obtint seul la permission de marcher devant lui en portant une grande palme verte, symbole de paix.

A cette vue, les insurgés suspendirent aussi leur feu, et les défenseurs de la barricade paraissaient montrer des dispositions moins hostiles. L'archevêque traverse la place de la Bastille, court avec ses grands vicaires vers l'entrée du faubourg Saint-Antoine, et en un moment se trouve au milieu des insurgés descendus sur la place, auxquels se mêlent plusieurs soldats. Mais en un clin d'œil quelques collisions éclatent; le cri : *Aux armes! à nos barricades!* retentit; un coup de fusil part, et aussitôt la terrible fusillade recommence. Il était huit heures et demie du soir; l'archevêque avait tourné la barricade, il était entré dans le faubourg par le passage étroit d'une maison à double issue, et s'efforçait d'apaiser la multitude de la voix et du geste, quand tout à coup une balle l'atteignit et le blessa à mort. « Je suis frappé, mon ami, dit-il en tombant, à l'ouvrier qui portait la palme verte. Puisse mon sang être le dernier versé! » On le transporta à la cure de Saint-Antoine, où il reçut les premiers soins. Il souffrait des douleurs atroces. Les plaintes qu'elles lui arrachaient était accompagnées d'élans de piété : « Mon Dieu! que je souffre! Mon Dieu! que je vous aime! Mon Dieu! si je souffre, je l'ai bien mérité, moi; mais votre peuple, votre pauvre peuple, faites-lui miséricorde : *Parce, Domine, parce populo tuo, ne in æternum irascaris nobis.* »

Les insurgés, qui avaient veillé en silence pendant toute la nuit autour de l'asile où était étendu le bon pasteur qui venait de donner sa vie pour son troupeau, demandaient avec anxiété à chaque instant de ses nouvelles. Mais il n'y avait aucun espoir, et dès le lendemain matin il avait reçu les sacrements des mourants.

L'émotion profonde produite par son dévouement dans l'immense faubourg contribua beaucoup à rendre la dernière résistance moins acharnée et, par suite, à hâter la pacification générale.

Enfin on put transporter l'illustre blessé au palais archiépiscopal. Les plus habiles médecins furent inutilement appelés. L'agonie commença le mardi vers midi, et à quatre heures et demie, ce martyr de la charité rendait le dernier soupir.

Un monument a été élevé à sa mémoire dans l'église Notre-Dame, et une plaque en marbre noir a été placée dans le voisinage du lieu où il avait reçu le coup mortel.

MILITAIRES.

Ce que le soldat français a d'admirable, c'est surtout le sentiment délicat de l'honneur : l'honneur est pour lui ce que la crainte des châtiments ou le désir des récompenses est pour d'autres. C'est ce sentiment qui nous soutient et nous relève, même dans nos plus grands désastres. (B.)

Modèle des militaires : Desaix [1].

Desaix (Louis-Charles) manifesta, dès ses plus tendres années, les inclinations les plus nobles. Ses parents et ses camarades de collège l'avaient surnommé *le Sage*. Il préféra la carrière des armes à toutes les autres, parce que c'était celle qui lui offrait, avec la certitude d'être utile à son pays, l'espoir d'arriver à la gloire.

Il parvint rapidement aux grades élevés.

A Lauterbourg [2], deux balles lui traversent les joues : il

---

1. Né en 1768, mort en 1800.   2. Ville de la Bavière rhénane.

ne voulut pas être pansé qu'il n'eût rallié lui-même toute sa troupe ; et la douleur qu'il éprouvait, et le sang qui inondait ses lèvres, ne l'empêchèrent pas de donner ses ordres et de vaincre.

Devant Strasbourg, ses troupes plient et vont fuir : il s'élance au milieu d'elles et les arrête. « Général, lui crie-t-on de toutes parts, n'avez-vous pas ordonné la retraite ? — *Oui*, s'écrie Desaix, *mais c'est celle de l'ennemi*. » A ces belles paroles, l'ardeur des soldats se rallume ; l'ennemi est enfoncé et mis en fuite.

On avait confié à Desaix la défense du fort de Kehl[1], place à peine protégée par de mauvaises palissades qu'avaient construites nos soldats. Contre des attaques toujours de plus en plus furieuses, Desaix se défendit plusieurs mois. Enfin la place n'était plus tenable : il fallut abandonner ce théâtre de la plus glorieuse résistance qu'on eût vue depuis des siècles. Desaix arrache le premier un des palis, et le charge sur ses épaules : chaque soldat en fait autant ; au bout de quatre heures il ne resta plus aucun vestige de tout ce que les Français avaient établi pour leur défense : « Nous n'avons point évacué le fort de Kehl, dit Desaix ; nous l'avons emporté. »

Son humanité, sa bonté étaient égales à sa bravoure. Au passage du Rhin, blessé d'un coup de feu à la cuisse par un jeune Allemand, il le fait prisonnier de sa main, lui rend ensuite la liberté et le renvoie dans son pays. Quelques jours après, il traversait un village avec sa division : à l'aspect de ces troupes dont ils ne connaissaient pas le chef, les habitants fuyaient épouvantés. Tout à coup, au milieu du désordre, une voix s'écrie : « C'est le général Desaix ; rentrons dans nos demeures ; avec lui nous n'avons rien à craindre. » Et celui qui venait de rassurer ainsi ses compatriotes, se précipite vers le général et lui baise les mains, qu'il mouille de ses larmes : c'était le jeune Allemand qui lui devait sa liberté.

Desaix suivit Bonaparte en Orient[2]. Il conquit toute la

---

1. Forteresse de la rive droite du Rhin, en face de Strasbourg.
2. Expédition d'Égypte en 1798 et 1799.

haute Égypte par des prodiges d'habileté et de valeur, et la gouverna avec autant de bonté que de sagesse. Les habitants du pays, heureux de lui obéir, l'avaient surnommé le *Sultan juste*. Jamais chef d'armée ne fut plus chéri de ses soldats et ne sut leur inspirer plus de confiance et d'enthousiasme. Il s'attachait surtout à les rendre, comme lui, humains, généreux, désintéressés; et, comme lui, ils n'avaient en vue que la gloire de la France.

Cependant Bonaparte, de retour en France, et devenu chef de l'État sous le nom de premier consul, venait d'entrer en Italie à la tête d'une armée. Desaix, arrivant d'Égypte et à peine débarqué, courut le trouver à son quartier-général : « Ordonnez-moi, lui dit-il, de vous suivre comme général ou comme soldat, peu m'importe : un jour passé sans servir la France est un jour retranché de ma vie. »

Le premier consul lui fit le meilleur accueil et lui donna le commandement de deux divisions.

Alors se livra la fameuse bataille de Marengo, qui décida du sort de l'Europe. Bonaparte n'avait que vingt-deux mille hommes contre quarante mille Autrichiens. Desaix, avec son corps d'armée, se trouvait à dix lieues du champ de bataille. Heureusement, il entendit la canonnade, et marcha rapidement vers le lieu du combat.

Là se livrait une lutte inégale et terrible, et Bonaparte, ayant formé en carré sa garde consulaire, semblait ne plus combattre que pour se défendre. Desaix arrive auprès du premier consul. A cette vue, nos troupes harassées sentent leurs forces renaître; leur espoir se ranime, leur courage est doublé. Bonaparte, reprenant l'offensive, lance Desaix et ses deux divisions contre les Autrichiens. Sous le feu même de l'artillerie ennemie, Desaix forme ses troupes en colonne serrée, tourne habilement à droite et se précipite sur les Autrichiens avec l'impétuosité de la foudre. Les bataillons et les escadrons de l'ennemi, rompus et renversés, tombent les uns sur les autres; nos soldats reprennent de toutes parts l'avantage; la bataille est gagnée. Le général en chef autrichien, Mélas, qui voit que ses troupes vont être entièrement exterminées, demande au premier consul un armistice : Bonaparte l'accorde, en se faisant céder sur-le-champ toutes les places importantes que les Autrichiens possédaient encore en Italie ; et la France va recueillir les fruits d'une des plus éclatantes victoires qui aient jamais couronné ses armes.

Mais ce triomphe lui coûta cher. Au milieu des félicitations et des cris de joie qui éclataient autour de lui, Desaix fut frappé du dernier coup de feu de l'ennemi : un éclat d'obus l'atteignit au cœur. Il expira en prononçant ces paroles, que recueillirent ses frères d'armes :

« Allez dire au premier consul que je meurs avec le regret de n'avoir pas fait assez pour mon pays. »

Son corps fut embaumé et porté sur les bras de ses soldats au sommet du grand Saint-Bernard[1] : là il repose dans un mausolée modeste, que personne ne visite sans éprouver un sentiment d'attendrissement et de respect.

Le soldat citoyen : La Tour d'Auvergne[2].

La Tour d'Auvergne, après avoir servi avec distinction et obtenu sa retraite, rentra au service à l'âge de quarante-neuf ans, quand la France fut attaquée par la coalition des souverains étrangers, sans vouloir accepter d'autre grade que son ancien titre de capitaine de grenadiers. A l'armée de Savoie, on mit tous les grenadiers sous son commandement ; il en composa une légion qu'on appela la colonne infernale, et qui, formant l'avant-garde, gagnait presque toutes les batailles avant que le reste des troupes fût arrivé. La Tour d'Auvergne était l'idole des soldats et la terreur des ennemis ; aussi généreux, aussi humain, aussi doux que brave. En récompense de ses éclatants services, on le nomma général de brigade ; ce héros modeste refusa, et voulut rester simple capitaine de grenadiers. Bonaparte, devenu premier consul, conféra à cet homme, qui était au-dessus de toutes les récompenses militaires, le titre honorable de *premier grenadier de France*. L'armée et la nation

---

[1] Montagne des Alpes très-élevée. Voir, § XIII, *Hospitalité*.

[2] Né en 1743 à Carhaix (Finistère), mort le 27 juin 1800.

confirmèrent cette flatteuse distinction, et la Tour d'Auvergne ne fut pas insensible au noble orgueil qu'elle devait lui inspirer. Après la cessation des hostilités, la Tour d'Auvergne se retira à Carhaix, sa ville natale ; mais, la guerre s'étant rallumée, il quitta généreusement sa retraite, à l'âge de cinquante-huit ans, pour remplacer un jeune conscrit, fils d'un de ses amis intimes, et il rentra au service en qualité de simple grenadier. On le plaça à la tête des grenadiers de la 46ᵉ demi-brigade. Au combat d'Obenhausen, sur les bords du Danube, il fut tué en arrachant un étendard aux ennemis.

Ainsi succomba, au champ d'honneur, le plus illustre des soldats français. Pendant trois jours, les tambours de toutes les compagnies de grenadiers furent recouverts d'un crêpe. La 46ᵉ demi-brigade a longtemps porté le cœur du héros enchâssé dans une petite boîte de plomb, attachée à l'étendard du régiment ; et, quand on faisait l'appel dans la compagnie des grenadiers, on évoquait ainsi sa mémoire : « La Tour d'Auvergne ; » et un grenadier répondait : « Mort au champ d'honneur ! »

La Tour d'Auvergne était très-savant, et se délassait de ses travaux militaires par de profondes et sérieuses études, qui avaient surtout pour objet les antiquités nationales.

Mort de Duguesclin.
[13 juillet 1380.]

La vie de Bertrand Duguesclin, surnommé le *bon connétable*, se compose tout entière d'actions héroïques et d'actes de bonté. Sa mort ne fut pas moins glorieuse.

C'est au siége de Châteauneuf-de-Randon [1] qu'il fut atteint d'une maladie qui le conduisit au tombeau. Sur le point de mourir, il s'adressa aux vieux capitaines qui l'avaient suivi depuis quarante ans, et qui pleuraient autour de son lit : « Pour Dieu, leur dit-il, n'oubliez pas ce que je vous

---

1. Chef-lieu de canton du département de la Lozère. Cette ville était alors occupée par une garnison anglaise.

ai dit mille fois, qu'en quelque pays que vous fassiez la guerre, les gens d'église, les femmes, les enfants et le pauvre peuple ne sont pas vos ennemis. ». Puis il prit dans ses mains l'épée de connétable, et, l'ayant considérée quelques moments : « Elle m'a aidé, dit-il les larmes aux yeux, à vaincre les ennemis de mon roi ; mais elle m'en a donné de cruels auprès de lui [1]. Je vous la remets, ajouta-t-il en s'adressant à Olivier de Clisson, protestant que je n'ai jamais trahi l'honneur que le roi m'avait fait en me la confiant. » En même temps, saisi d'un pieux respect, il ôte son bonnet, baise cette épée, et expire en recommandant à Dieu son âme et son pays.

La vertu de ce héros obtenait les respects même de l'ennemi. Le gouverneur de Châteauneuf-de-Randon avait capitulé avec lui, et devait lui rendre les clefs de la ville : apprenant qu'il était mort, et sommé d'ouvrir les portes, ce ne fut encore qu'à Duguesclin qu'il voulut se rendre, et il tint parole à son cercueil. Il sortit avec les officiers les plus distingués de sa garnison, et vint mettre les clefs de la ville auprès du corps du connétable, lui rendant les mêmes respects que s'il eût été vivant.

Mort de Bayard [2].

Le chevalier Bayard, ce héros si généreux et si brave, si doux envers les vaincus, si fidèle à ses amis, si dévoué à son pays, eut une fin digne de sa vie. Chargé de ramener une armée qu'avait compromise l'impéritie de son général, il la sauva en lui faisant passer la rivière de Sésia, à Romagnano [3], en présence des ennemis, bien supérieurs en forces ; mais, étant resté le dernier pour couvrir la retraite, il fut mortellement atteint d'une balle. Sentant sa fin prochaine, il se fit porter sous un arbre, et voulut qu'on le plaçât le visage tourné contre l'ennemi, « parce que, dit-il, n'ayant jamais tourné le dos, il ne voulait pas commencer

---

1. Des méchants l'avaient, par jalousie, calomnié auprès du roi.
2. Pierre du Terrail de Bayard, né en 1476, au château de Bayard, en Dauphiné ; mort le 30 avril 1524.
3. Dans le Piémont.

Mort de Bayard.

dans ses derniers moments. » Il chargea ensuite un de ceux qui étaient auprès de lui d'aller dire au roi que « le seul regret qu'il eût en quittant la vie était de ne pouvoir pas le servir plus longtemps. » Dans ce moment le connétable de Bourbon, qui avait abandonné son pays et combattait dans les rangs ennemis, vint à passer auprès de lui, et lui témoigna sa compassion. Bayard lui répondit : « Ce n'est pas moi qu'il faut plaindre, car je meurs en homme de bien, mais vous, qui portez les armes contre votre patrie et votre serment. » Telle fut la fin de ce héros, qu'on appelait le *Chevalier sans peur et sans reproche.*

Turenne et ses soldats.

Les soldats de Turenne le respectaient et le chérissaient comme un père. Un jour que l'armée, par un froid rigoureux, traversait un étroit défilé entre des montagnes escarpées, le maréchal, épuisé de veilles et de fatigues, s'était couché auprès d'un buisson pour dormir. Quelques soldats, voyant que la neige tombait en abondance, coupèrent des branches d'arbre pour former autour de lui une hutte qu'ils couvrirent de leurs manteaux. Il se réveilla dans le temps qu'ils s'empressaient ainsi à le garantir des injures de l'air, et leur demanda à quoi ils s'amusaient, au lieu de marcher. « Nous voulons, dirent-ils, conserver notre père ; c'est notre devoir le plus cher et le plus sacré. » Une maladie contagieuse ayant attaqué son armée, on reconnut dans cette circonstance combien il était digne de l'affection de ses soldats. Le meilleur père ne se donna jamais plus de peines pour la guérison de ses enfants. Il ne se passait point de jour qu'il ne visitât tous les malades : il les encourageait, pourvoyait à tous leurs besoins, et leur parlait avec une noble et douce familiarité. Cette conduite remplissait les soldats d'amour et de vénération pour lui. Quand il passait à la tête du camp, ils sortaient en foule pour le voir. Il suffisait de sa présence pour leur faire oublier leurs fatigues et pour ranimer leur ardeur.

Paroles de Villars.

Le maréchal de Villars, si célèbre par la victoire de Denain [1], était un général prudent, mais savait dans l'occasion exposer sa vie comme un soldat. Comme on le pressait de mettre une cuirasse, pendant un combat qui paraissait devoir être sanglant, il s'y refusa, et dit à voix haute au milieu des troupes : « Je ne crois pas ma vie plus précieuse que celle de tous ces braves gens. »

Une autre fois, comme on lui conseillait de ne point aventurer une existence aussi importante que la sienne, il répondit « qu'un général devait exposer sa vie comme il exposait celle des autres. » On vint lui dire à son lit de mort que le maréchal de Berwick [2] avait péri devant Philippsbourg [3], atteint d'un boulet de canon, tandis qu'il visitait les tranchées : « Oh ! s'écria-t-il, j'avais toujours dit que Berwick était plus heureux que moi. » Ce furent ses dernières paroles.

Dialogue de Chevert [4] et d'un grenadier.
[25 novembre 1741.]

Une armée française assiégeait Prague [5] ; de deux côtés, des armées ennemies, supérieures en nombre, s'avançaient contre elle et n'étaient plus qu'à cinq lieues ; elle était perdue, si elle ne s'emparait promptement de Prague. Point de retraite à travers des montagnes couvertes de neige, point de vivres, pas une seule forteresse de refuge. Le maréchal de Saxe [6], qui commandait l'armée française, résolut de donner immédiatement l'assaut pendant la nuit. Chevert, alors colonel, fut chargé de diriger la véritable attaque, tandis que deux fausses attaques appelaient sur d'autres points les forces des assiégés.

---

1 A Denain, village du département du Nord, Villars remporta, en 1712, une victoire éclatante sur les armées autrichienne et hollandaise, qui menaçaient la France d'une invasion. Mort en 1734.
2. Vainqueur, en 1707, des Anglais et des Autrichiens à Almanza, en Espagne.
3. Dans le duché de Bade.

4 Mort lieutenant général en 1757. Chevert, né de parents pauvres, avait commencé par être simple soldat.
5. Capitale de la Bohême.
6. Maurice, comte de Saxe, général des armées françaises, célèbre surtout par la victoire de Fontenoy. Mort en 1750.

C'est alors qu'eut lieu, entre Chevert et un grenadier intrépide de son régiment, ce dialogue d'une simplicité héroïque : « Vois-tu cette sentinelle là devant ? — Oui, mon colonel. — Elle va te dire : Qui va là ? ne réponds rien, mais avance. — Oui, mon colonel. — Elle tirera sur toi et te manquera. — Oui, mon colonel. — Tue-la, et je suis là pour te défendre. »

Le grenadier s'avance, est manqué par la sentinelle, la tue ; Chevert le suit ; on est sur le rempart ; une porte est enfoncée. Le maréchal entre dans la ville. La garnison met bas les armes. Et cette conquête, qui sauva l'armée française, n'a pas coûté cinquante hommes.

Réponse sévère.

Un officier qui avait été chargé de défendre contre l'ennemi un poste important, l'ayant rendu avec trop de facilité à la première attaque, répondit aux reproches de son général : « Le poste était *indéfendable*. » Le général lui répondit en le regardant d'un air sévère : « Ce mot là n'est pas français. »

Bonne volonté.

Le colonel d'un régiment demandait pour un coup de main douze hommes de bonne volonté. Tout le corps reste immobile, et personne ne répond. Trois fois même demande, et trois fois même silence. « Eh quoi ! dit le colonel, l'on ne m'entend point ! — L'on vous entend, s'écrie une voix ; mais pourquoi appelez-vous douze hommes de bonne volonté ? Nous le sommes tous, vous n'avez qu'à choisir. »

Générosité.

Le colonel anglais Hawher, qui commandait un régiment de dragons dans une des grandes batailles livrées en Espagne, ayant perdu un bras dans une affaire précédente, faisait tenir par un soldat la bride de son cheval. Son conducteur fut tué à ses côtés, au moment où la cavalerie française venait de rompre la ligne des dragons anglais par une charge vigoureuse. Un affreux carnage s'ensuivit. Un officier français qui se trouvait en face du colonel Hawher leva son sabre sur lui; mais, s'apercevant qu'il lui manquait un bras, il baissa à l'instant son arme, et il passa outre. Ce sont les historiens anglais qui rapportent ce fait.

Gaieté.

Dans la campagne de 1812, un général français reçut au genou une blessure dangereuse. Les chirurgiens déclarèrent qu'on serait forcé de procéder à l'amputation. Le général montra beaucoup de calme en apprenant cette décision. Parmi les personnes qui l'entouraient, il remarqua son valet de chambre qui paraissait éprouver le chagrin le plus profond. « Pourquoi pleures-tu, Germain? lui dit-il en riant : c'est très-heureux pour toi, tu n'auras plus qu'une botte à cirer. »

Discipline.

Les soldats français en entrant dans Amsterdam, sous le commandement de Pichegru, donnèrent un admirable exemple d'ordre et de discipline. C'était le 20 février 1794. Le froid était excessif. Nos braves, qui enduraient depuis le commencement de la campagne les plus cruelles privations, étaient à demi vêtus et à jeun. Les habitants d'Amsterdam, accourant en foule, ne pouvaient se lasser d'admirer ces hommes qui venaient de braver un hiver si rigoureux et de remporter tant de victoires. Mais ce qui leur paraissait le plus admirable, c'était de voir ces guerriers, privés de vivres et de vêtements, exposés à la glace et à la neige, au milieu d'une des plus riches capitales de l'Europe, attendre paisiblement, pendant plusieurs heures, autour de leurs armes rangées en faisceaux, que les magistrats de la ville eussent pourvu à leurs besoins et à leurs logements.

Junot.
[1793.]

Au siége de Toulon[1], Bonaparte, alors commandant d'ar-

---

1. Toulon, magnifique port militaire sur la Méditerranée, avait été livré aux Anglais. Les troupes françaises reprirent cette ville après un siège célèbre, où Bonaparte, encore peu connu, commanda l'artillerie.

tillerie, faisait établir, sous le feu de l'ennemi, une des premières batteries du siège ; ayant un ordre à donner, il demanda autour de lui un sergent ou un caporal qui sût écrire. Un jeune homme sortit des rangs, et, sur l'épaulement même de la batterie, écrivit sous sa dictée. La lettre était à peine finie, qu'un boulet couvrit de terre le papier et l'écritoire : « Tant mieux, dit gaiement le jeune homme, je n'aurai pas besoin de sable. » La plaisanterie, le calme avec lequel elle fut faite, fixèrent l'attention de Bonaparte. Ce sergent était Junot, qui devint ensuite un des plus célèbres lieutenants de l'empereur.

Vincent.
[1795.]

Le général Vincent [1] reçoit du général en chef de l'armée de la Moselle l'ordre de s'emparer du fort de Rheinfels [2], dans une île du Rhin, poste à la défense duquel la nature et l'art avaient également contribué. Vincent avait la vue fort basse, et cependant il ne voulait se reposer sur personne du soin d'examiner la position du fort et celle où l'on pouvait établir les batteries. Il quitte son uniforme, se revêt de celui de simple soldat, feint d'être la sentinelle perdue, et va, sous le feu de l'ennemi, reconnaître la place et les alentours. Il se retira après avoir essuyé plusieurs coups de carabine, auxquels l'ennemi eût mis plus d'attention, s'il avait cru fusiller le général. Pendant la nuit, Vincent fit ses dispositions, et le lendemain le drapeau tricolore flotta sur le fort de Rheinfels.

Ménage.
[20 juillet 1795.]

Les Anglais occupaient la presqu'île de Quiberon [3]. Cette presqu'île est unie au continent de la Bretagne par une langue de sable étroite, longue d'une lieue, et nommée la Falaise. Le fort Penthièvre, placé entre la falaise et la presqu'île, en défend l'approche du côté de la terre.

---

1. Né à Montériender (Haute-Marne), mort en 1820.
2. Près Coblentz, en Allemagne.
3. Dans le département du Morbihan, à 10 kilomètres de Lorient : c'est un chef-lieu de canton. Pop. : 2086 hab.

Le général de l'armée française, Hoche[1], voulait avant tout s'emparer du fort; mais le prendre au moyen d'un siége régulier était impossible, car on ne pouvait y arriver que par la falaise, toujours balayée par le feu des chaloupes canonnières des Anglais. Il n'y avait qu'une surprise de nuit qui pût lui donner le fort. Des transfuges lui indiquèrent un moyen. Un rocher se trouve à la gauche du fort Penthièvre; on pouvait, en entrant dans l'eau jusqu'à la poitrine, faire le tour du rocher; on trouvait ensuite un sentier qui conduisait au sommet escarpé sur lequel le fort est bâti.

Hoche se résout à tenter ce coup de main; il attend qu'il soit à peu près minuit. Le ciel était chargé de nuages; un vent très-violent soulevait les vagues et couvrait le bruit des armes et des soldats. Hoche donne trois cents grenadiers à l'adjudant général Ménage, jeune homme d'un courage héroïque. Il lui ordonne de filer à sa droite, d'entrer dans l'eau avec ses grenadiers, de tourner le rocher sur lequel s'appuient les murs, de gravir le sentier, et de tâcher de s'introduire ainsi dans le fort.

Ménage entre dans la mer avec ses trois cents braves, le bruit du vent couvre celui qu'ils font en agitant les eaux. Quelques-uns tombent et se relèvent, d'autres sont engloutis dans les abîmes; enfin, de rochers en rochers, ils arrivent à la suite de leur intrépide chef, et parviennent à gravir le sentier qui conduit au fort.

Ils s'avancent dans un silence profond, et grimpent le long du mur. Ils fondent sur la garnison, dont une partie succombe; le reste se rend.

Pendant ce temps, Hoche, à la faveur des ténèbres, s'avançait sur la falaise avec ses troupes, formées en colonnes. Tout à coup les sentinelles anglaises, apercevant dans l'obscurité une ombre longue et mouvante, donnent l'alarme, et les chaloupes font pleuvoir la mitraille sur les troupes, qui sont sur le point de se débander. Mais en ce moment, l'obscurité devenant moins profonde, Hoche montre à ses soldats

---

1. Un des plus braves généraux qu'ait eus la France; né à Versailles, en 1768, mort en 1797, à l'âge de 29 ans.

le drapeau tricolore que Ménage venait d'arborer sur un des créneaux, et s'élance dans le fort avec eux.

Béthencourt.
[1800.]

Les Français ont construit sur le Simplon[1] une route magnifique qui conduit de Suisse en Italie. Avant la construction de la route, le passage de cette montagne était extrêmement difficile.

En 1800, tandis que le premier consul triomphait à Marengo[2], le général Béthencourt, à la tête d'une colonne de mille Français, traversait la montagne ; mais des chutes de neige et de rochers avaient détruit un pont, de sorte que le chemin se trouvait interrompu par un abîme épouvantable de vingt mètres de largeur, au fond duquel mugissait un torrent. Un volontaire intrépide s'offrit alors pour tenter l'entreprise la plus hasardeuse. Il descendit, au péril de sa vie, le long de la paroi verticale du précipice, en posant alternativement les pieds et les mains dans les trous qui avaient été pratiqués pour recevoir les poutres du pont : de cette manière il arriva au fond du ravin, traversa le torrent à la nage, puis remonta de même de l'autre côté. Une corde qu'il avait emportée avec lui fut tendue d'un bord à l'autre. Le général s'aventura le premier à franchir le précipice en se suspendant à cette corde, puis les mille soldats qu'il commandait le suivirent tous. Qu'on s'étonne, après cela, des exploits de nos armées ! Y avait-il rien d'impossible avec de tels hommes ?

En mémoire de cette action hardie, on a gravé sur le roc le nom de tous les officiers qui faisaient partie de la colonne.

Il se trouvait plusieurs chiens à la suite des bataillons. Lorsque le dernier homme eut franchi l'intervalle, ces pauvres animaux se précipitèrent tous à la fois dans l'abîme. Trois d'entre eux furent entraînés à l'instant par les eaux

---

1. Montagne des Alpes, située entre le Valais, canton de la Suisse, et l'Italie.

2 Marengo, village du Piémont, où Napoléon vainquit les Autrichiens.

impétueuses du torrent ; les autres eurent assez de force pour lutter avec succès contre le courant, et, parvenus sur la rive opposée, ils grimpèrent jusqu'au haut de la paroi du rocher, et arrivèrent tout meurtris auprès de leurs maîtres.

Peyragai.
[1815.]

Le chef de bataillon Peyragai, qui a péri glorieusement en Algérie, était un des plus braves officiers de l'armée. Deux traits, entre mille, feront connaître à quel point il poussait l'intrépidité.

Dans une des guerres de l'empire, Peyragai, alors capitaine, se trouvait, avec sa compagnie, exposé à un feu d'artillerie qui décimait les rangs de ses soldats ; plusieurs obus[1] y avaient jeté le désordre, et les fantassins commençaient à se disperser. Immobile à son poste, Peyragai cherchait à les encourager par son exemple, lorsqu'un obus tombe à ses pieds ; les plus voisins s'enfuient : Peyragai tire froidement une cigarette de sa poche et l'allume au feu de la fusée. L'obus éclate, le couvre de fumée et de poussière ; et, quand ce nuage est dissipé, on revoit l'officier sain et sauf, aussi calme qu'avant l'explosion. Des bravos et des applaudissements retentirent au loin, et pas un soldat n'osa plus quitter les rangs tant que dura le feu.

A l'assaut d'une redoute[2], Peyragai arriva seul sur la crête[3] et y planta son drapeau. Au même instant une terrible fusillade est dirigée contre lui : « Descends, descends, Peyragai, lui crie un de ses camarades, tu vas *gober quelque prune.* — C'est déjà fait, répond l'intrépide capitaine, qui s'appuyait sur la hampe de son drapeau ; mais n'en dis rien, on ne me suivrait pas. »

En effet, il avait reçu une balle en pleine poitrine, mais il restait debout, et la redoute fut emportée.

1. Espèce de bombe.
2. Petit fort en terre ou en maçonnerie, détaché du reste de la place
3. Sur la crête de la redoute : on appelle crête le sommet des ouvrages de fortification.

MARINS.

La vie du marin est une vie de privations, de travail et de lutte incessante : dans les combats, il lui faut encore plus de courage qu'au soldat, puisqu'il a à combattre, outre la fureur des hommes, celle des éléments, et que les planches qui le soutiennent recouvrent l'abîme toujours prêt à l'engloutir :

L'histoire de la marine française est remplie de traits qui tiennent du prodige. (B.)

Duguay-Trouin [1].

Duguay-Trouin, encore très-jeune, servit d'abord dans la marine marchande, et fit éclater tant de courage et d'habileté en combattant les Anglais et les Hollandais ligués contre la France que Louis XIV lui envoya une épée d'honneur.

Enflammé par cette distinction et empressé de s'en rendre digne, il va, avec trois navires, attaquer une flottille hollandaise, escortée par trois vaisseaux de guerre que commandait l'intrépide Wassenaer. Duguay-Trouin se félicite d'avoir trouvé un adversaire digne de sa valeur. Le feu qui l'anime enflamme ses troupes. Quatre fois elles s'élancent à l'abordage, quatre fois elles sont repoussées. Il revole à l'attaque, il triomphe. Le brave Wassenaer tombe noyé dans son sang. Duguay-Trouin le laisse sur le vaisseau hollandais, dont il confie la garde à quelques-uns de ses compagnons, et revole sur le sien : il achève la défaite de l'ennemi.

Mais quelle nuit succède à un jour de triomphe ! Le navire de Duguay-Trouin, percé de coups de canon et battu par les vents, s'entr'ouvre de toutes parts. Un équipage qui n'est composé que de blessés et de mourants, cinq cents prisonniers à contenir, une tempête horrible contre laquelle il faut lutter, la mer qui entre à flots précipités dans le navire, une foule de malheureux presque expirants de leurs blessures, fuyant l'eau qui gagne et se traînant sur les mains, le tumulte, l'effroi, les cris de douleur mêlés aux cris du désordre, quel spectacle ! Tout ce que peut l'activité

---

1. Né à Saint-Malo, département d'Ille-et-Vilaine.

de la pitié et le sang-froid de la prudence est mis en usage, et le jeune vainqueur triomphe des éléments comme des ennemis.

L'orage le pousse dans le port avec les vaisseaux qu'il a pris. A peine arrivé, son premier soin est de s'informer de l'état de Wassenaer ; il court lui offrir tous les secours qu'il est en état de donner. Ayant appris que ce brave n'avait pas été traité avec tous les égards convenables par ceux qui avaient été chargés de conduire son vaisseau, il fit éclater la plus vive indignation contre l'officier qui les commandait ; et, quoiqu'il fût son proche parent, il ne put jamais le revoir sans un sentiment d'aversion et de mépris. Lorsque Wassenaer fut guéri de ses blessures, Duguay-Trouin le présenta lui-même à Louis XIV et obtint sa liberté. De pareils traits font plus d'honneur que dix victoires. Duguay-Trouin avait alors vingt-trois ans.

C'est alors que cet habile et intrépide officier passa de la marine marchande dans la marine de l'État. Il fut nommé d'abord capitaine de frégate, puis capitaine de vaisseau, ensuite chef d'escadre ou contre-amiral, enfin vice-amiral, avec le titre de lieutenant général des armées navales.

Les honneurs n'altérèrent point la simplicité et la franchise de son caractère : bon, humain, généreux, il eut toutes les qualités de l'homme de mer et de l'honnête homme.

Il regarda toujours la discipline comme l'âme de la guerre et le gage de la victoire. Jamais il ne laissa une belle action sans récompense, ni une faute sans punition. Sous lui la discipline n'était pas seulement sévère, elle était quelquefois dure ; mais, en fait de discipline, l'excès même peut être louable et utile.

Son désintéressement était égal à son courage. La gloire était son idole. Il ne faisait aucun cas de l'argent.

Après un de ses combats les plus heureux et les plus hardis, Louis XIV lui avait donné spontanément comme marque de sa satisfaction une pension de 2,000 francs sur le trésor : Duguay-Trouin écrivit sur-le-champ au ministre pour le supplier de faire donner cette pension à Saint-Auban, son lieutenant, qui avait eu une jambe emportée à l'abordage d'un vaisseau anglais, et qui avait plus besoin de pension que lui : « Je suis trop récompensé, ajoutait-t-il, si j'obtiens l'avancement de mes officiers. »

Il ne cessa d'être, en temps de guerre, la terreur des Anglais. Un volume ne suffirait pas à raconter ses exploits.

Jean Bart [1].
[1694.]

Parmi les actions héroïques qui ont rendu Jean Bart si célèbre, nous en citerons une qui prouve réellement une énergie et une intrépidité inouïes.

Une centaine de navires marchands étaient réunis dans un port d'Allemagne, chargés de blés qui étaient destinés pour la France, et dont la prompte arrivée était d'autant plus nécessaire, que la disette régnait dans notre pays. La France était alors en guerre avec l'Angleterre et la Hollande. Jean Bart reçoit l'ordre d'aller chercher ces navires, de les escorter et de les amener dans les ports de France. Il partit de Dunkerque avec une escadre de six voiles; mais les navires de commerce ne l'avaient pas attendu : leurs capitaines, impatients, étaient partis sous l'escorte de trois vaisseaux danois, et leur imprudence avait été cruellement punie : une escadre hollandaise de huit gros vaisseaux de guerre, commandée par un contre-amiral, les avait rencontrés et capturés.

Jean Bart découvre en mer la flotte marchande et la voit au pouvoir de l'ennemi. Sur-le-champ il prend la résolution d'attaquer les Hollandais, quoique très-supérieurs en force. Avec la rapidité de l'éclair, il fond sur le vaisseau amiral, armé de cinquante canons, et malgré le feu terrible de ses batteries, il l'atteint, fait une décharge d'artillerie et de mousqueterie, puis s'écrie, d'une voix tonnante : « Camarades, plus de canons... des coups de sabre. » Il saute à l'abordage, et, soutenu de ses braves, il porte à l'ennemi de si rudes coups, que le contre-amiral est obligé

---

1. Intrépide marin, né à Dunkerque en 1651, mort en 1702.

de se rendre. Deux autres vaisseaux hollandais, l'un de cinquante canons, l'autre de trente-six, sont également enlevés ; la fuite sauva les autres. Redevenu maître de la flotte marchande, Jean Bart, quatre jours après son départ de Dunkerque, l'amène dans nos ports, avec les trois vaisseaux ennemis.

Pléville [1].

On peut citer comme modèle aux marins le brave et généreux Pléville, qui, après avoir commencé par être mousse, s'éleva aux plus hautes dignités, et servit son pays pendant plus de soixante ans. Son humanité était égale à son courage.

A la fin de 1770, la frégate anglaise *l'Alarme* fut jetée par la tempête dans la baie de Marseille [2]. Le temps était horrible, la nuit était sombre, et le navire courait risque de se briser contre les rochers. Pléville, alors lieutenant du port, rassemble à la hâte tous les matelots qu'il rencontre, et les engage à porter secours à la frégate étrangère. Les matelots hésitent, Pléville se passe un cordage autour du corps, fait attacher solidement un câble à terre et se laisse glisser le long des rochers battus par les flots en fureur. Il lutte contre les vagues qui le repoussent ; il gravit les roches, dont les aspérités le déchirent, et arrive à la frégate. Alors il semble oublier les périls qu'il a courus, pour ne songer qu'à ceux de l'équipage anglais. Il ordonne des manœuvres, fait passer la frégate entre les écueils, et parvient à la conduire au port.

Cet acte de courage est d'autant plus remarquable, que Pléville avait une jambe de bois. Il avait eu la jambe droite emportée par un boulet. Plus tard, étant enseigne, il perdit sa jambe de bois dans un combat. Son capitaine l'ayant vu tomber, lui demanda s'il était blessé :

« Non, dit-il en riant, le boulet n'a donné d'ouvrage qu'au charpentier. »

Cette jambe de bois lui fut encore enlevée en 1759, lors-

---

1. Né en 1726, mort en 1805.   2. Entre le port et la pleine mer.

qu'il commandait le vaisseau *l'Hirondelle*, avec lequel il attaqua et prit trois navires anglais armés en guerre.

Les détails qui précèdent suffisent pour faire juger de son courage ; ce que nous allons dire va faire juger de son désintéressement.

En 1778, pendant la guerre d'Amérique, Pléville avait été choisi pour effectuer la vente des navires pris sur les Anglais. Le produit s'en éleva à 2 millions. Content de sa gestion, l'amiral voulut lui faire allouer par le gouvernement deux pour cent sur cette somme ; Pléville refusa, disant que le traitement affecté à son grade suffisait à ses besoins.

Nommé ministre de la marine en 1798, il fut chargé de faire la visite des côtes de l'Ouest. 40,000 francs lui furent alloués pour cette mission ; Pléville n'en dépensa que 8,000, et renvoya le reste au trésor. La somme totale avait été portée en dépense, on refusa de reprendre le reste. Pléville insiste ; on le presse de nouveau : il répond en témoignant le désir de consacrer ces 32,000 francs à l'érection de quelque monument utile. Ils furent employés à la construction d'un télégraphe qui a longtemps fonctionné sur le toit de l'hôtel du ministère de la marine, sur un des côtés de la place de la Concorde.

Le marin de treize ans.

Le fils du contre-amiral Casabianca, âgé de treize ans, s'était embarqué avec son père sur le vaisseau *l'Orient*, et servait en qualité d'élève de marine. Il se conduisit parfaitement à la funeste journée d'Aboukir : son courage et son sang-froid le faisaient admirer des plus vieux matelots.

Tout à coup le feu prit à *l'Orient* ; il était impossible de l'éteindre ; en un instant les batteries sont abandonnées ; l'enfant reste seul sur le pont ; il s'écrie : « Mon père, puis-je sans déshonneur abandonner mon poste ? » Il croyait que son père l'entendait, et il attendait toujours la réponse ; mais son père, mortellement blessé, n'entendait plus sa voix. Enfin un vieux matelot accourt auprès de lui : « Votre père est mourant et vous ordonne de sauver votre vie en vous rendant, ainsi que moi. » L'enfant, éperdu, courut à

Incendie de *l'Orient*.

la chambre où expirait le contre-amiral; il l'embrasse étroitement et jure de ne plus le quitter. En vain son père lui adresse des prières et des ordres; en vain le vieux matelot veut le sauver : « Je mourrai... je mourrai avec mon père, s'écriait ce noble enfant. — Il ne me reste plus qu'un instant, dit le vieux matelot, et je ne pourrai me sauver qu'avec peine; adieu. » La flamme se communiqua à la poudre, et le bâtiment sauta avec ce jeune héros, qui cherchait à couvrir de son corps les restes mutilés de son père. Tel est le récit que fit le vieux matelot en arrivant à Alexandrie.

PROFESSIONS DIVERSES.

Quand la science se dévoue avec persévérance au service de l'humanité et de la patrie, elle ressemble à la vertu, ou, pour mieux dire, elle devient une vertu. (B.)

Les arts contribuent au perfectionnement de la civilisation et à l'illustration du pays qui les cultive; l'amour de la gloire, l'émulation sans jalousie, et surtout le désir ardent de faire servir l'art au triomphe de la vertu : tel est le caractère du véritable artiste. (*Cours de morale.*)

L'agriculteur laborieux, le négociant probe, l'habile manufacturier, enrichissent l'État, augmentent l'aisance de toutes les classes de la société, et par là méritent leur protection et leur estime; sans les encouragements donnés à l'agriculture, au commerce et à l'industrie, le pays le plus fertile serait bientôt le plus pauvre. (B.)

Modèle pour les médecins : Larrey [1].

Larrey s'est signalé dans l'exercice de l'art médical par un zèle, une humanité, un dévouement à toute épreuve.

Ses talents et son expérience l'avaient fait nommer chirurgien en chef de nos armées; il les accompagna d'abord en Égypte, ensuite dans toutes les campagnes de l'Empire.

On ne saurait exprimer combien sa conduite fut toujours admirable. Non moins intrépide que le soldat dont il partageait les destinées, Larrey s'est plus d'une fois précipité sous le feu des canons ennemis, dans des grêles de balles et de mitraille, pour arracher à la mort ses victimes; pour les panser et pour les nourrir, il leur a fait plus d'une fois l'abandon de ses vêtements, de son linge, de ses propres vivres; et plus d'une fois entouré de blessés, on l'a vu soutenir pendant trente heures, sans repos, sans nourriture, le pénible soin de remédier à leurs maux; lasser par ses efforts ceux de ses auxiliaires les plus vigoureux, les plus patients, les plus résolus; et, tout trempé de sueur et couvert de sang, ne quitter enfin ce grand travail qu'après le pansement complet du dernier blessé : en abandonner un seul eût été pour lui pire que la mort. Voilà ce qu'a fait Larrey pendant les vingt-deux années d'une guerre sans exemple dans les annales du monde.

Pour lui, point de vaines distinctions, les rangs n'étaient marqués que par la douleur, et le plus humble soldat, s'il était le plus souffrant, était le premier qui recevait ses secours. Et ces soins les bornait-il aux seuls Français ? Non, il les donnait encore aux soldats ennemis. Comment une

---

1. Né en 1766, à Beaudans, départ des Hautes-Pyrénées; mort en 1842.

conduite si humaine, si courageuse et si noble, ne lui aurait-elle pas concilié la vénération de toute l'armée? Ses moindres actions étaient connues des derniers soldats : tous le chérissaient; il reçut un témoignage de cette affection générale dans un moment bien terrible.

C'était pendant la fatale retraite de Russie. Un de nos corps d'armée fuyait en désordre, suivi de près par l'ennemi : un fleuve se présente ; à la hâte on jette deux ponts : à la suite du corps d'armée, on voit se précipiter vers les ponts une foule immense de malheureux fugitifs de Moscou, avec leurs femmes, leurs enfants, leurs bagages, des soldats, des chevaux, de l'artillerie. De loin, dans la foule qui s'avance, on aperçoit Larrey. Mille cris s'élèvent : « Sauvons celui qui nous a sauvés : qu'il vienne, qu'il approche. » La foule s'écarte, Larrey touche le pont, et le voilà dans les bras des soldats, qui le font passer de main en main d'un côté du fleuve à l'autre; il est sauvé ! Presque aussitôt les ponts surchargés fléchissent et croulent. Tout est englouti !

Malade lui-même, par suite des cruelles impressions d'un froid extrême et prolongé, Larrey n'en continua pas moins de prodiguer ses soins à nos malheureux soldats. Partout, depuis le Niémen jusqu'au Rhin, il créait des hôpitaux et organisait le service médical avec une activité qui tient du prodige.

Nommé, après la paix, chirurgien en chef d'un hôpital militaire, à Paris, Larrey, à la révolution de Juillet, sauva de la fureur d'une multitude égarée les blessés de la garde royale. Il n'eut, pour ainsi dire, qu'à se montrer pour ramener cette foule irritée au sentiment de l'humanité.

A l'âge de soixante-seize ans, toujours enflammé du même zèle, il demanda et obtint la mission d'inspecter les hôpitaux de l'Algérie, alors encombrés de malades. Il mourut par suite des fatigues de ce voyage; ainsi il mourut comme il avait vécu, pour son pays.

Napoléon a prononcé, à l'occasion de Larrey, ces paroles mémorables :

« Si jamais l'armée élève un monument à la reconnaissance, c'est à Larrey qu'elle devra le consacrer. »

Réponse d'un chirurgien.

Boudon, habile chirurgien, fut un jour mandé pour faire une opération difficile au cardinal Dubois, premier ministre[1]. Le cardinal, en le voyant entrer, lui dit : « Ayez soin de ne pas m'opérer comme les pauvres misérables de votre hôpital. — Monseigneur, répondit Boudon, ces pauvres misérables, comme il vous plaît de les appeler, sont chacun à mes yeux premier ministre, quand leurs souffrances réclament mes services. »

Exemple pour les avocats : trait de Bellart[2].

M¹ˢ de Cicé, accusée d'un crime capital[3], pria M. Bellart, célèbre avocat de Paris, de la défendre. Bellart écouta les explications de cette jeune personne, et fut convaincu qu'elle était innocente. Il souffrait en ce moment d'une maladie de poitrine et ne pouvait parler sans éprouver une fatigue cruelle. Néanmoins il ne voulut pas refuser son secours à l'innocence en danger. Il se dévoua donc. Cet homme, doué d'un remarquable talent, rassembla toutes les forces de son âme et de sa vie. Son éloquence obtint le plus beau triomphe : l'innocence de sa cliente, jusqu'alors obscurcie par un fatal concours d'apparences mensongères, brilla à tous les yeux de l'éclat le plus pur. Tandis que l'orateur parlait, tous les cœurs étaient agités. On voyait les juges émus, l'auditoire attendri, et jusqu'aux vieux gendarmes, oubliant la consigne, laissant tomber le fusil de leurs mains pour essuyer leurs yeux mouillés de larmes. Ce triomphe de l'orateur faillit lui coûter la vie : ce fut sa plus belle plaidoirie, mais aussi ce fut sa dernière. Obligé de renoncer à parler en public, il ne sortit plus de son cabinet, où l'on s'empressait de venir le consulter.

A voir cette foule de clients qui se pressaient dans son cabinet, on pouvait croire que Bellart amassait une grande

---

1. En 1723. Homme vil et mauvais ministre.
2. Mort en 1826.
3. Elle était accusée d'avoir participé à un affreux attentat commis contre la vie du premier consul, a l'aide d'une machine infernale, le 24 octobre 1800.

fortune : il n'en était rien. Mais tous ceux qui l'ont connu savent avec quel noble désintéressement il a parcouru sa carrière, et dans quelle médiocrité il a terminé sa laborieuse existence. Ne demandant jamais, même aux riches, le prix de son travail, il se montrait satisfait de leurs offres les plus modestes, et ne repoussait que les offres trop généreuses. Quant aux pauvres, il n'acceptait jamais rien d'eux, et bien souvent il les aidait de sa bourse.

Ainsi en agissaient les avocats de l'ancien temps, les Cochin, les Lenormand, les Gerbier; ainsi, à l'exemple de ces vertueux modèles, en agissent encore aujourd'hui tous les avocats qui comprennent la dignité de leur profession, et qui, grâce au ciel, sont encore nombreux en France. La délicatesse et le désintéressement sont des vertus innées dans le barreau français, et les vices contraires y sont des exceptions.

Exemple pour les artistes : le Guide [1] et l'Albane [2]

Deux peintres, nés dans la même ville [3], à la même époque, élèves tous deux de la célèbre école des Carrache [4], doués d'un semblable génie, eurent une destinée bien différente, parce que le talent fut chez l'un sanctifié par la vertu, et chez l'autre déshonoré par le vice.

Le Guide (*Guido Reni*) acquit d'assez bonne heure une grande renommée : il a laissé beaucoup de tableaux célèbres, entre autres le *Crucifiement de saint Pierre*, un *saint Michel*, le *Martyre de saint André*. On admire dans ses productions la richesse de la composition, la correction du dessin, la grâce et la noblesse de l'expression, la fraîcheur du coloris, l'harmonie et la délicatesse des teintes. Le souverain pontife Paul V l'appela à Rome. Ce pape aussi éclairé que magnifique apprécia ses talents, et dès lors le peintre lui devint si cher, qu'il allait fréquemment dans son atelier et passait des heures entières à le voir travailler.

1. Né en 1575, mort en 1644.
2. Né en 1578, mort en 1660.
3. Bologne, en Italie, dans les Etats du saint-siége.
4. Les Carrache étaient trois peintres, proches parents, habiles et célèbres, qui florissaient à Bologne dans le XVIe siecle.

Le bonheur du Guide aurait dû être égal à son talent. Il n'en fut pourtant rien, et, par sa faute, les faveurs dont la Providence l'avait comblé lui devinrent inutiles, et même fatales.

Il se laissa séduire par les attraits du vice, et s'abandonna à tous les désordres d'une vie dissipée. Le jeu devint pour lui une passion ; cette passion dégénéra bientôt en fureur. La gloire, l'art, le travail, n'avaient plus pour lui aucun charme. La fortune qu'il devait aux bontés de son auguste protecteur fut rapidement dévorée.

A la fin de sa carrière, le Guide était tombé dans l'état le plus misérable. Pauvre et méprisé de tous, ayant perdu jusqu'à l'ombre de son talent, il termina dans une fainéantise ignoble une vie commencée dans le travail, la gloire et l'opulence, et mourut complètement oublié de ce monde qui l'avait tant applaudi dans sa jeunesse.

Tandis que le Guide s'attirait le mépris des honnêtes gens par ses vices, son ancien camarade, l'Albane (*Carlo Albani*), comme lui enfant de Bologne, se conciliait l'estime universelle par l'élévation et par la douceur de son caractère, par ses vertus aimables et par un désintéressement aussi rare que son talent. Il ne demandait pas de ses tableaux un prix élevé ; il lui suffisait de faire vivre honorablement sa famille, dans le sein de laquelle il goûtait le bonheur le plus pur. Bon et généreux, il paya les dettes fort considérables de son frère, qui avait dissipé tous ses biens, et qui était mort insolvable.

Il se plaisait à enseigner son art aux élèves qui venaient lui demander des leçons ; ils les aimait, il leur montrait de l'estime, et allait jusqu'à leur demander leur avis sur ses propres ouvrages. Il les protégeait de toute manière, il les aidait de ses conseils et de ses recommandations ; non-seulement il n'exigeait rien de ceux qui n'étaient pas riches, mais bien souvent sa libéralité venait à leur aide.

Le soin de sa famille l'absorbait entièrement, et son ardeur pour le travail ne cessait de s'accroître ; le grand âge auquel il parvint ne diminua pas son application.

Il mourut estimé, aimé et admiré de tous.

La grâce est le caractère principal de son talent, et il excelle particulièrement dans les figures d'enfants, de femmes et d'anges. Son imagination, fécondée par la lecture des poëtes, lui a fourni des idées très-heureuses, des allusions intéressantes, des sujets pleins de charme.

L'Albane passait habituellement l'été dans deux maisons de campagne qui lui appartenaient, et qui étaient ornées de bosquets et de fontaines. C'est dans ces charmantes retraites qu'il trouvait les sites enchanteurs, les riants paysages qu'il a délicieusement reproduits dans ses tableaux.

Exemple pour les industriels : Oberkampf [1].

A l'âge de dix-huit ans, Oberkampf, fils d'un pauvre teinturier établi en Suisse, vint à Paris, seul, à pied, ne sachant pas un mot de français, et n'étant muni d'aucune sorte de recommandation.

L'industrie des toiles peintes, en France, était alors dans l'enfance ; elle n'existait, pour ainsi dire, que de nom. Après avoir travaillé deux ans dans un établissement, à Paris, en qualité de graveur et de coloriste, Oberkampf, sans autres ressources que les petites économies qu'il avait faites pendant ces deux années, conçut le hardi projet de créer en France une manufacture de toiles peintes qui pût rivaliser avec celles de l'étranger : il s'établit dans la vallée de Jouy, traversée par la petite rivière de Bièvre, entre Paris et Versailles, vallée alors marécageuse et presque déserte.

C'est là qu'une simple chaumière devint le berceau d'une grande industrie qui devait surpasser les plus célèbres établissements de la Grande-Bretagne, et affranchir notre patrie du tribut qu'elle payait à l'étranger.

Pour mettre en œuvre deux procédés nouveaux qu'il avait découverts, l'impression à la planche et l'impression au rouleau, il lui aurait fallu plusieurs artistes, un dessinateur, un graveur, un imprimeur et un teinturier. Ober-

---

1. Né en 1738, à Weissembach, près d'Anspach (Bavière), mort en 1815.

kampf était seul : seul il se chargea du dessin, de la gravure, de l'impression et de la teinture, sans avoir d'autre

Vallée de Jouy.

atelier que sa chambre, qui contenait à peine un lit et une chaise.

Les premiers essais réussirent. On s'empressa d'acheter les produits élégants de son travail. Laborieux, économe, il donna chaque jour à son établissement une extension nouvelle : d'immenses bâtiments s'élevèrent, les marais d'alentour furent desséchés, la contrée entière assainie, et quinze cents ouvriers trouvèrent leur subsistance dans cette vallée naguère inféconde et malsaine.

L'infatigable Oberkampf, sans être ébloui de sa prospérité, ne songeait qu'à mériter et à soutenir sa renommée par de nouveaux progrès. Telle était, dans sa fabrique, la perfection des dessins et des couleurs, que des négociants anglais venaient acheter à Jouy des toiles peintes, pour les revendre chez eux comme marchandises des Indes. Oberkampf eut des imitateurs. En peu de temps on vit s'élever trois cents établissements, émules du sien, où vingt mille ouvriers furent assurés de leur subsistance.

La Révolution faillit ruiner la manufacture de Jouy; mais Oberkampf, grâce à son crédit, à son infatigable activité, et à la confiance publique, eut bientôt mis ordre à ses affaires, et réparé toutes ses pertes.

Dix ans avant sa mort, il fonda la filature de coton d'Essonne, et enleva ainsi aux Anglais le privilége de filer et de tisser le coton, par des moyens ingénieux et économiques qui diminuaient considérablement les frais de main-d'œuvre. Cette seconde création eut le succès de la première, et cette branche importante d'industrie fut un accroissement de la fortune publique.

Au milieu de ces utiles travaux, Oberkampf reçut les plus honorables encouragements. Napoléon voulut le faire sénateur, il refusa. Pour le forcer à accepter une marque de son estime, il détacha de sa propre boutonnière la croix de la Légion d'honneur, et la lui remit, en disant : « Personne n'en est plus digne. »

Napoléon se plaisait à aller dans son établissement causer avec lui. Il disait un jour : « Vous et moi nous faisons une bonne guerre aux Anglais : vous par votre industrie, moi par mes armes. » Puis il ajouta, comme par une prévision de l'avenir : « C'est encore vous qui faites la meilleure. »

La bonté d'Oberkampf égalait la justesse et l'étendue de son esprit. Dès que sa fortune le lui permit, il songea à faire du bien, et il commença par ceux qui l'avaient obligé. En arrivant à Paris, il avait été bien accueilli par le concierge du ministère des finances, brave homme qui l'avait aidé de sa modeste protection. Oberkampf, aux jours de la prospérité, le combla de bienfaits. Il fit une pension à une pauvre femme qui préparait, au faubourg Saint-Marceau, son petit dîner à huit sous par jour, et qui lui avait montré de l'affection.

Lorsque, dans la Révolution, il s'était vu tout près de sa ruine, il n'avait pas voulu renvoyer ses ouvriers. Jamais il ne cessa de visiter régulièrement ses manufactures. Il adressait à tous ses ouvriers des paroles bienveillantes; il aidait ceux qui étaient dans le besoin. S'ils tombaient malades, il les faisait soigner à ses frais, et continuait de leur payer leurs journées, comme s'ils eussent continué leur travail.

Il accueillait dans ses fabriques tous les enfants orphelins du voisinage, il les élevait jusqu'à ce qu'ils fussent en âge de se rendre utiles ; ils étaient pour lui comme des enfants d'adoption.

INSTITUTEURS ET ÉLÈVES ; ÉDUCATION.

L'éducation de la jeunesse est une œuvre de dévouement, sans s'élever à la sublimité de la tendresse paternelle, celle d'un maître peut cependant en approcher. (B.)

Pour que l'éducation d'un enfant réussisse, il faut avant tout, qu'il soit docile et appliqué : de toutes les personnes qui concourent à son éducation, celle qui joue le rôle le plus important, c'est lui-même ; s'il ne seconde pas par un effort intérieur les soins qu'on lui donne, ils deviennent tous inutiles. (B.)

Les arbres bien soignés.

Dans un beau jour de printemps, un père de famille, avec son petit garçon, visitait un jardin. L'enfant contemplait avec attention les arbres et les autres plantes.

« Pourquoi cet arbre est-il si beau et si droit ? disait Alphonse à son père ; et pourquoi l'autre ne l'est-il pas ? — C'est, répondit le père, qu'on a ainsi dressé celui-ci dans le principe, qu'on l'a palissé et qu'on l'a taillé ; au contraire, on a laissé croître celui-là sans aucun soin.

— Et pourquoi ces fleurs sont-elles déjà si belles, tandis que les autres de la même espèce sont à peine ouvertes ? — Parce qu'elles sont mieux cultivées que les autres.

— Tout dans un jardin dépend donc des soins et de la culture ? dit Alphonse. — Oui, mon enfant, répondit le père, et ceci est une leçon pour nous.

« Tu ressembles à ce beau jeune arbre. Si je ne te laisse pas faire à ton gré tout ce qui te plaît, mais si je te dis ce que tu dois faire ou ne pas faire, si je t'oblige d'apprendre des choses utiles, et si tu es obéissant, alors tu pourras aussi devenir un bon arbre fruitier parmi les hommes. »

Sage réponse d'un paysan.

Le temps et l'argent que coûte l'éducation sont toujours bien employés.

C'est ce que fait comprendre la réponse ingénieuse qu'un honnête paysan adressa un jour à une personne qui lui demandait quel emploi il faisait de l'argent qu'il gagnait par son travail.

« Je le divise en trois parts, répondit le paysan : la première sert à payer mes dettes ; la seconde est employée à mes dépenses et à celles de ma femme ; et quant à la troisième, je la place à gros intérêts.

— Que voulez-vous dire par là ?

— Le voici : je consacre la première part à soutenir mes parents âgés : n'est-ce pas payer une dette ? Je consacre la troisième à élever mes enfants : n'est-ce pas la placer à gros intérêts ? »

Éducation des jeunes Spartiates.

A Sparte[1], on accoutumait les enfants de très-bonne heure à rester seuls, à marcher dans l'obscurité, pour qu'ils prissent l'habitude de ne rien craindre. On les accoutumait aussi à n'être ni difficiles ni délicats pour leur nourriture ; à ne point se livrer à la mauvaise humeur, aux cris, aux pleurs, aux emportements ; à marcher nu-pieds ; à coucher durement, et souvent sur la terre ; à porter le même habit en hiver et en été, pour s'endurcir contre le froid et le chaud. A l'âge de sept ans, on les mettait sous la conduite de maîtres habiles et sévères. Leur éducation n'était, à proprement parler, qu'un apprentissage d'obéissance, le législateur ayant bien compris que le moyen le plus sûr d'avoir des citoyens soumis aux lois et aux magistrats était d'apprendre aux enfants, dès leurs premières années, à être parfaitement soumis à leurs maîtres.

Devenus plus grands, lorsqu'ils étaient admis à la table des personnes plus âgées, on leur montrait la porte de la salle en leur disant ces mots : « Aucune parole ne doit sortir par cette porte. » Leçon journalière qui leur imprimait l'habitude de la discrétion.

---

1. La ville de Sparte, en Grèce, s'appelait aussi Lacédémone

Le législateur des Lacédémoniens, Lycurgue [1], eut beaucoup de peine à persuader à ses compatriotes l'utilité d'une éducation à la fois si forte et si minutieuse ; il se servit d'une fable vivante pour les convaincre, et cet apologue d'un nouveau genre eut plus de succès que des raisonnements.

Il avait élevé deux chiens, tous deux nés du même père et de la même mère, dressant l'un avec sévérité, et donnant à l'autre toute la liberté et toute la nourriture qu'il voulait. Un jour, devant l'assemblée du peuple, il fit venir ces deux chiens ; en même temps il posa à terre une écuelle de soupe, et fit lâcher un lièvre : le chien bien dressé courut au gibier, et son camarade au potage. « Voyez, dit le législateur, l'effet de l'éducation : ces animaux sont de même race et du même sang ; l'un est gourmand, l'autre est chasseur : tel est le résultat des leçons qu'on leur a données, des habitudes qu'ils ont prises. Vos enfants seront des hommes lâches ou courageux, selon que vous négligerez ou suivrez les lois que je vous propose. » Sparte le crut, et devint la cité la plus puissante de la Grèce.

Fénelon et son élève.

Jamais le pouvoir de l'éducation sur les âmes ne se manifesta d'une manière plus éclatante que lorsque Louis XIV confia son petit-fils, le duc de Bourgogne, aux soins de l'immortel Fénelon. Il y avait beaucoup à faire, car cet enfant était né avec un naturel violent et vicieux que jusque-là l'on n'avait pas même essayé de combattre. Voici quel portrait fait de lui un célèbre auteur contemporain :

« Le prince, héritier de la couronne, naquit terrible, et sa jeunesse fit trembler : dur et colère jusqu'aux derniers emportements, et jusque contre les choses inanimées ; impétueux avec fureur ; incapable de souffrir la moindre résistance, même des heures et des éléments, sans entrer dans des fougues à faire craindre que tout ne se rompît

---

1. Lycurgue vivait 884 ans avant Jésus Christ.

dans son corps ; opiniâtre à l'excès ; aimant avec fureur la bonne chère, la chasse, le jeu et tous les plaisirs ; souvent farouche, naturellement porté à la cruauté, et impitoyable dans ses railleries. De la hauteur des cieux il ne regardait les hommes que comme des atomes avec lesquels il n'avait aucune ressemblance, quels qu'ils fussent. »

Tel était le caractère qu'il fallait dompter et assouplir : la tâche était rude, mais les difficultés n'étaient pas insurmontables : car dans l'éducation il n'y a d'incurable que la lâche indolence et le défaut absolu d'esprit. L'enfant avait une rare activité, une vive intelligence. Voici ce que dit encore le même auteur :

« L'esprit, la pénétration brillaient en lui de toutes parts. Jusque dans ses furies, ses réponses étonnaient ; ses raisonnements tendaient toujours au juste et au profond, même dans ses emportements. Il se jouait des connaissances les plus abstraites. L'étendue et la vivacité de son esprit étaient prodigieuses. »

Le caractère de Fénelon était merveilleusement disposé pour cette grande tâche de l'éducation, à laquelle toutes les lumières de l'esprit ne suffisent pas. C'était un mélange exquis de tendresse et de force, de complaisance et de fermeté, de patience et de souplesse, où la grâce tempérait l'énergie. Il faut, avec les enfants, du caractère et de l'âme : de l'âme pour les attirer, du caractère pour les dominer. Ces deux qualités, Fénelon les possédait admirablement : il en usa pour prendre sur son élève l'ascendant nécessaire.

Les débuts de cette mémorable éducation furent orageux. Dans un de ses accès de colère, l'intraitable enfant osa dire à son précepteur : « Vous oubliez qui je suis et qui vous êtes. » Fénelon ne répondit rien. Pendant tout le reste du jour il laissa le coupable à ses réflexions. Le lendemain matin il entra plus tôt que de coutume dans la chambre de son élève, et d'un ton grave et triste il lui dit :

« Je ne sais si vous vous rappelez ce que vous m'avez dit hier, que vous saviez *qui vous êtes et qui je suis;* il est de mon devoir de vous apprendre que vous ignorez l'un et l'autre. Vous vous imaginez donc être plus que moi ? quelques valets vous l'auront dit; et moi je ne crains pas de vous dire, puisque vous m'y forcez, que *je suis plus que vous.* Vous comprenez assez qu'il n'est pas ici question de la naissance, qui n'ajoute rien au mérite. Vous ne sauriez douter que je suis au-dessus de vous par les lumières et les connaissances. Vous ne savez que ce que je vous ai appris, et ce que je vous ai appris n'est rien, comparé à ce qu'il me resterait à vous apprendre. Quant à l'autorité, vous n'en avez aucune sur moi, et je l'ai moi-même, au contraire, pleine et entière sur vous; le roi et monseigneur votre père vous l'ont dit assez souvent. Vous croyez peut-être que je m'estime fort heureux d'être pourvu de l'emploi que j'exerce auprès de vous; dissuadez-vous encore : je ne m'en suis chargé que pour obéir au roi, et je vais vous conduire chez lui pour le supplier de vous nommer un autre précepteur, dont je souhaite que les soins soient plus heureux que les miens. »

A ces paroles l'enfant répondit par un torrent de larmes. Fénelon se laissa enfin désarmer par ses prières.

Depuis ce jour l'éducation du duc de Bourgogne alla de mieux en mieux. Les leçons de Fénelon eurent un succès qui tient du prodige : non-seulement elles ornèrent l'esprit de son élève, mais elles opérèrent en lui une transformation morale qui frappa tous les yeux. L'auteur qui nous a dit ce qu'était d'abord l'enfant, va nous apprendre ce qu'il devint, grâce aux soins de Fénelon :

« De cet abîme sortit un prince affable, doux, humain, modéré, patient, modeste, et, autant et quelquefois au delà de ce que son état pouvait comporter, humble et austère pour lui-même. Tout appliqué à ses devoirs, et les comprenant immenses, il ne pensa plus qu'à allier les devoirs de fils et de sujet avec ceux auxquels il se voyait destiné. La brièveté des jours faisait toute sa douleur. »

Les deux éducations.

Deux sœurs avaient chacune un fils qu'elles élevaient fort différemment. L'une, faible et facile à l'excès, comblait le sien de dons et de caresses : bonbons de toutes sortes, joujoux de prix, habits de fantaisie, étaient prodigués à Fanfan. L'autre (on l'appelait Émile) était élevé sévèrement en apparence, mais cependant avec une tendresse éclairée qui paraissait de la dureté à la mère de Fanfan. Fanfan avait des trésors de bonbons et de dragées qu'il dévorait quelquefois tout seul pendant la nuit. Fanfan avait un magasin de jouets qu'il s'amusait quelquefois à briser, pour se donner le plaisir du changement. Fanfan était en tout un enfant gâté, qui voulait des bas de soie quand il gelait à pierre fendre ; qui voulait des eaux de senteur pour parfumer son mouchoir et ses poches ; qui n'aimait que les souliers neufs et les beaux habits. Qu'arriva-t-il ? Fanfan eut des rhumes affreux qui lui rendirent le nez rouge, les yeux chassieux et les oreilles enflées ; Fanfan eut l'estomac gâté par les sucreries, et ses dents devinrent noires comme des clous de girofle ; Fanfan se blasa sur tout : il devint fantasque, ennuyé, pleureur, chétif, malingre et sot. Quant à Émile, accoutumé aux privations, ne jouant que pour déployer ses forces, ne mangeant que des choses simples et saines, sautant à bas du lit dès qu'il ne dormait plus, sans caprices, sans humeur, sincère, diligent et bon, il fut doué d'un jugement aussi droit que son corps était vigoureux. Il fut la joie et le bonheur de sa mère, le modèle de ses camarades, et devint par la suite un homme de bien et un homme utile.

L'éducation molle fait des avortons ; l'éducation mâle et sévère donne seule des hommes à la patrie.

L'élève rebelle.
Récit d'un ancien élève du collége de ***.

Après avoir eu le malheur de perdre mon père et celui d'être gâté par une mère excessivement faible, je fus enfin mis, presque par force, au collége, grâce à la volonté énergique de mon tuteur. Il était temps : j'avais déjà quatorze ans, et, à l'exception de ce qu'on enseigne dans les écoles élémentaires, je ne savais absolument rien.

Le collége dans lequel je fus placé comptait une soixantaine d'internes, outre des externes assez nombreux.

C'était une excellente école ; il y régnait une discipline ferme et vigilante, mais éclairée et pleine de douceur. Les études étaient bonnes et fortes, les habitudes tranquilles, les mœurs pures : deux maîtres d'étude consciencieux autant qu'instruits aidaient le principal, homme d'un âge déjà avancé, dans l'éducation des élèves internes. Tous ces jeunes gens paraissaient dociles, studieux, contents de leur sort.

Tel n'était pas le nouveau camarade qu'on venait d'amener, ou plutôt de traîner parmi eux. Accoutumé à une complète indépendance, à une licence sans bornes, je déclarai, au moment même de mon entrée au collége, que ce régime presque claustral ne me conviendrait pas. Quand mon tuteur, après m'avoir introduit, se retira, je m'attachai à ses habits pour le suivre, mais il me repoussa rudement. J'essayai de sortir après lui, la porte était bien fermée : j'eus beau crier, pleurer, tempêter, on se garda bien de me l'ouvrir.

Me voilà donc renfermé. J'errais comme un insensé dans la cour, où je me trouvais seul. Il ne me semblait pas que je fusse dans un collège, dans un asile de travail et d'étude, mais dans une prison. Une colère insensée s'empara de moi et devint une sorte de rage, « J'étouffe ! m'écriai-je en fureur, j'étouffe ! Ne briserai-je pas ces barrières maudites ! n'escaladerai-je pas ces murs odieux ! » Et je tournais tout autour de la cour, comme le lion dans sa cage ; ensuite, épuisé par mes efforts, je m'étendais sur le pavé, contre lequel je collais mes lèvres brûlantes, en proférant des sanglots inarticulés. Je m'écriais : « Tyrannie ! tyrannie ! » O ma mère ! ne viendras-tu pas me délivrer de ce cachot ?

Dans le moment où je me roulais ainsi avec fureur sur les pavés, la cour était déserte. J'entendis la cloche sonner et les élèves venir en récréation, je me relevai promptement, de peur d'être pour eux un objet de risée, et dès ce moment ma détermination fut prise.

« Je forcerai bien les geôliers de m'ouvrir la porte ; je

serai si méchant, si constamment rebelle, qu'ils refuseront de me garder. J'aurai bien de la peine, sans doute; mais que peuvent-ils me faire? Me battre? plaise à Dieu qu'ils le fassent! leur brutalité me justifiera. Me renfermer? mais il n'y a pas de cachot pire pour moi que leurs classes et leurs salles d'études. Me faire souffrir? toute souffrance me paraîtra douce en comparaison du travail auquel on veut m'astreindre. Me priver de récréations, de nourriture, d'amusement? c'est une peine qu'ils n'auront pas : je saurai bien m'en priver moi-même. Allons, et soyons ferme. »

Pendant que je prenais ces résolutions diaboliques, les élèves arrivaient dans la cour et la récréation commençait : récréation joyeuse, animée, telle que pouvaient la prendre des enfants dont la conscience était satisfaite et le cœur tranquille.

Moi, je restai obstinément dans un coin, tournant le dos aux élèves.

Le maître d'étude s'approcha de moi : il était jeune, et avait l'air d'être plutôt le frère aîné et le bon camarade de ces enfants que leur maître. Tous paraissaient l'aimer et lui obéir avec autant de plaisir que de promptitude. Il animait leurs jeux et y prenait part. Naturellement sa sollicitude s'éveilla en faveur du pauvre délaissé, dont il ne soupçonnait pas la malice. Il vint donc près de moi, m'adressa quelques paroles d'encouragement, et m'engagea à venir jouer avec mes nouveaux camarades. Je restai collé contre le mur, baissant obstinément les yeux. Enfin, fatigué de ses instances, que je considérais comme une obsession, je le regardai d'un air farouche, en lui disant d'une voix méchante : « Laissez-moi tranquille. »

A cette belle réponse, le jeune maître ne sut s'il devait éclater de rire ou se fâcher. Il ne fit ni l'un ni l'autre : il eut compassion de moi. Retournant vers les élèves, qui avaient suspendu leurs jeux, dans l'attente du nouveau camarade qu'on allait leur présenter, il leur dit tout naturellement : « Il est triste, il n'avait jamais quitté sa mère; ne le troublons pas. »

La bonté de ce jeune homme, qui non-seulement me

pardonnait ce langage brutal, mais encore cherchait à l'excuser devant mes camarades, aurait dû m'adoucir ; elle m'aigrit, au contraire. J'avais espéré qu'il me parlerait sévèrement, je me proposais de lui répondre avec insolence. Sa douceur me privait de cette satisfaction : j'en étais furieux, mais je comptais bien prendre ma revanche à l'étude.

Les jeux avaient continué : ils étaient animés, bruyants. Tout à coup la cloche sonne, et instantanément, sans transition, régna un si profond silence, que je ne pus me défendre d'un mouvement d'admiration. Subjugué moi-même par l'empire de la discipline, je n'osai refuser de prendre place dans les rangs des élèves, et j'arrivai avec eux dans la salle d'étude. Chacun se mit à sa place, ouvrit doucement son bureau, prit ses livres et ses cahiers ; toute cette jeunesse, naguère si animée, était profondément calme : on n'entendait, dans le silence universel, que le bruit des plumes courant sur le papier. Il y avait dans ce spectacle quelque chose de ravissant. Je ne pus me défendre d'une certaine émotion ; j'entendis une voix qui me disait au fond du cœur : « Fais comme eux, sois raisonnable. » Je me hâtai, dans mon détestable orgueil, d'étouffer cette voix divine. Le maître (c'était le même jeune homme qui, dans la cour, s'était montré si indulgent envers moi) m'avait fait prendre place à un bureau où se trouvaient du papier, de l'encre et des plumes, et, quand il eut employé quelques moments à s'assurer que le bon ordre et le travail régnaient partout, il vint à moi. Il tenait à la main un livre, qu'il me présenta : « Vous devez, me dit-il, commencer à étudier les éléments de la langue latine ; voici un rudiment, transcrivez plusieurs fois la première page, et apprenez-la par cœur. » Il me disait ces paroles avec beaucoup de douceur, mais il avait beau me présenter le livre, je n'avançais pas la main pour le prendre : « Prenez donc, me dit-il en souriant ; est-ce qu'une étude que vous n'avez pas encore essayée vous fait déjà peur ? » Je voulais bien me montrer désobéissant et rebelle, mais je ne me souciais pas de passer pour un rustre : « Monsieur, lui dis-je, je reçois ce livre, puisque vous avez bien voulu vous donner la peine de me

l'apporter; mais c'est bien inutile, car je n'étudierai pas. »
Je pris le livre, qui était ouvert à la première page, je le refermai, et, appuyant mes deux bras dessus, je cachai mon visage dans mes mains. Quelquefois je relevais la tête et je promenais mes regards sur tous les élèves, d'un air de défi, ou bien je regardais le maître à la dérobée, pour voir si ma conduite l'irritait; mais les élèves ne semblaient pas s'apercevoir que je fusse là; et quant au maître, il allait d'un élève à l'autre pour les aider dans leur travail : ses yeux n'exprimaient ni trouble, ni colère.

Le principal entra dans l'étude. Je crois que le maître, par un billet, l'avait averti de ma conduite. A sa vue, je sentis un léger frisson. Après avoir jeté un regard sur toute la salle, il s'avança vers moi et vint auprès de mon bureau. Je vis qu'il voulait me parler; je me levai avec respect et en baissant les yeux. « Il est donc vrai, Ernest, me dit-il, que vous ne voulez pas travailler? Songez-vous au chagrin que vous allez causer à votre mère? » Un bon mouvement me vint, je sentis que j'allais pleurer; mais je tins ferme, je m'endurcis, la larme qui allait couler s'arrêta au bord de ma paupière; un sanglot convulsif fut ma seule réponse. Le principal me regarda avec compassion et s'éloigna. Je me rassis avec une sorte de fureur, et je remis ma tête entre mes mains.

Ainsi se passa tout le temps de l'étude. Au réfectoire, où nous nous rendîmes ensuite pour le dîner, je ne voulus toucher à rien.

Toute la journée je me conduisis ainsi, en pleine révolte contre la discipline, ne voulant ni écouter en classe, ni travailler à l'étude, ni jouer, ni manger.

Le principal, ce jour-là, vint bien souvent auprès de ses élèves. Je pense que c'était surtout à cause de moi. Sans aucun doute, son cœur souffrait de ma conduite. Je souffre aussi, et je frémis quand mon souvenir se reporte vers cette cruelle journée. Mon caractère était tellement exaspéré, ma raison tellement égarée, que, si l'on m'avait traité avec la rigueur que je méritais, je serais devenu un mauvais sujet dans toute l'étendue du terme. Mais mon excellent principal (que sa mémoire soit à jamais bénie!) employa avec moi une autre méthode. Je voyais bien que je l'occupais beaucoup. Il avait deviné en moi, sous cet extérieur farouche, une sensibilité ardente et des inclinations qu'on pouvait rendre bonnes. Ses regards cherchaient souvent les miens; et j'y lisais tant de bonté et en même temps de si sévères reproches, que si je n'eusse été réellement en délire, je n'aurais pu y résister.

Enfin cette terrible journée eut un terme. Nous montâmes au dortoir. Je n'avais pas plus mangé au souper qu'au dîner; il est vrai que les friandises dont ma mère avait eu soin de me munir me permettaient cette bravade. Au reste, personne n'avait paru remarquer que je ne mangeais pas : cette apparente indifférence augmentait mon dépit. Je pris hardiment la résolution de ne pas me coucher, et je m'assis, sans me déshabiller, sur la chaise placée à côté de mon lit : on me laissa faire.

Ma nuit fut horrible : je sommeillais sur cette chaise, si l'on peut appeler sommeil l'état de torpeur et d'engourdissement dans lequel je tombais de temps en temps, et pendant lequel j'étais en proie à des rêves affreux. Souvent je me réveillais en sursaut : alors l'aspect de ce grand dortoir, faiblement éclairé par la lueur d'une lampe, me faisait peur. Je promenais des regards effrayés sur ces longues rangées de lits enveloppés de rideaux blancs; puis, en écoutant la respiration régulière et tranquille de tous ces jeunes gens endormis, je me rassurais : ce calme qui régnait tout autour de moi, et qui cependant était si loin de mon cœur, me faisait plaisir et envie. Je versais des larmes abondantes, et ces larmes n'étaient pas sans douceur. Il me venait de bonnes pensées. J'étais tenté de me déshabiller, de me coucher comme les autres, et de me lever le lendemain avec eux, élève soumis, docile, prêt à suivre les études et les exercices de la maison. C'est sans doute dans l'espoir que j'agirais ainsi, que mon excellent principal me laissait pendant toute cette nuit si libre et si tranquille, au lieu de m'enfermer, comme j'avais dû m'y attendre, dans une chambre de correction. Cet espoir fut déçu : mon exécrable orgueil étouffa toutes mes bonnes pensées ; et, le lendemain matin, quand il fallut descendre avec les autres à la salle d'étude, j'étais brisé de fatigue et de souffrance, mais aussi méchamment entêté que la veille. Ce n'est pas qu'au fond de l'âme je ne sentisse que j'étais coupable : les réflexions de cette nuit douloureuse avaient porté leurs fruits. Mon âme, que les châtiments auraient aigrie et jetée hors d'elle-même, avait pu se calmer, grâce à la tranquillité dont on m'avait laissé jouir. Je comprenais que j'avais besoin de m'instruire ; je sentais que l'éducation m'était plus nécessaire encore que l'instruction, que je ferais le malheur de ma mère et le mien si je ne me corrigeais pas ; mais j'avais commencé à jouer un rôle ; je voulais le soutenir. J'étais donc aussi indocile que la veille, mais plus coupable, puisque la veille, égaré par une sorte de démence, je ne me doutais pas de mes torts, et que maintenant je les comprenais.

Tantôt je portais mes regards sur mes camarades avec un orgueil farouche, tantôt je les détournais d'eux avec un dédain affecté ; tantôt je cherchais à surprendre dans leurs yeux une sorte d'admiration pour mon courage, ou une secrète sympathie pour ma révolte. Hélas ! je n'y lisais que de l'indifférence, ou cette douce compassion que l'on témoigne à un malade. J'avais cru m'ériger en héros à leurs yeux : mon orgueil avait rêvé le rôle d'un martyr ; je m'aperçus que je jouais celui d'un fou.

Je ne crois pas que l'on puisse souffrir plus que je ne souffris pendant cette cruelle matinée, je sentais autour de ma tête comme un bandeau de feu qui l'étreignait. Mon imagination roulait de rêve en rêve ; mille tableaux se succédaient devant mes yeux ; il me semblait que, chassé par le principal, je retournais chez ma mère ; je voyais ma mère affligée, mon tuteur en courroux, la maison refusant de s'ouvrir, nos voisins et nos amis indignés contre moi, et déjà le domestique attelant le cheval à la voiture, pour me ramener au collège, couvert de honte, et m'obliger aux plus humiliantes excuses.

Ainsi, cette sorte de fièvre qui me dévorait était comme une crise qui devait amener ma guérison ; et, ainsi que le principal l'avait prévu, mes réflexions, favorisées par le calme profond qui régnait autour de moi et par les images d'ordre, de travail et de contentement que j'avais sous les yeux, m'étaient salutaires.

Déjà, quand nous nous rendîmes au réfectoire pour le dîner, ma fièvre d'orgueil était un peu calmée. Comme je n'avais voulu la veille toucher à rien, je ne trouvai à ma place que du pain et de l'eau. Rien n'était plus juste. Cependant je m'en irritai, et je dis d'une voix brusque au domestique : « Qu'on me serve comme les autres. » Le domestique parut ne m'avoir pas entendu, et passa outre.

Alors l'élève qui était assis à côté de moi me poussa doucement du coude, en me disant, de manière à n'être entendu que de moi : « Parle-lui poliment, c'est la règle ; il te servira. »

A ces mots, je tressaillis : c'était la première fois que la voix d'un camarade frappait mon oreille ; cette voix était pleine de douceur. Je levai les yeux sur lui : c'était un adolescent de mon âge; sa physionomie exprimait la vivacité, la gaieté, une fierté douce. Je ne lus dans ses yeux ni ironie, ni dédain, ni même cette compassion peu flatteuse que me témoignaient les autres ; je n'y vis qu'une franche et loyale bienveillance. Ce noble enfant s'appelait Alphonse. Je sus dans la suite que le principal l'avait placé à côté de moi, en le chargeant de la sainte mission d'agir sur moi par la confiance et par l'amitié. Cette mission était celle d'un ange ; et, en effet, Alphonse était un ange par le charme du caractère et par la pureté du cœur.

Dès cet instant, je sentis que j'allais l'aimer. Mon orgueil se refusait d'abord à suivre le conseil qu'il m'avait donné ; mais je craignis de passer à ses yeux pour un enfant mal élevé ; et, de peur de perdre son estime, je me fis violence. Quand le domestique repassa, je lui dis avec politesse : « Servez-moi comme les autres, je vous prie. — Très-volontiers, monsieur, » répondit-il. Je vis qu'Alphonse était content, et ce repas fut bien agréable pour moi. Ni les autres élèves ni le maître qui présidait au réfectoire, ne parurent avoir fait attention à ce qui s'était passé.

En sortant du réfectoire, les élèves se répandirent dans la cour et se livrèrent à toutes sortes de jeux. Alphonse se

Récréation d'élèves.

priva de ces amusements, que cependant il aimait avec toute l'ardeur de son âge. Il me prit amicalement sous le bras, et pendant toute la récréation il se promena avec moi à l'écart.

Que cette conversation me fut douce! quelle salutaire impression elle produisit sur moi! Nous ne causâmes point de ma conduite insensée; déjà j'en rougissais en secret, et mon nouvel ami épargnait à ma fierté ombrageuse des questions qui eussent ressemblé à des reproches. Nous parlâmes de notre pays, des plaisirs de notre enfance, de ma tendre mère, de moi, de lui, de ses parents. Oh! comme il les aimait! comme le désir de leur plaire l'excitait dans ses études! En l'écoutant je me sentais devenir meilleur, je m'animais du désir de l'imiter. Nous nous entretînmes aussi du collège : il me parla du principal avec un respect pieux, des maîtres avec une tendre reconnaissance. La récréation finit; comme c'était un jeudi, elle avait duré deux heures : ces deux heures n'avaient duré pour moi qu'une minute.

Qu'il connaissait bien le cœur de la jeunesse, cet excellent maître qui, pour ramener au bien mon âme égarée, au lieu de m'infliger des châtiments, m'avait envoyé un ami!...

Tous les jeudis, après la récréation qui suit le dîner, le principal avait l'habitude d'adresser à ses élèves une instruction morale : il profitait de cette occasion pour distribuer à chacun d'eux les louanges ou le blâme qu'il avait mérités.

Cette circonstance, qui m'était connue, m'inspirait une frayeur à laquelle se mêlait un reste d'indocilité. Quand le principal entra dans la salle et monta dans la chaire pour nous adresser son instruction, son air était calme, mais sévère : il me sembla que j'étais exclusivement l'objet de son attention. Je m'attendais à de terribles reproches, à une humiliation publique, contre laquelle ma fierté se révoltait d'avance. Aussi, dès qu'il prit la parole, je frissonnai : mon cœur battait avec force. Alphonse, qu'on avait placé à côté de moi, s'aperçut de mon trouble, et me serra doucement la main. Je repris un peu de courage : néanmoins, le silence profond et solennel qui régnait parmi cette jeunesse respectueusement attentive m'effrayait : il me semblait que toutes les voix, s'unissant à celle de notre chef, allaient faire retentir à mon oreille ces mots terribles : « Ingrat ! désobéissant ! rebelle ! » Mais je me raidissais d'avance contre l'anathème ; et, au milieu des bonnes pensées que Dieu m'envoyait, j'entendais encore gronder au dedans de moi-même les sourds murmures de l'orgueil.

Mes craintes ne se réalisèrent pas : le principal ne s'adressa pas directement à moi ; il ne s'exprima qu'en termes généraux. Mais toute son allocution, inspirée par la compassion la plus tendre, allait à l'adresse du jeune insensé à qui elle était si nécessaire. Il avait pris pour texte ces mots de l'Évangile : *Nolite obdurare corda vestra*[1]. Il nous entretint avec une éloquence touchante et passionnée de l'endurcissement et du repentir : il nous peignit l'irrémédiable malheur du jeune homme qui s'obstine dans le mal et qui ferme l'oreille à la voix divine ; il nous dit quelle est la douceur des larmes que le repentir fait couler, et quel bonheur éprouvent en retournant à la vertu ceux qui l'avaient quittée. Ses paroles arrivaient à mon cœur comme des flèches de feu ; indocilité, opiniâtreté, orgueil, tout fut comme réduit en poudre. Toutes les pensées généreuses et

---

[1]. Ces paroles latines signifient . « N'endurcissez point vos cœurs. »

saintes s'emparaient de moi avec une force incroyable. Je brûlais de montrer à un tel maître que j'étais digne de ses leçons.

Il avait cessé de parler, j'écoutais encore. Alphonse m'a dit ensuite qu'en cet instant j'étais comme transfiguré, et que dans mes traits, qui naguère conservaient l'empreinte des mauvaises passions, mes camarades avaient admiré comme un reflet d'une lumière céleste.

A peine notre principal nous avait-il quittés, nous laissant sous l'influence de sa noble et touchante parole, qu'empressé de réparer le détestable exemple que j'avais donné, contenant les sanglots qui me suffoquaient, j'avais saisi mes livres d'étude. En cet instant on m'appelle de la part du principal. On me conduit dans son cabinet. Comment ai-je fait ce trajet? Je l'ignore : un nuage était devant mes yeux. Dès que je fus en sa présence, je m'élançai vers lui en sanglotant, en fondant en pleurs : « Oh ! que j'ai été méchant ! m'écriai-je, et que je suis coupable ! » Il m'accueillit dans ses bras; il me serra contre son sein, et une larme, oui, j'en suis sûr, une larme, tombant de ses yeux vénérables, se mêla aux miennes.

Je sollicitai des châtiments. Il les crut inutiles, et m'en dispensa. Il me parla de Dieu, il me parla de ma mère, et me renvoya de son cabinet plein de consolation, de bonnes résolutions et d'espoir.

Ainsi, en me livrant d'abord à mes réflexions, en me confiant ensuite aux tendres soins de l'amitié, enfin en m'adressant le langage du sentiment et de la raison, mon maître triompha d'un orgueil rebelle contre lequel toutes les autres armes auraient été impuissantes.

Dès ce jour, le collège n'eut pas d'élève plus docile que moi. Je fis rapidement d'excellentes études : car je n'avais plus qu'une pensée, celle de donner de la satisfaction à ma mère par l'accomplissement de tous mes devoirs et de me montrer par là digne d'avoir un tel homme pour maître, et Alphonse pour ami.

§ XIII. DEVOIRS DE SOCIÉTÉ.

HOSPITALITÉ.

Les droits de l'hospitalité sont sacrés. Chez les anciens, un hôte était considéré comme un parent, et presque comme un ami. (B.)

La réception que vous ferez à vos hôtes sera plus ou moins brillante, selon que votre fortune et les circonstances vous le permettront; elle devra toujours être affectueuse, polie, empressée (*Cours de morale.*)

Le couvent du mont Saint-Bernard.

Dans la chaîne des Alpes s'élève le mont Saint-Bernard[1] dont le sommet se perd dans les nues. Le froid y est excessif, même en été. On n'y voit ni arbres ni arbustes. Ses flancs escarpés sont couverts de neige, et d'immenses plaines de glace y sont entrecoupées de précipices profonds.

Ceux qui traversent ces solitudes sont exposés à rouler au fond des abîmes, à être engloutis sous la neige, à être écrasés sous les avalanches.

Sur la montagne s'élève un couvent habité par des religieux qui se consacrent au service des voyageurs perdus dans ces déserts de glace. Ils nourrissent dans leur monastère des chiens qu'ils ont dressés à seconder leur charité intrépide. Tantôt ces dogues bienfaisants accompagnent leurs maîtres, tantôt ils vont seuls à la découverte, portant au cou une sonnette pour avertir les passagers de leur approche, et une gourde pleine d'eau-de-vie pour qu'ils puissent se restaurer. Lorsque les éboulements de neige engloutissent un voyageur, ces dogues, aussi intelligents que courageux, retournent au couvent pour avertir leurs maîtres. On leur suspend au cou un panier rempli d'aliments, les religieux courent sur leurs traces, déblayent la neige, et en retirent l'infortuné voyageur, dont ils parviennent souvent à sauver la vie.

« A la fin d'avril, dit un de nos littérateurs, je me rendais en Piémont par la route du mont Saint-Bernard. Vers les quatre heures de l'après-midi, la petite caravane avec

---

[1] Entre la Suisse et l'Italie. C'est un des passages les plus fréquentés pour aller en Italie; à 3170 mètres au-dessus du niveau de la mer.

laquelle j'avais gravi ce dangereux passage parvint au sommet de la montagne, et, après avoir réparé ses forces dans le monastère, elle se remit en marche, pour coucher le même jour dans la vallée d'Aoste. Je ne voulus pas la suivre. Déjà le soleil avait perdu sa chaleur, et le ciel même sa sérénité; des nuages commençaient à se traîner le long des cimes des rochers, et s'amoncelaient dans les gorges étroites de cette solitude. J'étais inquiet; je me décidai à passer la nuit avec les religieux hospitaliers, qui partageaient mes pressentiments.

« Ils ne nous trompèrent point. A six heures, ce plateau glacé fut presque enseveli dans les ténèbres; les nuées, poussées par un vent du nord-ouest avec la rapidité d'une flèche, tourbillonnaient autour de l'enceinte des rochers; déjà retentissait le bruit lointain des avalanches; et des atomes de neige serrée, divisée comme la poussière, soit en se détachant des montagnes, soit en tombant du ciel, en interceptaient la faible lumière, et voilaient tous les objets d'alentour.

« Tandis qu'auprès d'un bon feu je questionnais le supérieur du couvent sur les suites de l'ouragan, les religieux hospitaliers étaient allés remplir leurs devoirs de circonstance, ou plutôt exercer leurs vertus de tous les jours : chacun avait pris son poste de dévouement dans ces solitudes glaciales, pour y porter des secours empressés aux voyageurs de tout rang, de toute nation, de tout culte, et même aux animaux chargés de leur bagage. Quelques-uns de ces sublimes solitaires gravissaient les pyramides de granit qui bordent le chemin pour y découvrir un convoi dans la détresse et pour répondre aux cris de secours; d'autres frayaient le sentier enseveli sous la neige fraîchement tombée, au risque de se perdre eux-mêmes dans les précipices; tous bravant le froid, les avalanches, le danger de s'égarer, presque aveuglés par les tourbillons de neige et prêtant une oreille attentive au moindre bruit qui leur rappelait la voix humaine.

« Leur intrépidité égale leur vigilance ; aucun malheureux ne les appelle en vain : ils le retirent étouffé sous des avalanches, ils le raniment agonisant de froid et de terreur, ils le transportent sur leurs bras tandis que leurs pieds glissent sur la glace ou plongent dans les neiges : la nuit, le jour, voilà leur ministère.

« Depuis une heure entière, cinq religieux, leurs domestiques, et leurs chiens étaient sur les traces des voyageurs, lorsque l'aboiement des dogues nous annonça leur retour.

« Bientôt l'hospice s'ouvrit à dix personnes épuisées de froid, de lassitude et de frayeur. Leurs conducteurs oublièrent leurs propres fatigues ; et, depuis le linge le plus blanc jusqu'aux liqueurs les plus restaurantes, tout ce que l'hospitalité la plus attentive peut offrir de secours, tout ce qu'on ne rassemblerait qu'à force d'argent dans les auberges de nos villes, fut prêt dans l'instant, distribué sans distinction, employé avec autant d'adresse que de sensibilité. »

L'île de Sein.

L'île de Sein, plateau isolé et stérile, à 4 kilomètres de la côte du département du Finistère, compte à peine 350 habitants, tous pêcheurs. Cette population est si active et si généreuse qu'elle semble avoir voué son existence tout entière aux devoirs de l'humanité. Ces insulaires ont, de 1617 à 1765, sauvé d'une perte certaine un vaisseau de ligne, une frégate, deux corvettes, un lougre, trois embarcations de commerce, au nombre desquelles se trouvait un transport ramenant cinq cents hommes de troupes françaises des colonies ; cinq équipages entiers de bâtiments de guerre et de négoce, et de plus, huit cent dix-neuf hommes faisant partie de l'équipage du *Séduisant*, grand vaisseau, brisé sur le Tévenec, le plus dangereux des écueils de cette terrible chaussée de Sein, si féconde en désastres nocturnes, en trépas ignorés.

Ils auraient sauvé jusqu'au dernier homme du *Séduisant*, si la tempête, devenue encore plus horrible, n'avait pas rendu la mer absolument impraticable.

Pendant onze jours qu'elle empêcha toute communication avec la terre, ils partagèrent fraternellement avec ces hôtes nombreux leurs habitations et leurs vivres, en sorte que, si la tempête se fût prolongée davantage, réfugiés et habitants seraient également morts de faim. Ce sont ces intrépides insulaires qui, il y a une vingtaine d'années, ont sauvé en entier l'équipage du brick de guerre anglais *la Bellissima*, faisant partie de la flotte de l'amiral Codrington.

Un Maure d'Espagne.

Dans le temps qu'une grande partie de l'Espagne était sous la domination des Maures, un Espagnol, s'étant battu en duel contre un jeune Maure, et ayant eu le malheur de le tuer, se réfugia dans la première maison qu'il trouva ouverte. Elle appartenait à un Maure : l'Espagnol implore sa protection. Le Maure lui offre une moitié de pêche, et mange l'autre, en lui disant : « Mange ce fruit, et ne crains rien : te voilà devenu mon hôte. » Il cache l'Espagnol dans un pavillon, dont il prend la clef. Bientôt il apprend que c'est son fils qui a été tué par l'Espagnol. Il attend la nuit et se rend au pavillon. « Malheureux, dit-il, celui à qui tu as ôté la vie était mon fils !... Sors, et profite de cette nuit pour t'échapper ; aujourd'hui les devoirs de l'hospitalité enchaînent ma vengeance ; demain la justice et l'amour paternel reprendront leurs droits. »

Le proscrit.
(1791.)

Un membre de la Convention, qui se nommait Fabre d'Églantine, proscrit et condamné à mort, s'était dérobé par la fuite à l'échafaud, et cherchait un asile. Il apprend qu'une dame qu'il avait persécutée lorsqu'il était puissant, habitait une maison de campagne isolée à Ivry. Il prend la résolution de se réfugier chez elle. Il entre : « J'ai menacé votre vie, lui dit-il, aujourd'hui la mienne est entre vos mains. Si vous m'accordez l'hospitalité, je suis sauvé : comme on sait que j'ai toujours été votre ennemi, bien certainement ce n'est pas chez vous qu'on viendra me chercher. »

Cette dame est frappée de surprise. Celui qui naguère

l'avait fait jeter dans un cachot vient lui demander l'hospitalité! Et dans quel moment? A une époque où la loi condamne à mort quiconque aura donné un asile aux proscrits! « Vous êtes devenu mon hôte, lui dit-elle, je ferai tout pour vous sauver. »

Fabre resta quelques jours en sûreté chez cette femme généreuse; mais il dut bientôt songer à une retraite plus éloignée de Paris. Ivry était soupçonné, et déjà l'on faisait dans le voisinage des visites domiciliaires. Fabre voulut absolument partir. Forcée d'y consentir, son hôtesse lui donne des habits de paysan et arrange tout pour qu'il remplace, dans une petite charrette, le frère de sa jardinière, qui devait aller porter du lait au marché de Choisy.

Avant le lever de l'aurore, Fabre se place dans la charrette : à ses côtés est une paysanne, dont un ample fichu d'indienne couvre en partie le visage. Elle est assise au milieu de paniers d'œufs, de grands vases de lait, et tient en main les rênes du cheval. Bientôt il fait grand jour. Fabre pousse un cri de surprise : il a reconnu dans la paysanne la dame elle-même, qui ne s'est reposée sur personne du soin de le sauver. Elle le conduisit fort loin et ne revint chez elle qu'à l'entrée de la nuit.

Le prisonnier de guerre.

Wilhem Apfel, soldat prussien fait prisonnier à la bataille d'Iéna[1], fut envoyé en cantonnement dans les environs de Mèves (Nièvre). Les paysans chez lesquels il demeurait, loin de le traiter en ennemi, lui prodiguèrent des soins capables de lui faire oublier sa captivité; mais rien ne pouvait le distraire du souvenir de son pays et de ses parents. Touché de sa douleur, Antoine Fouquier, fils de son hôte, obtint pour lui un passeport, lui donna 50 francs d'économies qu'il possédait, et lui fournit les moyens de franchir la frontière.

Sept ans après, Antoine Fouquier, servant dans le 4ᵉ léger, fut blessé au bras à Leipzig[2] et forcé de se rendre. On le dépouilla de la plupart de ses vêtements; on lui ôta jusqu'à

---

1. 14 octobre 1806.   2. 10 octobre 1813.

ses souliers, et il fut, avec quelques-uns de ses compagnons d'infortune, dirigé vers l'intérieur de la Prusse. Il marchait entre deux haies de soldats ennemis, lorsque l'un d'eux se jette à son cou et l'embrasse avec effusion. C'était Wilhem, qui avait reconnu son libérateur, et courut aussitôt solliciter sa délivrance. Le récit de la généreuse conduite de Fouquier émut le général prussien, et le jeune Français, mis en liberté, accueilli dans la famille de Wilhem, ne tarda pas à revoir sa patrie.

L'hospitalité à l'épreuve.
[XVIIIe siècle.]

Un jeune homme de Montpellier, nommé Charles Boyer, ayant perdu son père et sa mère à l'âge de dix-sept ans, fut recueilli par un oncle, qui, ayant déjà deux fils, montra peu d'affection à ce nouveau venu.

S'apercevant qu'il était à charge, le jeune homme demanda et obtint la permission de partir pour la Guadeloupe, avec une petite pacotille, acquise au prix du très-modeste héritage que lui avaient laissé ses parents. Depuis ce moment, on n'entendit plus parler de l'orphelin, et la famille cessa entièrement de songer à lui, à l'exception du plus jeune de ses deux cousins, qui avait un excellent cœur et qui aimait à se rappeler les années de son enfance.

Charles Boyer, par sa bonne conduite, par son application au travail et par son économie, prospéra à la Guadeloupe. Au bout de trente ans, devenu très-riche et n'ayant point eu d'enfants d'une épouse qu'il avait perdue, il résolut de finir ses jours dans sa terre natale et au sein de sa famille. Il s'embarqua donc pour la France. Pendant la traversée, son vaisseau fit naufrage. Il ne put sauver que sa personne et perdit tout ce qu'il avait sur le navire. Mais comme il lui restait à la Guadeloupe dix fois plus qu'il ne venait de perdre, il s'inquiéta peu de ce malheur et résolut même de le mettre à profit pour éprouver ses parents et s'assurer par lui-même s'ils étaient dignes de ses bienfaits ; car son intention était de partager sa fortune entre ses deux cousins et de vivre avec eux comme un frère.

Étant arrivé à Montpellier, son premier soin fut de s'informer de leur position : il apprit que l'aîné, après avoir fait d'assez belles affaires, s'était retiré du commerce et jouissait d'une honnête aisance ; que le second, au contraire, après avoir essuyé bien des traverses, avait été obligé d'accepter un modeste emploi qui lui donnait à peine de quoi subsister avec sa famille.

Boyer s'habille d'une vieille redingote, propre, mais râpée ; un pantalon et un gilet dans le même genre, une grosse cravate rouge, de vieilles guêtres, un chapeau brossé avec soin, mais presque entièrement privé de poil, complètent son costume. En cet équipage, il va frapper à la porte de Jean Boyer, l'aîné de ses cousins. Il est introduit.

Jean, ce jour-là, n'était pas de bonne humeur ; mais, eût-il été bien disposé, toute sa gaieté se serait évanouie lorsqu'il vit cet homme si mal vêtu se précipiter dans ses bras, en lui disant : « Mon cousin, mon cher cousin, quel bonheur de te revoir !

— Êtes-vous fou, monsieur? dit Jean avec colère en repoussant ce visiteur importun, je n'ai point de cousin, et, si j'en avais un dans votre genre, je le renierais bien vite.

— Quoi ! vous ne reconnaissez pas Charles Boyer, qui, il y a trente ans ...

— Il y a trente ans, c'est possible, je ne m'en souviens pas ; mais, si ce Charles a existé, et si c'est vous qui êtes ce Charles, en deux mots, monsieur, que me voulez-vous? Hâtez-vous, je vous prie, et soyez bref. On m'attend.

— Hélas! mon cher cousin, en revenant en France, j'ai fait naufrage ; les autres passagers et moi nous n'avons pu sauver que notre vie ; j'avais sur le vaisseau cent mille francs, je les ai perdus?.

— Voilà ce que vous venez m'apprendre ! Eh ! que voulez-vous que j'y fasse? Si cet argent est au fond de la mer, est-ce que j'ai le pouvoir de le faire revenir sur l'eau ?

— Non, mais vous pouvez me rendre quelques services de parent et d'ami. J'ai appris que vous êtes dans une position heureuse, je m'en suis félicité pour vous et pour moi. J'espère tout de votre bonté.

— Bien obligé de la préférence ; c'est tout à fait aimable de votre part. Vous avez mal fait vos affaires, et vous me faites l'honneur de me choisir pour les réparer. Vous avez fait des sottises, et il faut que je les paye. Ce serait commode ; mais, malgré ma bonne volonté, monsieur, je ne puis rien pour vous ; je ne vois en vous qu'un étranger ; et, si vous vous vantez d'être mon parent, soyez bien certain que je vous démentirai. Beau parent, par ma foi ! »

Tout en prononçant ces mots, Jean avait poussé doucement son cousin vers la porte de la chambre, et de là vers la porte de la rue. Alors Charles Boyer, se trouvant sur le seuil, s'arrête un moment ; et baissant les yeux, dit à voix basse :

« Mon cousin.... Si vous pouviez me prêter au moins cinq francs..., je suis bien sûr que plus tard je pourrais vous les rendre.... Non?... eh bien ! deux francs....

— Désolé.... mais je n'ai rien.... impossible, » dit Jean, et, poussant le cousin un peu fort, il le jeta, pour ainsi dire, dans la rue ; puis il referma sa porte avec colère, et alla dire aux personnes de sa maison de bien regarder l'homme qui sortait, afin de le reconnaître et de ne pas lui ouvrir s'il se présentait de nouveau.

Charles avait le cœur navré. « Quelle dureté ! se disait-il, quel égoïsme ! Voilà comment me traite un parent, à qui il est si aisé de me rendre service ! quel accueil dois-je donc attendre de son frère, qui est pauvre !... Ah ! que j'ai bien fait d'éprouver ma famille ! si Étienne ressemble à son frère, je repars demain pour la Guadeloupe, et tous ces gens-là n'auront jamais de moi ni un centime, ni un souvenir. »

Il arrive chez Étienne. Quelle réception différente ! Là il n'eut pas besoin de se nommer. A peine se fut-il présenté, Étienne se jeta à son cou, en s'écriant : « Charles, mon cher cousin ! » Et il appela toute sa famille pour partager sa joie et fêter le nouveau venu.

Après les effusions d'une tendresse réciproque, Charles Boyer raconta son naufrage. Étienne lui serrait les mains avec les marques de l'intérêt le plus sincère.

« Ainsi, dit mon cher cousin, la fortune t'a été encore

plus contraire qu'à moi. Mais moi, je ne suis pas tellement pauvre que je ne puisse obliger un ami. Je vais tâcher de te trouver une petite place comme la mienne, qui te fasse vivre. En attendant que je l'aie trouvée, tu partageras nos modestes repas. Nous sommes logés un peu à l'étroit; n'importe, nous nous serrerons, et nous trouverons bien le moyen de te faire place. Ah! j'y pense, continua l'excellent Étienne, en se dirigeant vers son bureau : tu as besoin d'argent peut-être; permets-moi de te prêter cette petite somme, que tu me rendras à ton loisir. Je regrette de ne pouvoir t'offrir davantage. » Et il lui présenta une pièce d'or qu'il venait de prendre dans un tiroir, la seule qu'il possédât.

Les yeux de Charles Boyer étaient inondés de larmes. Il reçut la pièce d'or des mains d'Étienne, et, la portant à ses lèvres, il la baisa : « Ah! s'écria-t-il d'une voix entrecoupée de sanglots, je veux la garder toute ma vie, cette preuve de ton bon cœur. Mon ami, mon cousin, mon frère..., je ne suis point un indigent, je suis un millionnaire; je viens partager ma fortune avec toi; tes enfants seront mes enfants.... Pardonne-moi d'avoir mis à l'épreuve un cœur comme le tien....

Lorsque Jean sut ce qui s'était passé, il tomba malade, non de repentir, mais de dépit et de rage; il eut recours à toutes sortes de bassesses pour rentrer en grâce auprès du cousin, tout fut inutile : il subit la punition due à son mauvais cœur.

POLITESSE.

L'esprit de politesse est une certaine attention à faire que, par nos paroles et par nos manières, les autres soient contents de nous et d'eux-mêmes. (*Cours de morale.*)

La politesse n'inspire pas toujours la bonté, l'équité, la complaisance, la gratitude; elle en donne du moins les apparences, et fait paraître l'homme au dehors comme il devrait être intérieurement. (Mme DE LAMBERT.)

Paroles de Catinat.

Catinat se promenait un jour dans son domaine, très-simplement vêtu, selon sa coutume. Un jeune homme de

Paris l'aborde, et, lui parlant le chapeau sur la tête, tandis que le maréchal l'écoutait le chapeau à la main, il lui dit : « Bon homme, je ne sais à qui est ce domaine ; mais vous pouvez dire au propriétaire que je me suis donné la permission d'y chasser. » Des paysans, qui étaient à portée de l'entendre, riaient aux éclats. Le chasseur leur demanda, d'un ton arrogant, de quoi ils riaient. « De l'insolence avec laquelle vous osez parler à M. le maréchal de Catinat, lui répondirent-ils. S'il eût dit un mot ou fait un signe, nous vous aurions assommé. » Le jeune homme courut après le maréchal, et s'excusa sur ce qu'il ne le connaissait pas. « Je ne vois pas, lui dit le maréchal, qu'il faille connaître quelqu'un pour lui ôter son chapeau. »

Sage réponse.

Le chevalier Williams Gooels, gouverneur de la Virginie[1], causait avec un négociant dans la rue. Il vit passer un nègre, qui le salua ; il lui rendit le salut. « Comment, dit le négociant, vous saluez un nègre ? — Sans doute, répondit le gouverneur ; je serais bien fâché qu'un nègre se montrât plus poli que moi. »

Leçon de politesse.

Une dame qui demeurait à la campagne avec sa fille Eugénie, son fils Eugène, et M. Dorval, précepteur d'Eugène, reçut un jour la visite d'un de ses voisins, nommé M. de la Palinière, qu'elle retint à dîner. En sortant de table, M. Dorval proposa à M. de la Palinière de faire une partie d'échecs. M. Dorval se disait et se croyait très-fort à ce jeu. Mais quel fut son étonnement ! son adversaire le battit très-promptement et à toutes les parties. Eugénie, qui s'était placée à côté de lui, éclatait de rire en le voyant perdre ; elle lui demandait sans cesse d'un ton ironique s'il était aussi fort à ce jeu qu'il avait l'habitude de le dire. Eugène souffrait beaucoup des impertinences de sa sœur. La mère,

---

1. Ancienne colonie anglaise qui fait aujourd'hui partie des États-Unis d'Amérique. C'est dans ce pays qu'est né Washington.

qui, dans un coin du salon, travaillait à un ouvrage de tapisserie, paraissait ne s'apercevoir de rien ; mais M. de la Palinière étant parti, elle appela Eugénie.

« Il paraît, dit-elle, que j'ai pour fille une petite folle, moqueuse, impertinente et impolie. — Mais, maman, qu'ai-je donc fait? — Écoutez-moi : devez-vous du respect à l'ami de votre famille, à l'homme qui se consacre entièrement à l'éducation de votre frère? Non-seulement M. Dorval doit vous inspirer du respect; mais si vous avez un bon cœur, vous avez sûrement beaucoup d'attachement pour lui.... — Oui, maman, reprit Eugénie en pleurant, je respecte M. Dorval et je l'aime.... — Cependant vous venez de vous moquer de lui, et vous avez fait tout ce qui dépendait de vous pour le fâcher. Quand il serait vrai qu'il eût la prétention de jouer parfaitement aux échecs et que cette prétention ne fût pas fondée, devez-vous chercher à faire remarquer ce petit ridicule? Avec un bon cœur, peut-on s'amuser des travers des autres? Peut-on montrer tant de malignité?... — Oh! maman, s'écria Eugénie en fondant en larmes, j'ai ri mal à propos, je le vois à présent, mais sans malignité, et je n'avais pas le projet de fâcher M. Dorval.... — Est-ce bien vrai? L'embarras que vous supposiez à M. Dorval ne vous a-t-il point divertie? Ne lui avez-vous rien dit avec l'intention de le piquer?... Examinez-vous bien, et répondez-moi. — Maman.... je le reconnais maintenant, dit Eugénie avec des sanglots, j'ai été méchante ; je mérite une sévère punition. »

Eugène demanda la grâce de sa sœur, et l'obtint. « Ma chère enfant, dit la mère avec plus de douceur, que cela te serve de leçon; souviens-toi que dans l'impolitesse il y a toujours de la malignité. » A dater de ce jour Eugénie fut toujours douce, bienveillante et polie.

Respect pour les vieillards.

Ayez toujours pour les cheveux blancs tous les égards qui leur sont dus.

Un vieillard d'Athènes cherchait place au spectacle et

n'en trouvait point. Des jeunes gens, le voyant en peine, lui firent signe de loin ; il vint : mais, au lieu de lui faire place, ils se moquèrent de lui. Il fit ainsi le tour du théâtre, fort embarrassé de sa personne. Les ambassadeurs de la république de Lacédémone, qui occupaient une place d'honneur au spectacle, s'en aperçurent, et se levant aussitôt, firent asseoir le vieillard au milieu d'eux. Cette action fut remarquée de toute l'assemblée, et accueillie par des applaudissements universels.

Déférence pour les magistrats.

Depuis la fondation de Rome jusqu'au temps de Scipion l'Africain, les sénateurs n'avaient pas de place marquée aux spectacles publics. Cependant, durant un si long espace de temps, jamais on ne vit un simple particulier se placer devant un sénateur : chacun se faisait honneur de céder le pas à ces graves conseillers de la république. Celui qui eût manqué envers eux de déférence se serait attiré le blâme universel.

AMITIÉ.

L'amitié est un besoin de l'âme ; c'est le plus noble besoin des âmes les plus belles, c'est un contrat entre les cœurs, contrat plus sacré que s'il était écrit, et qui nous impose les obligations les plus chères :

Il n'est rien de plus délicieux qu'une amitié douce et fidèle. Quel bonheur de trouver un homme dans le sein duquel nous puissions déposer en sûreté tous nos secrets, sur la discrétion duquel nous comptions encore plus que sur la nôtre ! un homme dont la conversation calme nos inquiétudes, dont les avis nous décident pour le parti le plus sage, dont la gaieté dissipe notre tristesse, dont la seule présence nous cause de la joie ! (*Auteurs divers.*)

Ayez quelque ami sûr qui fasse couler dans votre âme les paroles de la vérité. Le premier mérite qu'il faut chercher dans notre ami, c'est la vertu ; c'est elle qui nous montre qu'il est capable d'amitié et qu'il en est digne. Le plus grand avantage de l'amitié, c'est de trouver dans son ami un vrai modèle : car on désire l'estime de ce qu'on aime, et le désir nous porte à imiter les vertus qui y conduisent. Richesse, crédit, soins, services, tout ce qui est à nous est à notre ami, excepté notre honneur. (Mme DE LAMBERT.)

Paroles de Rutilius.

Un ami de Rutilius, Romain célèbre, lui ayant demandé une chose injuste, il la lui refusa avec fermeté. « Si je ne puis rien obtenir de vous, reprit cet ami indigné, à quoi me servira donc votre amitié? — Eh! quel fruit retirerai-je de la vôtre, répondit Rutilius, s'il faut la conserver aux dépens de la vertu et de la justice? »

Rareté des vrais amis.

Ayez peu d'amis : les vrais amis sont si rares! Un jeune homme à qui son père demandait d'où il venait, ayant répondu qu'il venait de voir *un de ses amis :* « Tu en as donc plusieurs? dit le père. Ah! tu es infiniment plus heureux que moi, puisque, depuis soixante-dix années que je suis au monde, à peine ai-je pu en trouver un »

Socrate pensait à peu près de même lorsqu'il répondait à ceux qui trouvaient sa maison trop petite : « Plût à Dieu qu'elle fût toujours pleine de vrais amis! »

L'amitié est un si grand bien, qu'un seul et véritable ami est un trésor inappréciable; on le cherche toute la vie, et souvent sans pouvoir le trouver.

C'est ce que fait comprendre la réponse d'un jeune guerrier perse. Il venait de se couvrir de gloire dans une bataille, grâce surtout à la vigueur et à l'adresse de son cheval. Cyrus lui demanda s'il consentirait à lui céder ce cheval pour une province de son royaume. « Non, seigneur, lui répondit le jeune homme, mais pour un ami véritable, si vous pouvez me le trouver. »

L'amitié au collège : Saint-Pierre et Chabrillant.

Le célèbre Bernardin de Saint-Pierre (Henri)[1], auteur des *Études de la nature*, ne se rappelait jamais sans attendrissement un ami que la divine Providence lui avait donné lorsqu'il était pensionnaire au collège de Caen.

C'était un de ses camarades, âgé de seize ans comme lui, et qui, ainsi que lui, était aimant, studieux, docile.

Paul de Chabrillant avait ces goûts simples et purs qui annoncent toujours une âme supérieure, lorsqu'ils sont le

---

1. Né en 1737, mort en 1814.

fruit de la réflexion. C'était un de ces enfants précoces à qui une sensibilité exquise tient lieu de sagesse. Il avait un beau nom, il était destiné à une grande fortune, ses talents étaient au-dessus de son âge ; mais il ne faisait cas ni de la fortune, ni de la noblesse, ni des talents : il n'estimait et n'aimait que la vertu. Saint-Pierre était passionné et ambitieux. La société de Paul exerça sur son caractère la plus heureuse influence, calma son imagination trop exaltée, et l'accoutuma à mettre plus de modération et de sagesse dans ses rêves d'avenir.

Maison de Bernardin de Saint-Pierre dans la vallée d'Essonnes.

Saint-Pierre obtint de sa famille la permission de passer les vacances avec Paul. Après la distribution des prix, les deux amis partirent ensemble, bien résolus de ne jamais se quitter. Malheureusement la santé délicate de Paul ne put résister à la crise qui sépare l'enfance de la jeunesse ; chaque jour on le voyait dépérir. Près d'expirer, il ne songeait qu'à la douleur de son ami. Il lui rappelait le souvenir d'Étienne de la Boétie, cet ami si cher dont Montaigne[1] a consacré la mémoire ; et, faisant allusion à ces paroles, qu'ils avaient tant admirées ensemble, il le priait aussi *d'avoir du courage, et de montrer par effet que les discours qu'ils avaient tenus ensemble pendant la santé, ils ne les portaient pas seulement en la bouche, mais gravés bien avant au cœur, pour les mettre en exécution*[2]

Ainsi ce noble adolescent ne voyait dans la mort qu'un moyen d'essayer sa vertu ; et, lorsqu'à sa dernière heure il tournait vers son ami son dernier regard, il lui dit d'une

---

1. Montaigne est un écrivain célèbre du XVIe siècle ; La Boétie, conseiller au Parlement de Bordeaux, était son ami.
2. *Essais de Montaigne*, chap. XXVIII.

voix mourante : « Henri, ne pleure pas, ce n'est pas pour toujours. »

Cette perte laissa dans l'âme du jeune Saint-Pierre un regret que rien ne put effacer. Il lui donnait encore des larmes lorsque, parvenu à la vieillesse, il n'aimait à se rappeler du passé que le temps où l'amitié lui était apparue sous la forme la plus touchante, pour disposer son âme à la vertu.

L'amitié dans les changements de fortune : Clément XIV [1].

Clément XIV, n'étant encore que simple religieux, voyait souvent un peintre italien d'un talent ordinaire. Il aimait son caractère, estimait ses mœurs, et vivait avec lui dans la plus grande intimité. Élevé au cardinalat, il parut au pauvre artiste être devenu un grand seigneur, dont, suivant l'usage, l'abord devait être fort difficile : aussi le peintre n'osa-t-il pas aller chez le nouveau cardinal, qui, étonné de ne pas le voir paraître, se rendit chez lui, lui fit de tendres reproches, et l'invita à venir le voir souvent, en lui assurant que leur ancienne amitié ne subirait aucune altération.

Lorsqu'il fut élu pape, on lui présenta la liste des personnes qui devaient être attachées à sa maison, liste sur laquelle on avait inscrit l'un des plus fameux peintres de l'Italie. « J'approuve la liste, dit le saint-père, à l'exception de l'article du peintre. Celui que vous me présentez est sans doute excellent, mais il est riche, et il peut très-bien se passer de moi. Je connais un peintre moins célèbre, beaucoup moins opulent, qui est mon ami, c'est lui qui sera mon premier peintre. »

L'amitié dans les besoins de la vie : Costar; Madame de la Sablière ; Boileau.

Voiture, littérateur célèbre du dix-septième siècle, eut besoin de deux cents pistoles. Il écrivit, en conséquence, à Costar, son fidèle ami, cette lettre remarquable :

« J'ai un besoin pressant de deux cents pistoles : si vous

---

1. Clément XIV a été pape de 1769 à 1774.

les avez, ne manquez pas de me les envoyer ; si vous ne les avez pas, empruntez-les. De quelque façon que ce soit, il faut que vous me les prêtiez, et gardez-vous bien de souffrir qu'un autre vous enlève cette occasion de me faire plaisir ; je sais que vous auriez peine à vous en consoler. Afin d'éviter ce malheur, vendez plutôt ce que vous avez..., vous voyez comme l'amitié est impérieuse. Je prends un certain plaisir à en user de la sorte avec vous, et je sens bien que j'en aurais encore un plus grand, si vous en usiez ainsi avec moi. Je donnerai mon reçu à celui qui m'apportera votre argent. Bonjour. »

Costar lui fit cette réponse : « J'ai une extrême joie d'être en état de vous rendre le petit service que vous me demandez ; jamais je n'eusse pensé qu'on eût tant de plaisir pour deux cents pistoles. Après l'avoir éprouvé, je vous donne ma parole que j'aurai toute ma vie un petit fonds tout prêt aux occasions où vous en aurez besoin.... Ordonnez-moi donc hardiment tout ce qu'il vous plaira : vous ne sauriez prendre tant de plaisir à me commander, que j'en aurai à vous obéir ; mais, quelque soumis que je sois, je me révolterais si vous vouliez m'obliger à prendre un reçu. »

Voilà le langage de la véritable amitié. La conduite de Mme de la Sablière et de M. Hervart envers la Fontaine [1] est plus remarquable encore.

Mme de la Sablière recueillit vingt années chez elle le célèbre fabuliste. La Fontaine était de la plus grande insouciance sur ses affaires ; Mme de La Sablière s'en occupait pour lui. Elle ne fut pas seulement son amie, elle fut son économe : elle réglait toutes ses dépenses, et se faisait un plaisir d'entrer dans tous ces détails minutieux que l'amitié ennoblit. La Fontaine perdit une amie si précieuse : M. Hervart la remplaça. La manière dont ses services furent offerts et acceptés est remarquable : « J'ai appris, dit Hervart à la Fontaine, que vous avez perdu Mme de la Sablière, et je viens vous proposer de venir vous établir chez moi. —

---

1. Auteur immortel de fables, né à Château-Thierry en 1621, mort en 1695.

J'y allais, » lui répondit-il. Ce mot fait l'éloge de tous les deux.

On aime aussi à citer la conduite de Boileau[1] envers son ami Patru. Cet avocat célèbre, pressé par la nécessité, sur ses vieux jours, se vit obligé de vendre sa bibliothèque. Boileau l'acheta, la paya, et exigea que son ami en gardât la jouissance jusqu'à sa mort.

L'amitié dans la maladie.

Bentink[2] fut attaché au prince Guillaume d'Orange dans son enfance ; il était le compagnon assidu de ses plaisirs et de ses études. Leur amitié crût avec l'âge, et Bentink donna une preuve touchante de la sienne. A l'âge de seize ans, le prince fut attaqué de la petite vérole ; elle se trouva être de la plus mauvaise espèce. Les médecins, conformément à l'ignorance et à la pratique du temps, la jugèrent mortelle, à moins qu'un jeune homme de l'âge du malade, et qui n'aurait point eu cette cruelle maladie, ne consentît à coucher avec lui. Ils prétendaient que ce corps sain, en prenant la petite vérole de cette manière, se chargerait de toute sa malignité et sauverait le malade. Bentink demanda, comme une grâce, qu'on lui permît de sauver la vie de son ami. Le conseil des médecins fut donc suivi ; il eut même le succès qu'ils en attendaient : Guillaume se rétablit par degrés, et vit avec la plus vive douleur dans un grand danger l'ami qui s'y était généreusement exposé pour lui. Il ne le quitta point, il le servit lui-même, et prit à peine la nourriture qui lui était nécessaire, tant que la maladie de Bentink dura. Ces preuves réciproques de dévouement rendirent ces deux jeunes gens plus chers l'un à l'autre ; et dans la suite, lorsque le prince fut devenu roi d'Angleterre, sous le nom de Guillaume III, son amitié pour Bentink sembla prendre encore une nouvelle force.

L'amitié dans le malheur : Lysimaque.

Le philosophe Callisthène, ayant suivi Alexandre dans ses

---

1 Célèbre poëte, né à Paris en 1636, mort en 1711.

2 Né en Hollande, créé pair d'Angleterre par Guillaume III.

conquêtes, fut accusé de trahison auprès de ce prince, qui le condamna à être enfermé dans une cage de fer à la suite de l'armée. Lysimaque, l'un des capitaines de l'armée d'Alexandre et l'ami de Callisthène, ne cessa point de venir le voir. Ce philosophe, après l'avoir remercié de cette attention courageuse, le pria de discontinuer ses visites : « Laissez-moi, lui dit-il, supporter seul mes malheurs ; vous les rendriez plus cruels, si vous vous exposiez à les partager. — Je vous verrai tous les jours, répondit Lysimaque : si le roi vous savait abandonné des honnêtes gens, il n'aurait plus de remords, et vous croirait vraiment coupable. Non, la crainte d'encourir sa disgrâce ne me fera pas abandonner un ami malheureux. »

Mécontentement et réconciliation : Aristippe.

Il faut se passer l'un à l'autre bien des choses si l'on veut que l'amitié subsiste. Le plus vertueux aime et pardonne davantage.

Dans un transport de colère, le philosphe Aristippe [1] s'était brouillé avec Eschine, son ami. « Eh bien, lui dit-on, qu'est donc devenue l'amitié qui vous unissait tous deux ? — Elle dort, répondit Aristippe ; mais je vais la réveiller. » Il court aussitôt chez Eschine : « Me crois-tu donc tellement endurci, dit-il, que je sois incapable de réparer mes torts ? — Ah ! tu l'emportes en tout sur moi, s'écria Eschine vivement ému ; ce que je devais faire, c'est toi qui le fais. » Il n'y eut point entre eux d'autre explication, et leur amitié se ranima, plus vive et plus tendre que jamais.

Damon et Pythias.

Deux jeunes Syracusains, Damon et Pythias, étaient amis. Une douce conformité de sentiments avait donné naissance à leur amitié, et la pratique des plus nobles vertus l'avait cimentée. En ce temps-là Syracuse était gouvernée par un tyran à qui toute vertu faisait ombrage. Sous un prétexte frivole, il condamna Damon à périr.

---

[1] Vivait dans le v° siècle av. J. C.

La mère et la sœur de Damon habitaient dans une ville peu éloignée. Damon demanda au tyran la permission d'aller les embrasser une dernière fois, et promit d'être sous quatre jours de retour à Syracuse pour subir son arrêt.

La demande parut si extraordinaire au tyran, qu'il sourit de pitié. « Me crois-tu assez simple, dit-il, pour me fier à ta parole ? Et qui me sera garant que, si je te laisse aller, tu reviendras ?

— Moi, dit Pythias, qui avait accompagné son ami devant le tyran. S'il n'est pas revenu au jour et à l'heure marqués, je consens à mourir à sa place. »

Le tyran accepta cette offre avec joie. Quoi qu'il arrivât, il était sûr d'une victime : les deux amis lui étaient aussi odieux l'un que l'autre. Jugeant le cœur d'autrui par le sien, il se croyait certain que Damon, une fois hors de sa puissance, ne reviendrait pas, et qu'ainsi, de ces deux jeunes gens si célèbres par leur vertu, l'un périrait, l'autre serait déshonoré.

Le quatrième jour arrive ; l'heure fatale approche. Tous les habitants de Syracuse, rassemblés sur la place où était dressé l'échafaud, attendaient l'événement avec anxiété : Damon ne paraissait pas ; Pythias dans sa prison faisait des vœux pour qu'un obstacle s'opposât au retour de son ami. Enfin, l'heure est arrivée ; on vient le chercher ; et, tandis que le peuple frémit de douleur et que le tyran s'abandonne à une cruelle joie, Pythias monte sur l'échafaud.

Mais tout à coup, au milieu du silence universel, un cri se fait entendre : « Le voilà ! c'est Damon ! » et ce cri est répété par le peuple entier. Éperdu, hors d'haleine, Damon, qu'une rivière débordée avait empêché d'arriver plus tôt, se précipite dans la place, monte sur l'échafaud et serre dans ses bras son ami, qu'il arrose de ses larmes.

Alors s'élève entre les deux jeunes gens un combat de générosité qui eût arraché des larmes aux cœurs les plus insensibles : « L'heure est passée, disait Pythias, c'est à moi de mourir. — C'est moi qui suis condamné, répondait Damon, c'est à toi de vivre. »

Le tyran, tout barbare qu'il était, ne put résister ni à un

tel spectacle ni à l'admiration et à l'attendrissement qui éclataient de toutes parts. Il les épargna l'un et l'autre, et le peuple, poussant mille cris de joie, les reconduisit chez eux en triomphe.

Antonio et Roger.

Deux matelots, l'un Espagnol et l'autre Français, étaient dans les fers à Tunis, lorsque cette ville était encore un repaire de pirates : le premier s'appelait Antonio, Roger était le nom de son compagnon d'esclavage. Le hasard voulut qu'ils fussent employés aux mêmes travaux. L'amitié est la consolation des malheureux : Antonio et Roger en goûtèrent toutes les douceurs, et dès ce moment il leur sembla que le poids de leur chaîne était plus léger.

Ils travaillaient à la construction d'un chemin qui traversait une montagne. L'Espagnol, un jour, s'arrête et jette un regard sur la mer : « Mon ami, dit-il à Roger avec un profond soupir, tous mes vœux sont au bout de cette vaste étendue d'eau : que ne puis-je la franchir avec toi ! Je crois toujours voir ma femme et mes enfants qui m'appellent ou qui donnent des larmes à ma mort. » Antonio était absorbé dans cette pensée accablante ; chaque fois qu'il revenait à la montagne, il promenait ses tristes regards sur cet immense espace qui le séparait de son pays.

Un jour, il embrasse avec transport son camarade : « J'aperçois un navire, mon ami ; tiens, regarde, ne le vois-tu pas comme moi ? dans quelques heures, si tu veux, nous serons libres. Oui, dans quelques heures ce navire passera à environ deux lieues du rivage, et alors du haut de ces rochers nous nous précipiterons dans la mer, et nous atteindrons le vaisseau, ou nous périrons. La mort n'est-elle pas préférable à une cruelle servitude ? — Si tu peux te sauver, répond Roger, je supporterai avec plus de résignation mon malheureux sort ; tu iras trouver mon père, tu lui diras.... — Que j'aille trouver ton père, mon cher Roger ! Eh ! me serait-il possible d'être heureux, de vivre un seul instant si je te laissais dans les fers ?.... — Mais, Antonio, je ne sais pas nager, et tu le sais, toi. — Je suis ton ami, repart l'Espagnol; mes jours sont les tiens; nous nous sauverons tous deux; va, l'amitié me donnera des forces, tu te tiendras attaché à cette ceinture. — Il est inutile, Antonio, d'y penser; cette ceinture m'échapperait, ou je t'entraînerais avec moi; je serais la cause de ta perte. — Ne crains rien...: Mais on nous épie, taisons-nous. »

Ils se remettent à leurs travaux. Quelques heures après, ils se trouvent un moment hors de la portée de la vue de leurs gardiens. On apercevait distinctement le navire. « Viens, saisissons l'occasion, » s'écrie Antonio en entraînant Roger sur une roche escarpée. Roger refusait toujours : « Je causerai ta perte, disait-il. — Une dernière fois, dit Antonio, laisse-toi conduire, ou je renonce moi-même à me sauver. »

Le jeune Français consent enfin, il saisit le bout de la ceinture de son ami, et tous deux s'élancent dans la mer.

Antonio fait des efforts incroyables; il se sent animé d'une force surhumaine. Les marins du navire considéraient avec curiosité et surprise l'objet presque imperceptible qui s'agitait au dessus des flots; on met une chaloupe à la mer; elle se dirige vers ce point; elle recueille Antonio, dont les forces étaient presque épuisées, et l'ami qu'il avait sauvé avec lui par son généreux dévouement.

Le littérateur et le médecin.

Un littérateur et un médecin étaient unis par une amitié généreuse et tendre. Le médecin étant tombé malade, son ami courut auprès de lui. « O mon ami, lui dit le médecin, j'ai reconnu que ma maladie est contagieuse; ne laissez entrer personne dans ma chambre, il n'y a que vous qui deviez m'approcher. »

Ames sublimes! toutes deux également admirables!... Car on ne sait qui portait plus loin l'héroïsme de l'amitié, ou celui qui pouvait tenir un tel langage, ou celui qui s'était rendu digne de l'entendre!

FIN.

TABLE.

Préface. . . . . Pag. VII

PREMIERE PARTIE.
DEVOIRS DE L'HOMME ENVERS DIEU.

I. Pratique des vertus chrétiennes. 11
II. Culte intérieur et extérieur. 28
III. Mort chrétienne. 34

DEUXIÈME PARTIE.
DEVOIRS DE L'HOMME ENVERS LUI-MÊME.

I. Perfectionnement moral. 44
II. Modestie. 76
III. Modération dans les désirs. Désintéressement. 84
IV. Simplicité, sobriété. 106
V. Patience. 113
VI. Fermeté contre les maux. 125
VII. Courage. 132
VIII. Persévérance. 143
IX. Activité, travail, emploi du temps. 152
X. Prudence, habileté. 160
XI. Discrétion, silence. 172
XII. Ordre, économie, prévoyance. 176

TROISIÈME PARTIE.
DEVOIRS DE L'HOMME ENVERS LES AUTRES HOMMES.

I. Justice. 182
II. Probité. 193

		Pag.
III.	Fidélité.	206
IV.	Sincérité.	212
V.	Reconnaissance.	220
VI.	Bonté, indulgence.	236
VII.	Charité, bienfaisance.	250
VIII	Humanité, dévouement.	276
IX.	Générosité.	308
X.	Devoirs envers la patrie.	314
XI.	Devoirs de famille.	345
XII.	Devoirs de position et de profession.	389
XIII.	Devoirs de société.	442

FIN DE LA TABLE.

Coulommiers. — Imp. Paul BRODARD. — 737-1901.

A LA MÊME LIBRAIRIE

LIVRES DE LECTURE COURANTE
A L'USAGE DES ÉCOLES PRIMAIRES

Bigot (Ch.) *Lectures choisies de français moderne*, 1 vol. in-16, cart. 1 fr. 50
Duruy (George), professeur d'histoire à l'École polytechnique : *Pour la France.* Patriotisme. Esprit militaire. Livre de lectures patriotiques. 1 vol. in-16, avec gravures, cartonné . . . . 1 fr.
Figuier (L.) : *Les grandes inventions modernes dans les sciences, l'industrie et les arts.* 1 volume in-16, avec 138 figures, cartonné 1 fr. 50
Garrigues et **Boutet de Monvel** : *Simples lectures sur les sciences, les arts et l'industrie.* 1 vol. in-16, avec gravures, cartonné. 1 fr. 50
Jost, inspecteur général de l'instruction publique, et **Humbert** : *Lectures pratiques* destinées aux élèves du cours élémentaire : Éducation et instruction, leçons sur les choses usuelles. Nouvelle édition. 1 vol. in-16, avec 76 gravures, cartonné . . . . 1 fr.
Jost et **Braeunig**, sous-directeur de l'école alsacienne : *Lectures pratiques* cours moyen et cours supérieur. Nouvelle édition. 1 vol. in-16, avec gravures, cartonné . . . . 1 fr. 50
Jost et **Cahen**, professeur de rhétorique au lycée Louis-le-Grand : *Lectures courantes extraites des écrivains français*, à l'usage des écoles primaires. 2 vol. in-16, avec de nombreuses gravures, cartonnés.
    Première série. *Cours élémentaire et moyen*, 1 vol. . . . 1 fr. 50
    Deuxième série. *Cours supérieur*, 1 vol. . . . . 2 fr.
Jost et **Lefort** : *Récits patriotiques.* 1 vol. in-16, avec grav. cart. 1 fr. 50
Lebreton : *Le premier livre de lecture courante des enfants.* 1 vol. in-16, avec grav. en couleurs et en noir, cart. . . . . 0 fr.
Malot : *Cap et sa troupe*, épisode extrait de *Sans famille*, in-16, cart. 1 fr. 50
  — *Sous Terre*, épisode extrait de *Sans famille* 1 vol. in-16, cart. 75 c.
  — *L'Île déserte*, épisode extrait de *Sans famille*. 1 vol. in-16, cart. 60 c.
  — *Sur mer*, épisode extrait de *Romain Kalbris*. 1 vol. in-16, cart. 90 c.
Manuel (G.) *Nouveau livre de morale pratique.* 1 vol. in-16, avec gravures, cartonné . . . . 1 fr.
Quilici et **Baccus** : *Petit livre de lecture et d'élocution.*
    LIVRE DE L'ÉLÈVE contenant des maximes, des vocabulaires, des exercices oraux, des devoirs écrits et 168 gravures dans le texte. 1 vol. in-16, cart. . . . . 1 fr.
    LIVRE DU MAÎTRE 1 vol. in-16, cartonné. . . . . 2 fr.
Saffray (D'): *Leçons de choses*, contenant le résumé de 41 leçons, avec questionnaires et 311 gravures. 1 vol. in-16, cartonné . . . 1 fr. 50
Simon (Jules) : *Le Livre du petit citoyen*, entretiens familiers sur la loi, l'école, la commune, le devoir militaire, l'impôt, l'administration, les pouvoirs publics, les tribunaux, la caisse d'épargne, les élections, etc. 1 vol. in-16 cartonné . . . . 2 fr.

Coulommiers. — Imp. PAUL BRODARD. — 8-1901.

www.ingramcontent.com/pod-product-compliance
Lightning Source LLC
Chambersburg PA
CBHW060514230426
43665CB00013B/1517